海船船员适任考试用书

船舶操纵与避碰
同步辅导

（操纵篇）

主　编　惠子刚　李先强　崔　刚　高世龙
副主编　张　钢　林　斌
主　审　孟祥武

大连海事大学出版社

ⓒ 惠子刚等 2017

图书在版编目(CIP)数据

船舶操纵与避碰同步辅导. 操纵篇 / 惠子刚等主编.
— 大连：大连海事大学出版社，2017.2
海船船员适任考试用书
ISBN 978-7-5632-3448-6

Ⅰ. ①船… Ⅱ. ①惠… Ⅲ. ①船舶操纵—资格考试—
自学参考资料②船舶航行—避碰规则—资格考试—自学参
考资料 Ⅳ. ①U675.9②U692.1

中国版本图书馆 CIP 数据核字(2017)第 026633 号

大连海事大学出版社出版

地址:大连市凌海路1号　邮编:116026　电话:0411-84728394　传真:0411-84727996
http://www.dmupress.com　E-mail:cbs@dmupress.com

大连住友彩色印刷有限公司印装　　　　大连海事大学出版社发行

2017 年 2 月第 1 版　　　　　　　　2017 年 2 月第 1 次印刷
幅面尺寸:185 mm×260 mm　　　　　　　印张:24.5
字数:593 千　　　　　　　　　　　　印数:1～2000 册

出版人:徐华东

责任编辑:刘长影　　　　　　　责任校对:张　冰　董洪英
封面设计:王　艳　　　　　　　版式设计:解瑶瑶

ISBN 978-7-5632-3448-6　　　定价:60.00 元

前　言

本书依据《中华人民共和国海船船员适任考试大纲》编写，能够满足海船船长、大副、二/三副适任考试科目"船舶操纵"的要求，对于航海技术专业学员参加相应职务的培训学习，具有较强的实用性。

本书包含船舶操纵基础、各种环境下的船舶操纵、应急操船、搜寻和救助行动、轮机概论等五部分内容。本书能够帮助读者提高船舶操纵设备的应用能力，提升在港内、大风浪、特殊水域等环境条件下的操船能力和搜寻、救助等应急操船的能力，有利于保障船舶航行安全，提高经济效益和社会效益。

本书由青岛远洋船员职业学院惠子刚、李先强、崔刚、高世龙任主编，张钢、林斌任副主编，孟祥武任主审。惠子刚编写第1.1部分，高世龙编写第1.2部分，崔刚编写第1.3部分，李先强编写第2.1部分，赵东野编写第2.2部分，林斌编写第2.3部分，杨冬力编写第2.4部分，伊善强编写第2.5部分，张钢编写第3部分，周振路编写第4部分和第5部分。全书由惠子刚、李先强、崔刚、高世龙统稿。

为了满足航海技术专业不同职务培训学员的学习需要，本书以《STCW公约马尼拉修正案》中对"船舶避碰与值班"的各项要求为指导，编排各章节内容，将《中华人民共和国海船船员适任考试大纲》分解并按章列出，方便读者使用。大纲按照如下划分，选学内容用"√"标记，便于学员学习：

- 船长培训学员选用9101/9102；
- 大副培训学员选用9103/9104；
- 二/三副培训学员选用9105/9106。

本书编写过程中力求理论正确、重点突出、条理清晰、理论联系实际。编写工作得到了青岛远洋船员职业学院和大连海事大学出版社各级领导、专家以及学院船艺教研室各位老师的大力支持和帮助，在此一并表示衷心的感谢。

由于时间仓促，不足之处在所难免，竭诚希望前辈、同行和读者批评指正。

编　者
2016年12月

目 录

1 船舶操纵基础

9101:3 000 总吨及以上船舶船长　　　　9102:500 ~ 3 000 总吨船舶船长

9103:3 000 总吨及以上船舶大副　　　　9104:500 ~ 3 000 总吨船舶大副

9105:3 000 总吨及以上船舶二/三副　　　9106:500 ~ 3 000 总吨船舶二/三副

考试大纲	适用对象					
	9101	9102	9103	9104	9105	9106
1　船舶操纵基础	25	25	15	15	15	15
1.1　船舶操纵性能						
1.1.1　船舶变速性能						
1.1.1.1　船舶起动性能	√	√			√	√
1.1.1.2　船舶停车性能	√	√			√	√
1.1.1.3　倒车停船性能及影响倒车冲程的因素	√	√			√	√
1.1.1.4　船舶制动方法及其适用	√	√			√	√
1.1.2　旋回性能						
1.1.2.1　船舶旋回运动三个阶段及其特征	√	√			√	√
1.1.2.2　旋回圈、旋回要素的概念	√	√			√	√
1.1.2.3　影响旋回性的因素	√	√			√	√
1.1.2.4　旋回圈要素在实际操船中的应用	√	√	√	√	√	√
1.1.3　航向稳定性和保向性						
1.1.3.1　航向稳定性的定义及直线与动航向稳定性	√	√			√	√
1.1.3.2　航向稳定性的判别方法	√	√			√	√
1.1.3.3　影响航向稳定性的因素	√	√			√	√
1.1.3.4　保向性与航向稳定性的关系;影响保向性的因素	√	√			√	√
1.1.4　船舶操纵性指数(K、T指数)的物理意义及其与操纵性能的关系	√	√				
1.1.5　船舶操纵性试验						

内容	1	2	3	4	5	6
1.1.5.1 旋回试验的目的、测定条件、测定方法	√	√	√	√		
1.1.5.2 冲程试验的目的、测定条件、测定方法	√	√	√	√		
1.1.5.3 螺旋、逆螺旋试验的目的和概念						
1.1.5.4 Z形试验的目的和试验方法	√					
1.1.6 IMO船舶操纵性衡准的基本内容	√	√				
1.2 船舶操纵设备及其运用						
1.2.1 螺旋桨的运用						
1.2.1.1 船舶阻力的组成:基本阻力和附加阻力	√	√			√	√
1.2.1.2 吸入流与排出流的概念及其特点	√	√			√	√
1.2.1.3 推力与船速之间的关系,推力与转数之间的关系	√	√			√	√
1.2.1.4 滑失和滑失比的基本概念,滑失在操船中的应用	√	√			√	√
1.2.1.5 功率的分类及其之间的关系	√	√			√	√
1.2.1.6 船速的分类及与主机转速之间的关系	√	√			√	√
1.2.1.7 沉深横向力产生的条件、机理及偏转效果	√	√			√	√
1.2.1.8 伴流的概念,螺旋桨盘面处伴流的分布规律	√	√			√	√
1.2.1.9 伴流横向力产生条件、机理及偏转效果	√	√			√	√
1.2.1.10 排出流横向力产生条件、机理及偏转效果	√	√			√	√
1.2.1.11 螺旋桨致偏效应的运用	√	√			√	√
1.2.1.12 单、双螺旋桨船的综合作用	√	√			√	√
1.2.1.13 侧推器的使用及注意事项	√	√				
1.2.2 舵设备及其运用						
1.2.2.1 操舵装置的概念与种类:电动操舵装置与液压操舵装置					√	√
1.2.2.2 操舵装置——舵角限位器的作用、种类与限制角					√	√
1.2.2.3 SOLAS公约与我国《钢质海船入级规范》对操舵装置的要求			√	√	√	
1.2.2.4 操舵装置控制系统——随动操舵系统的种类与基本控制原理					√	√
1.2.2.5 操舵装置控制系统——应急控制系统的特点与使用要领	√	√	√	√	√	√

项目						
1.2.2.6　自动舵的种类与各自的特点					√	√
1.2.2.7　自动舵的操舵转换方式:随动舵、自动舵、应急舵的转换及适用的场合	√	√	√	√	√	√
1.2.2.8　自动舵调节旋钮的使用					√	√
1.2.2.9　使用自动舵的注意事项					√	√
1.2.2.10　舵设备的作用及其组成					√	√
1.2.2.11　舵的种类及特点:分别根据舵叶剖面形状、舵杆轴线位置、舵的支承方式分类、特种舵					√	
1.2.2.12　流线型平衡舵的结构、组成,各组成部分的作用、特点与满足的要求					√	
1.2.2.13　舵力的概念;影响舵力的因素	√	√			√	√
1.2.2.14　舵力转船力矩	√	√			√	√
1.2.2.15　舵效的概念及其影响因素	√	√			√	√
1.2.2.16　舵设备的日常与定期检查保养			√	√		
1.2.3　锚设备及其运用						
1.2.3.1　锚设备的组成及各部分的作用,锚的种类、特点及应用					√	√
1.2.3.2　锚链的种类、组成与标记			√	√		√
1.2.3.3　锚机的主要技术要求			√	√		√
1.2.3.4　锚设备的检查、保养及检验要求			√	√		
1.2.3.5　锚的作用	√	√			√	√
1.2.3.6　锚地选择	√	√√	√√	√		
1.2.3.7　锚泊方式,抛起锚作业程序、操纵要领及注意事项	√	√		√	√	√
1.2.3.8　操纵用锚的抓力及拖锚淌航距离的估算	√	√				
1.2.3.9　单锚泊用锚的抓力的组成、单锚泊用锚的抓力系数	√	√	√	√	√	√
1.2.3.10　锚泊用锚的出链长度的组成及安全锚泊出链长度的计算	√	√	√	√		
1.2.3.11　单锚泊船的偏荡、缓解偏荡的方法	√	√	√	√		
1.2.3.12　走锚的判断及应急措施	√	√	√	√	√	√
1.2.3.13　清解锚链绞缠	√	√	√	√		
1.2.4　缆的运用						
1.2.4.1　系船缆的种类和特点	√	√	√	√		
1.2.4.2　系缆的名称与作用					√	√

内容						
1.2.4.3 系泊设备的组成与应用					√	√
1.2.4.4 绞缆机的种类、作用与应用						√
1.2.4.5 缆车及其附属用具的种类与作用					√	√
1.2.4.6 系泊设备的检查保养和使用注意事项			√	√		
1.2.4.7 靠、离泊时缆绳的应用	√	√			√	√
1.2.4.8 靠、离泊用缆的注意事项	√	√				
1.2.5 拖船的运用						
1.2.5.1 拖船的种类及其特点	√	√				
1.2.5.2 拖船使用方式	√	√				
1.2.5.3 协助操船所需拖船功率的估算	√	√				
1.2.5.4 拖船作用下的船舶运动规律	√	√	√	√		
1.2.5.5 拖船助操注意事项	√	√	√	√		
1.3 外界因素对操船的影响						
1.3.1 风对操船的影响						
1.3.1.1 风动力与风动力转船力矩	√	√			√	√
1.3.1.2 水动力与水动力转船力矩	√	√			√	√
1.3.1.3 船舶静止、前进、后退中的风致偏转规律	√	√			√	√
1.3.1.4 船舶在静止、航行中的风致漂移规律	√	√			√	√
1.3.1.5 强风中操船的保向界限	√	√			√	√
1.3.2 流对操船的影响						
1.3.2.1 流对航速、冲程的影响	√	√			√	√
1.3.2.2 流对旋回、舵效的影响	√	√			√	√
1.3.3 受限水域对操船的影响						
1.3.3.1 浅水效应及其对操船的影响	√	√	√	√	√	√
1.3.3.2 富余水深的确定	√	√	√	√	√	√
1.3.3.3 岸壁效应及其对操船的影响	√	√	√	√	√	√
1.3.4 船间效应						
1.3.4.1 船间效应的定义	√	√	√	√	√	√
1.3.4.2 追越、对驶过程中两船间的相互作用	√	√	√	√	√	√
1.3.4.3 驶过系泊船时的相互作用	√	√	√	√	√	√
1.3.4.4 影响船间效应的因素及预防措施	√	√	√	√	√	√

1.1　船舶操纵性能

1.1.1　船舶变速性能

1.1.1.1　船舶起动性能

一、知识点梳理

1.起动冲时、冲程是指船舶由静止状态开进车,使船舶达到与主机功率相对应的稳定速度所需要的时间和对水航进距离。

2.为保护主机,转速应逐步提高。速度开始上升快,而后上升慢,呈非线性变化。

3.冲程与相应稳定船速的平方成正比、与排水量成正比、与相应稳定船速的阻力或推力成反比;冲时与相应稳定船速成正比、与排水量成正比、与相应稳定船速的阻力或推力成反比。

4.经验数据:起动冲程,满载时为 $20L$,轻载为满载的 $1/2 \sim 2/3$。

二、难点点拨

虽然主机的功率越大,其起动冲时、冲程越小,但船舶的起动冲时与冲程与主机的功率并不成反比。

三、相关习题

1.船舶起动过程中,为保护主机_____。
    A.先开高转速,在船速达到与转速相应的船速时再逐级减小转速
    B.先开低转速,在船速达到与转速相应的船速时再逐级加大转速
    C.先开低转速,在螺旋桨转动起来后就开高转速
    D.先开低转速,在转速达到相应的转速时再逐级增大转速
2.FPP 船舶从静止状态开进车,主机的转速_____。
    A.可以一步到位以缩短起动时间　　　　B.保持不变
    C.需视船速的逐步提高而逐渐增加　　　D.轻载船可以急速提升,满载船可以缓缓提升
3.船舶由静止状态进车,达到相应稳定航速的前进距离_____。

A. 与船舶排水量成正比,与相应稳定船速的平方成正比

B. 与船舶排水量成正比,与相应稳定船速的平方成反比

C. 与船舶排水量成反比,与相应稳定船速的平方成正比

D. 与船舶排水量成反比,与相应稳定船速的平方成反比

4. 船舶由静止状态进车,达到相应稳定航速的前进距离_____。

A. 与船舶排水量成正比,与达到相应稳定航速时的螺旋桨推力成正比

B. 与船舶排水量成正比,与达到相应稳定航速时的螺旋桨推力成反比

C. 与船舶排水量成反比,与达到相应稳定航速时的螺旋桨推力成正比

D. 与船舶排水量成反比,与达到相应稳定航速时的螺旋桨推力成反比

5. 船舶由静止状态进车,达到相应稳定航速的时间_____。

A. 与船舶排水量成正比,与相应稳定船速成反比

B. 与船舶排水量成正比,与相应稳定船速成正比

C. 与船舶排水量成反比,与相应稳定船速成正比

D. 与船舶排水量成反比,与相应稳定船速成反比

6. 船舶由静止状态进车,达到相应稳定航速的时间_____。

A. 与船舶排水量成正比,与达到相应稳定航速时的螺旋桨推力成正比

B. 与船舶排水量成反比,与达到相应稳定航速时的螺旋桨推力成正比

C. 与船舶排水量成正比,与达到相应稳定航速时的螺旋桨推力成反比

D. 与船舶排水量成反比,与达到相应稳定航速时的螺旋桨推力成反比

7. 船舶从静止状态起动主机前进直至达到常速,满载船的航进距离约为船长的_____。

A. 15 倍,轻载时约为满载时的 1/2 ~ 2/3   B. 20 倍,轻载时约为满载时的 1/2 ~ 2/3

C. 15 倍,轻载时约为满载时的 1/3 ~ 1/2   D. 20 倍,轻载时约为满载时的 1/3 ~ 1/2

8. 船速达到定常速度时的起动距离与_____。

①船舶的排水量成正比;②所需达到的定常速度的平方成正比;③船舶的水阻力成正比;④船舶的主机功率成正比

A. ①②③④   B. ①②③

C. ①②   D. ②③④

9. 船速达到定常速度时的起动距离与_____。

①船舶的排水量成正比;②所需达到的定常速度成正比;③船舶的水阻力成反比;④船舶的主机功率成正比

A. ①②③④   B. ①②③

C. ②③④   D. ①③

10. 船速达到定常速度时的起动时间与_____。

①船舶的排水量成正比;②所需达到的定常速度成正比;③船舶的水阻力成反比;④船舶的主机功率成反比

A. ①②③④   B. ①②③

C. ②③④   D. ①

11. 船舶达到定常速度时的起动时间与_____。

①船舶的排水量成正比;②所需达到的定常速度的平方成正比;③船舶的水阻力成正比;④船舶的主机功率成反比

A. ①②③④   B. ①②③

C. ②③④   D. ①

12. 根据经验,从静止状态逐级进车,直到达到定常速度。满载船舶约需航经_____倍船长左右,轻载时约为满载时的_____。

A. 10;1/2 ~ 2/3   B. 20;1/2 ~ 2/3

C. 10;1/3 ~ 3/4   D. 20;1/3 ~ 3/4

1.1.1.2 船舶停车性能

一、知识点梳理

1. 停车冲程、冲时是指以某一速度航进中的船舶,从下令停车到船舶停止对水移动所需要的航进距离和时间。实测至维持舵效的最小速度,万吨船为 2 kn,大型船为 3.2 kn。

2. 速度下降率随船速的降低而减小。减速常数 C 为停车后速度下降一半的时间,C 越小,船速下降越快,万吨船约需 4 min。

3. 停车冲程与初始船速的平方成正比、与排水量成正比、与水阻力成反比;停车冲时与初始船速成正比、与排水量成正比、与水阻力成反比。

4. 经验数据:一般船舶停车冲程为 $(8 \sim 20)L$,超大型船舶超过 $20L$。

二、难点点拨

注意实测停车冲程与定义停车冲程的不同。

三、相关习题

1. 全速前进中的船舶,其主机停车后,船速的变化规律是_____。

A. 开始时船速很高,船速下降迅速,但随着船速的减小,船速下降逐渐缓慢

B. 开始时船速很高,船速下降缓慢,但随着船速的减小,船速下降逐渐加快

C. 开始时船速很高,船速下降缓慢,但随着船速的减小,船速下降逐渐缓慢

D. 开始时船速很高,船速下降缓慢,但随着船速的减小,船速下降迅速

2. 船舶在全速或半速前进中减速或停止主机,至船减至所要求的速度或对水停止移动所滑行的距离称为减速距离或冲程,其大小与_____。

①船舶的排水量成正比;②初始速度的平方成正比;③船体水阻力成反比;④主机的功率成正

比

A.①②③④ B.①②③

C.②③④ D.①②④

3. 船舶在全速或半速前进中减速或停止主机,至船减至所要求的速度或对水停止移动所滑行的距离称为冲程,其大小与_____。

①船舶的排水量成正比;②初始速度的平方成正比;③船体水阻力成反比;④主机的功率成正比

A.①②③④ B.①②④

C.①②③ D.②③④

4. 根据经验,船舶在常速前进中停车,降速到能维持其舵效的速度时,一般货船的停车冲程为船长的_____倍,超大型船舶则超过_____倍船长。

A.5~10;10 B.10~15;15

C.8~20;20 D.15~30;30

5. 船停车后的停船距离(冲程)的定义是船在前进中下令停止主机至_____。

A. 船对水停住移动时的对水滑行距离 B. 船对地停住移动时的对水滑行距离

C. 船对水停住移动时的对地滑行距离 D. 船对地停住移动时的对地滑行距离

6. 船停车后的停船距离(冲程)是指_____。

A. 船舶在直航中停止主机至船舶对水停止移动的滑行距离

B. 船舶在直航中停止主机至船舶对地停止移动的滑行距离

C. 船舶在旋回中停止主机至船舶对水停止移动的滑行距离

D. 船舶在旋回中停止主机至船舶对地停止移动的滑行距离

7. 船停车后的停船距离(冲程)的定义是_____。

A. 船在前进中停止主机至船对水停住移动的对水滑行距离

B. 船在前进中停止主机至船对地停住移动的对地滑行距离

C. 船在前进中下令停止主机至船对水停住移动的对水滑行距离

D. 船在前进中下令停止主机至船对地停住移动的对地滑行距离

8. 停车冲程和冲时的定义是_____。

A. 船舶在航进中从停车到停止对水移动的对水航行距离和时间

B. 船舶在航进中从停车直至余速降至2 kn时的对水航进距离和所需时间

C. 船舶在航进中从下令停车到停止对水移动的对水航行距离和时间

D. 船舶在航进中从下令停车直至余速降至2 kn时的对水航进距离和所需时间

9. 测定船的停车冲程时,因停止移动时间在水中不易观察,所以通常万吨级船舶以船在前进三或前进二的船速停车,降到能保持舵效的最小速度为_____时来衡量船停车后的停船距离(冲程)。

A.1.5 kn B.2 kn

C.2.5 kn D.3 kn

10. 实测的停车冲程和冲时通常指_____。

A. 船舶在航进中从停车到停止对水移动的对水航行距离和时间

B. 船舶在航进中从停车直至余速降至 2 kn 时的对水航进距离和所需时间

C. 船舶在航进中从下令停车到停止对水移动的对水航行距离和时间

D. 船舶在航进中从下令停车直至对水余速降至 2 kn 时的对水航进距离和所需时间

11. 航行中的船舶停车后,速度的变化是_____。

    A. 初期下降快

    B. 中期下降快

    C. 末期下降快

    D. 各个时期一致

12. 主机停车后,原匀速前进的船舶将_____。

    A. 逐渐降速为零

    B. 开始时降速较快,而后下降率变低,至终速为零

    C. 开始时降速较慢,而后降得较快

    D. 匀速降速到零为止

13. 船舶在减速过程中,船速由 V_0 递减到 V_1 时,各瞬时速度的变化情况为_____。

    A. 开始递减快,随后呈非线性递减

    B. 开始递减慢,随后呈非线性递减

    C. 开始递减快,随后呈线性递减

    D. 开始递减慢,随后呈线性递减

14. 匀速前进中的船舶主机停车后,其速度随时间变化的情况为_____。

    A. 呈线性变化,逐渐降速为零

    B. 呈线性变化,逐渐降速为定常值

    C. 呈非线性变化,开始降速较快,而后下降率变低,逐渐降速为零

    D. 呈非线性变化,开始降速较慢,而后下降率加快,逐渐降速为零

15. 测定船舶停车冲程时,一般以_____船舶的惯性距离作为停车冲程。

    A. 船舶对地速度降到能保持舵效的最小速度时

    B. 船舶对水速度降到能保持舵效的最小速度时

    C. 船舶对水速度降到 0 时

    D. 船舶对地速度降到 0 时

16. 船舶倒车停止性能或最短停船距离是指船在前进三中开后退三,从_____停止时船舶所前进的距离。

    A. 发令开始至船对地

    B. 发令开始至船对水

    C. 螺旋桨开始倒转至船对地

    D. 螺旋桨开始倒转至船对水

17. 在停车冲程的估算中,停车冲程_____。

    A. 与排水量成正比,与船速的平方成正比

    B. 与排水量成正比,与船速的平方成反比

    C. 与排水量成反比,与船速的平方成反比

    D. 与排水量成反比,与船速的平方成正比

18. 关于减速常数 C,下列说法正确的是_____。

①减速常数是指船舶停车后船速每递减一半所需的时间;②减速常数随船舶排水量的不同而不同;③排水量为 1 万吨的船舶,其减速常数为 4 min

A.①   B.①②

C.②③   D.①②③

19. 停车后的停船距离受到哪些因素的影响?

①排水量;②初速度;③船舶阻力;④推进器类型

A.①②③④   B.①②③

C.②③   D.①②

20. 影响冲程大小的因素有_____。

①船速;②排水量;③污底和浅水

A.①   B.①②

C.②③   D.①②③

1.1.1.3 倒车停船性能及影响倒车冲程的因素

一、知识点梳理

1. 倒车冲时、冲程是指航进中船舶从下令停车到船舶停止对水移动所需要的时间和航进距离。

2. 主机倒车转速达到最大时,速度下降最快。主机换向时机:转速降至 25% ~ 35%,船速降至 60% ~ 70%;主机换向时间:蒸汽机需 60 ~ 90 s,内燃机需 90 ~ 120 s,汽轮机需 120 ~ 180 s。

3. 影响因素:主机倒车功率、换向时间、推进器种类[CPP 为(60% ~ 80%)FPP](以上三项只影响倒车冲程)、排水量、船速、浅水、风、污底、流(严格意义上,流对冲程无影响)。

4. 倒车冲程经验数据:一般万吨级为(6~8)L;5 万吨为(8~10)L;10 万吨为(10~13)L;15 万吨为(13~16)L。

二、难点点拨

1. 描述船舶紧急停船性能的数据还包括制动横距和偏航角等,右旋定距桨,通常轻载船倒车初期右偏明显,但满载船最终的右偏角大。

2. 在其他条件不定的情况下,单单根据某几个因素,难以比较不同船舶之间的冲程。

三、相关习题

1. 船舶倒车停船距离(冲程)的定义是_____。

A. 船舶在前进中开出倒车至船对水停住移动的对水滑行距离

B. 船舶在前进中开出倒车至船对地停住移动的对地滑行距离

C. 船舶在前进中下令倒车至船对水停住移动的对水滑行距离

D. 船舶在前进中下令倒车至船对地停住移动的对地滑行距离

2. 倒车冲程和冲时的定义是_____。

A. 船舶在航进中从开出倒车到停止对水移动的对水航行距离和时间

B. 船舶在航进中从开出倒车直至余速降至 2 kn 时的对水航进距离和所需时间

C. 船舶在航进中从下令倒车到停止对水移动的对水航行距离和时间

D. 船舶在航进中从下令倒车直至余速降至 2 kn 时的对水航进距离和所需时间

3. 实测的倒车冲程和冲时通常指_____。

A. 船舶在航进中从开出倒车到停止对水移动的对水航行距离和时间

B. 船舶在航进中从开出倒车直至余速降至 2 kn 时的对水航进距离和所需时间

C. 船舶在航进中从下令倒车到停止对水移动的对水航行距离和时间

D. 船舶在航进中从下令倒车直至对水余速降至 2 kn 时的对水航进距离和所需时间

4. 航行中的船舶下令倒车后,速度的变化是_____。

A. 下令后初期下降最快　　　　　B. 主机倒车转速达到最大时下降快

C. 末期下降慢　　　　　　　　　D. 各个时期一致

5. 船舶倒车冲程与排水量和初始船速有关,在其他情况相同的条件下_____。

A. 排水量越大、初始船速越小,倒车冲程越大

B. 排水量越大、初始船速越大,倒车冲程越大

C. 排水量越小、初始船速越小,倒车冲程越大

D. 排水量越小、初始船速越大,倒车冲程越大

6. 同一船舶,在空载或压载时的冲程要比满载时的冲程_____。

A. 小得多　　　　　　　　　　　B. 大得多

C. 差不多　　　　　　　　　　　D. 有时大有时小

7. 主机从前进三到后退三所需的换向时间的随主机型式的不同而不同,下述三种机型的船舶,所需换向时间大小排列为_____。

A. 内燃机 > 汽轮机 > 蒸汽机

B. 汽轮机 > 蒸汽机 > 内燃机

C. 汽轮机 > 内燃机 > 蒸汽机

D. 蒸汽机 > 汽轮机 > 内燃机

8. 不同机器种类,从前进三到后退三的主机换向所需时间不同,一般_____。

A. 内燃机为 90 ~ 120 s,汽轮机为 60 ~ 90 s

B. 内燃机为 90 ~ 120 s,汽轮机为 90 ~ 120 s

C. 内燃机为 60 ~ 90 s,汽轮机为 120 ~ 180 s

D. 内燃机为 90 ~ 120 s,汽轮机为 120 ~ 180 s

9. 蒸汽机船舶主机换向,从前进三到后退三约需时间为_____。

A. 60 ~ 90 s　　　　　　　　　　B. 90 ~ 120 s

C. 120 ~ 180 s　　　　　　　　　D. 180 ~ 240 s

10. 内燃机船舶主机换向,从前进三到后退三约需时间为_____。

A. 60 ~ 90 s
B. 90 ~ 120 s
C. 120 ~ 180 s
D. 180 ~ 240 s

11. 汽轮机船舶主机换向,从前进三到后退三约需时间为_____。
    A. 60 ~ 90 s
    B. 90 ~ 120 s
    C. 120 ~ 180 s
    D. 180 ~ 240 s

12. 船舶主机换向,从前进三到后退三约需时间为_____。
    A. 蒸汽机船 60 ~ 90 s,汽轮机船 90 ~ 120 s,内燃机船 120 ~ 180 s
    B. 内燃机船 60 ~ 90 s,蒸汽机船 90 ~ 120 s,汽轮机船 120 ~ 180 s
    C. 汽轮机船 60 ~ 90 s,内燃机船 120 ~ 180 s,蒸汽机船 90 ~ 120 s
    D. 蒸汽机船 60 ~ 90 s,内燃机船 90 ~ 120 s,汽轮机船 120 ~ 180 s

13. 从前进三到后退三换向操作时间最短的主机类型是_____。
    A. 蒸汽机船
    B. 内燃机船
    C. 汽轮机船
    D. 蒸汽机船与汽轮机船

14. 从前进三到后退三换向操作时间最长的主机类型是_____。
    A. 蒸汽机船
    B. 内燃机船
    C. 汽轮机船
    D. 蒸汽机船与汽轮机船

15. 据统计,一般万吨级货船的倒车行船距离(最短停船距离)为_____倍船长。
    A. 6 ~ 8
    B. 8 ~ 10
    C. 10 ~ 13
    D. 13 ~ 16

16. 据统计,一般 5 万吨船舶倒车冲程为_____。
    A. $(10 ~ 13)L$
    B. $(8 ~ 10)L$
    C. $(12 ~ 14)L$
    D. $15)L$

17. 据统计,10 万吨级船舶倒车冲程为_____。
    A. $(10 ~ 13)L$
    B. $(8 ~ 10)L$
    C. $(12 ~ 14)L$
    D. $(15)L$

18. 据统计,一般 15 万 ~ 20 万吨级船舶倒车冲程为_____。
    A. $(10 ~ 13)L$
    B. $(13 ~ 16)L$
    C. $(12 ~ 14)L$
    D. $(15 ~ 20)L$

19. 据统计,一般万吨级和 5 万吨级船舶的全速倒车冲程分别为_____。
    A. $(4 ~ 6)L,(6 ~ 8)L$
    B. $(6 ~ 8)L,(8 ~ 10)L$
    C. $(8 ~ 10)L,(10 ~ 13)L$
    D. $(10 ~ 13)L,(13 ~ 16)L$

20. 据统计,5 万吨级和 10 万吨级船舶的全速倒车冲程分别为_____。
    A. $(4 ~ 6)L,(6 ~ 8)L$
    B. $(6 ~ 8)L,(8 ~ 10)L$
    C. $(8 ~ 10)L,(10 ~ 13)L$
    D. $(10 ~ 13)L,(13 ~ 16)L$

21. 据统计,10 万吨级和 15 万 ~ 20 万吨级船舶的全速倒车冲程分别为_____。
    A. $(4 ~ 6)L,(6 ~ 8)L$
    B. $(6 ~ 8)L,(8 ~ 10)L$
    C. $(8 ~ 10)L,(10 ~ 13)L$
    D. $(10 ~ 13)L,(13 ~ 16)L$

22. 甲船装货 10 000 t,乙船装货 8 000 t,同航速情况下_____。
    A. 甲船比乙船冲程大
    B. 乙船比甲船冲程大
    C. 两船冲程一样大
    D. 两船冲程不可比较

23. 甲船 10 000 t,船速 12 kn;乙船 10 000 t,船速 10 kn;丙船 8 000 t,船速 12 kn,请比较三船冲程的大小_____。
    A. 甲大于乙
    B. 甲大于丙
    C. 甲的冲程一定是三者中最大
    D. 三者不能比较

24. 船舶倒车冲程与主机换向所需时间及倒车功率有关,在其他情况相同的条件下_____。
    A. 主机换向所需时间越长、倒车功率越小,倒车冲程越大
    B. 主机换向所需时间越长、倒车功率越大,倒车冲程越大
    C. 主机换向所需时间越短、倒车功率越小,倒车冲程越大
    D. 主机换向所需时间越短、倒车功率越大,倒车冲程越大

25. 船舶倒车冲程(对地)与受风、流的方向有关,在其他情况相同的条件下_____。
    A. 顺风、顶流,倒车冲程大
    B. 顺风、顺流,倒车冲程大
    C. 顶风、顺流,倒车冲程大
    D. 顶风、顶流,倒车冲程大

26. 船舶倒车冲程与水深、船舶污底程度有关,在其他情况相同的条件下_____。
    A. 水深越大、船舶污底越严重,倒车冲程越大
    B. 水深越大、船舶污底越轻微,倒车冲程越大
    C. 水深越小、船舶污底越严重,倒车冲程越大
    D. 水深越小、船舶污底越轻微,倒车冲程越大

27. CPP 船比 FPP 船换向时间短,一般_____。
    A. 紧急停船距离将减为 50% ~60%
    B. 紧急停船距离将减为 60% ~80%
    C. 紧急停船距离将减为 70% ~80%
    D. 紧急停船距离将减为 70% ~90%

28. 航行中的船舶在使用全速倒车后,对于右旋螺旋桨船舶,停船时船首向的变化情况为_____。
    A. 向左偏转,航向变化可能超过 90°
    B. 向右偏转,航向变化可能超过 90°
    C. 向左偏转,航向变化一般不超过 90°
    D. 向右偏转,航向变化一般不超过 90°

29. 尾机型右旋单桨船倒车时,压载状态较满载状态_____。
    A. 向右转头,且右偏角量小
    B. 向右转头,且右偏角量大
    C. 向左转头,且右偏角量小
    D. 向左转头,且右偏航量大

30. 尾机型右旋单桨船倒车冲程的最后,压载状态较满载状态_____。
    A. 向右转头,且右偏角量小
    B. 向右转头,且右偏角量大
    C. 向左转头,且右偏角量小
    D. 向左转头,且右偏航量大

31. 航行中的船舶倒车停船过程中,关于速度的变化说法错误的是_____。
    ①与停车后速度变化过程相同;②开始下降快,后期下降慢;③主机倒车转速稳定后,均匀下降
    A. ①
    B. ①②

C.②③   D.①②③

32. 一般装备 FPP 的船舶在高速正车前航中下令倒车后,主机及螺旋桨的换向操作过程通常是_____。
   A. 主机不停,螺旋桨直接反转
   B. 主机立即开出倒车
   C. 主机立即停车,再进行倒车起动
   D. 关闭油门,并等船速、转速下降至一定程度后停止主机,再进行倒车起动

33. 影响倒车冲程的因素有_____。
   ①排水量、船速、船型、船体污底;②风流、水深、主机倒车功率;③主机换向的快慢
   A.①②③   B.①②
   C.②③   D.①③

34. 船舶倒车冲程与哪些因素有关?
   ①主机换向所需时间及倒车功率之大小;②排水量、船速、船体所受阻力;③风、流的方向、大小,航道浅窄,污底程度
   A.①   B.①②
   C.②③   D.①②③

35. 下列对船舶停车冲程和倒车冲程都有影响的因素是_____。
   ①水深;②风流条件;③污底程度;④推进器类型
   A.①   B.①②③
   C.②③   D.①②③④

36. 航进中的船舶,为避免碰撞或达到其他操船方面的要求,常需开出倒车,以便尽快达到减速或停船的目的,其船舶的倒车停船过程是_____。
   A. 将前进三的车钟逐级减到停车位,等到船速降至全速的 60% ~ 70%,再将车钟逐级增至倒车三
   B. 将前进三的车钟逐级减至停车位,再将车钟迅速增至倒车三
   C. 将前进三的车钟逐级减至停车位,再将车钟逐级增至倒车三
   D. 将前进三的车钟迅速增至倒车三

37. 前进中的船舶由前进三改为后退三的主机倒车过程为_____。
   A. 将前进三的车钟逐级减到停车位,等到船速降至全速的 25% ~ 35%,再将车钟逐级增至倒车三
   B. 将前进三的车钟逐级减到停车位,在关闭油门后,通常等到船速降至全速的 60% ~ 70%,转速降至额定转速的 25% ~ 35%,再进行倒车起动,起动后,再逐级增至倒车三
   C. 将前进三的车钟逐级减到停车位,等到船速降至全速的 60% ~ 70%,再将车钟逐级增至倒车三
   D. 将前进三的车钟逐级减到停车位,等到船速降至全速的一半,再将车钟逐级增至倒车三

38. 船舶在高速航进中,由全速前进或半速前进突然改为全速后退,为不致造成主机损伤,在关闭油门后,通常要等到船速降至_____,主机转速降至额定转速的_____时,才可进行倒车

起动。

A. 30% ~50% ;15% ~25%　　　　B. 50% ~80% ;25% ~35%

C. 60% ~70% ;25% ~35%　　　　D. 25% ~35% ;60% ~70%

39. 船舶航行中,进行突然倒车,通常在关闭油门后,要等船速降至全速的_____,转速降至额定转速的_____时,将压缩空气通入汽缸,迫使主机停转后,再进行倒车起动。

A. 60% ~70% ;15% ~25%　　　　B. 60% ~70% ;25% ~35%

C. 40% ~60% ;15% ~25%　　　　D. 40% ~60% ;25% ~35%

40. 对于给定的船舶,影响倒车冲程的因素主要有_____。

①在其他条件相同的情况下,排水量越大,倒车冲程越大;②若其他因素一定,船速越高,倒车冲程越大;③若其他条件相同,主机倒车转速越高,主机倒车功率越大,倒车冲程越大;④在其他条件相同的情况下,主机换向时间越短,倒车冲程越小

A. ①②③④　　　　B. ①②③

C. ①②④　　　　D. ②③④

41. 对于给定的船舶,影响倒车冲程的因素主要有_____。

①在其他条件相同的情况下,排水量越大,倒车冲程越小;②船体污底严重船体阻力越大,倒车冲程越小;③若其他条件相同,主机倒车转速越高,主机倒车功率越大,倒车冲程越小;④在其他条件相同的情况下,顺风、顺流时,倒车冲程增大;⑤在浅水中的倒车冲程要比深水中小

A. ①②③④⑤　　　　B. ①②③④

C. ①③⑤　　　　D. ②③④⑤

1.1.1.4　船舶制动方法及其适用

一、知识点梳理

方法	速度范围	水域	船舶	措施
倒车制动	高低速	全部水域	最大制动纵距小于进距,用车	
满舵旋回制动	高速	较宽水域	最大制动纵距大于进距,用舵	
Z形操纵制动	高速	较宽水域	尤适用 VLCC、ULCC	车、舵
抛锚制动	低速	港内水域	小船	低于 2 ~3 kn
拖船协助制动	低速	港内水域	大船	低于 5 ~6 kn
辅助装置制动	高速	较宽水域或港内水域		

二、难点点拨

部分教材中,将 Z 形操纵制动换成了蛇航制动。

三、相关习题

1. 船舶可用的制动方法包括_____。
   ①倒车制动;②大舵角旋回制动;③蛇航制动
   A.①   B.①②
   C.②③   D.①②③
2. 船舶可用的制动方法包括_____。
   ①拖锚制动;②拖船制动;③辅助装置制动
   A.①   B.①②
   C.②③   D.①②③
3. 常用的制动方法包括_____。
   ①倒车制动法;②Z 形操纵制动法;③满舵旋回制动法;④拖锚制动法;⑤拖船协助制动法
   A.①②③④   B.②③④⑤
   C.①②③④⑤   D.①②④⑤
4. 满舵旋回制动法亦称大舵角旋回制动法,它是利用大舵角进行急速旋回的方法进行制动,其特点是_____。
   ①无须机舱操作而且降速时间也相对较短;②一般船舶进行大舵角旋回时可减速 30% 左右,而肥大型船舶可以降速达 50% 以上;③该方法所需水域比较宽;④大舵角旋回后基本上就可以把船完全停住,无须进行倒车制动
   A.①②③④   B.①②③
   C.①③④   D.②③④
5. 大舵角旋回制动方法的优点包括_____。
   ①操作方便,无须机舱操作,而且降速时间也相对较短,可以降速达 25% ~ 50%;②所需的水域比较宽;③仍残留部分余速
   A.①   B.①②
   C.②③   D.①②③
6. 采用倒车制动的特点是_____。
   ①不论在港内或港外,该方法均适用;②不论船舶速度高低,该方法也适用;③在紧急避让中一旦发生碰撞,碰撞损失也比较小;④单桨船在倒车过程中总伴有一定的偏航量和偏航角,且倒车时间越长,偏航量越大;⑤大型船舶在港内通常采用倒车制动法
   A.①②③④⑤   B.①②③④
   C.①③⑤   D.②③④⑤

7. 倒车制动方法的优点包括_____。

①不受水域、船速等条件的限制,不论港内或港外水域,也不论船速的高与低,该方法均可适用;②紧急避让中即使发生碰撞,碰撞的损失也比较小;③FPP船需要进行主机换向操作

A. ①   B. ①②

C. ②③   D. ①②③

8. 倒车制动方法的缺点包括_____。

①紧急避让中即使发生碰撞,碰撞的损失也比较小;②FPP船需要进行主机换向操作;③单桨船在倒车过程中总伴有一定的偏航量和偏航角,且倒车时间越长,偏航量越大

A. ①   B. ①②

C. ②③   D. ①②③

9. Z形操纵制动法适用于_____。

A. 船舶高速及较宽敞水域   B. 船舶低速及较宽敞水域

C. 船舶高速及较狭小水域   D. 船舶低速及较狭小水域

10. 蛇航制动方法的优点包括_____。

①在倒车未开出之前的2～3 min的时间内已充分地利用斜航阻力使船舶相应减速;②主机由进车换为倒车的过程可以分阶段、逐级平稳进行,避免了主机超负荷工作等情况的出现;③操纵复杂,在较窄的水域或航道内不宜使用

A. ①   B. ①②

C. ②③   D. ①②③

11. Z形操纵制动法又称蛇航制动法,是直航中的船舶通过自身操舵,换车,利用强大的船舶斜航阻力和倒车拉力将船制动的方法,其特点是_____。

①开始蛇航制动时最初操舵赋予了船舶以明确的偏航方向(向左或向右),弥补了开出倒车时船舶偏转方向不定的不足;②在倒车未开出之前2～3 min的时间内,已充分地利用斜航阻力使船舶相应减速,可以缩短紧急停船距离和时间;③主机由进车换为倒车的过程可以分阶段,逐级平稳进行,避免了主机超负荷运转等情况的出现;④该方法不受水域、航速等条件的限制

A. ①②③④   B. ②③④

C. ①③④   D. ①②③

12. 拖船制动法通常适用于_____。

A. 超大型船舶在港内低速状态时的制动   B. 万吨级及以下的船舶

C. 船舶对地的速度仅限于2～3 kn以下   D. 船舶主机故障失去动力时

13. 利用拖锚阻力,即拖锚时的锚抓力来减少船舶余速的方法称为拖锚制动法,其特点是_____。

①仅用于万吨级及以下的船舶;②抛锚时船舶对地速度也仅限于2～3 kn以下;③适用于各种水域;④操纵方法简单,制动效果好

A. ①②③④   B. ①②③

C. ①②   D. ③④

14. 拖锚制动法和拖船协助制动法分别适用于_____。
    A. 船舶高速和低速情况 　　　　B. 船舶低速和低速情况
    C. 船舶低速和高速情况 　　　　D. 船舶高速和高速情况
15. 关于拖锚制动的适用,下列说法正确的是_____。
    ①该法仅用于万吨级以下的船舶;②抛锚时船舶对地的速度也仅限于 2～3 kn 以下;③适用于任何水域
    A. ① 　　　　B. ①②
    C. ②③ 　　　　D. ①②③
16. 一般拖锚制动靠泊方法_____。
    A. 多用于总载重吨几千吨的船舶,1 万吨船较少采用
    B. 多用于总载重吨几万吨的船舶,1 万吨船较少采用
    C. 多用于总载重吨几千吨的船舶,1 万吨船也多采用
    D. 多用于总载重吨几万吨的船舶,1 万吨船也多采用
17. 使用阻力鳍等辅助装置制动通常在_____情况下使用效果较明显。
    A. 超大型船舶在港内低速状态时的制动 　　B. 万吨级以下的船舶
    C. 船舶对地的速度仅限于 2～3 kn 以下 　　D. 在船舶航速较高时

1.1.2　旋回性能

1.1.2.1　船舶旋回运动三个阶段及其特征

一、知识点梳理

1. 转舵阶段(初始、横移内倾):角加速度 r' 较大,角速度 r 较小;横移加速度较大,横移速度较小;船速 V 略有下降;船体外移内倾;转心在重心稍前,开始前移。
2. 过渡阶段(加速):r' 下降,r 增大;横移加速度减小,横移速度增大;V 下降;船体内移外倾。
3. 定常阶段:r' 为零,r 最大且不变;横移加速度为零,横移速度最大;V 降至最小稳定;船体定常外倾。

二、难点点拨

1. 船舶旋回合力矩 = 舵力转船力矩 + 水动力转船力矩 − 阻尼力矩。
2. 舵力,在船舶水平方向上使船尾向外侧横移,垂向上使船舶内倾;斜航的水动力,在水平方向上使船首向内侧横移,垂向上使船外倾。

三、相关习题

1. 船舶以一定的速度直航中操一定的舵角并保持之,船舶进入回转运动的性能被称为_____。
   A. 船舶保向性能　　　　　　　　　　B. 船舶旋回性能
   C. 船舶变速性能　　　　　　　　　　D. 船舶改向性能

2. 船舶对操舵改变航向快速响应能力被称为_____。
   A. 船舶保向性能　　　　　　　　　　B. 船舶旋回性能
   C. 初始回转性能　　　　　　　　　　D. 航向稳定性能

3. 初始回转试验性能一般是指直进中的船舶操_____舵角,航向改变_____时的船舶前进距离大小。
   A. 10°;10°　　　　　　　　　　　　B. 15°;10°
   C. 10°;15°　　　　　　　　　　　　D. 15°;15°

4. 直航中的船舶操一舵角后,其旋回初始阶段的_____。
   A. 转向角加速度较大,角速度较小　　B. 转向角加速度较小,角速度较大
   C. 转向角加速度较大,角速度较大　　D. 转向角加速度较小,角速度较小

5. 船舶操一定舵角 δ 之后,其转头角速度将_____。
   A. 匀速增加
   B. 不变
   C. 开始上升慢,而后上升加快,至稳定值
   D. 开始上升快,后上升变缓,最终稳定于一定值

6. 直航中的船舶操一舵角后,在其转舵阶段船舶将_____。
   A. 出现船速降低,向转舵一侧横倾现象
   B. 出现船速降低,向转舵相反一侧横倾现象
   C. 出现船速增大,向转舵一侧横倾现象
   D. 出现船速增大,向转舵相反一侧横倾现象

7. 直航中的船舶操一舵角后,其旋回初始阶段的_____。
   A. 横移速度较小,横移加速度较小　　B. 横移速度较小,横移加速度较大
   C. 横移速度较大,横移加速度较大　　D. 横移速度较大,横移加速度较小

8. 直航中的船舶操一舵角后,其旋回初始阶段的船体_____。
   A. 开始向操舵一侧横移加速度较小
   B. 开始向操舵相反一侧横移加速度较大
   C. 开始向操舵一侧横移加速度较大
   D. 开始向操舵相反一侧横移加速度较小

9. 直航中的船舶操一舵角后,其旋回初始阶段的转心_____。
   A. 约在船舶重心稍前处,并开始向前移动
   B. 约在船舶重心稍后处,并开始向前移动

    C. 约在船舶重心稍前处,并开始向后移动

    D. 约在船舶重心稍后处,并开始向后移动

10. 直航中的船舶操一舵角后,其旋回初始阶段船体向转舵一侧横倾的原因是_____。

    A. 因舵力作用中心较船舶重心位置低而出现少量向操舵一舷的横倾

    B. 水线以下的水阻力使船体出现少量向操舵一舷的横倾

    C. 惯性离心力使船体出现少量向操舵一舷的横倾

    D. 船舶恢复力矩使船体出现少量向操舵一舷的横倾

11. 直航中的船舶操一舵角后,在旋回初始阶段其转心位置_____。

    A. 约在船舶重心稍前处   B. 在船舶首尾线的延长线上

    C. 在船首附近   D. 在船尾附近

12. 直航中的船舶操一舵角后,在进入加速旋回阶段,其运动特征是_____。

    A. 旋回角加速度逐渐降低,旋回角速度也逐渐减小

    B. 旋回角加速度逐渐降低,旋回角速度也不断提高

    C. 旋回角加速度逐渐提高,旋回角速度也不断提高

    D. 旋回角加速度逐渐提高,旋回角速度也逐渐减小

13. 直航中的船舶操一舵角后,在进入加速旋回阶段,船舶转心位置将_____。

    A. 由船舶重心稍前处逐渐向船首移动

    B. 由船舶重心稍前处逐渐向船尾移动

    C. 由船首逐渐向后移动

    D. 由船舶船尾稍前处逐渐向重心移动

14. 直航中的船舶操一舵角后,在进入加速旋回阶段,船舶的横倾情况是_____。

    A. 船舶的内倾消失,将产生最大的外倾角

    B. 继续内倾,将产生最大的内倾角

    C. 船舶的外倾消失,将产生最小的外倾角

    D. 继续内倾,将产生较小的内倾角

15. 船舶在大风浪中大角度转向或掉头时,_____,则船舶将有倾覆的危险。

    A. 如船舶在波浪中横摇的相位与旋回中外倾角的相位一致

    B. 如船舶在波浪中横摇的相位大于旋回中外倾角的相位

    C. 如船舶在波浪中横摇的相位小于旋回中外倾角的相位

    D. 如船舶在波浪中横摇的相位远大于旋回中外倾角的相位

16. 船舶操舵后,在转舵阶段将_____。

    A. 出现速度降低,向转舵一侧横倾现象   B. 出现速度降低,向转舵相反一侧横倾现象

    C. 出现速度增大,向转舵一侧横倾现象   D. 出现速度增大,向转舵相反一侧横倾现象

17. 直航船操一定舵角后,其旋回初始阶段的_____。

    A. 转向角速度较小,角加速度较大   B. 转向角速度较小,角加速度较小

    C. 转向角速度较大,角加速度较大   D. 转向角速度较大,角加速度较小

18. 直航船操一定舵角后,其旋回初始阶段的_____。

A. 横移速度较小,横移加速度较小　　　　　B. 横移速度较小,横移加速度较大

C. 横移速度较大,横移加速度较大　　　　　D. 横移速度较大,横移加速度较小

19. 直航船操一定舵角后,其旋回初始阶段的船体_____。
   A. 开始向操舵一侧横移,横移加速度较小
   B. 开始向操舵相反一侧横移,横移加速度较大
   C. 开始向操舵一侧横移,横移加速度较大
   D. 开始向操舵相反一侧横移,横移加速度较小

20. 直航船操一定舵角后,其旋回初始阶段的船体_____。
   A. 开始向操舵一侧横移,横移速度较小
   B. 开始向操舵相反一侧横移,横移速度较大
   C. 开始向操舵一侧横移,横移速度较大
   D. 开始向操舵相反一侧横移,横移速度较小

21. 直航船操一定舵角后,其旋回初始阶段的船体_____。
   A. 开始向操舵一侧横移,向操舵一侧横倾
   B. 开始向操舵相反一侧横移,向操舵相反一侧横倾
   C. 开始向操舵一侧横移,向操舵相反一侧横倾
   D. 开始向操舵相反一侧横移,向操舵一侧横倾

22. 直航船操一定舵角后,其加速旋回阶段的转心_____。
   A. 在重心之前,并向前移动　　　　　B. 在重心之后,并向前移动
   C. 在重心之前,并向后移动　　　　　D. 在重心之后,并向后移动

23. 直航船操一定舵角后,其加速旋回阶段的船体_____。
   A. 向操舵一侧横移,向操舵一侧横倾
   B. 向操舵相反一侧横移,向操舵相反一侧横倾
   C. 向操舵一侧横移,向操舵相反一侧横倾
   D. 向操舵相反一侧横移,向操舵一侧横倾

24. 直航船操一定舵角后,其加速旋回阶段的船体_____。
   A. 开始向操舵一侧横移,横移速度较小　　　B. 开始向操舵相反一侧横移,横移速度较大
   C. 开始向操舵一侧横移,横移速度较大　　　D. 开始向操舵相反一侧横移,横移速度较小

25. 直航船操一定舵角后,其加速旋回阶段的_____。
   A. 角加速度为常量,横移加速度为变量　　　B. 角加速度为变量,横移加速度为常量
   C. 角加速度为变量,横移加速度为变量　　　D. 角加速度为常量,横移加速度为常量

26. 直航船操一定舵角后,其加速旋回阶段的_____。
   A. 转向角速度为变量,横移速度为常量　　　B. 转向角速度为常量,横移速度为变量
   C. 转向角速度为变量,横移速度为变量　　　D. 转向角速度为常量,横移速度为常量

27. 直航船操一定舵角后,其加速旋回阶段的_____。
   A. 横移速度为变量,横移加速度为常量　　　B. 横移速度为常量,横移加速度为变量
   C. 横移速度为变量,横移加速度为变量　　　D. 横移速度为常量,横移加速度为常量

28. 直航船操一定舵角后,其加速旋回阶段的_____。
    A. 转向角速度为变量,角加速度为常量
    B. 转向角速度为常量,角加速度为变量
    C. 转向角速度为变量,角加速度为变量
    D. 转向角速度为常量,角加速度为常量

29. 船舶旋回中,航向角变化约多少度时,船舶开始进入定常旋回阶段?
    A. 90°
    B. 180°
    C. 270°
    D. 360°

30. 直航船操一定舵角后,其定常旋回阶段的_____。
    A. 转向角速度为常量,角加速度为变量
    B. 转向角速度为变量,角加速度为零
    C. 转向角速度为变量,角加速度为变量
    D. 转向角速度为常量,角加速度为零

31. 直航船操一定舵角后,其定常旋回阶段的_____。
    A. 横移速度为常量,横移加速度为变量
    B. 横移速度为变量,横移加速度为零
    C. 横移速度为变量,横移加速度为变量
    D. 横移速度为常量,横移加速度为零

32. 直航船操一定舵角后,其定常旋回阶段的_____。
    A. 转向角速度最大,角加速度最大
    B. 转向角速度最小,角加速度为零
    C. 转向角速度最小,角加速度最大
    D. 转向角速度最大,角加速度为零

33. 直航船操一定舵角后,其定常旋回阶段_____。
    A. 降速达到最大,外倾角趋于稳定
    B. 船速继续下降,外倾角继续增大
    C. 船速继续下降,外倾角趋于稳定
    D. 降速达到最大,外倾角继续增大

34. 直航船操一定舵角后,其定常旋回阶段的_____。
    A. 转心位置稳定
    B. 转心继续前移
    C. 转心趋向船中
    D. 转心趋向船尾

35. 船舶做舵旋回进入定常旋回阶段后,下列叙述哪项不正确?
    A. 作用于船体的合力矩为零
    B. 角速度达到最大
    C. 角加速度达到最大
    D. 船舶降速达到最大

36. 船舶做舵旋回进入定常旋回阶段后,下列叙述哪项正确?
    A. 船舶围绕转心点做匀速圆周运动
    B. 船舶围绕回转中心点做匀速圆周运动
    C. 船舶围绕船舶中心点做匀速圆周运动
    D. 船舶围绕重心点做匀速圆周运动

37. 直航中的船舶操一舵角后,在进入定常旋回阶段时的特征是_____。
    A. 船舶的旋回角加速度达到最大值,角速度达到最大值并恒定不变
    B. 船舶的旋回角加速度为零,角速度达到最大值并恒定不变
    C. 船舶的旋回角加速度达到最大值,角速度达到最小值并恒定不变
    D. 船舶的旋回角加速度达到最大值并恒定不变,角速度达到最大值

1.1.2.2　旋回圈、旋回要素的概念

一、知识点梳理

1. 旋回圈:重心描绘的轨迹。

2. 反移量 L_k:回转一个罗经点($11.25°$)达到最大,重心处约为$1\%L$;船尾($1/10 \sim 1/5$)L;轻载、舵角和船速越大,反移量越大。

3. 旋回初径 D_T:航向改变$180°$的横向距离,约为($3 \sim 6$)L。

4. 进距 A_d:纵向距离,通常指航向改变$90°$时,约为($0.6 \sim 1.2$)D_T。

5. 横距 T_r:横向距离,通常指航向改变$90°$时,约为$0.5D_T$。

6. 旋回直径 D:定常旋回时直径,约为($0.9 \sim 1.2$)D_T。

6. 滞距 R_e(心距):约为($1 \sim 2$)L,代表舵效的好坏。

7. 漂角:线速度与首尾线夹角。重心处$3° \sim 15°$,船尾最大。漂角大,旋回性好。

8. 转心:旋回中心至首尾线的垂足。随旋回加快,重心往前移动,定常旋回时位于首柱后($1/3 \sim 1/5$)L。转心越靠前,旋回性越好。转心处漂角为零。

9. 船速下降:原因,斜航阻力、舵阻力、离心力、推进器效率下降。下降幅度$1/4 \sim 1/2$,VLCC下降65%;V_t/V_o为速降系数,系数小,降速大。

10. 旋回时间:船速低,排水量大,旋回时间长。一般船舶6 min,大型船增加1倍。

11. 横倾:内倾→最大外倾→定常外倾;与线速度、角速度、重心浮心距正比,与初稳性反比。操舵速度影响最大外倾角(约为定常的$1.2 \sim 1.5$倍),舵角越大,横倾角越大。

二、难点点拨

1. 描述旋回圈大小的量是以重心的轨迹求取的,而在旋回过程中,船上的任何一点都有其旋回轨迹。

2. 旋回的纵向移动速度,在船上各个点的大小是相同的;而横移速度,转心处横移速度为零,离转心越远,横移速度越大,转心前,向操舵一侧横移,转心后,向操舵相反一侧横移。

三、相关习题

旋回圈的定义

1. 旋回圈是指直航中的船舶操左(或右)满舵后_____。
   A. 船尾端描绘的轨迹　　　　　　　B. 船舶重心描绘的轨迹
   C. 船舶转心 P 描绘的轨迹　　　　　D. 船首端描绘的轨迹

2. 旋回圈是定速直航(一般为全速)的船舶操一定的舵角(一般为满舵)后,其_____。

A. 船舶中心点所描绘的轨迹　　　　B. 船舶重心点所描绘的轨迹

C. 船舶转心点所描绘的轨迹　　　　D. 船舶首尾任意点所描绘的轨迹

3. 在船舶提供给引航员的引航卡的船舶操纵性资料中的旋回圈是_____。

　　A. 船舶在任意速度直航中操满舵后船中点描绘的轨迹

　　B. 船舶在全速直航中操满舵后船中点描绘的轨迹

　　C. 船舶在任意速度直航中操满舵后船重心描绘的轨迹

　　D. 船舶在全速直航中操满舵后船重心描绘的轨迹

4. 驾驶台展示的船舶操纵性资料中,其旋回圈_____。

　　A. 是船舶全速直航操 20°舵角后重心描绘的轨迹

　　B. 是船舶半速直航操满舵后重心描绘的轨迹

　　C. 是船舶半速直航操 20°舵角后重心描绘的轨迹

　　D. 是船舶全速直航操满舵后重心描绘的轨迹

旋回圈的要素:旋回进距、旋回横距、旋回初径、旋回直径、旋回反移量

5. 船舶旋回圈中的进距是指_____。

　　A. 自操舵起,至航向改变 90°时,其重心在原航向上的横向移动距离

　　B. 自操舵起,至航向改变 90°时,其重心在原航向上的纵向移动距离

　　C. 自操舵起,至航向改变 180°时,其重心在原航向上的横向移动距离

　　D. 自操舵起,至航向改变 180°时,其重心在原航向上的纵向移动距离

6. 船舶旋回圈中的横距是指_____。

　　A. 自操舵起,至航向改变 90°时,其重心在原航向上的横向移动距离

　　B. 自操舵起,至航向改变 90°时,其重心在原航向上的纵向移动距离

　　C. 自操舵起,至航向改变 180°时,其重心在原航向上的横向移动距离

　　D. 自操舵起,至航向改变 180°时,其重心在原航向上的纵向移动距离

7. 船舶旋回圈中的旋回初径是指_____。

　　A. 自操舵起,至航向改变 90°时,其重心在原航向上的横向移动距离

　　B. 自操舵起,至航向改变 90°时,其重心在原航向上的纵向移动距离

　　C. 自操舵起,至航向改变 180°时,其重心在原航向上的横向移动距离

　　D. 自操舵起,至航向改变 180°时,其重心在原航向上的纵向移动距离

8. 船舶旋回圈中的旋回直径是指_____。

　　A. 自操舵起,至航向改变 90°时,其重心在原航向上的横向移动距离

　　B. 自操舵起,至航向改变 180°时,其重心在原航向上的横向移动距离

　　C. 自操舵起,至角速度达到最大值时,旋回圈的直径

　　D. 自操舵起,至角速度达到常量时,旋回圈的直径

9. 旋回直径约为旋回初径的_____倍。

A. 0. 5　　　　　　　　　　　　　B. 0. 6

C. 0. 9 ~ 1. 2　　　　　　　　　　D. 0. 6 ~ 1. 2

10. 船舶旋回过程中的反移量是指_____。
   A. 自操舵起,其重心向转舵相反一侧在原航向上的横向移动距离
   B. 自操舵起,其船尾向转舵相反一侧在原航向上的横向移动距离
   C. 自操舵起,其重心向转舵一侧在原航向上的横向移动距离
   D. 自操舵起,其船尾向转舵一侧在原航向上的横向移动距离

11. 满载船舶满舵旋回时的最大反移量_____。
   A. 约为船长的1%   B. 约为船长的3%
   C. 约为船长的5%   D. 约为船长的7%

12. 船舶做旋回运动,反移量最大处在_____。
   A. 重心   B. 转心
   C. 船首   D. 船尾

13. 船舶做旋回运动,反移量最大处出现在船尾,最大可达_____。
   A. 1%L   B. 2%L
   C. (10% ~20%)L   D. (40% ~50%)L

14. 船舶满舵旋回过程中_____。
   A. 当转向角达到约1°时,反移量最大
   B. 当转向角达到约1个罗经点时,反移量最大
   C. 当转向角达到约2个罗经点时,反移量最大
   D. 当转向角达到约3个罗经点时,反移量最大

旋回漂角

15. 船舶旋回时,其_____轨迹的切线与船首尾线的夹角称为漂角。
   A. 重心   B. 转心
   C. 中心   D. 浮心

16. 直航中的船舶操一舵角后,在进入定常旋回阶段时其漂角的特征是_____。
   A. 趋于稳定并保持定值   B. 船舶首尾中心线上的漂角大小相等
   C. 船首漂角大于船尾并逐渐减小   D. 船舶重心处的漂角最大

17. 直航中的船舶操一舵角后,在进入定常旋回阶段时其转心的位置是_____。
   A. 逐渐稳定,该点的位置大约在离首柱后1/3 ~1/5 船长处
   B. 逐渐稳定,该点的位置大约在离重心前1/3 ~1/5 船长处
   C. 逐渐稳定,该点的位置大约在离重心后1/3 ~1/5 船长处
   D. 逐渐稳定,该点的位置大约在离尾柱后1/3 ~1/5 船长处

18. 关于旋回中船舶转心位置的说法,下述正确的是_____。
   A. 前进中旋回的船舶其转心位置在船中前,后退中旋回,转心则在船尾附近
   B. 前进中旋回的船舶其转心位置在船中后,后退中旋回,转心则在船首附近
   C. 前进中旋回的船舶其转心位置在船中前,后退中旋回,转心则在船首附近
   D. 前进中旋回的船舶其转心位置在船首前,后退中旋回,转心则在船尾附近

19. 下列有关船舶在旋回中漂角的叙述哪些是正确的？
①船尾处漂角最大；②转心处漂角为零；③漂角越大，速降系数越大；④船舶在浅水中旋回时的漂角比深水中小
　A. ①②③　　　　　　　　　　　　　B. ②③④
　C. ①②④　　　　　　　　　　　　　D. ①②③④

20. 下列有关船舶在旋回中漂角的叙述哪项是错误的？
　A. 船尾处漂角最大　　　　　　　　　B. 转心处漂角为零
　C. 漂角越大，速降系数越大　　　　　D. 船舶在浅水中旋回时的漂角比深水中小

21. 船舶旋回运动中，船尾处的运动参数具有哪些特点？
　A. 漂角为零，横移速度最小　　　　　B. 漂角为零，横移速度最大
　C. 漂角最大，横移速度最小　　　　　D. 漂角最大，横移速度最大

22. 船舶做舵旋回时，漂角在船舶首尾线上分布从大到小依次排列为_____。
　A. 船尾处、重心处、转心处　　　　　B. 重心处、船尾处、转心处
　C. 转心处、船尾处、重心处　　　　　D. 船尾处、转心处、重心处

23. 船舶旋回过程中，漂角 β 的值_____。
　A. 在转舵阶段较小，在定常旋回阶段较大
　B. 在转舵阶段较小，在定常旋回阶段较小，且相等
　C. 在转舵阶段较大，在定常旋回阶段较小
　D. 在转舵阶段较大，在定常旋回阶段较大，且相等

24. 船舶在旋回运动中，漂角何处最大？
　A. 转心处　　　　　　　　　　　　　B. 重心处
　C. 船尾端　　　　　　　　　　　　　D. 船首端

25. 船舶旋回运动中，漂角越大，_____。
　A. 速降系数越小，速度下降越小，转心前移
　B. 速降系数越小，速度下降越大，转心前移
　C. 速降系数越大，速度下降越大，转心前移
　D. 速降系数越小，速度下降越大，转心后移

26. 船舶旋回过程中，漂角越大，_____。
　A. 船尾向操舵一侧偏转幅度越大　　　B. 船尾向操舵相反一侧偏转幅度越小
　C. 船首向操舵一侧偏转幅度越大　　　D. 船首向操舵相反一侧偏转幅度越小

27. 船舶旋回过程中，漂角越大，_____。
　A. 旋回性越差，旋回直径越大　　　　B. 旋回性越好，旋回直径越小
　C. 追随性越差，旋回直径越大　　　　D. 追随性越好，旋回直径越小

28. 船舶旋回运动中，漂角越大，_____。
　A. 速降加剧，转心前移　　　　　　　B. 速降加剧，转心后移
　C. 速降减轻，转心前移　　　　　　　D. 速降减轻，转心后移

29. 船舶旋回运动中，漂角由大变小_____。

A. 速降加剧, 转心前移　　　　　　　　　　B. 速降加剧, 转心后移

C. 速降减轻, 转心前移　　　　　　　　　　D. 速降减轻, 转心后移

30. 船舶旋回中, 随着漂角的逐渐增大, 旋回半径和转心的变化情况为_____。

A. 旋回半径减小, 转心前移　　　　　　　　B. 旋回半径减小, 转心后移

C. 旋回半径增大, 转心前移　　　　　　　　D. 旋回半径增大, 转心后移

31. 船舶做旋回运动过程中, 漂角越小, _____。

A. 速降加剧, 横倾增大　　　　　　　　　　B. 速降加剧, 横倾减小

C. 速降减轻, 横倾减小　　　　　　　　　　D. 速降减轻, 横倾增大

32. 一般商船满舵旋回中, 重心 G 处的漂角一般约在_____。

A. $2° \sim 10°$　　　　　　　　　　　　　B. $3° \sim 15°$

C. $5° \sim 20°$　　　　　　　　　　　　　D. $8° \sim 30°$

旋回转心

33. 转心 P 是指_____。

A. 旋回中船体所受水动力的作用中心　　　　B. 旋回轨迹的曲率中心至船舶首尾线的垂足

C. 旋回轨迹的中心　　　　　　　　　　　　D. 旋回中船体上漂角最大的一点

34. 船舶前进旋回过程中, 转心位置约_____。

A. 位于首柱后 $1/2 \sim 1/3$ 船长处　　　　B. 位于首柱后 $1/3 \sim 1/5$ 船长处

C. 位于首柱后 $1/4 \sim 1/7$ 船长处　　　　D. 位于首柱后 $1/5 \sim 1/8$ 船长处

35. 一艘商船倒退旋回时, 其转心的位置约为_____。

A. 船重心前 $1/8$ 船长　　　　　　　　　　B. 重心前 $1/3$ 船长

C. 首柱后 $1/3$ 船长　　　　　　　　　　　D. 接近船尾

36. 船舶旋回时的转心位置_____。

A. 保持不变, 位于首柱后 $1/3 \sim 1/5$ 船长处

B. 由船中向船首方向移动, 当船舶进入定常旋回后, 该位置稳定

C. 由船尾向船中移动, 当船舶进入定常旋回后, 该位置将稳定在船中

D. 保持不变, 位于船中

37. 船舶旋回过程中, 转心位置_____。

A. 在转舵阶段和过渡阶段不变, 在定常旋回阶段不变

B. 在转舵阶段和过渡阶段变化, 在定常旋回阶段变化

C. 在转舵阶段和过渡阶段变化, 在定常旋回阶段不变

D. 在转舵阶段和过渡阶段不变, 在定常旋回阶段变化

38. 船舶旋回运动中, 在转心 P 处的_____。

A. 漂角为最大, 横移速度为最大　　　　　　B. 漂角为零, 横移速度为零

C. 漂角为最大, 横移速度为零　　　　　　　D. 漂角为零, 横移速度为最大

39. 船舶在旋回运动过程中, 其首、尾转动情况为_____。

A. 船首向操舵相反一侧转动, 船尾向操舵一侧转动

B. 船首向操舵一侧转动,船尾向操舵相反一侧转动

C. 船首向操舵一侧转动,船尾向操舵一侧转动

D. 船首向操舵相反一侧转动,船尾向操舵相反一侧转动

40. 船舶在旋回运动过程中,其首、尾转动量的大小与重心旋回轨迹相比较_____。

A. 船首比船尾向操舵相反一侧转动量大　　B. 船尾比船首向操舵相反一侧转动量大

C. 船首比船尾向操舵一侧转动量大　　　　D. 船尾比船首向操舵一侧转动量大

41. 船舶在旋回运动过程中,其首、尾转动量的大小与重心旋回轨迹相比较_____。

A. 船尾比船首向操舵相反一侧转动量小　　B. 船尾比船首向操舵相反一侧转动量大

C. 船尾比船首向操舵一侧转动量小　　　　D. 船尾比船首向操舵一侧转动量大

42. 船舶旋回中的漂角 β 一般是指_____。

A. 船首处旋回轨迹的切线与船舶首尾线之间的夹角

B. 重心处旋回轨迹的切线与船舶首尾线之间的夹角

C. 船尾处旋回轨迹的切线与船舶首尾线之间的夹角

D. 转心处旋回轨迹的切线与船舶首尾线之间的夹角

43. 船舶旋回中,首尾线上各点的漂角的分布情况的特点是_____。

A. 在转心处的值最大　　　　　　　　　　B. 在重心处的值最大

C. 在转心处的值最小　　　　　　　　　　D. 在船尾处的值最小

44. 船舶旋回中,首尾线上漂角为零的点在_____。

A. 船首处　　　　　　　　　　　　　　　B. 重心处

C. 转心处　　　　　　　　　　　　　　　D. 船尾处

45. 船舶做舵旋回时,横移速度在船舶首尾线上分布从大到小依次排列为_____。

A. 船尾处、重心处、转心处　　　　　　　B. 重心处、船尾处、转心处

C. 转心处、船尾处、重心处　　　　　　　D. 船尾处、转心处、重心处

46. 下列有关船舶在旋回中转心的叙述,哪项是错误的?

A. 刚开始旋回时转心在船舶重心稍后　　　B. 随着旋回的加剧,转心向船首方向移动

C. 转心处漂角为零　　　　　　　　　　　D. 漂角大的船,转心更靠前

47. 下列有关船舶在旋回中转心的叙述,哪些是正确的?

①刚开始旋回时转心在船舶重心稍后;②随着旋回的加剧,转心向船首方向移动;③转心处漂角为零;④漂角大的船,转心更靠前

A. ①②③　　　　　　　　　　　　　　　B. ②③④

C. ①②④　　　　　　　　　　　　　　　D. ①②③④

旋回的横移速度

48. 船舶在旋回运动过程中,其首、尾转动情况为_____。

A. 船首向操舵相反一侧转动,船尾向操舵相反一侧转动

B. 船首向操舵一侧转动,船尾向操舵相反一侧转动

C. 船首向操舵一侧转动,船尾向操舵一侧转动

D. 船首向操舵相反一侧转动,船尾向操舵一侧转动

49. 船舶做旋回运动,首尾偏转的大小是_____。

A. 艉向施舵相反一侧偏得多

B. 艉向施舵一侧偏得多

C. 艏向施舵一侧偏得多

D. 艏向施舵一侧,艉向施舵相反一侧偏得一样多

50. 船舶做舵旋回时_____。

A. 船尾向转舵一侧横移,船首向转舵相反一侧横移

B. 船尾向转舵相反一侧横移,船首向转舵一侧横移

C. 船尾向转舵相反一侧横移,船首向转舵相反一侧横移

D. 船尾向转舵一侧横移,船首向转舵一侧横移

51. 船舶做舵旋回时_____。

A. 船尾向转舵一侧横移,船舶重心向转舵相反一侧横移

B. 船尾向转舵相反一侧横移,船舶重心向转舵一侧横移

C. 船尾向转舵相反一侧横移,船舶重心向转舵相反一侧横移

D. 船尾向转舵一侧横移,船舶重心向转舵一侧横移

52. 船舶做舵旋回时_____。

A. 转心向转舵一侧横移,船首向转舵相反一侧横移

B. 转心向转舵相反一侧横移,船首向转舵一侧横移

C. 转心向转舵相反一侧横移,船首向转舵相反一侧横移

D. 转心处没有横移,船首向转舵一侧横移

53. 船舶做舵旋回时,纵向移动速度在船舶首尾线上分布为_____。

A. 船尾处 > 重心处 > 转心处   B. 重心处 < 船尾处 < 转心处

C. 转心处 = 船尾处 = 重心处   D. 船尾处 ≥ 转心处 ≥ 重心处

54. 船舶旋回运动中,在船尾处的_____。

A. 漂角为最大,横移速度为最大   B. 漂角为零,横移速度为零

C. 漂角为最大,横移速度为零   D. 漂角为零,横移速度为最大

55. 船舶旋回运动中,在船尾处的_____。

A. 漂角为最大,横移速度为最小

B. 漂角为最大,纵向移动速度为最大

C. 漂角为最大,纵向移动速度于船首尾各点上相同

D. 漂角为零,纵向移动速度为最大

旋回时间

56. 船舶旋回时间是指_____。

A. 自转舵起至航向角变化90°所用的时间

B. 自转舵起至航向角变化180°所用的时间

C. 自转舵起至航向角变化270°所用的时间

D. 自转舵起至航向角变化360°所用的时间

57. 万吨船全速满舵旋回一周所用时间_____。

    A. 约需 2 min　　　　　　　　B. 约需 4 min

    C. 约需 6 min　　　　　　　　D. 约需 8 min

58. 船舶全速满舵旋回一周所用时间与排水量有关,_____。

    A. 超大型船需时约比万吨船几乎增加 1 倍

    B. 超大型船需时约比万吨船几乎增加 2 倍

    C. 超大型船需时约比万吨船几乎增加 3 倍

    D. 超大型船需时约比万吨船几乎增加 4 倍

59. 船舶旋回一周所用的时间与排水量关系密切,_____。

    A. 万吨船约需 4 min,超大型船则几乎增加一倍

    B. 万吨船约需 10 min,超大型船则几乎增加一半

    C. 万吨船约需 6 min,超大型船则几乎增加一倍

    D. 万吨船约需 15 min,超大型船则几乎增加一半

60. 船舶旋回 360°所需要的时间与下述哪一因素最密切?

    A. 排水量　　　　　　　　　　B. 纵倾

    C. 横倾　　　　　　　　　　　D. 船长

61. 船舶旋回 360°所需要的时间与下述哪一因素最密切?

    A. 船长　　　　　　　　　　　B. 纵倾

    C. 横倾　　　　　　　　　　　D. 船速

旋回速降

62. 船舶旋回中船速下降与相对旋回初径 D_T/L 密切相关,_____。

    A. D_T/L 越小旋回性能越差,速降越明显　B. D_T/L 越小旋回性能越好,速降越明显

    C. D_T/L 越小旋回性能越差,速降越少　D. D_T/L 越小旋回性能越好,速降越少

63. 旋回中船速下降与相对旋回初径 D_T/L 密切相关,_____。

    A. D_T/L 越小旋回性能越好,速降系数越小　B. D_T/L 越小旋回性能越差,速降系数越小

    C. D_T/L 越小旋回性能越好,速降系数越大　D. D_T/L 越小旋回性能越差,速降系数越大

64. 旋回中船速下降与相对旋回初径 D_T/L 密切相关,_____。

    A. D_T/L 越小旋回性能越好,漂角越大　B. D_T/L 越小旋回性能越差,漂角越小

    C. D_T/L 越小旋回性能越好,漂角越小　D. D_T/L 越小旋回性能越差,漂角越大

65. 有关船舶在旋回中降速的说法,下列不正确的是_____。

    A. 船舶旋回中因舵阻力增加而引起降速

    B. 船舶旋回中因推进器效率下降而引起降速

    C. 瘦削型货轮比肥大型油船产生更多旋回降速

    D. 相对旋回初径 D_T/L 越小,则旋回中降速越多

66. 有关船舶在旋回中降速的说法,下列正确的是_____。
①船舶旋回中因舵阻力增加而引起降速;②船舶旋回中因推进器效率下降而引起降速;③相对旋回初径 D_T/L 越小,则旋回中降速越多;④瘦削型货轮比肥大型油船产生更多旋回降速
A.①②③
B.②③④
C.①②④
D.①②③④

67. 漂角越大,则_____。
A. 船首向转舵一侧方向偏转幅度越小
B. 旋回直径越大
C. 船尾向转舵相反一侧方向偏转幅度越小
D. 旋回性能越好

68. 商船在满舵旋回过程中船速下降幅度为_____。
A.5% ~50%
B.15% ~30%
C.20% ~25%
D.25% ~50%

69. 船舶在旋回中的降速主要是由于_____。
A. 大舵角的舵阻力增大、斜航中船体阻力减小造成的
B. 大舵角的舵阻力增大、斜航中船体阻力增大造成的
C. 大舵角的舵阻力减小、斜航中船体阻力减小造成的
D. 大舵角的舵阻力减小、斜航中船体阻力增大造成的

70. 旋回中引起速度下降的首要原因是_____。
A. 用舵后舵阻力增加
B. 斜航阻力增加
C. 推进效率下降
D. 船舶横倾

旋回横倾

71. 旋回运动中船舶产生横倾,作用在船体上的横倾力矩包括_____。
A. 舵横向力矩、船体水动力横向力矩和旋回运动离心力矩
B. 舵横向力矩和旋回运动离心力矩
C. 舵横向力矩和船体水动力横向力矩
D. 船体水动力横向力矩和旋回运动离心力矩

72. 船舶在旋回中出现的定常横倾角_____。
A. 与船舶定常旋回中的船速成正比,与旋回角速度成反比
B. 与船舶定常旋回中的船速成正比,与旋回角速度成正比
C. 与船舶定常旋回中的船速成反比,与旋回角速度成反比
D. 与船舶定常旋回中的船速成反比,与旋回角速度成正比

73. 船舶在旋回中出现的定常横倾角_____。
A. 与船舶初稳性高度成正比,与重心浮心距离成反比
B. 与船舶初稳性高度成正比,与重心浮心距离成正比
C. 与船舶初稳性高度成反比,与重心浮心距离成反比
D. 与船舶初稳性高度成反比,与重心浮心距离成正比

74. 船舶在旋回中出现的定常横倾角_____。

A. 与船速的平方成正比,与旋回半径成正比

B. 与船速的平方成正比,与旋回半径成反比

C. 与船速的平方成反比,与旋回半径成反比

D. 与船速的平方成反比,与旋回半径成正比

75. 船舶旋回中,随着转头角速度增加,将出现向用舵反侧的外倾,_____,其外倾角将越大。

    A. 旋回直径越小、稳性高度 GM 越小、航速越慢

    B. 旋回直径越大、稳性高度 GM 越小、航速越快

    C. 旋回直径越小、稳性高度 GM 越大、航速越快

    D. 旋回直径越小、稳性高度 GM 越小、航速越快

76. 船舶做舵旋回运动时,最大横倾角出现在_____。

    A. 内侧横倾期间   B. 外侧横倾期间

    C. 内侧横倾期向外侧横倾期过渡时   D. 速降最大时

77. 船舶做舵旋回运动时,最大横倾角出现在_____。

    A. 初始旋回阶段   B. 过渡旋回阶段

    C. 定常旋回阶段   D. 转舵阶段

78. 船舶在旋回中出现外倾角较大而危及船舶安全时,应_____。

    A. 立即回正舵   B. 立即操相反的大舵角

    C. 逐步降速,逐步减小所用舵角   D. 立即倒车,尽快将船停住

79. 船舶操舵旋回中,在转舵阶段将向_____横倾,在定常旋回阶段将向_____横倾。

    A. 转舵一侧;转舵相反一侧   B. 转舵一侧;转舵一侧

    C. 转舵相反一侧;转舵一侧   D. 转舵相反一侧;转舵相反一侧

80. 船舶做大舵角快速转向过程中,会产生横倾,倾斜的方向为_____。

    A. 内倾   B. 外倾

    C. 先内倾后外倾   D. 先外倾后内倾

81. 旋回运动中,船舶横倾情况是_____。

    A. 旋回初期向转舵一侧偏,继后向转舵相反一侧偏

    B. 旋回初期向转舵相反一侧偏,一直偏到最大值

    C. 旋回初期向转舵相反一侧偏,转过 360° 后,向转舵一侧偏

    D. 旋回运动不影响横倾

82. 船舶在航行中操左满舵进行旋回时,其横倾的情况是_____。

    A. 先左倾后右倾   B. 先右倾后左倾

    C. 始终左倾   D. 始终右倾

83. 船舶在航行中操右满舵进行旋回时,其横倾的情况是_____。

    A. 先左倾后右倾   B. 先右倾后左倾

    C. 始终左倾   D. 始终右倾

84. 直航中的船舶操舵进入定常旋回后,关于船舶横倾的说法,下列正确的是_____。

    ①船速越大,所操舵角越大,船体外倾角越大;②船体最后稳定于某一定常外倾角上;③漂角

越大的船舶,船体外倾角越大;④船舶的初稳性高度越高,定常外倾角越大

A.①②③④   B.①②③

C.②③④   D.①③④

85. 船舶做旋回运动时,下列说法正确的是_____。

①漂角增大,失速加剧;②漂角增大,转心前移;③漂角增大,旋回半径增大;④漂角增大,横倾加大

A.①②   B.①③

C.①②③   D.①②④

86. 船舶旋回时,随着转头角速度的增大,将出现向操舵相反侧的外倾,下列哪种情况,其外倾将越小?

A. 旋回直径越大,初稳性高度 GM 越小,船速越慢

B. 旋回直径越大,初稳性高度 GM 越小,船速越慢

C. 旋回直径越小,初稳性高度 GM 越大,船速越快

D. 旋回直径越大,初稳性高度 GM 越大,船速越慢

87. 船舶在旋回过程中,一旦发现横倾角过大,应立即采取的措施是_____。

A. 增速   B. 急速回舵

C. 操反舵   D. 降速

88. 关于船舶在定常旋回时的特征,下列说法正确的是_____。

①船舶的旋回角加速度为零,角速度恒定不变;②船舶旋回中漂角趋于稳定并保持定值;③转心逐渐稳定,该点位置大约在船首柱后 1/3 ~ 1/5 船长处;④船体内倾最后稳定于某一定常内倾角上;⑤船舶的横移速度,线速度固定不变

A.①②③④⑤   B.①②③④

C.①②③⑤   D.②③④⑤

89. 船舶施舵会产生横倾,并且因横向摇摆惯性将产生最大外倾角,最大外倾角一般为定常外倾角的_____倍。

A.1.2 ~ 1.5   B.1.5 ~ 1.8

C.1.8 ~ 2.1   D.2.1 ~ 2.4

90. 下列有关船舶旋回要素的叙述,哪项是错误的?

A. 在船舶旋回资料中给出的进距是航向改变 90°时的进距

B. 在船舶旋回资料中给出的横距是航向改变 90°时的横距

C. 船速越快,反移量越大

D. 船舶初稳性高度越大,定常外倾角越大

91. 下列有关船舶旋回要素的叙述,哪些是正确的?

①在船舶旋回资料中给出的进距是航向改变 90°时的进距;②在船舶旋回资料中给出的横距是航向改变 90°时的横距;③船速越快,反移量越大;④船舶初稳性高度越大,定常外倾角越大

A.①②③   B.②③④

C.①②④   D.①②③④

1.1.2.3　影响旋回性的因素

一、知识点梳理

1. 舵角:越大,旋回初径越小。
2. 操舵时间:长,心距、进距大。
3. 船速:船速增加,旋回初径稍微变大,旋回时间缩短。加速旋回,旋回圈减小,减速旋回,旋回圈增大。
4. 方形系数:大,旋回性能好,旋回圈小。
5. 水线下船体侧面积:船尾少,旋回圈小。
6. 舵面积比:大,旋回圈小;有其最佳值。
7. 吃水:大,进距、横距、初径增大,反移量减小。
8. 吃水差:$C_b = 0.8$ 时,尾倾增加 1%,旋回圈增大 10%。
9. 横倾:低速向低舷侧,旋回圈小;高速向高舷侧,旋回圈小。
10. 浅水:$H/D < 2$,旋回圈明显增大,漂角减小。
11. 污底:严重,旋回圈大。
12. 风流:顺流,旋回圈大。
13. 右旋定距桨,向左的旋回圈比向右的旋回圈小一些。

二、难点点拨

1. 大型油船,由于其方形系数大,旋回性好,其相对旋回直径小,但其绝对旋回直径仍较大。
2. 首倾导致船体水下侧面积分布在船首多,其水动力转船力矩大,旋回性好。
3. 横倾情况下,低速时考虑的是推力阻力转矩起主要作用,容易向低舷侧旋回。高速时则考虑水动力转船力矩影响,容易向高舷侧旋回。

三、相关习题

1. 超大型船舶与一般万吨轮相比,下列结论错误的是_____。
   A. 航向稳定性差　　　　　　　　B. 旋回时间长
   C. 旋回中航速下降大　　　　　　D. 旋回性差
2. 下列船舶旋回中漂角最大的是_____。
   A. 大型油船　　　　　　　　　　B. 一般货船
   C. 高速货轮　　　　　　　　　　D. 集装箱船
3. 船速越_____,旋回半径越_____,横倾角越大。

A. 大;大   B. 大;小

C. 小;小   D. 小;大

4. 船舶纵倾对相对旋回直径 D_T/L 的影响是_____。

    A. 船舶首倾,且首倾每增加 $1\%L$ 时, D_T/L 将增加 10% 左右

    B. 船舶首倾,且首倾每增加 $1\%L$ 时, D_T/L 将增加 15% 左右

    C. 船舶尾倾,且尾倾每增加 $1\%L$ 时, D_T/L 将增加 10% 左右

    D. 船舶尾倾,且尾倾每增加 $1\%L$ 时, D_T/L 将增加 15% 左右

5. 船舶首倾时,在水域宽敞和深水中,其_____。

    A. 旋回圈变小,舵效变好   B. 旋回圈变小,舵效变差

    C. 旋回圈变大,舵效变好   D. 旋回圈变大,舵效变差

6. 直航高速前进中的船舶,当存在横倾时,_____。

    A. 在首波峰压力转矩的作用下,船首易向低舷一侧偏转

    B. 在阻力和推力转矩的作用下,船首易向低舷一侧偏转

    C. 在阻力和推力转矩的作用下,船首易向高舷一侧偏转

    D. 在首波峰压力转矩的作用下,船首易向高舷一侧偏转

7. 若外界条件相同,同一船舶旋回时,_____。

    A. 满载时进距大,旋回初径小   B. 满载时进距小,旋回初径大

    C. 轻载时进距和旋回初径均大   D. 轻载时进距和旋回初径均小

8. 在相同舵角下,方形系数 C_b 对相对旋回初径 D_T/L 的影响是_____。

    A. C_b 越小, D_T/L 越大   B. C_b 越小, D_T/L 越小

    C. C_b 越大, D_T/L 越大   D. C_b 中等, D_T/L 最小

9. 一般商船,其船速对相对旋回初径 D_T/L 和旋回时间的影响是_____。

    A. 船速越高, D_T/L 越大,旋回所需时间变化不大

    B. 船速越高, D_T/L 受影响不大,旋回所需时间缩短

    C. 船速越低, D_T/L 越大,旋回所需时间变化不大

    D. 船速越低, D_T/L 受影响不大,旋回所需时间缩短

10. 船速对旋回初径的影响为_____。

    A. 船速提高,旋回初径将稍微变小   B. 船速提高,旋回初径将稍微变大

    C. 船速提高,旋回初径将明显变小   D. 船速提高,旋回初径将明显变大

11. 船舶在旋回时,操舵速度越快_____。

    A. 旋回直径越小   B. 旋回初径越小

    C. 进距越小   D. 横距越小

12. 船舶在旋回时,操舵速度越慢_____。

    A. 旋回直径越大   B. 旋回初径越大

    C. 进距越大   D. 横距越大

13. 在外界条件相同的情况下,同一船舶满载和轻载在旋回运动中相比较,_____。

    A. 满载时进距大,反移量小   B. 满载时进距小,反移量大

C. 轻载时进距和反移量都大   D. 轻载时进距和反移量都小

14. 下列有关影响旋回圈大小因素的叙述,哪项是错误的?

  A. 方形系数大的船,旋回圈小   B. 有球鼻首的船,旋回圈较小

  C. 船舶重载时,旋回初径有所减小   D. 浅水中旋回时,旋回圈变大

15. 下列有关影响旋回圈大小因素的叙述,哪些是正确的?

  ①方形系数大的船,旋回圈小;②有球鼻首的船,旋回圈较小;③船舶重载时,旋回初径有所减小;④浅水中旋回时,旋回圈变大

  A. ①②③   B. ②③④

  C. ①②④   D. ①②③④

16. 同一艘船舶在下列哪种情况下旋回时旋回圈最大?

  A. 常速下满舵旋回   B. 全速前进中停车后满舵旋回

  C. 静止中加车满舵旋回   D. 低速前进中加车满舵旋回

17. 同一艘船舶在下列哪种情况下旋回时旋回圈最小?

  A. 常速下满舵旋回   B. 全速前进中停车后满舵旋回

  C. 静止中加车满舵旋回   D. 半速前进中加车满舵旋回

18. 关于船舶旋回滞距,下列说法正确的是_____。

  ①与船舶应舵快慢有关;②航向稳定性好的船,滞距就大;③与装载状态无关

  A. ①   B. ①②

  C. ①②③   D. ②③

19. 直航低速前进中的船舶,当存在横倾时,_____。

  A. 在首波峰压力转矩的作用下,船首易向低舷一侧偏转

  B. 在阻力和推力转矩的作用下,船首易向低舷一侧偏转

  C. 在阻力和推力转矩的作用下,船首易向高舷一侧偏转

  D. 在首波峰压力转矩的作用下,船首易向高舷一侧偏转

20. 船舶的旋回圈的大小与船型即方形系数密切相关,不同的方形系数,旋回圈的大小是不同的,下列说法正确的是_____。

  A. 船舶方形系数越大,船舶的旋回性越好,旋回圈越小

  B. 船舶方形系数越大,船舶的旋回性越差,旋回圈越大

  C. 船舶方形系数越小,船舶的旋回性越好,旋回圈越小

  D. 船舶方形系数越小,船舶的旋回性越好,旋回圈越大

21. 根据统计,下列哪种船舶的旋回性最好?

  A. 客船   B. 集装箱船舶

  C. 大型油船   D. 港作拖船

22. 根据影响旋回圈大小的因素,下列说法正确的是_____。

  A. 船首部分面积较大的船舶(有球鼻首)旋回性较好,旋回圈较小

  B. 船首部分面积较大的船舶(有球鼻首)旋回性较差,旋回圈较大

  C. 船首部分面积较大的船舶(有球鼻首)旋回性较好,旋回圈较大

D. 船首部分面积较大的船舶(有球鼻首)旋回性较差,旋回圈较小

23. 船舶船体水线下侧面形状及分布对于旋回圈大小的影响较大,下列说法正确的是_____。

A. 船尾部分面积较大者(如船尾有钝材)或船首削进的船舶,旋回性差,旋回圈大

B. 船尾部分面积较大者(如船尾有钝材)或船首削进的船舶,旋回性好,旋回圈大

C. 船尾部分面积较大者(如船尾有钝材)或船首削进的船舶,旋回性差,旋回圈小

D. 船尾部分面积较大者(如船尾有钝材)或船首削进的船舶,旋回性好,旋回圈小

24. 在极限舵角的范围内,操不同的舵角时的旋回初径变化情况总的趋势是_____。

A. 随着舵角的减小,旋回初径将会急剧减小,旋回时间也将减小

B. 随着舵角的减小,旋回初径将会急剧增大,旋回时间也将减小

C. 随着舵角的减小,旋回初径将会急剧减小,旋回时间也将增加

D. 随着舵角的减小,旋回初径将会急剧增大,旋回时间也将增加

25. 舵面积比是指_____。

A. 舵面积与船体侧面积之比　　　　　　　B. 舵面积与船体水下侧面积之比

C. 舵浸水面积与船体侧面积之比　　　　　D. 舵浸水面积与船体水下侧面积之比

26. 舵面积比是指舵面积与船体浸水侧面积的比值,也是影响船舶旋回圈的因素之一,下述正确的是_____。

A. 舵面积与船长吃水比越大,船舶的旋回性越好,旋回圈大

B. 舵面积与船长吃水比越小,船舶的旋回性越好,旋回圈大

C. 舵面积与船长吃水比越大,船舶的旋回性越好,旋回圈小

D. 舵面积与船长吃水比越小,船舶的旋回性越好,旋回圈小

27. 对于一般商船来说,船速对旋回初径的影响为_____。

A. 船速增加,旋回初径将稍微变小　　　　B. 船速增加,旋回初径将稍微变大

C. 船速增加,旋回初径将明显变小　　　　D. 船速增加,旋回初径将明显变大

28. 舵角与舵的高宽比对相对旋回初径 D_T/L 的影响是_____。

A. 舵角越小,高宽比越小,D_T/L 越大　　　B. 舵角越小,高宽比越大,D_T/L 越大

C. 舵角越大,高宽比越小,D_T/L 越大　　　D. 舵角越大,高宽比越大,D_T/L 越大

29. 在极限舵角的范围内,操不同的舵角时的旋回初径变化情况总的趋势是_____。

A. 随着舵角的减小,旋回初径将会急剧减小,旋回时间也将减小

B. 随着舵角的减小,旋回初径将会急剧增大,旋回时间也将减小

C. 随着舵角的减小,旋回初径将会急剧减小,旋回时间也将增加

D. 随着舵角的减小,旋回初径将会急剧增大,旋回时间也将增加

30. 在外界条件相同的情况下,同一条船舶旋回时,_____。

A. 满载时进距大,旋回初径小　　　　　　B. 满载时进距小,旋回初径小

C. 轻载时进距和旋回初径均大　　　　　　D. 轻载时进距和旋回初径均小

31. 同一条船舶在相同装载情况下,不同吃水差旋回时,_____。

A. 船舶首倾,且首倾每增加 1%,旋回初径将增大 10% 左右

B. 船舶首倾,且首倾每增加 1%,旋回初径将增大 15% 左右

C. 船舶尾倾,且尾倾每增加 1% ,旋回初径将增大 10% 左右

D. 船舶尾倾,且首倾每增加 1% ,旋回初径将增大 15% 左右

32. 尾倾越大,旋回圈越大,对于方形系数为 0.8 左右的船舶而言,若尾倾吃水差增加船长的 1% ,旋回半径会增加_____。

A. 5%

B. 10%

C. 15%

D. 18%

33. 一艘方形系数为 0.8 左右的平吃水船,若调为首倾 1%L(L 为船长)后,其旋回初径将_____。

A. 增大 10%

B. 增大 5%

C. 减小 10%

D. 不变

34. 高速直航前进中的船舶,当存在横倾时,操舵旋回_____。

A. 向高舷侧操舵旋回时,旋回初径小

B. 向低舷侧操舵旋回时,旋回初径小

C. 向高舷侧操舵旋回时,旋回初径大

D. 向低舷侧操舵旋回时,旋回初径不变

35. 高速直航前进中的船舶,当存在横倾时,操舵旋回在向高舷侧操舵旋回时,旋回初径小的原因是_____。

A. 在首波峰压力转矩的作用下,船首易向低舷一侧偏转

B. 在水阻力与推力转矩的作用下,船首易向低舷一侧偏转

C. 在水阻力与推力转矩的作用下,船首易向高舷一侧偏转

D. 在首波峰压力转矩的作用下,船首易向高舷一侧偏转

36. 低速直航前进中的船舶,当存在横倾时,操舵旋回_____。

A. 向高舷侧操舵旋回时,旋回初径小

B. 向低舷侧操舵旋回时,旋回初径小

C. 向高舷侧操舵旋回时,旋回初径不变

D. 向低舷侧操舵旋回时,旋回初径不变

37. 低速直航前进中的船舶,当存在横倾时,向低舷侧操舵旋回时,旋回初径小的原因是_____。

A. 在首波峰压力转矩的作用下,船首易向低舷一侧偏转

B. 在水阻力与推力转矩的作用下,船首易向低舷一侧偏转

C. 在水阻力与推力转矩的作用下,船首易向高舷一侧偏转

D. 在首波峰压力转矩的作用下,船首易向高舷一侧偏转

38. 同一艘船舶在相同的装载条件下,不同水深条件下的旋回圈大小是_____。

A. 深水区的旋回初径大于浅水区

B. 深水区的旋回初径小于浅水区

C. 深水区与浅水区的旋回初径变化不大

D. 深水区与浅水区的旋回初径无法比较

39. 同一艘船舶在下列哪种情况下,旋回圈最大?

A. 常速下满舵旋回

B. 静止中加车满舵旋回

C. 低速前进中加车满舵旋回　　　　　　　D. 全速前进中停车后满舵旋回

40. 同一艘船舶在下列哪种情况下，旋回圈最小？
　　A. 常速下满舵旋回　　　　　　　　　　B. 静止中加车满舵旋回
　　C. 低速前进中加车满舵旋回　　　　　　D. 全速前进中停车后满舵旋回

41. 对于一艘右旋单车船来说，不同方向旋回时其旋回圈的大小是_____。
　　A. 操右舵旋回时，旋回圈大；操左舵旋回时，旋回圈小
　　B. 操右舵旋回时，旋回圈小；操左舵旋回时，旋回圈大
　　C. 操右舵旋回时和操左舵旋回时，旋回圈一样大
　　D. 操右舵旋回与操左舵旋回时，旋回圈大小无法比较

42. 前进中的双车船，采取下列何种操纵方法，才能使船舶向右旋回圈最小？
　　A. 右满舵，左车和右车全速进车　　　　B. 右满舵，右车停车，左车全速进车
　　C. 右满舵，左车全速倒车，右车全速进车　D. 右满舵，右车全速倒车，左车全速进车

1.1.2.4　旋回圈要素在实际操船中的应用

一、知识点梳理

1. 反移量：发现人落水，向落水一舷满舵；船首极近距离紧急避让，先向物标相反一侧用舵，待船首避离后，再向物标一侧用舵；离码头保护车舵，过弯道，避免用急舵、大舵角，导致船尾触岸。

2. 进距：操满舵紧急避让的依据；对遇时，最晚施舵点，两船进距和。

3. 滞距：用舵没有效果，对遇时两船距离小于滞距和，用舵没有效果。

4. 用车用舵的选择：在紧急避让时，不考虑其他因素，若进距小于冲程，用舵；若进距大于冲程，用车。

5. 船舶掉头所需水域的大小：初径——横向距离，进距——纵向距离。

6. 转向的提前施舵点：新航向距离。

二、相关习题

1. 两艘机动船在海上对遇采取各自向右转向避让，其操舵时机最迟应在_____。
　　A. 相距两船的最大进距之和的 2 倍以外　B. 距两船旋回初径之和以外
　　C. 相距两船长度之和的 4 倍以外　　　　D. 相距两船进距之和以外

2. 关于旋回圈要素在实际操船中应用，下列叙述错误的是_____。
　　A. 在水深足够的水域，旋回初径可以用来估算船舶用舵旋回掉头所需的水域
　　B. 横距可以用来估算操舵转向后船舶与岸或其他船舶是否有足够的安全距离
　　C. 滞距可以用来推算两船对遇时无法旋回避让的距离

    D.两船的进距之和则可以用来推算对遇时的最早操舵点

3.根据统计两艘机动船在海上构成对遇局面时,当两船距离接近到_____则无法用舵避让。

    A.小于两船进距之和时　　　　　　　　B.小于两船滞距之和时

    C.小于两船旋回初径之和时　　　　　　D.小于两船横距之和时

4.船舶在航行中突然发现船首有人落水,为了防止船舶和螺旋桨对落水人员的伤害,应怎样操船?

    A.向落水者相反一舷操满舵,并停车　　B.向落水者相反一舷操满舵,并加车

    C.向落水者一舷操满舵,并停车　　　　D.向落水者一舷操满舵,并加车

5.船舶航行中,突然发现有人从船首左舷落水,应立即采取的措施是_____。

    A.停车,操左满舵　　　　　　　　　　B.停车,操右满舵

    C.加车,操右满舵　　　　　　　　　　D.加车,操左满舵

6.一般中小型右旋单车船利用车效应顶风流系单浮,风流较弱时一般应把浮筒_____。

    A.置于右舷　　　　　　　　　　　　　B.置于左舷

    C.置于船首正前方　　　　　　　　　　D.置于船尾正后方

7.船舶航行中突然在船首右前方近距离发现一障碍物,应如何操纵船舶避让?

    A.立即操右满舵,待船首避离后,再操左满舵使船尾避离

    B.立即操右满舵,待船首避离后,保持右满舵使船尾避离

    C.立即操左满舵,待船首避离后,保持左满舵使船尾避离

    D.立即操左满舵,待船首避离后,再操右满舵使船尾避离

8.已知船舶的旋回初径的大小,就可以知道船舶在限制水域只用满舵使船做_____。

    A.转向避让所需水域范围的大小　　　　B.转向90°所需水域范围的大小

    C.转向180°所需水域范围的大小　　　　D.紧急停船所需水域范围的大小

9.在操纵船舶时,对下列哪种情况应防止或利用反移量的作用?

  ①航行中有人落水为营救落水者而操舵时;②航行中突然在船前方的极近距离上发现障碍物而紧急操舵时;③进车外舷舵驶离系浮或锚泊中的船时;④到达预定转向点转向并操舵时

    A.①②③④　　　　　　　　　　　　　B.①③④

    C.①②③　　　　　　　　　　　　　　D.②③④

10.船舶航行中在船首前方发现障碍物,应如何在最短的纵向距离上避开障碍物?

    A.当船舶的紧急制动距离大于旋回距离时,用紧急制动避让

    B.当船舶的紧急制动距离小于旋回距离时,用紧急制动避让

    C.当船舶的紧急制动横距小于旋回距离时,用满舵避让

    D.当船舶的紧急制动距离大于旋回横距时,用满舵避让

11.船舶航行中在船首前方发现障碍物,应如何在最短的纵向距离上避开障碍物?

    A.当船舶的紧急制动距离大于旋回距离时,用紧急制动避让

    B.当船舶的紧急制动横距大于旋回横距时,用紧急制动避让

    C.当船舶的紧急制动距离大于旋回距离时,用满舵避让

    D.当船舶的紧急制动距离小于旋回距离时,用满舵避让

12. 船舶在港内或锚地操纵时,为了在较小的水域达到掉头的目的,应如何操纵?
    A. 在船速为零时,加车满舵,适时控制船速以达到掉头的目的
    B. 进车当船舶达到一定速度后,满舵,以达到掉头的目的
    C. 倒车可以利用螺旋桨的转头偏向力,以达到掉头的目的
    D. 船舶自身无法实现,需要拖船来协助才能达到掉头的目的

13. 两船在海上对遇采取转向避让,转舵时机最迟应在_____。
    A. 相距 4 倍船长以外
    B. 相距两船长度之和的 4 倍以外
    C. 相距两船横距之和以外
    D. 相距两船进距之和以外

14. 已知船舶的旋回初径的大小,就可知道船舶在狭窄水域只用满舵使船做_____。
    A. 90°转向所需范围的大小
    B. 120°转向所需范围的大小
    C. 180°转向所需范围的大小
    D. 360°转向所需范围的大小

15. 船舶航行中,突然发现有人落水,为了防止船舶和螺旋桨对落水者造成伤害,应立即怎样操纵船舶?
    A. 向落水者相反一舷操满舵,并停车
    B. 向落水者相反一舷操满舵,并加速
    C. 向落水者一舷操满舵,并停车
    D. 向落水者一舷操满舵,并加速

16. 船舶航行中,突然在船首右前方近距离发现障碍物,应如何操纵船舶避离之?
    A. 立即操右满舵,待船首避离后,再操左满舵,使船尾避离
    B. 立即操右满舵,待船首避离后,保持右满舵,使船尾避离
    C. 立即操左满舵,待船首避离后,保持左满舵,使船尾避离
    D. 立即操左满舵,待船首避离后,再操右满舵,使船尾避离

17. 在进行船舶操纵时,对下列哪种情况应防止或利用反移量的作用?
    ①航行中有人落水,为援救落水者而操舵时;②航行中突然在船前方的极近距离上发现障碍物而急需施舵时;③并靠停泊或锚泊中的船舶时
    A. ①②
    B. ①③
    C. ①②③
    D. ②③

18. 船舶航行中,在船首前方发现障碍物,为了使船在最短的纵向距离上避开障碍物,应如何操纵船舶?
    A. 当制动纵距大于旋回纵距时,用车让
    B. 当制动纵距小于旋回纵距时,用车让
    C. 当制动横距大于旋回横距时,用舵让
    D. 当制动纵距小于旋回纵距时,用舵让

19. 紧急避让时,可用操满舵或全速倒车方法,何种情况下应操满舵避让?
    A. 进距大于最短停船距离
    B. 进距小于最短停船距离
    C. 旋回初径大于最短停船距离
    D. 旋回初径小于最短停船距离

20. 船在狭窄航道转向前,如果不在本船的_____前转舵,就无法顺利进入新航向。
    A. 反(外)移量
    B. 最大纵距
    C. 新航向距离
    D. 横距

21. 船舶在狭窄水道航行,对转向后能否保持在计划航线起决定性的因素是_____。
    A. 新航向距离
    B. 最大横距

C. 倒车停船冲程 D. 旋回初径

22. 为减小船舶大角度转向、掉头引起的横倾过大，在用舵时，应_____。

A. 快操舵，一次性到位，大舵角 B. 慢操舵，一次性到位，大舵角

C. 快操舵，分次到位，小舵角 D. 慢操舵，分次到位，小舵角

1.1.3 航向稳定性和保向性

1.1.3.1 航向稳定性的定义及直线与动航向稳定性

一、知识点梳理

1. 直线稳定性：干扰消失后，在新的航向上做直线运动。

2. 方向稳定性：干扰消失后，在原来的航向上做直线运动。

3. 位置稳定性：干扰消失后，在原来的航线上运动轨迹没有偏离。

4. 不具有航向稳定性：干扰消失后，进入回转运动，航向不稳定。

二、难点点拨

1. 通常不操舵，船舶即具有直线稳定性；操舵或一般自动舵，保证方向稳定性；通过预配风流压差、航迹舵，保证位置稳定性。

2. 静航向稳定性：船舶受外力，重心仍在原航向上前进，漂角 β 变化。船舶斜航，通常表现为静航向不稳定。

3. 动航向稳定性（也叫直线稳定性、新航向稳定性、航向稳定性）：能尽快稳定于新航向的性质。

三、相关习题

1. 航向稳定性是指直航船受外力干扰而偏离航向，外力消失后_____。

A. 操舵使船舶恢复原航向的性能 B. 船舶自动恢复直线运动的性能

C. 船舶自动恢复原航向的性能 D. 船舶自动恢复原航迹的性能

2. 船因受外力而转头，当外力消失后操正舵可稳定于新航向，则该船具有_____。

A. 直线稳定性 B. 方位稳定性

C. 直线稳定性和位置稳定性 D. 方位稳定性和位置稳定性

3. 一般船舶斜航时常表现为_____。

A. 静航向稳定 B. 静航向不稳定

C. 动航向稳定   D. 动航向不稳定

4. 直航船舶受到干扰而偏离直线运动,当干扰过去以后,在不用舵纠正的情况下,船舶不能恢复直线运动,我们称其_____。

  A. 方位稳定   B. 方位不稳定

  C. 航向稳定   D. 航向不稳定

5. 船舶在受到外力的瞬时干扰作用后,船首发生偏转,当干扰消失后,在船舶保持正舵的条件下,船舶转头运动将稳定在新的航向上做直线运动的性质称为_____。

  A. 航向稳定性   B. 追随性

  C. 偏转抑制性   D. 保向性

6. 船舶根据外界风流大小预配风流压差保证船舶行驶在预定航线上,此时船舶实现的是_____。

  A. 动航向稳定性   B. 位置稳定性

  C. 直线稳定性   D. 方向稳定性

7. 航行中的船舶一般都通过操舵来控制航向,船舶在自动舵条件下实现的是_____。

  A. 动航向稳定性   B. 位置稳定性

  C. 直线稳定性   D. 方向稳定性

8. 船舶通过预配风流压差保持行驶在预定航线上,此时实现的是_____。

  A. 位置稳定性   B. 直线稳定性

  C. 方向稳定性   D. 方向和位置稳定性

9. 直航中的船舶受外力干扰而偏离原航向,当外力消失后,船舶自动恢复直线运动的性能称为_____。

  A. 直线运动稳定性或动航向稳定性   B. 直线运动稳定性或静航向稳定性

  C. 方向稳定性或动航向稳定性   D. 方向稳定性或静航向稳定性

10. 直航中的船舶受外力干扰而偏离原航向运动,当外力消失后,在不用舵纠正的情况下,船舶能恢复直线运动的性能称为_____。

  A. 静航向稳定性   B. 动航向稳定性

  C. 方向稳定性   D. 位置稳定性

11. 直航中的船舶受外力干扰而偏离原航向运动,当外力消失后,在不用舵纠正的情况下,船舶不能恢复直线运动的性能称为_____。

  A. 静航向不稳定性   B. 动航向不稳定性

  C. 方向不稳定性   D. 位置不稳定性

12. 直航中的船舶受外力干扰而偏离原航向运动,当外力消失后,船舶最终能够恢复到原航向的直线运动称为_____。

  A. 动航向稳定性   B. 静航向稳定性

  C. 方向稳定性   D. 位置稳定性

13. 直航中的船舶受外力干扰而偏离原航向运动,但其重心仍然在原航向上斜航运动的性能称为_____。

A. 动航向稳定性   B. 静航向稳定性

C. 方向稳定性   D. 位置稳定性

14. 一艘普通商船不可能具有的性能是_____。

A. 方向稳定性   B. 位置稳定性

C. 静航向稳定性   D. 动航向稳定性

15. 在不用舵纠正的情况下,可能具有的性能是_____。

①直线稳定性;②动航向稳定性;③方向稳定性;④位置稳定性

A. ①②③④   B. ①②③

C. ②③④   D. ①②

16. 航行中的船舶一般都是通过操舵来使船舶实现按计划航向行驶,船舶在自动舵条件下实现的是_____。

A. 直线稳定性   B. 静航向稳定性

C. 方向稳定性   D. 位置稳定性

17. 航行中的船舶,通过驾驶人员根据外界风流大小预配风流压差保证船舶行驶在计划航线上,此时船舶表现的是_____。

A. 动航向稳定性   B. 静航向稳定性

C. 方向稳定性   D. 位置稳定性

18. 目前船舶装备的自动舵,它能保证船舶的_____。

A. 直线稳定性和方位稳定性

B. 方位(方向)稳定性和位置稳定性

C. 直线稳定性和位置稳定性

D. 方位(方向)稳定性、直线稳定性和位置稳定性

1.1.3.2 航向稳定性的判别方法

一、知识点梳理

1. T 指数:$T>0$,且越小,很快稳定新航向上;$T<0$,不具备航向稳定性。

2. 经验判断:直航中少操舵;改向较快应舵;正舵较快稳定,航向稳定性好。

3. 实验结果:螺旋试验,逆螺旋试验;单值对应,具有航向稳定性;多值对应,不具有航向稳定性,且多值对应区域或 S 曲线越高越宽,面积越大,航向越不稳定。

二、难点点拨

航向稳定性与追随性的好坏都可以用 T 指数判断,T 为正且越小越好。

三、相关习题

1. 一艘航向稳定性较好的船舶的特征是_____。
①直航中即使很少操舵也能较好地保向;②当操舵改向时,又能较快地应舵;③转向中回正舵,能较好地把航向稳定下来;④对航向的响应来得慢,耗时长,因而舵效比较差
A. ①②③④   B. ①②③
C. ①③④   D. ①②④

2. 船舶航向稳定性的判别方法除了根据航向稳定性指数判别外,还可以根据船舶的线型系数来判别,下述正确的是_____。
A. 方形系数较小,长宽比较大的船舶,具有较好的航向稳定性
B. 方形系数较小,长宽比较小的船舶,具有较好的航向稳定性
C. 方形系数较大,长宽比较大的船舶,具有较好的航向稳定性
D. 方形系数较大,长宽比较小的船舶,具有较好的航向稳定性

3. 下列各类船舶中,其航向稳定性从好到差的排列顺序是_____。
①大型油船;②港作拖船;③集装箱船舶;④客船
A. ①②③④   B. ④③②①
C. ②①③④   D. ④③①②

4. 航向稳定性好的船可同时判断为_____。
A. 追随性好   B. 旋回性差
C. 追随性差   D. 旋回性好

5. 对于航向稳定性较好的船舶,其追随性和螺旋实验滞后环的特点为_____。
A. 追随性较好,螺旋实验滞后环的宽度较窄
B. 追随性较差,螺旋实验滞后环的宽度较窄
C. 追随性较差,螺旋实验滞后环的宽度较宽
D. 追随性较好,螺旋实验滞后环的宽度较宽

6. 航向稳定性好的船舶在_____。
A. 直航中多用舵才能保向,改向时应舵较快
B. 直航中少用舵即能保向,改向时应舵较快
C. 直航中多用舵才能保向,改向时应舵较慢
D. 直航中少用舵即能保向,改向时应舵较慢

7. 航向稳定性好的船舶在_____。
A. 改向时应舵较快,旋回中操正舵能较快地恢复直线运动
B. 改向时应舵较快,旋回中操正舵能较慢地恢复直线运动
C. 改向时应舵较慢,旋回中操正舵能较快地恢复直线运动
D. 改向时应舵较慢,旋回中操正舵能较慢地恢复直线运动

8. 方形系数小的船舶,其_____。

A. 航向稳定性好,追随性好　　　　　　B. 航向稳定性好,追随性差
C. 航向稳定性差,追随性好　　　　　　D. 航向稳定性差,追随性差

9. 船舶的航向稳定性可通过下列哪些试验来判别?
A. 旋回试验和螺旋试验　　　　　　B. 倒车试验和 Z 形试验
C. 旋回试验和倒车试验　　　　　　D. 螺旋试验和 Z 形试验

10. 船舶的航向稳定性可通过下列哪些试验来判别?
A. 旋回试验和螺旋试验　　　　　　B. 倒车试验和 Z 形试验
C. 旋回试验和倒车试验　　　　　　D. 螺旋试验和逆螺旋试验

11. 根据下列哪几条可以判断是一艘航向稳定性好的船舶?
①直航中即使很少操舵也能较好地保向;②当操舵转向时又能较快地应舵;③转向中回到正舵能较快地稳定航向;④旋回性好
A. ①②③④　　　　　　B. ②③④
C. ①②③　　　　　　D. ①③④

12. 一艘船舶的航向稳定性是通过下列什么试验来判断的?
A. 正螺旋或逆螺旋试验　　　　　　B. 旋回试验
C. Z 形试验　　　　　　D. 停船试验

13. 螺旋试验的目的是评价船舶_____的好坏。
A. 惯性　　　　　　B. 旋回性
C. 快速性　　　　　　D. 航向稳定性

14. 螺旋试验和逆螺旋试验的根本目的在于_____。
A. 判定船舶航向稳定性的优劣
B. 求舵角 δ 与旋回角速度 r 多值对应的舵角范围
C. 判定船舶的旋回惯性
D. 判定船舶的全面操纵性能

15. 航向稳定性好的船舶,其螺旋试验结果表现为_____。
A. 舵角与角速度曲线出现多值对应的环形
B. 舵角与角速度曲线呈单值对应关系
C. 舵角与角速度曲线出现多值对应的环形,且环高较大
D. 舵角与角速度曲线出现多值对应的环形,且环宽较大

16. 螺旋试验结果表现为舵角与角速度曲线出现多值对应的环形,则表示船舶_____。
A. 航向稳定性好　　　　　　B. 动航向不稳定
C. 方向稳定　　　　　　D. 位置稳定

17. 不具有航向稳定性的船舶,其螺旋试验结果为_____。
①舵角与角速度曲线呈单值对应关系;②舵角与角速度曲度出现多值对应的环形;③舵角与角度速度曲线出现多值对应的环形,且航向稳定性越差环高越大
A. ①　　　　　　B. ①③
C. ②③　　　　　　D. ①②③

18. 航向稳定性好的船舶,其逆螺旋试验结果表现为_____。
    A. 舵角与角速度曲线出现多值对应的 S 形曲线
    B. 舵角与角速度曲线呈单值对应关系
    C. 舵角与角度曲线出现多值对应的 S 形曲线,且曲度较大
    D. 舵角与角度曲线出现多值对应的 S 形曲线,且高度较大

19. 逆螺旋试验结果舵角与角速度曲线出现多值对应 S 形曲线,则表示船舶_____。
    A. 航向稳定性好   B. 动航向不稳定
    C. 方向稳定   D. 位置稳定

20. 不具有航向稳定性的船舶,其逆螺旋试验结果为_____。
    ①舵角与角速度曲线呈单值对应关系;②舵角与角速度曲线出现多值对应的 S 形曲线;③舵角与角速度曲线出现多值对应的 S 形曲线,且航向稳定性越差,S 形高度越大
    A. ①   B. ①③
    C. ②③   D. ①②③

21. 逆螺旋试验结果舵角与角速度曲线出现多值对应的 S 形曲线,则关于船舶航向稳定性与该 S 形的关系,下列说法错误的是_____。
    A. 该船航向不稳定
    B. S 形宽度越大,航向稳定性越好
    C. 该船旋回中操反舵角可能仍然保持原来转关方向
    D. S 形范围越大,航向越不稳定

1.1.3.3 影响航向稳定性的因素

一、知识点梳理

1. 方形系数:小,长宽比大,较好的航向稳定性。
2. 水下侧面积分布(球鼻首、船尾无钝材、首倾):船首侧面积大,航向稳定性差。
3. 空载或压载(多尾倾),水动力中心明显后移,航向稳定性好。

二、难点点拨

航向稳定性是船体所具备的一个性能,有别于下一节的保向性。

三、相关习题

1. 船舶航向稳定性与其长宽比 L/B 和方形系数的相关性为_____。
   A. 长宽比 L/B 越大、方形系数越大,航向稳定性越好

    B. 长宽比 L/B 越小、方形系数越小,航向稳定性越好

    C. 长宽比 L/B 越大、方形系数越小,航向稳定性越好

    D. 长宽比 L/B 越小、方形系数越大,航向稳定性越好

2. 船舶航向稳定性与船体水下侧面积形状分布和纵倾情况的相关性为_____。

    A. 船尾钝材、尾倾越大,航向稳定性越好　　B. 船首钝材、尾倾越大,航向稳定性越好

    C. 船首钝材、首倾越大,航向稳定性越好　　D. 船尾钝材、首倾越大,航向稳定性越好

3. 船舶航向稳定性与船体水下侧面积形状分布和纵倾情况的相关性为_____。

    A. 船首削进、船尾钝材,航向稳定性越好　　B. 船首钝材、船尾削进,航向稳定性越好

    C. 船尾钝材、船首钝材,航向稳定性越好　　D. 船尾削进、船首削进,航向稳定性越好

4. 船舶尾倾时比首倾时的_____。

    A. 航向稳定性差,旋回圈大　　　　　　　　B. 航向稳定性差,旋回圈小

    C. 航向稳定性好,旋回圈大　　　　　　　　D. 航向稳定性好,旋回圈小

5. 船舶首倾时比尾倾时的_____。

    A. 航向稳定性差,旋回圈大　　　　　　　　B. 航向稳定性差,旋回圈小

    C. 航向稳定性好,旋回圈大　　　　　　　　D. 航向稳定性好,旋回圈小

6. 船舶的航向稳定性将因哪项因素不同而不同?

    ①排水量、船型;②船速、转速;③受限水域的影响

    A. ①　　　　　　　　　　　　　　　　　　B. ①③

    C. ②③　　　　　　　　　　　　　　　　　D. ①②③

7. 根据统计,大型油船具有_____。

    A. 较好的旋回性能,但航向稳定性较差　　B. 较好的旋回性能和较好的航向稳定性

    C. 较差的旋回性能和较差的航向稳定性　　D. 较差的旋回性能,但航向稳定性较好

8. 根据统计,一般来说比较瘦长的集装箱船舶通常具有_____。

    A. 较好的旋回性能,但航向稳定性较差　　B. 较差的旋回性能,但航向稳定性较好

    C. 较好的旋回性能,航向稳定性也较好　　D. 较差的旋回性能和较差的航向稳定性

9. 同样吨位不同方形系数的船舶,其航向稳定性的特点是_____。

    A. 方形系数较小的船舶航向稳定性较好

    B. 方形系数较小的船舶航向稳定性较差

    C. 方形系数较大的船舶航向稳定性较好

    D. 方形系数大小对船舶的航向稳定性没有影响

10. 同一艘船舶在不同装载状态下其航向稳定性的特点是_____。

    A. 满载时的航向稳定性比轻载时要好　　　B. 满载时的航向稳定性比轻载时要差

    C. 满载时的航向稳定性和轻载时一样　　　D. 船舶的装载状态不影响船舶的航向稳定性

11. 同一艘船舶在一定装载状态下,其操舵角的变化对航向稳定性的影响是_____。

    A. 增大所操舵角,其航向稳定性降低　　　B. 减小所操舵角,其航向稳定性提高

    C. 增大所操舵角,其航向稳定性提高　　　D. 所操舵角的变化对其航向稳定性没有影响

12. 同一艘船舶在一定装载状态下船速变化对航向稳定性的影响是_____。

A. 随着船速的增大,航向稳定性变好

B. 随着船速的降低,航向稳定性变好

C. 随着船速的增大,航向稳定性变差

D. 船速的变化对船舶的航向稳定性没有影响

13. 同样吨位的船舶船体形状对航向稳定性的影响是_____。

A. 船首有球鼻首的船舶,其航向稳定性好　　B. 船尾较肥大的船舶,其航向稳定性差

C. 船首有球鼻首的船舶,其航向稳定性差　　D. 船首瘦削的船舶,其航向稳定性差

14. 同一艘船舶在相同装载情况下,_____。

A. 船舶首倾时,航向稳定性好　　B. 船舶尾倾时,航向稳定性差

C. 船舶首倾时,航向稳定性差　　D. 船舶纵倾对航向稳定性影响不大

15. 船舶航向稳定性与船体水下侧面积形状分布和纵倾情况有关,_____。

A. 船首削进、船尾钝材,航向稳定性越差　　B. 船首钝材、船尾削进,航向稳定性越差

C. 船尾钝材、船首钝材,航向稳定性越好　　D. 船尾削进、船首钝材,航向稳定性越好

16. 船型与纵倾对船舶航向稳定性的影响是_____。

A. 肥大船与尾倾船航向稳定性越好　　B. 瘦长船与尾倾船航向稳定性越好

C. 肥大船与首倾船航向稳定性越好　　D. 瘦长船与首倾船航向稳定性越好

17. 考虑船舶转头惯性时,下列说法正确的是_____。

A. 一般来说,满载船较空载船应适当地早用舵,早回舵,所操舵角也比较大

B. 一般来说,满载船较空载船应适当地晚用舵,晚回舵,所操舵角也比较大

C. 一般来说,满载船较空载船应适当地早用舵,早回舵,所操舵角也比较小

D. 一般来说,满载船较空载船应适当地晚用舵,晚回舵,所操舵角也比较小

1.1.3.4　保向性与航向稳定性的关系;影响保向性的因素

一、知识点梳理

1. 定义:通过操舵驶于预定航向的能力。

2. 与航向稳定性的关系:保向性受航向稳定性、外界环境、操舵人员、舵等因素影响,航向稳定性好,保向性好。

3. 影响因素:方形系数大,保向性差;水下侧面积在船首部分布多,保向性差;船速大,保向性好;舵角大,保向性好;吃水大保向性差,注意强风;舵面积比大,保向性好;尾倾,保向性好;横倾,保向性下降;浅水,污底(保向性提高),顶风顶流,保向性提高。

二、难点点拨

船舶的保向性受船体、外界因素、保向设备(舵)、操船人员技能的综合影响。

三、相关习题

1. 船舶在外力干扰下产生首摇,通过操舵抑制或纠正首摇使船舶驶于预定航向的能力称为_____。
   - A. 船舶保向性
   - B. 航向稳定性
   - C. 船舶旋回性
   - D. 船舶追随性

2. 有关船舶保向性与航向稳定性的关系,下述正确的是_____。
   ①船舶的保向性与航向稳定性是同一概念,都是反映船对舵的响应能力的指标;②船舶的保向性是指直航中的船舶在外力作用下(如风、流、浪等),通过操舵抑制或纠正首摇并使船舶驶于预定航向上的能力;③航向稳定性是指直航中的船舶在外力作用下发生偏转,当外界干扰消失后,船舶的转头运动在不用舵纠正的情况下,能否尽快稳定在新航向上的性质;④船舶保向性的好坏与航向稳定性的好坏有关,还与操舵人员的技能及熟练程度、自动舵、舵机的性能有关
   - A. ①②③④
   - B. ①②③
   - C. ②③④
   - D. ①③④

3. 有关船型对船舶保向性的影响,下列正确的是_____。
   ①方形系数较小,长宽比较大的瘦长型船舶,其保向性较好;②方形系数较大,长宽比较小的肥短型船舶,其保向性较好;③船体水线下面积在尾部分布较多者(如船尾有钝材),其保向性好;④船首水线下面积分布较大者,如船首有球鼻首,将降低保向性
   - A. ①②③④
   - B. ②③
   - C. ①③④
   - D. ②③④

4. 船型对船舶保向性的影响是_____。
   - A. 方形系数较大,长宽比较大的瘦长型船舶,其保向性较好
   - B. 方形系数较大,长宽比较小的肥大型船舶,其保向性较好
   - C. 方形系数较小,长宽比较小的肥大型船舶,其保向性较好
   - D. 方形系数较小,长宽比较大的瘦长型船舶,其保向性较好

5. 有关船舶保向性的叙述,下列正确的是_____。
   - A. 船体水线下浸水面积在尾部分布较大者(如船尾有钝材),将降低其保向性
   - B. 船体水线下浸水面积在首部分布较大者(如船首有球鼻首),将降低其保向性
   - C. 船体水线下浸水面积在尾部分布较大者(如船尾有钝材),其保向性差
   - D. 浅吃水的宽体船舶,其保向性好

6. 有关船舶保向性的叙述,下列错误的是_____。
   - A. 对于同一艘船舶,轻载较满载时的保向性好
   - B. 对于同一艘船舶,尾倾较首倾时的保向性好
   - C. 较高的干舷降低船舶在风中航行时的保向性好
   - D. 对于同一艘船舶,船速减小,保向性变好

7. 有关船舶保向性的叙述,下列错误的是_____。

A. 对于同一艘船舶在相同装载情况下,增大所操舵角,能明显地改善船舶的保向性

B. 对于同一艘船舶在相同装载情况下,由深水驶入浅水区,船舶的保向性将变好

C. 对于同一艘船舶在相同装载情况下,由深水驶入浅水区,船舶的保向性将变差

D. 对于同一艘船舶在相同装载情况下,顺风浪或顺流航行时保向性反而降低

8. 有关船舶保向性的叙述,下列正确的是_____。

①船体水下浸水面积在船首部分布较大者,如有球鼻首的船舶,将降低其保向性;②船体水下浸水面积在船首部分布较大者,如有球鼻首的船舶,将提高其保向性;③船体水下浸水面积在尾部分布较大者,如船尾肥大型船舶,其保向性好;④浅吃水的宽体船舶的保向性较差

A. ①②③④　　　　　　　　　　　B. ①②③

C. ②③④　　　　　　　　　　　　D. ①③④

9. 有关船舶保向性的叙述,下列正确的是_____。

①对同一艘船舶,轻载较满载时的保向性差;②对同一艘船舶,尾倾较首倾时保向性差;③较高的干舷将降低船舶在风中航行时的保向性;④同一艘船舶,船速提高,保向性将变好

A. ①②③④　　　　　　　　　　　B. ①②③

C. ①③　　　　　　　　　　　　　D. ③④

10. 有关船舶保向性的叙述,下列正确的是_____。

①对于同一艘船舶在相同装载情况下,增大所操舵角,能明显地改善船舶的保向性;②对于同一艘船舶在相同装载情况下,由深水区驶入浅水区,保向性将变好;③对于同一艘船舶在相同装载情况下,顶风浪或顶流航行中保向性反而降低;④对于同一艘船舶在相同装载情况下,顶风浪或顶流航行中保向性反而提高

A. ①②③④　　　　　　　　　　　B. ①②③

C. ②③④　　　　　　　　　　　　D. ①②④

11. 有关船舶保向性的叙述,下列正确的是_____。

①方形系数较大的船舶,其保向性较好;②浅吃水的宽体船舶保向性较差;③超大型油船小舵角状态下有航向不稳定趋势,需用较大舵角才能保向船舶;④船舶由浅水区驶入深水区,其保向性将变好

A. ①②③④　　　　　　　　　　　B. ②③④

C. ②③　　　　　　　　　　　　　D. ①④

12. 船舶在外力干扰下产生首摇,通过操舵抑制或纠正首摇使船舶驶于预定航向的能力称为_____。

A. 船舶保向性　　　　　　　　　　B. 航向稳定性

C. 船舶旋回性　　　　　　　　　　D. 船舶追随性

13. 保向性与航向稳定性的相关性为_____。

A. 航向稳定性越好,保向越容易　　B. 航向稳定性越差,保向越容易

C. 航向稳定性越好,保向越困难　　D. 保向性与航向稳定性无关

14. 保向性与航向稳定性的相关性为_____。

A. 航向稳定性越好,保向性越好　　B. 航向稳定性越差,保向性越好

C.航向稳定性越好,保向性越差　　　　D.航向稳定性与保向性没有直接的关系

15.关于船舶保向性,下述哪项正确?

A.保向性与航向稳定性有关,与操舵人员的技能无关

B.保向性与航向稳定性有关,与操舵人员的技能有关

C.保向性与航向稳定性无关,与操舵人员的技能无关

D.保向性与航向稳定性无关,与操舵人员的技能有关

16.纵倾和舵角对船舶保向性的影响是_____。

A.尾倾,小舵角,船舶保向性越好　　　　B.首倾,大舵角,船舶保向性越好

C.首倾,小舵角,船舶保向性越好　　　　D.尾倾,大舵角,船舶保向性越好

1.1.4　船舶操纵性指数(K、T指数)的物理意义及其与操纵性能的关系

一、知识点梳理

1.K:单位舵角在定常旋回中产生的转首角速度大小。定常旋回半径 $R = V_s/(K\delta)$,K 越大,旋回性能越好。

2.T:回转角速度达到 $0.63K\delta$ 的时间。T 小,追随性好。

无因次化:$K' = KL/V_s$,$T' = TV_s/L$。KT 相同,以船长大、船速低者,操纵性能好。

$K'T'$ 相同,以船长大、船速低者,操纵性能差。

3.影响因素:舵角增大,同时减小;尾倾增加,同时减小;水深变浅,同时减小;方形系数增大,同时增大。

4.经验数值:货船 $L = 100 \sim 150$ m,$K' = 1.5 \sim 2$,$T' = 1.5 \sim 2.5$

油船 $L = 150 \sim 250$ m,$K' = 1.7 \sim 3$,$T' = 3 \sim 6$

5.估算:转头惯性角:$\varphi = r \cdot T$

旋回直径:$D = 2V/(K\delta)$

滞距:$D_r = V(T + t/2)$

新航向距离:$D_{nc} = V(T + t/2) + V/K\delta \cdot \tan(\varphi/2)$

二、难点点拨

1.通过一阶近似操纵运动方程的由来,推导得知 K、T 的物理意义。

2.K、T 在划分船舶种类的四种组合中,T 影响进距,K 影响旋回圈大小。

三、相关习题

1.船舶操纵性指数的 K 指数的物理意义是操舵后_____与_____之比所决定的常数。

A. 转船力矩系数;阻尼力矩系数　　　　　B. 转船力矩;阻尼力矩

C. 水动力转船力矩;风动力转船力矩　　　D. 水动力系数;风动力系数

2. 船舶操纵性指数的 T 指数的物理意义是操舵后_____与_____之比所决定的常数。

A. 惯性矩;阻尼力矩系数　　　　　　　　B. 转船力矩;阻尼力矩

C. 水动力转船力矩;风动力转船力矩　　　D. 水动力系数;风动力系数

3. 船舶追随性指数 T 的物理意义是_____。

A. 操舵后,船舶旋回角速度达到最大值的时间

B. 操舵后,船舶旋回角速度达到定常值的时间

C. 操舵后,船舶旋回角速度达到最小值的时间

D. 操舵后,船舶旋回角速度达到 0.63 倍定常值的时间

4. 船舶旋回性指数 K 的物理意义是_____。

A. 操舵后,单位舵角作用下产生的最大定常旋回角速度的大小

B. 操舵后,单位舵角作用下产生的最大旋回角速度的大小

C. 操舵后,单位舵角作用下产生的最小旋回角速度的大小

D. 操舵后,单位舵角作用下产生的 0.63 倍最终旋回角速度的大小

5. 船舶旋回半径与船速 V_s、旋回性指数 K 之间的关系为_____。

A. 与船速 V_s 成反比,与旋回性指数 K 成正比

B. 与船速 V_s 成反比,与旋回性指数 K 成反比

C. 与船速 V_s 成正比,与旋回性指数 K 成正比

D. 与船速 V_s 成正比,与旋回性指数 K 成反比

6. 船舶旋回半径与旋回性指数 K、舵角 δ 之间的关系为_____。

A. 与旋回性指数 K 成正比,与舵角 δ 成反比

B. 与旋回性指数 K 成正比,与舵角 δ 成正比

C. 与旋回性指数 K 成反比,与舵角 δ 成正比

D. 与旋回性指数 K 成反比,与舵角 δ 成反比

7. 某油船船长 $L=200$ m,航速 $V_s=16$ kn,舵角 $\delta=10°$,$K'=2$,该船的旋回半径约为_____。

A. 1 146 m　　　　　　　　　　　　　　B. 860 m

C. 573 m　　　　　　　　　　　　　　　D. 287 m

8. 船舶航向稳定性好的船舶,其追随性指数 T 应为_____。

A. 正值,且绝对值较小　　　　　　　　　B. 正值,且绝对值较大

C. 负值,且绝对值较小　　　　　　　　　D. 负值,且绝对值较大

9. 航向稳定性好的船舶,其_____。

A. T 值较高,用舵后应舵慢　　　　　　B. T 值较低,用舵后应舵慢

C. T 值较高,用舵后应舵快　　　　　　D. T 值较低,用舵后应舵快

10. 若船舶追随性指数 T 为负值,则说明该船_____。

A. 航向稳定性好　　　　　　　　　　　　B. 航向稳定性差

C. 旋回性差　　　　　　　　　　　　　　D. 不具有航向稳定性

11. 有关操纵性指数 K, 下述正确的是_____。
  A. K 是表示操舵后产生转头角速度的大小, K 越大, 旋回角速度越大
  B. K 是表示操舵后产生转头角速度的大小, K 越大, 旋回角速度越小
  C. K 是表示操舵后船舶达到最大角速度的时间, K 越大, 达到最大角速度的时间越长
  D. K 是表示操舵后船舶达到最大角速度的时间, K 越大, 达到最大角速度的时间越短

12. 两船 K'、T' 值相同, 其中船长 L 较大, 航速 V_s 较低者_____。
  A. 旋回性好, 追随性差
  B. 旋回性好, 追随性好
  C. 旋回性差, 追随性好
  D. 旋回性差, 追随性差

13. 船速 $V_s = 15$ kn, 船长 $L = 160$ m, $10°/10°$ Z 形试验得到指数 $K' = 1.6$, 旋回性指数 K 值为_____。
  A. 0.150/s
  B. 0.180/s
  C. 0.077/s
  D. 0.097/s

14. 船速 $V_s = 15$ kn, 船长 $L = 160$ m, $10°/10°$ Z 形试验得到指数 $T' = 1.6$, 追随性指数 T 值为_____。
  A. 33 s
  B. 23 s
  C. 17 s
  D. 12 s

15. 直航船操一定舵角后, 其旋回角速度的变化规律是_____。
  A. 在转舵阶段是线性变化, 在定常旋回阶段为 $K\delta$ 值
  B. 在转舵阶段是非线性变化, 在定常旋回阶段为 $K\delta$ 值
  C. 在旋回转舵阶段是非线性变化, 在定常旋回阶段为 $K\delta$ 值
  D. 在旋回转舵阶段是线性变化, 在定常旋回阶段为 $K\delta$ 值

16. 船舶定常旋回角速度与_____。
  A. 旋回性指数成正比, 与舵角成正比
  B. 旋回性指数成反比, 与舵角成正比
  C. 旋回性指数成反比, 与舵角成反比
  D. 旋回性指数成正比, 与舵角成反比

17. 船舶操纵性的优劣可由操纵性指数 K'、T' 来判断, 一般操纵性较好的船舶, 其_____。
  A. K' 值较大, T' 值较大
  B. K' 值较大, T' 值较小
  C. K' 值较小, T' 值较小
  D. K' 值较小, T' 值较大

18. 追随性差而旋回性好的船舶, 其操纵性指数_____。
  A. T 大、K 小
  B. T 小、K 大
  C. T 大、K 大
  D. T 小、K 小

19. 对于 $L = 100 \sim 160$ m 的满载货船, 具有一般操纵性能的船舶, 其旋回性指数 K' 值范围为_____。
  A. $1.5 \sim 2$
  B. $1.7 \sim 3$
  C. $2 \sim 2.7$
  D. $2.7 \sim 3$

20. 对于 $L = 100 \sim 160$ m 的满载货船, 具有一般操纵性能的船舶, 其追随性指数 T' 值范围为_____。
  A. $1.5 \sim 2.5$
  B. $3 \sim 6$

C. 1 ~ 1.5   D. 2 ~ 3.5

21. 对于 $L = 150 \sim 250$ m 的满载油船,具有一般操纵性能的船舶,其旋回性指数 K' 值范围为_____。
   A. 1.5 ~ 2   B. 1.7 ~ 3
   C. 2 ~ 2.7   D. 2.7 ~ 3

22. 对于 $L = 150 \sim 250$ m 的满载油船,具有一般操纵性能的船舶,其追随性指数 T' 值范围为_____。
   A. 1.5 ~ 2.5   B. 3 ~ 6
   C. 5 ~ 8.5   D. 6 ~ 9.5

23. 同一船舶空载比满载用同样舵角旋回时,一般情况下,其操纵性指数的变化情况是_____。
   A. K' 增大,T' 减小   B. K' 减小,T' 减小
   C. K' 增大,T' 增大   D. K' 减小,T' 增大

24. 操纵性指数 K'、T' 相同的两船,若具有相同的操纵性能,还须具备的条件是_____。
   A. 船长相同,船速相同   B. 船长不同,船速相同
   C. 船长相同,船速不同   D. 船长不同,船速不同

25. 同一船舶的操纵性指数 K'、T' 随舵角 δ 增大_____。
   A. K' 增大,T' 也增大   B. K' 减小,T' 也减小
   C. K' 增大,T' 减小   D. K' 减小,T' 增大

26. 同一艘货船,在航速和舵角不变的条件下,其操纵性指数随吃水增加的变化情况为_____。
   A. K' 减小,T' 增大   B. K' 增大,T' 增大
   C. K' 减小,T' 减小   D. K' 增大,T' 减小

27. 方形系数 C_b 小的货船,其操纵性指数为_____。
   A. T 大,K 小   B. T 小,K 大
   C. T 小,K 小   D. T 大,K 大

28. C_b(方形系数)值高的大型油船比大型货轮,在满载时具有的倾向是_____。
   A. K'、T' 均较大   B. K'、T' 均较小
   C. K' 较小,T' 较大   D. K' 较大,T' 较小

29. 一船的操纵性指数 K 值越小,则说明该船_____。
   A. 旋回性越差   B. 旋回性越好
   C. 应舵越快   D. 应舵越慢

30. 船舶在静水中的操纵性指数将与_____有关。
   A. 吃水、船型、舵角和风流及海浪   B. 吃水、船型、舵角和船速及船长
   C. 船速、船长、舵角和风流及海浪   D. 船速、船长、舵角和风流及受限水域

31. 匀速直进船舶操舵后,由旋回角速度 $r = K\delta\left[1 - e^{-t/T}\right]$ 可知,当 $t \to \infty$ 时_____。
   A. $T < 0$ 时,$r \to K\delta$ B. $T > 0$ 时,$r \to \infty$
   C. $T > 0$ 时,$r \to K\delta$ D. $T = 0$ 时,$r \to K\delta$

32. 船舶旋回时的滞距_____。

A. 与船舶追随性指数 T 和舵角到位所需时间 t_1 成正比,与船速成反比

B. 与船舶追随性指数 T 和舵角到位所需时间 t_1 成正比,与船速成正比

C. 与船舶追随性指数 T 和舵角到位所需时间 t_1 成反比,与船速成正比

D. 与船舶追随性指数 T 和舵角到位所需时间 t_1 成反比,与船速成反比

33. 船舶直航中操舵后产生一定角速度 r_c 后,立即操正舵,船舶的惯性转头角_____。

A. 与追随性指数 T 成正比,与角速度 r_c 成正比

B. 与追随性指数 T 成正比,与角速度 r_c 成反比

C. 与追随性指数 T 成反比,与角速度 r_c 成正比

D. 与追随性指数 T 成反比,与角速度 r_c 成反比

34. 船舶改向时的新航向距离_____。

A. 与船舶操纵性指数 K、T 无关,与船速成正比

B. 与船舶操纵性指数 K、T 无关,与船速成反比

C. 与船舶操纵性指数 K、T 有关,与船速成正比

D. 与船舶操纵性指数 K、T 有关,与船速成反比

35. 某油船船长 $L=200$ m,航速 $V_s=16$ kn,操20°舵角需时为10 s,追随性指数 $T'=2$,旋回性指数 $K'=2.4$,该船操20°舵角航向改变60°时的新航向距离为_____。

A. 880 m
B. 780 m
C. 680 m
D. 580 m

36. 追随性指数 T 与方形系数 C_b 和纵倾的关系是_____。

A. C_b 越大、尾倾越大,T 越大
B. C_b 越小、尾倾越大,T 越大
C. C_b 越大、尾倾越小,T 越大
D. C_b 越小、尾倾越小,T 越大

37. 方形系数较大的船舶比方形系数较小的船舶的操纵性的特点中,下述正确的是_____。

A. 追随性差,旋回性好,K'、T' 较大
B. 追随性差,旋回性差,K'、T' 较大
C. 追随性好,旋回性好,K'、T' 较小
D. 旋回性好,旋回性差,K'、T' 较小

38. 关于船舶航向稳定性与追随性,下述正确的是_____。

A. 指数 T 越大,航向稳定性越差,追随性越差

B. 指数 T 越大,航向稳定性越好,追随性越好

C. 指数 T 越小,航向稳定性越好,追随性越好

D. 指数 T 越小,航向稳定性越差,追随性越差

39. 通过_____可求取船舶操纵性指数 K、T 值。

A. 旋回试验
B. Z 形试验
C. 螺旋试验
D. 倒车试验

40. 两船 K、T 值相同,其中船长 L 较大,航速 V_s 较低者_____。

A. 旋回性好,追随性差
B. 旋回性好,追随性好
C. 旋回性差,追随性好
D. 旋回性差,追随性差

41. 不同船种、状态和大小的船舶,其操纵性会有很大差异。运用操纵性指数 K、T 可比较船舶操舵后的旋回轨迹,它们大致可分成四类,请问 B 线是_____。

A.K 大，T 小   B.K 小，T 小

C.K 大，T 大   D.K 小，T 大

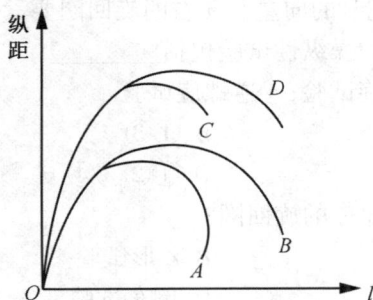

1.1.5　船舶操纵性试验

1.1.5.1　旋回试验的目的、测定条件、测定方法

一、知识点梳理

1.目的：测定船舶旋回圈，评价船舶的旋回的迅速程度和所需水域的大小。

2.测定条件：海面平静，海流潮流较小的水域，水深大于 5 倍吃水，一般应在满载条件下进行，试验时主机转速和航速应达到稳定的试验速度。

3.测定方法：下令，首向变化 1°、5°、15°、30°、60° 及以后每隔 30° 记下对应时间、航速、船位、螺旋桨转速，首向变化 360°（有风流，540°）恢复直线航行。

二、相关习题

1.典型的船舶操纵性试验应满足下列哪些要求？
　①具有普遍意义和实际意义；②便于理论分析；③便于直接观测；④减小场地和设备的要求
　A.①②　　　　　　　　　　　　　　　　B.①②③
　C.①③④　　　　　　　　　　　　　　　D.①②③④

2.船舶进行旋回试验的目的是＿＿＿＿＿。
　A.测定船舶的航向稳定性　　　　　　　　B.测定船舶的转向性能
　C.测定船舶的保向性能　　　　　　　　　D.测定船舶的旋回圈的大小，即旋回圈要素

3.旋回试验应在新船试航、大修或在营运过程中进行，根据实际工作的需要，一般应测出
　＿＿＿＿＿。
　A.各种转载情况下，以及各种船速条件下旋回圈要素

B. 满载和压载情况下,快速满舵、慢速满舵时的向左和向右的旋回圈要素

C. 满载和压载情况下,快速满舵时的向左和向右的旋回圈要素

D. 满载和压载情况下,慢速满舵时的向左和向右的旋回圈要素

4. 能够测定船舶旋回圈几何要素的操纵性试验包括_____。

①旋回试验;②回舵试验;③螺旋试验;④逆螺旋试验

A. ①   B. ①③

C. ①③④   D. ①②③④

5. 通过哪种标准试验方法来求取船舶的旋回圈?

A. 旋回试验   B. Z 形试验

C. 螺旋试验   D. 倒车试验

6. 船舶旋回试验的目的在于_____。

A. 评价船舶旋回迅速程度和所需水域的大小

B. 评价船舶航向稳定性的优劣

C. 测定船舶旋回性及追随性

D. 测定船舶旋回性及保向性

7. 旋回试验是指在试验船速直航条件下,操左右_____舵角并保持之,使船舶进行左、右旋回运动的试验。

A. 10°/10°   B. 20°/20°

C. 35°/35°   D. 35°/35°舵角或设计最大

8. 旋回试验要求在试验船速直航条件下,操左右 35°/35°舵角或设计最大进行左右旋回运动操纵,无风流条件下测定旋回圈要求船首向变化幅度为_____。

A. 270°   B. 360°

C. 450°   D. 540°

9. 旋回试验要求在试验船速直航条件下,操左右 35°/35°舵角或设计最大进行左右旋回运动操纵,有风流条件下测定旋回圈要求船首向变化幅度为_____。

A. 270°   B. 360°

C. 450°   D. 540°

10. 旋回试验的试验方法和步骤包括_____。

①保持船舶直线定常航速;②旋回之前一个船长时,记录初始船速、航向角及推进器转速等;③随着船舶转向,每隔不超过 20 s 的时间间隔,记录轨迹、航速、横倾角及螺旋桨转数等数据;④直至船舶航向角旋回 360°以上,可结束一次试验

A. ①②   B. ①②③

C. ①③④   D. ①②③④

11. 旋回试验过程中,开始记录初始船速、航向角及推进器转速等数据的时机为_____。

A. 在旋回之前一个船长   B. 操舵时

C. 下舵令时   D. 进入旋回的同时

12. 旋回试验过程中记录的初始船舶运动状态的数据包括_____。

①初始船速;②初始航向角;③初始推进器转速;④初始旋回角速度

A. ①②　　　　　　　　　　　　B. ①②③

C. ①③④　　　　　　　　　　　D. ①②③④

13. 旋回试验过程中记录的船舶运动状态的数据包括_____。

①船速;②航向角;③推进器转速;④横倾角

A. ①②　　　　　　　　　　　　B. ①②③

C. ①③④　　　　　　　　　　　D. ①②③④

1.1.5.2　冲程试验的目的、测定条件、测定方法

一、知识点梳理

1. 测定条件:无风、流,$H \geq 3\sqrt{Bd}$。

2. 测定方法:至少应进行船舶从前进三至停车、前进二至停车的停车冲程试验和前进三至后退三以及前进二至后退三的倒车冲程试验。

3. 目的:评价船舶的停止性能。

二、难点点拨

抛木块测定对水的冲程,严格意义上讲,冲程应是对水的一个概念。

三、相关习题

1. 通过哪种标准试验方法来判断船舶的停船性能?

A. 旋回试验　　　　　　　　　　B. Z 形试验

C. 螺旋试验　　　　　　　　　　D. 倒车试验

2. 测定船舶冲程的常用的操纵性试验包括_____。

①旋回试验;②回舵试验;③Z 形试验;④制动试验

A. ①②　　　　　　　　　　　　B. ①②③

C. ③④　　　　　　　　　　　　D. ④

3. 船舶的冲程数据的实际测定,应选择_____进行测定。

A. 有风、有流的海域　　　　　　B. 无风、无流的海域

C. 大风浪天气　　　　　　　　　D. 浅水水域

4. 船舶的冲程数据应实际测定,测定时应满足下列哪项条件?

①应选择无风流影响的水域;②水深足够,不存在浅水的影响;③船舶必须以稳定的航向、转速做直线运动,当驾驶员下令停车(或倒车)时,可以开始测定;④选择标准的海水密度

A. ①   B. ①②

C. ①②③   D. ①②③④

5. 测定船舶冲程时,试验水域的水深 H 与船宽 B 和吃水 d 之间的关系应为_____。

   A. $H \geqslant 2\sqrt{Bd}$ B. $H \geqslant 3\sqrt{Bd}$

   C. $H \geqslant 4\sqrt{Bd}$ D. $H \geqslant 5\sqrt{Bd}$

6. 船舶在使用抛木块法测定冲程时,其冲程大小_____。

   A. 表示对地移动的距离

   B. 表示对水移动的距离

   C. 既是对地移动距离,也是对水移动距离

   D. 既不是对地移动距离,也不是对水移动距离

7. 停船试验采用抛板法测定的距离为_____。

   A. 纵向近距   B. 横向偏移量

   C. 对地进距   D. 航迹进距

8. 停船试验过程中,当_____时,可结束一次试验。

   A. 船舶对水速度为0   B. 船舶对地速度为0

   C. 船舶丧失舵效   D. 船舶航向转过90°

1.1.5.3 螺旋、逆螺旋试验的目的和概念

一、知识点梳理

1. 试验目的:判定航向稳定性的好坏。

2. 正螺旋试验是测定船舶操某一舵角时所能达到的定常旋回角速度的试验。

逆螺旋试验是指求取为使船舶达到某一旋回角速度而所需操的平均舵角。

逆螺旋试验省时、省力,结果比较准确,但必须有角速度仪。

二、难点点拨

根据正螺旋试验的不稳定区域,以及逆螺旋试验的多值对应区域,判定航向稳定性的好坏,如前所述。

三、相关习题

1. 螺旋试验的根本目的在于_____。

   A. 判断船舶航向稳定性的优劣   B. 求取船舶操纵性指数 K、T 值

   C. 判断船舶的旋回性能   D. 判断船舶的变速运动性能

2. 逆螺旋试验的根本目的在于_____。
    A. 判定船舶航向稳定性的优劣   B. 求取船舶操纵性指数 K、T 值
    C. 判断船舶的旋回性能   D. 判断船舶的变速运动性能
3. 根据船舶螺旋试验所求出的舵角 δ 和定常旋回角速度 r 曲线中,在原点周围常会出现一个不稳定的滞后环,根据经验,该滞后环宽度达到_____以上时,操纵时有显著的困难。
    A. 10°   B. 12°
    C. 15°   D. 20°
4. 下列哪项叙述是正确的?
    A. 螺旋试验所需水域大,费时长   B. 逆螺旋试验所需水域大,费时短
    C. 螺旋试验所需水域小,费时短   D. 逆螺旋试验所需水域小,费时长
5. 船舶进行螺旋试验时,通常要求求出_____与各舵角相对应的关系。
    A. 船速   B. 定常旋回角速度
    C. 旋回角加速度   D. 航向
6. 逆螺旋试验与螺旋试验相比较,其优点是_____。
    ①节省时间;②容易进行;③结果比较准确;④需要角度陀螺仪
    A. ①   B. ①②
    C. ①②③   D. ①②③④
7. 逆螺旋试验与螺旋试验相比较,其缺点是_____。
    ①节省时间;②容易进行;③结果比较准确;④需要角度陀螺仪
    A. ①②③④   B. ②③④
    C. ③④   D. ④
8. 航向稳定的船舶的逆螺旋试验结果与螺旋试验结果相比较_____。
    ①形式相同;②逆螺旋试验结果不够准确;③螺旋试验结果有多值对应环,逆螺旋试验结果没有
    A. ①   B. ①③
    C. ②③   D. ①②③

1.1.5.4   Z 形试验的目的和试验方法

一、知识点梳理

1. 目的:求船舶的操纵性指数 K、T,从而评价船舶的旋回性、追随性和航向稳定性。
2. 方法:所操舵角,准确记录各舵角到位时间、特征转头角的时间和惯性超越角的大小。

二、难点点拨

　　Z 形试验的航向超越角越大,其转头惯性越大,在浅水中,其航向超越角往往变小。

三、相关习题

1. 常用的操纵性试验包括_____。
   ①标准操纵性试验；②旋回试验；③螺旋试验；④倒车试验
   A. ①②
   B. ①②③
   C. ①③④
   D. ①②③④

2. Z形试验的目的在于_____。
   A. 判定船舶旋回性、追随性与航向稳定性的优劣
   B. 求船舶转舵后的应舵速度
   C. 判定船舶蛇航运动的降速性能
   D. 判断船舶的舵效

3. 通过Z形试验可判断_____。
   A. 船舶的变速性能和旋回性能的优劣
   B. 船舶的变速性能和航向稳定性的优劣
   C. 船舶的旋回性能和航向稳定性的优劣
   D. 船舶的转头惯性和船舶的变速性能

4. 通过哪种标准试验方法来判断船舶操纵性能？
   A. 旋回试验
   B. Z形试验
   C. 螺旋试验
   D. 倒车试验

5. 通过哪种标准试验方法来求取船舶操纵性指数 K、T 值？
   A. 旋回试验
   B. Z形试验
   C. 螺旋试验
   D. 倒车试验

6. 常见的Z性操纵试验中的舵角和反向操舵时的航向角分别为_____。
   ①5°/5°；②10°/10°；③20°/20°；④35°/35°
   A. ①②
   B. ①②③
   C. ①③④
   D. ①②③④

7. 10°/10°Z形操纵试验中的10°/10°分别表示_____。
   ①分子10°表示舵角；②分子10°表示进行反向操舵时的航向角；③分母10°表示舵角；④分母10°表示进行反向操舵时的航向角
   A. ①④
   B. ②③
   C. ①③
   D. ②④

8. 船舶在进行Z形试验时,应准确记录_____。
   ①所操舵角的大小；②各舵角到位的时间；③惯性超越角的大小；④各特征转头角的时间
   A. ①②③
   B. ②③④
   C. ①②④
   D. ①②③④

9. Z形试验过程中记录的初始船舶运动状态的数据包括_____。

①初始船速;②初始航向角;③初始推进器转速;④初始旋回角速度

A. ①②　　　　　　　　　　　　　B. ①②③

C. ①③④　　　　　　　　　　　　D. ①②③④

10. Z 形试验结果中衡量船舶惯性的参数为_____。

A. 航向变化角　　　　　　　　　　B. 操舵速度

C. 航向超越角　　　　　　　　　　D. 初始转首时间

11. Z 形试验过程中记录的船舶运动状态的数据包括_____。

①船速;②航向角;③航向超越角;④航向超越时间

A. ①②　　　　　　　　　　　　　B. ①②③

C. ①③④　　　　　　　　　　　　D. ①②③④

1.1.6　IMO 船舶操纵性衡准的基本内容

一、知识点梳理

1. 试验条件:平静深水,满载平吃水,以试验速度(不小于 85% 的主机最大输出功率时船速的 90%)。

2. 适用船舶:舵桨推进方式、长度≥100 m 的船舶,化学品油船及液化气船不限长度。

3. 操纵性指标:旋回性:进距 $<4.5\,L$,旋回直径 $<5\,L$;

初始回转性:快速响应的能力,10°舵角,船首转 10°,前进距离 $<2.5\,L$;

偏转抑制性保向性;

停船性:倒车冲程 $<15\,L$。

二、相关习题

1. 为了使实船试验结果具有普遍意义,根据 IMO 安全委员会在 MSC/CirC. 644 中的规定,船舶试验条件应满足_____。

①深水;②宽度不受限制;③遮蔽条件较好

A. ①②　　　　　　　　　　　　　B. ①②③

C. ①③　　　　　　　　　　　　　D. ②③

2. 为了使实船试验结果具有普遍意义,根据 IMO 安全委员会在 MSC/CirC. 644 中的规定,船舶试验条件应满足_____。

①满载(达到夏季吃水);②平均吃水(吃水差为 0);③确保螺旋桨有足够的沉深

A. ①②　　　　　　　　　　　　　B. ①②③

C. ①③　　　　　　　　　　　　　D. ②③

3. 为了使实船试验结果具有普遍意义,根据 IMO 安全委员会在 MSC/CirC. 644 中的规定,环境条件应满足_____。

①风力不超过蒲式5级,即风速不超过19 kn;②海浪不超过4级,即有义波高不超过1.9 m、最大波周期不超过8.8 s;③流场比较均匀

A.①②   B.①②③

C.①③   D.②③

4.为了使实船试验结果具有普遍意义,根据IMO安全委员会在MSC/CirC.644中的规定,实船试验中的最小船速应达到船舶海上速度的_____。

A.75%   B.80%

C.85%   D.90%

5.为了使实船试验结果具有普遍意义,根据IMO安全委员会在MSC/CirC.644中的规定,实船试验中主机功率应达到最大输出功率的_____。

A.75%   B.80%

C.85%   D.90%

6.IMO船舶操纵性衡准推荐的试验条件为_____。

A.平静浅水中,满载尾倾1%船长,以试验速度稳定直航

B.平静深水中,满载平吃水,以试验速度稳定直航

C.平静深水中,满载尾倾1%船长,以试验速度稳定直航

D.平静深水中,满载平吃水,以半速稳定直航

7.IMO船舶操纵性衡准适用的船舶包括_____。

A.舵桨推进方式、长度≥100 m的船舶,化学品船、油船及液化气船不限长度

B.舵桨推进方式、长度≥100 m的所有船舶

C.舵桨推进方式、长度≥50 m的船舶,化学品船、油船及液化气船不限长度

D.舵桨推进方式、长度≥50 m的所有船舶

8.直航船舶对操舵改变航向的快速响应能力称为_____。

A.船舶保向性能   B.船舶旋回性能

C.初始回转性能   D.航向稳定性能

9.IMO船舶操纵性能基准指标包括下列哪些性能?

A.旋回性能、初始回转性能、偏转抑制性能、摇摆性能

B.旋回性能、初始回转性能、航向稳定性能、保向性能

C.旋回性能、初始回转性能、偏转抑制性能、保向性能

D.旋回性能、追随性能、初始回转性能、偏转抑制性能

10.IMO船舶操纵性衡准指标包括下列哪些内容?

A.旋回性、航向稳定性、抑制偏转性、追随性和停船性能

B.旋回性、初始回转性、抑制偏转性、保向性和停船性能

C.旋回性、初始回转性、航向稳定性、保向性和停船性能

D.旋回性、航向稳定性、抑制偏转性、保向性和停船性能

11.IMO船舶操纵性衡准中的旋回性指标包括下列哪些内容?

A.进距、横距和旋回初径　　　　　　　B.进距、横距和旋回直径

C.旋回初径、横距和旋回直径　　　　　D.旋回初径、旋回直径和反移量

12. IMO 船舶操纵性衡准中推荐的标准试验法包括下列哪些?

A.旋回试验、Z 形试验、初始回转试验、停船试验、螺旋试验和回舵试验

B.旋回试验、Z 形试验、初始回转试验、停船试验、逆螺旋试验和回舵试验

C.旋回试验、Z 形试验、初始回转试验、停船试验、倾斜试验和螺旋试验

D.旋回试验、Z 形试验、初始回转试验、倾斜试验和回舵试验

13. IMO 船舶操纵性衡准中要求旋回性能指标中的进距基准值为(L 为船长)_____。

A. $<3.5\ L$　　　　　　　　　　　B. $<4.5\ L$

C. $<5.5\ L$　　　　　　　　　　　D. $<6.5\ L$

14. IMO 船舶操纵性衡准中要求旋回性能指标中的旋回初径基准值为(L 为船长)_____。

A. $<3\ L$　　　　　　　　　　　　B. $<4\ L$

C. $<5\ L$　　　　　　　　　　　　D. $<6\ L$

15. IMO 船舶操纵性衡准中要求初始回转性能(操 10°舵角,航向变化 10°时船舶的前进距离)指标的基准值为(L 为船长)_____。

A. $<2.5\ L$　　　　　　　　　　　B. $<3.5\ L$

C. $<4.5\ L$　　　　　　　　　　　D. $<5.5\ L$

16. IMO 船舶操纵性衡准中要求全速倒车冲程指标的基准值为(L 为船长)_____。

A. $<16\ L$　　　　　　　　　　　B. $<15\ L$

C. $<14\ L$　　　　　　　　　　　D. $<13\ L$

1.2　船舶操纵设备及其运用

1.2.1　螺旋桨的运用

1.2.1.1　船舶阻力的组成:基本阻力和附加阻力

一、知识点梳理

1. 基本阻力:摩擦阻力(70% ~90%)、兴波阻力、涡流阻力。

2. 附加阻力:附体阻力、污底阻力、汹涛阻力、空气阻力。

3. 基本阻力的大小与船速和吃水有关;船速越高,基本阻力越大,低速近似于线性,高速时,

几乎与船速的平方成正比,非线性。

二、难点点拨

船舶从静止状态开进车,开始阶段推力大于阻力,船舶开始加速,同时阻力也随船速的提高而增大,而推力也随船速的增加而减小,当推力等于阻力时,船舶达到稳定的船速。

三、相关习题

1. 船舶阻力由哪些部分组成?
   A. 基本阻力和附加阻力   B. 摩擦阻力和涡流阻力
   C. 基本阻力和空气阻力   D. 摩擦阻力和兴波阻力

2. 船舶的基本阻力包括_____。
   A. 摩擦阻力、涡流阻力和空气阻力   B. 摩擦阻力、涡流阻力和兴波阻力
   C. 摩擦阻力、涡流阻力和波浪阻力   D. 摩擦阻力、涡流阻力和浅水阻力

3. 船舶的附加阻力包括_____。
   A. 空气阻力、波浪阻力、涡流阻力和浅水阻力
   B. 空气阻力、摩擦阻力、污底阻力和浅水阻力
   C. 空气阻力、波浪阻力、污底阻力和附体阻力
   D. 空气阻力、波浪阻力、污底阻力和兴波阻力

4. 船舶的基本阻力中占比例最大的是_____。
   A. 兴波阻力   B. 涡流阻力
   C. 空气阻力   D. 摩擦阻力

基本阻力与船速、吃水之间的关系

5. 匀速直线航行的船舶所受的各种阻力之和应_____。
   A. 等于所受到的推力   B. 大于所受到的推力
   C. 小于所受到的推力   D. 等于或小于所受到的推力

6. 加速直线航行的船舶所受的各种阻力之和应_____。
   A. 等于所受到的推力   B. 大于所受到的推力
   C. 小于所受到的推力   D. 等于或小于所受到的推力

7. 减速直线航行的船舶所受的各种阻力之和应_____。
   A. 等于所受到的推力   B. 大于所受到的推力
   C. 小于所受到的推力   D. 等于或小于所受到的推力

8. 给定船舶的基本阻力取决于_____。
   A. 该船舶的方形系数 C_b 和实际吃水   B. 该船舶的实际吃水和航速
   C. 该船舶的长宽比 L/B 和航速   D. 该船舶的方形系数 C_b 和长宽比 L/B

9.给定船舶的基本阻力取决于_____。

  A.该船的螺旋桨直径和转数的大小   B.该船的螺旋桨直径和船速的大小

  C.该船的吃水和船速的大小   D.该船的螺旋桨转数和吃水的大小

10.在船舶吃水一定的情况下,船舶基本阻力与船速之间的关系为_____。

  A.船速越大,基本阻力越小,且呈线性变化

  B.船速越大,基本阻力越大,且呈线性变化

  C.船速越大,基本阻力越小,且呈非线性变化

  D.船速越大,基本阻力越大,且呈非线性变化

11.在船舶吃水一定的情况下,船舶基本阻力随船速的增大而增加,且_____。

  A.在低速时基本呈线性关系,高速时呈非线性关系

  B.在低速时呈非线性关系,高速时基本呈线性关系

  C.在低速和高速时都基本呈非线性关系

  D.在低速和高速时都基本呈线性关系

12.航速较高时,基本阻力随船速提高将有_____的变化趋势。

  A.线性升高   B.线性降低

  C.非线性急速升高   D.非线性急速降低

13.在船速一定的情况下,船舶基本阻力与吃水之间的关系为_____。

  A.吃水越大,基本阻力越小,且呈线性变化

  B.吃水越大,基本阻力越大,且呈非线性变化

  C.吃水越大,基本阻力越大,且呈线性变化

  D.吃水越大,基本阻力越小,且呈非线性变化

14.船舶从静止状态中开进车,使船舶达到与主机功率相应的稳定航速所需的时间和航速的距离称为船舶的起动性能。其起动过程是_____。

  A.船舶从静止状态开进车,开始阶段推力大于阻力,船舶开始加速,同时阻力也随船速的提高而增大,而推力也随船速的增加而减小,当推力等于阻力时,船舶达到稳定的船速

  B.船舶从静止状态开进车,开始阶段推力小于阻力,船舶开始加速,同时阻力也随船速的提高而减小,而推力也随船速的增加而减小,当推力等于阻力时,船舶达到稳定的船速

  C.船舶从静止状态开进车,开始阶段推力大于阻力,船舶开始加速,同时阻力也随船速的提高而增大,而推力也随船速的增加而增大,当推力等于阻力时,船舶达到稳定的船速

  D.船舶从静止状态开进车,开始阶段推力小于阻力,船舶开始加速,同时阻力也随船速的提高而增大,而推力也随船速的增加而减小,当推力等于阻力时,船舶达到最大的船速

1.2.1.2　吸入流与排出流的概念及其特点

一、知识点梳理

1.吸入流:范围广,流线平行,流速低。

2.排出流:范围窄,流线旋转,流速快。

二、相关习题

1.螺旋桨吸入流的特点是_____。
    A.流速较快,范围较广,水流流线几乎相互平行
    B.流速较慢,范围较广,水流流线几乎相互平行
    C.流速较快,范围较小,水流旋转剧烈
    D.流速较慢,范围较小,水流旋转剧烈
2.螺旋桨排出流的特点是_____。
    A.流速较快,范围较广,水流流线几乎相互平行
    B.流速较慢,范围较广,水流流线几乎相互平行
    C.流速较快,范围较小,水流旋转剧烈
    D.流速较慢,范围较小,水流旋转剧烈
3.螺旋桨排出流与吸入流比较,排出流的特点为_____。
    A.流速较快,流线平行   B.流速较慢,流线平行
    C.流速较快,流线旋转   D.流速较慢,流线旋转
4.螺旋桨吸入流与排出流比较,吸入流的特点为_____。
    A.流速较快,流线平行   B.流速较慢,流线平行
    C.流速较快,流线旋转   D.流速较慢,流线旋转

1.2.1.3　推力与船速之间的关系,推力与转数之间的关系

一、知识点梳理

1.当船速一定时,转速越高,推力越大,与转速的平方成正比。
2.当转速一定时,船速越高,推力越小。
3.滑失越大,推力越大;主机负荷越大。
4.沉深越小,推力越小;伴流越大,推力越大。
5.倒车拉力,由于螺旋桨和主机结构的原因(主机工况的影响),倒车只有进车的60%~70%;大型船的30%~40%。

二、难点点拨

1.推力的影响因素中,有水的密度、螺旋桨直径、螺旋桨转速、推力系数、外界因素等,因此不同船舶、不同环境,通过比较船速与转速,无法推定其推力一定大或一定小。

2. 水对螺旋桨的反作用力在船舶首尾方向的分量,进车时是推力,倒车时是拉力。

三、相关习题

1. 给定船舶的推力取决于该船的_____。
   A. 螺旋桨直径和转数的大小　　　　B. 螺旋桨直径和船速的大小
   C. 螺旋桨转数和吃水的大小　　　　D. 螺旋桨转速和船速的大小

2. 对于给定的船舶,当螺旋桨转速一定时,螺旋桨推力的大小与船速的关系是_____。
   A. 船速越高,推力越小　　　　　　B. 船速越低,推力越小
   C. 船速为零时,推力最小　　　　　D. 匀速前进时,推力最大

3. 给定的船舶当船速一定时,螺旋桨给出推力的大小与螺旋桨转速的关系是_____。
   A. 螺旋桨转速越低,推力越小　　　B. 螺旋桨转速越高,推力越小
   C. 螺旋桨转速越低,推力越大　　　D. 螺旋桨转速为零时,推力最大

4. 对于给定的船舶,主机转数不变时,船速越低,则_____。
   A. 滑失越大、推力越小、主机负荷越小　　B. 滑失越小、推力越大、主机负荷越小
   C. 滑失越大、推力越大、主机负荷越大　　D. 滑失越小、推力越小、主机负荷越小

5. 对于给定的船舶,船速不变时,螺旋桨转数越高,则_____。
   A. 滑失越大、推力越小、主机负荷越小　　B. 滑失越小、推力越大、主机负荷越小
   C. 滑失越大、推力越大、主机负荷越大　　D. 滑失越小、推力越小、主机负荷越小

6. 对于给定的船舶,主机转数不变时,船速越高,则_____。
   A. 滑失越大、推力越小、主机负荷越小　　B. 滑失越小、推力越大、主机负荷越小
   C. 滑失越大、推力越大、主机负荷越大　　D. 滑失越小、推力越小、主机负荷越小

7. 对于给定的船舶,船速不变时,螺旋桨转数越低,则_____。
   A. 滑失越大、推力越小、主机负荷越小　　B. 滑失越小、推力越大、主机负荷越小
   C. 滑失越大、推力越大、主机负荷越大　　D. 滑失越小、推力越小、主机负荷越小

8. 对于给定的船舶,螺旋桨转数和吃水不变时,随着船速的增加_____。
   A. 推力增大,阻力减小　　　　　　B. 推力减小,阻力减小
   C. 推力减小,阻力增大　　　　　　D. 推力增大,阻力增大

9. 甲船螺旋桨的转数为 100 r/min,乙船的转数为 80 r/min,当两船船速相同时,_____。
   A. 甲船推力一定大于乙船推力　　　B. 甲船推力一定小于乙船推力
   C. 甲船推力一定等于乙船推力　　　D. 甲船推力不一定大于乙船推力

10. 对于给定的螺旋桨,转数相同时,下列哪种情况下推力最大?
    A. 船速较高时　　　　　　　　　　B. 船速较低时
    C. 船速为 0 时　　　　　　　　　　D. 匀速前进时

11. 对于给定的螺旋桨,下列哪种情况下进车推力最大?
    A. 高速前进时　　　　　　　　　　B. 低速前进时
    C. 低速后退时　　　　　　　　　　D. 静止中

12. 对于给定的船舶,船速相同时,转数越低,推力_____;转数相同时,船速越低,推力_____。

    A. 越小;越大   B. 越小;越小

    C. 越大;越小   D. 越大;越大

13. 对于给定的船舶,转数相同时,船速越低,推力_____;船速相同时,转数越低,推力_____。

    A. 越小;越大   B. 越小;越小

    C. 越大;越小   D. 越大;越大

14. 推力和阻力均为船速的函数,它们之间的关系是_____。

    A. 推力随船速的增加而减小,阻力随船速的增加而增大

    B. 推力随船速的增加而增大,阻力随船速的增加而增大

    C. 推力随船速的增加而减小,阻力随船速的增加而减小

    D. 推力随船速的增加而增大,阻力随船速的增加而减小

15. 可变螺旋桨通过以下哪种方法改变推力的大小?

    A. 改变主机转动方向   B. 改变桨叶的螺距角

    C. 改变桨叶数目   D. 改变桨叶的长度

16. 在船舶起动倒车时,促使船舶产生后退运动的原因是_____。

    A. 滑失较大,拉力小于阻力   B. 滑失较小,拉力小于阻力

    C. 滑失较小,拉力大于阻力   D. 滑失较大,拉力大于阻力

1.2.1.4 滑失和滑失比的基本概念,滑失在操船中的应用

一、知识点梳理

1. 滑失:螺旋桨对水纵向运动的理论速度与实际速度之差。

2. 滑失比:滑失与螺旋桨对水运动的理论速度的比值。

    用船速 V_s 代替桨速 V_p,则为虚滑失、虚滑失比。

3. 船速一定,转速越高,滑失越大,推力越大,主机负荷越大,舵效好。

4. 伴流分布:前进中,船尾大于船首,螺旋桨处,上大下小,左右对称。

二、难点点拨

1. 增大滑失,可以提高排出流速度,增加舵速,增强舵效。

2. 伴流降低了桨对水的速度,增大了滑失,增加了推力;但伴流又降低了舵速,降低了舵效。

三、相关习题

1. 螺旋桨的进程是指_____。
   A. 螺旋桨在水中转动一周实际前进的距离
   B. 螺旋桨在固体中转动一周理论上前进的距离
   C. 螺旋桨在固体中转动一秒钟理论上前进的距离
   D. 螺旋桨在水中转动一周理论前进的距离

2. 进程是指_____。
   A. 螺旋桨旋转一周对水的实际前进距离
   B. 在固体中,螺旋桨旋转一周对水的实际前进距离
   C. 在固体中,螺旋桨旋转一周对水的理论前进距离
   D. 螺旋桨旋转一秒对水的实际前进距离

3. 螺旋桨转动一周,它在轴向上的实际前进距离为_____。
   A. 螺距   B. 进速
   C. 滑失   D. 进程

4. 螺旋桨转动一周,它在轴向上的理论前进距离为_____。
   A. 螺距   B. 进速
   C. 滑失   D. 进程

5. 螺旋桨的滑失速度是指_____。
   A. 螺旋桨理论上前进的速度与船速之差
   B. 螺旋桨理论上前进的速度与螺旋桨进速之差
   C. 螺旋桨理论上前进的速度与船速之和
   D. 螺旋桨理论上前进的速度与螺旋桨进速之和

6. 滑失比是螺旋桨_____与_____之比。
   A. 滑失速度;理论上前进的速度   B. 滑失速度;船对地的速度
   C. 滑失速度;船对水的速度   D. 滑失速度;螺旋桨进速

7. 螺旋桨的滑失越小,则_____。
   A. 推力越小、舵效越差   B. 推力越大、舵效越好
   C. 推力越小、舵效越好   D. 推力越大、舵效越差

8. 关于滑失的叙述,下述哪项正确?
   A. 船舶阻力越大,滑失越大   B. 海浪越大,滑失越小
   C. 船体污底越严重,滑失越小   D. 船速越高,滑失越大

9. 操纵船舶时,可借助提高螺旋桨的滑失比以增加舵效,这需要_____。
   A. 降低螺旋桨的进速,提高螺旋桨的转速
   B. 降低螺旋桨的进速,降低螺旋桨的转速
   C. 提高螺旋桨的进速,提高螺旋桨的转速

D. 提高螺旋桨的进速,降低螺旋桨的转速

10. 操纵船舶时,可借助提高滑失比以增加舵效,这需要_____。

    A. 降低桨的进速,提高桨的转速和螺距

    B. 保持桨的进速,提高桨的转速,降低螺距

    C. 提高桨的进速,保持桨的转速,降低螺距

    D. 提高桨的进速,保持桨的转速,提高螺距

11. 提高舵效的方法有_____。

    ①提高船速;②提高船速,提高螺旋桨转速;③降低螺旋桨转速;④降低船速,降低螺旋桨转速

    A. ①②   B. ①②③

    C. ②③   D. ①④

1.2.1.5　功率的分类及其之间的关系

一、知识点梳理

1. 机器功率 MHP:主机发出的功率,有指示功率 IHP(蒸汽机)、制动功率 BHP(内燃机)、轴功率 SHP(汽轮机)。

2. 收到功率 DHP:尾端与螺旋桨连接处的功率。

3. 推力功率 THP:螺旋桨发出的推进功率。

4. 有效功率 EHP:克服阻力保持一定船速需要的功率。

5. 传递效率:收到功率 DHP 与机器功率 MHP 比值,0.95 ~ 0.98。

6. 推进器效率:有效功率 EHP 与收到功率 DHP 比值,0.60 ~ 0.75。

7. 推进系数:有效功率 EHP 与机器功率 MHP 比值,0.5 ~ 0.7。

二、难点点拨

1. 机器功率在不同类型主机中有不同的表示方法。

2. 传递效率是衡量主轴传递系统的效率;推进器效率是衡量螺旋桨的效率;推进系数是衡量整个推进系统的效率。

三、相关习题

1. 船舶机器功率 MHP 是指_____。

    A. 船舶主机发出的功率

    B. 船舶辅机发出的功率

    C. 船舶所有动力装备的总功率

　　D. 克服船舶阻力而保持一定船速所需要的功率

2. 蒸汽机主机常用_____来表示主机的机器功率,汽轮机主机常用_____来表示主机的机器功率。

　　A. 制动功率;指示功率　　　　　　　　B. 制动功率;轴功率

　　C. 指示功率;轴功率　　　　　　　　　D. 轴功率;制动功率

3. 内燃机主机常用_____来表示主机的机器功率,汽轮机主机常用_____来表示主机的机器功率。

　　A. 制动功率;指示功率　　　　　　　　B. 制动功率;轴功率

　　C. 指示功率;轴功率　　　　　　　　　D. 轴功率;制动功率

4. 关于船舶的机器功率的描述,下列哪项正确?

　　A. 主机发出的功率　　　　　　　　　　B. 蒸汽机的机器功率常用轴功率表示

　　C. 柴油机的机器功率常用轴功率表示　　D. 推船前进的功率

5. 船舶的收到功率是指_____。

　　A. 主机发出的功率

　　B. 主机功率传递至主轴尾端,通过船尾轴管提供给螺旋桨的功率

　　C. 对于汽轮机通常用轴功率表示

　　D. 对于柴油机通常用制动功率表示

6. 螺旋桨的推力功率 THP 为_____。

　　A. 船舶主机发出的功率

　　B. 机器功率传递至主轴尾端,通过船尾轴管提供给螺旋桨的功率

　　C. 螺旋桨获得收到功率后,螺旋桨发出的推进功率

　　D. 船舶克服阻力以一定船速行进所必需的功率

7. 螺旋桨的推力功率 THP 为_____。

　　A. 船舶主机发出的功率与传递效率的乘积

　　B. 螺旋桨发出的推力与螺旋桨进速(对水)的乘积

　　C. 螺旋桨发出的推力与船速(对水)的乘积

　　D. 船舶阻力与船速的乘积

8. 船舶的有效功率是指_____。

　　A. 主机发出的功率

　　B. 主机功率传递至主轴尾端,通过船尾轴管提供给螺旋桨的功率

　　C. 船舶克服阻力以一定船速行进所必需的功率

　　D. 制动功率

9. 船舶的有效功率为_____。

　　A. 船舶主机发出的功率与传递效率的乘积

　　B. 螺旋桨发出的推力与螺旋桨进速(对水)的乘积

　　C. 螺旋桨发出的推力与船速(对水)的乘积

　　D. 船舶阻力与船速的乘积

10. 主机的传送效率是指_____。
    A. 机器功率与收到功率之比　　　　　　B. 收到功率与机器功率之比
    C. 有效功率与收到功率之比　　　　　　D. 收到功率与有效功率之比
11. 船舶的推进器效率是指_____。
    A. 机器功率与收到功率之比　　　　　　B. 收到功率与机器功率之比
    C. 有效功率与收到功率之比　　　　　　D. 收到功率与有效功率之比
12. 船舶的推进效率是指_____。
    A. 有效功率与机器功率之比　　　　　　B. 机器功率与有效功率之比
    C. 有效功率与收到功率之比　　　　　　D. 收到功率与有效功率之比
13. 船舶主机的传送效率的通常值为_____。
    A. 0.95 ~ 0.98　　　　　　　　　　　B. 0.80 ~ 0.95
    C. 0.60 ~ 0.75　　　　　　　　　　　D. 0.50 ~ 0.70
14. 船舶的推进器效率的通常值为_____。
    A. 0.95 ~ 0.98　　　　　　　　　　　B. 0.80 ~ 0.95
    C. 0.60 ~ 0.75　　　　　　　　　　　D. 0.50 ~ 0.70
15. 船舶的推进效率的通常值为_____。
    A. 0.95 ~ 0.98　　　　　　　　　　　B. 0.80 ~ 0.95
    C. 0.60 ~ 0.75　　　　　　　　　　　D. 0.50 ~ 0.70

1.2.1.6　船速的分类及与主机转速之间的关系

一、知识点梳理

1. 额定船速：额定功率、额定转速下，平静深水中取得的静水船速。
2. 海上船速：常用功率（90% 额定）、常用转速（96% ~ 97% 额定）下，平静深水中取得的静水船速。
3. 港内船速：港内功率、港内转速平静深水域取得的静水船速。便于操纵和主机不超负荷。
港内各级转速：前进三（海上的 70% ~ 80%）、二、一、微进（能开出的最低功率和转速）；
后退三（海上的 60% ~ 70%）、二、一、微退。
4. 经济航速：船舶费用和燃料费用之和达到最低的航速。
5. 测速：(1)条件，平静深水，水深大于 $4d$，满载平吃水；专用测速场，测速标方位垂直航向。
(2)内容，测定满载或合理压载条件下前进一、二、三时的船速。
(3)计算，无风流一个往返，$(V_1 + V_2)/2$
均匀流 3 次，$(V_1 + 2V_2 + V_3)/4$
不均匀流 4 次，$(V_1 + 3V_2 + 3V_3 + V_4)/8$

二、难点点拨

港内船速又叫备车速度或操纵速度。由于船舶转载状态、外界因素不同,转速、船速也不是固定不变的。

三、相关习题

1. 海上船速是指_____。

  A. 主机以海上常用功率和转速在深水中航行的静水船速

  B. 主机以海上常用功率和转速在深水、风浪中航行的船速

  C. 主机以额定功率和转速在深水中航行的静水船速

  D. 主机以额定功率和转速在深水、风浪中航行的船速

2. 额定船速是指_____。

  A. 主机以海上常用功率和转速在深水中航行的静水船速

  B. 主机以海上常用功率和转速在深水、风浪中航行的船速

  C. 主机以额定功率和转速在深水中航行的静水船速

  D. 主机以额定功率和转速在深水、风浪中航行的船速

3. _____是船舶深水中可以使用的最高船速。

  A. 港内船速   B. 海上船速

  C. 额定船速   D. 经济航速

4. 额定船速是指在深水中,在额定功率与额定转速条件下,船舶所能达到的_____。

  A. 对水的速度   B. 对地的速度

  C. 静水中的速度   D. 理论上的速度

5. 港内船速是指_____。

  A. 主机以额定功率和转速在深水中航行的静水船速

  B. 主机以额定功率和转速在深水、风浪中航行的船速

  C. 主机以港内功率和转速在深水中航行的静水船速

  D. 主机以港内功率和转速在深水、风浪中航行的船速

6. 当船舶从前进工况改为倒航工况时,_____。

  A. 主机功率变化,船体阻力不变   B. 船体阻力变化,主机功率不变

  C. 船体阻力、主机功率都变化   D. 船体阻力不变,螺旋桨推力变化

7. 经济航速是指_____。

  A. 主机以海上常用功率和转速在深水、风浪中航行的船速

  B. 船舶在实际航行环境中以海上常用功率和转速行驶并考虑机动航行后的平均速度

  C. 船舶在实际营运中能够保证船期的实际使用速度

  D. 以节约燃油、降低成本为目的,根据航线条件等特点而采用的速度

8. 为了保护主机,一般港内最高主机转速为海上常用转速的_____。
   A.80% ~90%
   B.70% ~80%
   C.60% ~70%
   D.50% ~70%

9. 为了留有一定的储备,主机的海上转数通常定为额定转数的_____。
   A.89% ~92%
   B.92% ~93%
   C.94% ~95%
   D.96% ~97%

10. 为了留有一定的储备,主机的海上功率通常定为额定功率的_____。
    A.86%
    B.90%
    C.92%
    D.96%

11. 为了保护主机,一般港内倒车最高主机转速为海上常用转速的_____。
    A.80% ~90%
    B.70% ~80%
    C.60% ~70%
    D.50% ~70%

12. 一般港内船速要比海上船速低,其主要原因包括_____。
    A.港内航行阻力增大,为了减小主机扭矩而降低船速
    B.港内航行阻力增大,为了增大主机扭矩而降低船速
    C.港内航行阻力减小,为了减小主机扭矩而降低船速
    D.港内航行阻力减小,为了增大主机扭矩而降低船速

13. 在港内航行,"微速前进"的功率与转速是_____。
    A.主机能发出的最低功率,最低转速
    B.主机能发出的最低功率,最高转速
    C.主机能发出的最大功率,最低转速
    D.主机能发出的最大功率,最高转速

14. 在水深足够时,仅有均匀流影响时,船舶测速(对一种装载状态和一种主机转速)通常需要进行_____。
    A.1 次
    B.2 次
    C.3 次
    D.4 次

15. 在水深足够时,有不均匀流影响时,船舶测速(对一种装载状态和一种主机转速)通常需要进行_____。
    A.1 次
    B.2 次
    C.3 次
    D.4 次

16. 在水深足够时,且无风、浪、流的影响时,船舶测速(对一种装载状态和一种主机转速)通常需要进行_____。
    A.1 次
    B.一个往返
    C.2 个往返
    D.3 个单程

17. 在水深足够时,对船舶测速时的风、浪、流的要求是_____。
    A.尽量选择风、浪、流的影响较小时进行测速
    B.有风浪流时无法测速,应选择无风流时进行测速
    C.选择各种标准的海况等级进行测速后求平均船速
    D.选择各种标准的海况等级进行测速,并按海况等级列表,供以后查表使用

18. 船舶测速时如果有风流影响,则_____。

    A. 无法测速,应选择无风流时进行

    B. 只测一次即可,对风流影响可以加以修正

    C. 为减小误差,应往返多次测速并求平均速度

    D. 因实际航行中无法避免风流影响,因此只测一次即可,也不必修正风流影响

19. 船舶测速时通常需测定_____下的主机使用_____转速时相应的船速。

    A. 满载状态;前进三

    B. 满载、合理压载等常用吃水条件;前进三

    C. 满载状态;前进一、前进二、前进三

    D. 满载、合理压载等常用吃水条件;前进一、前进二、前进三

20. 船舶测速应以稳定转速船速并在_____进行。

    A. 任意水域   B. 在深水域和专用测速水域

    C. 任意深水域   D. 专用测速水域,无须考虑水深

21. 船舶测速时应沿与测速标方位_____的航向行驶。

    A. 平行   B. 垂直

    C. 相同   D. 相反

22. 船舶测速对水深条件的要求是_____。

    A. 深水域   B. 浅水域

    C. 港口水域   D. 水深与吃水比为 10 的标准水深

23. 下列关于船速的说法,正确的是_____。

①额定船速不因主机的磨损和船体的陈旧而发生变化;②海上船速由于海上气候多变,船舶装载状态不同,并不是固定不变的;③港内船速由于船舶的装载状态以及水深等外界条件不同,并不是固定不变的

    A. ①②③   B. ①③

    C. ②③   D. ①②

24. 下列关于船速调整的说法,正确的是_____。

①船舶由深水进入浅水,由于阻力变大,船速降低,此时为保持原船速,应加大主机转速;②船舶由深水进入浅水,由于阻力变大,船速降低,此时为保护主机,应降低主机转速;③船舶遇到大风浪,航行阻力增大,船速降低,此时为保持原船速,应加大主机转速;④船舶遇到大风浪,航行阻力增大,船速降低,此时为保护主机,应降低主机转速

    A. ①③   B. ①④

    C. ②③   D. ②④

1.2.1.7 沉深横向力产生的条件、机理及偏转效果

一、知识点梳理(螺旋桨横向力的知识难点,若无特别说明,均以右旋定距桨为例)

1. 沉深 h:螺旋桨桨轴中心距水面的距离;沉深比 h/D:螺旋桨轴中心距水面的距离与螺旋桨直径之比。
2. 机理:流体静压力或密度的上小下大,桨叶受到反作用力,上小下大。
3. 效果:右旋定距单桨船,力的方向与螺旋桨旋转方向相同;进车推首向左,倒车推首向右。
4. 条件:螺旋桨旋转 n,$h/D < 0.65 \sim 0.75$ 明显,船速低时明显,倒车比正车明显。
5. 大小:较大的量。

二、难点点拨

沉深横向力作用在螺旋桨上。

三、相关习题

1. 螺旋桨的"沉深比"是指_____。
   A. 螺旋桨轴中心距水面的距离与螺旋桨直径之比
   B. 螺旋桨中轴距水面的距离与螺旋桨半径之比
   C. 螺旋桨上叶距水面的距离与螺旋桨直径之比
   D. 螺旋桨上叶距水面的距离与螺旋桨半径之比
2. 螺旋桨沉深是指_____。
   A. 螺旋桨桨轴中心距水面的距离
   B. 螺旋桨下桨叶距水面的距离
   C. 螺旋桨上叶距水面的距离
   D. 螺旋桨盘面上边缘距水面的距离
3. 螺旋桨沉深横向力的产生的原因包括_____。
   A. 受伴流影响导致螺旋桨上下桨叶转力不同
   B. 受伴流和螺旋桨上桨叶所处水深的影响
   C. 表层水密度的降低导致螺旋桨上下桨叶转力不同
   D. 螺旋桨上桨叶所处水层吸入空气、螺旋桨上下桨叶转力上大下小
4. 螺旋桨沉深横向力产生的原因是_____。
   A. 由于伴流的影响,螺旋桨旋转力上大下小
   B. 由于伴流的影响,螺旋桨旋转力上小下大
   C. 螺旋桨旋转力上小下大
   D. 由于水面空气吸入,导致螺旋桨旋转力上大下小

5. 沉深横向力是作用在_____上的。

    A. 舵　　　　　　　　　　　　　　B. 螺旋桨

    C. 船尾　　　　　　　　　　　　　D. 船首

6. 倒车时,沉深横向力是作用在_____上的。

    A. 舵　　　　　　　　　　　　　　B. 螺旋桨

    C. 船尾　　　　　　　　　　　　　D. 船首

7. 螺旋桨沉深横向力产生的主要原因是_____。

    A. 伴流的影响　　　　　　　　　　B. 滑失

    C. 沉深　　　　　　　　　　　　　D. 船尾线型斜流

8. 螺旋桨产生的沉深横向力与沉深比 h/D 有关,_____。

    A. h/D 越大,沉深横向力越大　　　B. h/D 越大,沉深横向力越小

    C. h/D 越小,沉深横向力越小　　　D. $h/D = 0$ 时,沉深横向力为0

9. 沉深比 h/D 在何值范围,螺旋桨沉深横向力明显增大?

    A. $h/D < 3.65 \sim 3.75$　　　　　　B. $h/D < 2.65 \sim 2.75$

    C. $h/D < 1.65 \sim 1.75$　　　　　　D. $h/D < 0.65 \sim 0.75$

10. 螺旋桨沉深横向力的作用方向(由船尾向船首看)_____。

    A. 与螺旋桨旋转方向相反　　　　　B. 与螺旋桨旋转方向无关

    C. 与螺旋桨旋转方向相同　　　　　D. 随螺旋桨叶数不同而不同

11. 对于右旋螺旋桨,沉深横向力方向为_____。

    A. 正车时推尾向左,倒车时推尾向左　B. 正车时推尾向左,倒车时推尾向右

    C. 正车时推尾向右,倒车时推尾向右　D. 正车时推尾向右,倒车时推尾向左

12. 关于船舶沉深横向力,下述正确的是_____。

    A. 当 $h < (0.65 \sim 0.75)D$ 时,横向力明显增大(h 为桨轴到水面的高度,D 为螺旋桨直径)

    B. 船速越高,横向力越明显

    C. 右旋螺旋桨正车时,横向力推尾向左

    D. 正车横向力要比倒车时大

13. 关于螺旋桨沉深横向力大小的说法,错误的一项是_____。

    A. 滑失越大,沉深满向力越大　　　B. 船速越小,沉深横向力越大

    C. 水深越大,沉深横向力越大　　　D. 倒车比进车大

1.2.1.8　伴流的概念,螺旋桨盘面处伴流的分布规律

一、知识点梳理

1. 概念:随船前进的水流。

2. 分布规律:前进中,船首最小,船尾最大。螺旋桨盘面处,上大下小,左右对称。

3. 作用:使推力增大,舵效变差。

二、相关习题

1. 伴流在螺旋桨轴周围分布情况是_____。
    A. 螺旋桨轴左侧伴流比右侧大   B. 螺旋桨轴右侧伴流比左侧大
    C. 螺旋桨轴下方伴流比上方大   D. 螺旋桨轴上方伴流比下方大
2. 船尾螺旋桨处的伴流分布情况为_____。
    A. 上大下小,左右不对称   B. 上小下大,左右不对称
    C. 上大下小,左右对称   D. 上小下大,左右对称
3. 伴流横向力的作用方向(船舶前进中由船尾向船首看)_____。
    A. 与螺旋桨旋转方向无关   B. 与螺旋桨旋转方向相同
    C. 与螺旋桨旋转方向相反   D. 与船舶本身运动方向无关
4. 伴流对推进器和舵效的影响是_____。
    A. 提高推进器效率,增加舵效   B. 提高推进器效率,降低舵效
    C. 降低推进器效率,降低舵效   D. 降低推进器效率,增加舵效
5. 螺旋桨处伴流的分布情况是_____。
    A. 螺旋桨轴左右两侧的伴流速度是不对称的,即左大右小
    B. 螺旋桨轴左右两侧的伴流速度是不对称的,即左小右大
    C. 螺旋桨轴上下是不对称的,即上大下小
    D. 螺旋桨轴上下是不对称的,即上小下大

1.2.1.9　伴流横向力产生条件、机理及偏转效果

一、知识点梳理

1. 机理:上部桨叶进速低,攻角大,升力大。
2. 效果:伴流横向力与螺旋桨旋转方向相反,前进中进车推首向右,倒车推首向左。
3. 条件:螺旋桨转速 n、前进速度。
4. 大小:较小的量。

二、难点点拨

静止或后退中船尾伴流极小,伴流横向力可以忽略。

三、相关习题

1. 伴流横向力主要是由于_____。
   A. 船速较大,伴流流场在螺旋桨处的分布上大下小而造成的
   B. 船速较大,伴流流场在螺旋桨处的分布上小下大而造成的
   C. 船速较小,伴流流场在螺旋桨处的分布上大下小而造成的
   D. 船速较小,伴流流场在螺旋桨处的分布上小下大而造成的

2. 对于右旋螺旋桨,伴流横向力方向为_____。
   A. 正车时推尾向左,倒车时推尾向左   B. 正车时推尾向左,倒车时推尾向右
   C. 正车时推尾向右,倒车时推尾向右   D. 正车时推尾向右,倒车时推尾向左

3. 下列情况下,哪一种产生的螺旋桨伴流横向力较大?
   A. 船速为零,螺旋桨进车时   B. 船速为零,螺旋桨倒车时
   C. 船速为较大的正值,螺旋桨倒车时   D. 船速为较小的负值,螺旋桨进车时

4. 船速与伴流横向力的关系是_____。
   A. 船速为零,伴流横向力最大   B. 船速增大,伴流横向力增大
   C. 船速为零,伴流横向力最小   D. 船速增大,伴流横向力减小

5. 无论进车倒车,伴流横向力是作用在_____上的。
   A. 舵   B. 螺旋桨
   C. 船尾   D. 船首

1.2.1.10 排出流横向力产生条件、机理及偏转效果

一、知识点梳理

1. 机理:进车,排出流打在舵叶,右下部的攻角大于左上部;倒车,排出流打在船右尾。
2. 效果:无论进倒车,推首向右,为较大的量。
3. 条件:螺旋桨转速 n。
4. 推力中心偏位:吸入流呈斜向上,迎流,推力大。
   前进中,无论进车倒车,均推首向左。
5. 大小:进车时较小,倒车时较大。

二、难点点拨

1. 进车,螺旋桨排出流打在舵叶上部攻角大是因伴流和排出流的高速旋转而造成的。
2. 通常情况下,排出流横向力 > 沉深横向力 > 伴流横向力 > 推力中心偏位。

三、相关习题

1. 下列说法正确的是_____。
①排出流横向力当船速较低时在螺旋桨横向力中是一个比较大的量；②当船舶在轻载状态下时，螺旋桨排出流横向力产生的影响比满载时明显增强；③正车时，螺旋桨排出流打在舵上，相比较而言，因为右下部排出流的冲角明显大于左上部，使右侧的水动力高于左侧，造成推尾向左，船首向右偏转；④船舶进速较低或船舶后退中倒车时，螺旋桨的排出流将打在船体的尾部，由于船体尾部线型的上肥下瘦，相比较而言，在船尾右舷尾外板上不仅排出流冲角较大，而且冲击的外板面积较为宽广，所以使船首强烈向右偏转
   A. ①②③④　　　　　　　　　　　　B. ①②③
   C. ②③　　　　　　　　　　　　　　D. ①④

2. 对于右旋固定螺距单桨船，排出流横向力致偏作用为_____。
   A. 进车和倒车都使船首右转　　　　　B. 进车和倒车都使船首左转
   C. 进车使船首左转，倒车使船首右转　D. 进车使船首右转，倒车使船首左转

3. 对于右旋螺旋桨，排出流横向力方向为_____。
   A. 正车时推尾向左，倒车时推尾向左　B. 正车时推尾向左，倒车时推尾向右
   C. 正车时推尾向右，倒车时推尾向右　D. 正车时推尾向右，倒车时推尾向左

4. 船舶进速较低或船舶后退中倒车时，螺旋桨排出流横向力对于右旋固定螺距单桨船_____。
   A. 使船首右转
   B. 使船首左转
   C. 前进中使船首左转，后退中使船首右转
   D. 前进中使船首右转，后退中使船首左转

5. 对于右旋固定螺距螺旋桨，下列说法正确的是_____。
   A. 船舶在正舵进车时，推力中心偏位造成船首右偏
   B. 船舶在正舵倒车时，推力（拉力）中心偏位造成船首右偏
   C. 船速越高、螺旋桨转速越高，则推力中心偏位越明显
   D. 推力中心偏位与船速无关

6. 倒车时排出流横向力的直接作用部位是_____。
   A. 螺旋桨　　　　　　　　　　　　　B. 船尾
   C. 船首　　　　　　　　　　　　　　D. 舵

7. 进车时，排出流横向力是作用在_____上的。
   A. 舵　　　　　　　　　　　　　　　B. 螺旋桨
   C. 船尾　　　　　　　　　　　　　　D. 船首

1.2.1.11 螺旋桨致偏效应的运用

一、知识点梳理

向右掉头（可减小掉头水域），单点系浮（将浮筒置于右前），自力靠泊（左舷减小靠拢角）。

二、相关习题

1. 一般中小型右旋单车船靠泊时，＿＿＿＿＿。
   A. 左舷靠泊，靠泊角度可大些；右舷靠泊，靠泊角度应小些
   B. 右舷靠泊，靠泊角度可大些；左舷靠泊，靠泊角度应小些
   C. 左舷靠泊，靠泊角度可小些；右舷靠泊，靠泊角度也应小些
   D. 左舷靠泊，靠泊角度可大些；右舷靠泊，靠泊角度也应大些
2. 一般中小型右旋单车船靠泊时，＿＿＿＿＿。
   ①左舷靠泊，靠泊角度可大些；②右舷靠泊，靠泊角度可大些；③左舷靠泊，靠泊角度可小些；
   ④右舷靠泊，靠泊角度可小些
   A. ①②③④   B. ①②③
   C. ②③   D. ①④

1.2.1.12 单、双螺旋桨船的综合作用

一、知识点梳理

1. 右旋定距单桨船：
静止中进车，船首左偏，有舵效。空船沉深比小，左偏明显。
静止中倒车，船首右偏，无舵效。
前进中进车，偏转不明显，有舵效。
前进中倒车，开始时，偏转方向不定，有舵效。最后阶段，船首右偏，无舵效。
后退中倒车，船首右偏，舵力不能制止右偏。
后退中进车，船首左偏，有舵效。
2. CPP，采用左旋式；固定螺距双桨采用外旋式（一车进，一车退有助于转动）；可变螺距双桨采用内旋式。

二、难点点拨

右旋定距单桨船舶有无舵效最终取决于舵速,当船前进速度较大,或进车有一定速度排出流时,船舶偏转方向均服从舵。

三、相关习题

1. 关于单车船车舵对船舶的作用,下列哪项正确?
   A. 船舶起动阶段,螺旋桨产生的偏转效应难以用舵克服
   B. 船舶前进中加车,螺旋桨产生的偏转难以用舵克服
   C. 船舶后退时进车,螺旋桨产生的偏转可用舵克服
   D. 船舶后退中加大倒车功率,螺旋桨产生的偏转可用舵克服
2. 尾机型右旋单桨船倒车时,满载状态较压载状态_____。
   A. 向右转头,且右偏角小   B. 向右转头,且右偏角大
   C. 向左转头,且左偏角小   D. 向左转头,且左偏角大
3. 对于单车船车、舵对船舶的作用,下列哪项正确?
   A. 船舶前进时进车,螺旋桨产生的偏转不可用舵克服
   B. 船舶前进时进车,螺旋桨产生的偏转可用舵克服
   C. 船舶后退时进车,螺旋桨产生的偏转不可用舵克服
   D. 船舶后退时倒车,螺旋桨产生的偏转可用舵克服
4. 空载右旋单车船静止中倒车使船首右偏,主要是由于_____的作用。
   A. 伴流横向力   B. 沉深横向力和排出流横向力
   C. 排出流横向力和伴流横向力   D. 沉深横向力和伴流横向力
5. 满载右旋单车船静止中倒车使船首右偏,主要是由于_____的作用。
   A. 伴流横向力   B. 沉深横向力和排出流横向力
   C. 排出流横向力   D. 沉深横向力和伴流横向力
6. 单车船静止中倒车,螺旋桨产生的横向力的大小排列顺序为_____。
   A. 伴流横向力 > 沉深横向力 > 排出流横向力
   B. 沉深横向力 > 伴流横向力 > 排出流横向力
   C. 排出流横向力 > 沉深横向力 > 伴流横向力
   D. 伴流横向力 > 排出流横向力 > 沉深横向力
7. 右旋单车船静止中倒车时,螺旋桨产生的横向力_____。
   A. 使船首向左偏转,用舵控制有效   B. 使船首向左偏转,用舵控制无效
   C. 使船首向右偏转,用舵控制有效   D. 使船首向右偏转,用舵控制无效
8. 右旋单车船,进车时的螺旋桨效应是_____。
   A. 推力中心偏位使船首右转   B. 沉深横向力使船首向左转

C. 伴流横向力使船首向左转　　　　　D. 排出流横向力使船首左转

9. 右旋单车船倒车时螺旋桨横向力致偏效应如下_____。
   A. 沉深横向力使船首左转,排出流横向力使船首右转
   B. 沉深横向力使船首右转,排出流横向力使船首右转
   C. 沉深横向力使船首左转,排出流横向力使船首左转
   D. 沉深横向力使船首右转,排出流横向力使船首左转

10. 右旋单车船螺旋桨前进中倒车_____。
   A. 船尾向左偏,应用右舵控制
   B. 船尾向右偏,应用左舵控制
   C. 船尾向左偏,应在倒车前用左舵预防
   D. 船尾向右偏,应在倒车前用右舵预防

11. 右旋单车船的车舵综合效应是_____。
   A. 船舶前进中进车、正舵,船首右转　　　B. 船舶后退中倒车、正舵,船首右转
   A. 船舶前进中进车、正舵,船首左转　　　D. 船舶后退中倒车、正舵,船首左转

12. 右旋 FPP 单车船前进中倒车,螺旋桨横向力致偏效应如下_____。
   A. 伴流横向力使船首左转,排出流横向力使船首右转
   B. 伴流横向力使船首右转,排出流横向力使船首右转
   C. 伴流横向力使船首左转,排出流横向力使船首左转
   D. 伴流横向力使船首右转,排出流横向力使船首左转

13. 右旋单车船在倒车后退中,螺旋桨产生的横向力使船首向_____偏转,用舵控制_____。
   A. 左;有效　　　　　　　　　　B. 左;无效
   C. 右;有效　　　　　　　　　　D. 右;无效

14. 右旋单车船在用车、舵时的偏转情况,下列哪项正确?
   A. 进车时,船的偏转服从舵效
   B. 倒车时,船首左偏,用舵难以克服
   C. 前进中无论进、倒车,均可用舵克服
   D. 后退中无论进、倒车,用舵均难以克服

15. 右旋单车船静止中倒车时,螺旋桨产生的横向力使船首向_____偏转,用舵控制_____。
   A. 左;有效　　　　　　　　　　B. 左;无效
   C. 右;有效　　　　　　　　　　D. 右;无效

16. 右旋单车的船舶从全速前进改为全速倒车的开始阶段,关于其船尾的摆动方向的陈述,下列哪项正确?
   ①正舵时,方向视具体情况而定;②左满舵时,船尾摆向右方;③右满舵时,船尾摆向左方
   A. ①　　　　　　　　　　　　B. ②③
   C. ①②③　　　　　　　　　　D. ①③

17. 右旋单车的船舶从全速前进改为全速倒车的开始阶段,关于其船首的偏转方向,下列哪项正确?

①正舵时,方向视具体情况而定;②左满舵时,偏向右方;③右满舵时,偏向左方

A. ①   B. ②③

C. ①②③   D. ①③

18. 右旋单车船正车前航时,螺旋桨产生的横向力使船首_____。

    A. 一定向左偏转   B. 一定向右偏转

    C. 偏转方向视具体情况而定   D. 不发生任何偏转

19. 右旋式CPP单车船,正常航行中停车,在开始阶段,船舶偏转方向一般为_____。

    A 向右偏转   B. 向左偏转

    C. 无显著偏转   D. 不偏转

双螺旋桨船的综合作用

20. 对于固定螺距双桨船,为在一进一退操纵中有利于船舶旋回,其双桨_____。

    A. 多采用外旋式   B. 多采用左旋式

    C. 多采用右旋式   D. 多采用内旋式

21. 对于可调螺距双桨船,为在一进一退操纵中有利于船舶旋回,其双桨_____。

    A. 多采用外旋式   B. 多采用左旋式

    C. 多采用右旋式   D. 多采用内旋式

22. 外旋式FPP双车船,在使用一进一倒进行原地掉头时,_____。

    A. 螺旋桨产生的横向力有助于船舶的掉头

    B. 舵叶产生的横向力有助于船舶的掉头

    C. 船体产生的横向力有助于船舶的掉头

    D. 旋回产生的横向力无助于船舶的掉头

23. 内旋式CPP双车船,在使用一进一倒进行原地掉头时,_____。

    A. 螺旋桨产生的横向力有助于船舶的掉头

    B. 舵叶产生的横向力有助于船舶的掉头

    C. 船体产生的横向力有助于船舶的掉头

    D. 旋回产生的横向力无助于船舶的掉头

24. 外旋式FPP双车船采取一舷进车,另一舷倒车向右原地掉头时,螺旋桨致偏效应对掉头效果的影响是_____。

    A. 排出流横向力有助于掉头   B. 沉深横向力不利于掉头

    C. 沉深横向力对掉头不产生影响   D. 排出流横向力不利于掉头

25. 前进中的双车船,采取下列何种操纵方法,才能使船舶向左旋回圈最小?

    A. 左满舵,左车全速进车,右车全速进车

    B. 右满舵,右车停车,左车全速进车

    C. 左满舵,左车全速倒车,右车全速进车

    D. 右满舵,右车全速倒车,左车全速进车

26. 外旋式双车船采取一舷进车,另一舷倒车进行原地掉头时,螺旋桨致偏效应对掉头效果的影

响是_____。

A.沉深横向力有助于掉头　　　　B.沉深横向力不利于掉头

C.沉深横向力对掉头不产生影响　　D.沉深横向力的影响超过舵的影响

27.前进中的双车船,采取下列何种操纵方法,才能使船舶向右旋回圈最小?

A.右满舵,左车全速进车,右车全速进车

B.右满舵,右车停车,左车全速进车

C.右满舵,左车全速倒车,右车全速进车

D.右满舵,右车全速倒车,左车全速进车

1.2.1.13　侧推器的使用及注意事项

一、知识点梳理

1.控制器:驾驶台手柄控制作用力的大小和方向,推力分2~3个档次。

2.布置:船首布置居多,有些首尾各装一台;功率一般为主机功率的10%。

3.失效船速:侧推器效应随船速的增加而降低,失效船速为4~6 kn,首侧推受船速影响大,尾侧推失效船速要高一些。

二、相关习题

1.船舶侧推器的作用与船速之间的关系为_____。

A.船速越高,侧推器的作用越大　　B.船速越高,侧推器的作用越小

C.船速越低,侧推器的作用越小　　D.侧推器效率与船速无关

2.船舶侧推器的作用与船速之间的关系为_____。

A.船速越高,侧推器的作用越大　　B.低速后退时侧推器的作用越明显

C.船速越低,侧推器的作用越小　　D.侧推器效率与船速无关

3.对于变螺距螺旋桨侧推器而言,起动时必须将桨叶调整到_____。

A.正车位　　　　　　　　　　　B.倒车位

C.零位　　　　　　　　　　　　D.任意位置

4.下列有关侧推器的叙述,哪项是正确的?

A.一般由机舱直接控制侧推器的动作

B.在船舶高速后退时使用侧推器效果最佳

C.侧推器的功率一般为主机额定功率的10%

D.在船舶低速前进时使用侧推器效果最为明显

5.下列有关侧推器的叙述,哪些是错误的?

①一般由机舱直接控制侧推器的动作;②在船舶高速后退时使用侧推器效果最佳;③侧推器的

功率一般为主机额定功率的10%；④在船舶低速前进时使用侧推器效果最为明显

A.①②③   B.②③④

C.①②④   D.①②③④

6.侧推器的效率与船速有关，_____，侧推器的效率不明显。

  A.当船速大于2 kn时   B.当船速大于4 kn时

  C.当船速大于6 kn时   D.当船速大于8 kn时

7.侧推器的效率与船速有关，_____，能有效发挥侧推器的效率。

  A.当船速小于2 kn时   B.当船速小于4 kn时

  C.当船速小于6 kn时   D.当船速小于8 kn时

8.关于船舶静止中使用首尾侧推器，下列说法不正确的是_____。

  A.若首尾推力方向相反，横移运动取决于首尾侧推力与水动力的合力大小

  B.若首尾推力方向相反且相等，船舶横移速度最快

  C.若首尾推力方向相反，且大小相等，构成一对力偶，转船效率较高

  D.若首尾推力方向相同且相等，距船中相等，则仅产生横移，不产生转船效应

9.关于船舶前进中使用首尾侧推器，下列说法不正确的是_____。

  A.首侧推器受船速的影响要比尾侧推器大

  B.尾侧推器失效的船速要高一些

  C.尾侧推器的转船效果要比首侧推器好

  D.随着前进船速的增加，尾侧推器没有失效的问题，而首侧推器容易失效

10.关于船舶后退中使用首尾侧推器，下列说法正确的是_____。

  A.后退中，首侧推器转船效果要好，后退中应使用首侧推器调整航向

  B.后退中，尾侧推器转船效果要好，后退中应使用尾侧推器调整航向

  C.后退中，首尾侧推器的效果，与前进中首尾侧推器的效果相同

  D.首尾侧推器的效果，与船舶的前进、后退无关

1.2.2 舵设备及其运用

1.2.2.1 操舵装置的概念与种类:电动操舵装置与液压操舵装置

一、知识点梳理

  1.电动操舵装置:由电动机、传动齿轮、舵扇和舵柄等组成。电动机通过蜗杆带动传动齿轮，传动齿轮带动舵扇，舵扇(松套在舵杆上)通过缓冲弹簧(传递力、吸收冲击力)带动舵柄，舵柄键套在舵杆上。其结构简单，操作简便，工作可靠，适用于中小型船舶。

  2.液压操舵装置:由电动机、油泵、管路、转舵机械组成。其传动平稳，无噪声，操作方便，易

于遥控,能实现无级调速,具有较高可靠性,尺寸小、重量轻,布置紧凑。现代海船广泛采用。其结构形式有柱塞式和转叶式。其中柱塞式又分为:滑式、摇缸式、滚轮式。

二、难点点拨

1. 舵设备主要包括舵装置(主要位于船尾)、操舵装置(主要位于舵机间)和操舵装置的控制装置(驾驶台至舵机间)。

2. 能通过图片认识相关设备及其部位。

三、相关习题

1. 舵设备由_____组成。
　①舵装置;②操舵装置;③操舵装置的控制装置;④附属装置
　A.①②③　　　　　　　　　　　　B.②③④
　C.①③④　　　　　　　　　　　　D.①②③④

2. 操舵装置是指_____。
　A.使舵能够转动的装置　　　　　　B.转舵机构
　C.舵机装置动力设备　　　　　　　D.向舵杆施加转矩的装置

3. 操舵装置包括_____。
　A.舵机和转舵装置　　　　　　　　B.舵机和舵
　C.舵和转舵装置　　　　　　　　　D.操舵装置控制系统

4. 电动液压舵机的种类有_____。
　①齿轮式;②往复式;③转叶式
　A.①②　　　　　　　　　　　　　B.②③
　C.①③　　　　　　　　　　　　　D.①②③

5. 对电动液压舵机而言,当在驾驶台采用随动操舵方式转动舵轮或扳动手柄时,首先控制的是_____。
　A.舵柄转动　　　　　　　　　　　B.液压油泵排吸油
　C.舵机正转、反转或停止　　　　　D.舵机电动机运转

6. 所谓"主操舵装置"是指在正常航行情况下_____。
　①使舵产生动作所必需的机械;②转舵机构及舵机装置动力设备;③舵柄及舵扇;④舵叶
　A.①②③　　　　　　　　　　　　B.②③④
　C.①②④　　　　　　　　　　　　D.①②③④

7. 所谓"辅助操舵装置"是指在主操舵装置失效时,为驾驶船舶所必需的设备,包括_____。
　①主操舵装置以外的设备;②舵柄及舵扇;③相当于舵柄及舵扇用途的部件;④舵叶
　A.①②③　　　　　　　　　　　　B.①②③④
　C.②③④　　　　　　　　　　　　D.①②④

8. 所谓辅助操舵装置是指在_____为驾驶船舶所必需的设备。

    A. 进、出港时   B. 避让等应急情况时

    C. 过狭水道时   D. 主操舵装置失效时

9. 辅助操舵装置不应属于主操舵装置的任何部分,但可共用其中的_____。

    A. 传动控制系统   B. 舵机装置动力设备

    C. 舵柄、舵扇或作同样用途的部件   D. 电动液压操舵装置

10. 主操舵装置包括的设备和设施有_____。

    ①使舵产生动作所必需的机械设备;②转舵机构;③操舵装置动力设备;④向舵杆施加转矩的舵柄或舵扇

    A. ①②   B. ①②④

    C. ①②③   D. ①②③④

11. 主操舵装置的控制系统设在_____。

    A. 驾驶室   B. 舵机室

    C. 机舱   D. 驾驶室和舵机室均设有

12. 右图中所示的设备 1 属于_____。

    A. 舵   B. 舵扇

    C. 舵柄   D. 舵杆

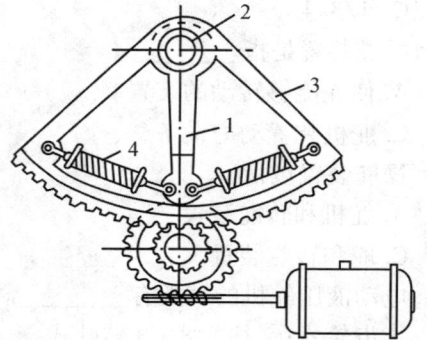

13. 右图中所示的设备 2 属于_____。

    A. 舵   B. 舵扇

    C. 舵柄   D. 舵杆

14. 右图中所示的设备 3 属于_____。

    A. 舵   B. 舵扇

    C. 舵柄   D. 舵杆

15. 右图中所示的设备 4 属于_____。

    A. 缓冲弹簧   B. 舵扇

    C. 舵柄   D. 舵杆

16. 电动操舵装置的特点是_____。

    ①结构简单;②操作简便;③工作可靠;④适用于各类船舶

    A. ①②③   B. ①②④

    C. ②③④   D. ①③④

17. 电动舵机上的缓冲弹簧的作用是_____。

    A. 保护电动机   B. 传递外力

    C. 吸收外界冲击能量,保护舵机   D. 带动舵扇

18. 下列不是电动舵机优点的是_____。

    A. 结构简单   B. 传动可靠

    C. 维修方便   D. 可实现无级调速

19. 电动操舵装置是由_____来控制电动机,再带动蜗杆和蜗轮传动的。

A. 操舵装置控制系统   B. 转舵装置

C. 液压操舵装置   D. 舵角信号发送器

20. 电动操舵装置的舵扇_____在舵杆上,而舵柄是_____在舵杆上的。

    A. 焊接;焊接   B. 松套;键套

    C. 焊接;松套   D. 松套;焊接

21. 电动操舵装置中缓冲弹簧的作用是_____。

    A. 控制舵扇运动   B. 传递转舵力矩并吸收波浪对舵的冲击力

    C. 连接舵柄与舵扇   D. 方便拆解检修

22. 电动操舵装置的特点有_____。

    ①结构简单;②操作方便;③工作可靠;④广泛应用于中小型船舶

    A. ①②③   B. ②③④

    C. ①③④   D. ①②④

23. 电动舵机的优点是_____。

    ①结构简单;②传动可靠;③维修方便

    A. ①②   B. ①③

    C. ②③   D. ①②③

24. 电动舵机舵扇下面通常装楔形刹车,其主要作用是_____。

    A. 锁住舵轮,防止外人乱操舵

    B. 切断电源以防发生意外

    C. 应及时固定舵扇

    D. 在有风浪的港口停泊时,打上刹车可防止舵受浪冲击而受到损坏

25. 小型船舶较多采用的舵机种类是_____。

    A. 蒸汽舵机   B. 电动舵机

    C. 液压舵机   D. 电动蒸汽舵机

26. 电动舵机的优点是_____。

    ①转矩大,噪声小;②传动可靠;③维修方便;④结构简单

    A. ①②③   B. ①③④

    C. ②③④   D. ①②④

27. 转叶式液压舵机的舵杆与_____用键连接。

    A. 定叶   B. 转叶

    C. 回转体   D. 电动机

28. 电动液压操舵装置的特点是_____。

    ①传动平稳,噪声较小;②操作方便,易于遥控;③能实现无级调速及具有较高的可靠性;④现代海船广泛采用

    A. ①②③④   B. ①②③

    C. ①②④   D. ②③④

29. 电动液压操舵装置的特点有_____。

①传动平稳,噪声较小;②操作方便,易于遥控;③能实现无级调速;④体积小,重量轻

A.①②③④　　　　　　　　　　B.①②③

C.②③④　　　　　　　　　　　D.①②④

30. 往复式四缸柱塞式液压舵机的舵杆设在舵柄的_____。

A. 前端　　　　　　　　　　　B. 下端

C. 中间　　　　　　　　　　　D. 偏向中央的任一侧

31. 液压舵机是现代船舶最广泛采用的舵机,其特点是_____。

①体积小;②重量轻;③噪声大;④转矩大;⑤容易管理

A.①②③④　　　　　　　　　　B.①②④⑤

C.①②③④⑤　　　　　　　　　D.①②③⑤

32. 电动液压舵机的优点是_____。

①结构简单;②体积小,重量轻;③转矩大,噪声小;④容易管理

A.①②③　　　　　　　　　　　B.②③④

C.①③④　　　　　　　　　　　D.①②③④

33. 柱塞式液压舵机将其柱塞的往复运动转换成舵柄带动舵杆转舵的方式有_____。

①滑式;②滚轮式;③摇缸式;④活塞式;⑤转叶式

A.①②③　　　　　　　　　　　B.②③④

C.③④⑤　　　　　　　　　　　D.①④⑤

34. 下图中所示的设备1属于_____。

A. 舵杆　　　　　　　　　　　B. 舵柄

C. 柱塞(活塞)　　　　　　　　D. 油缸

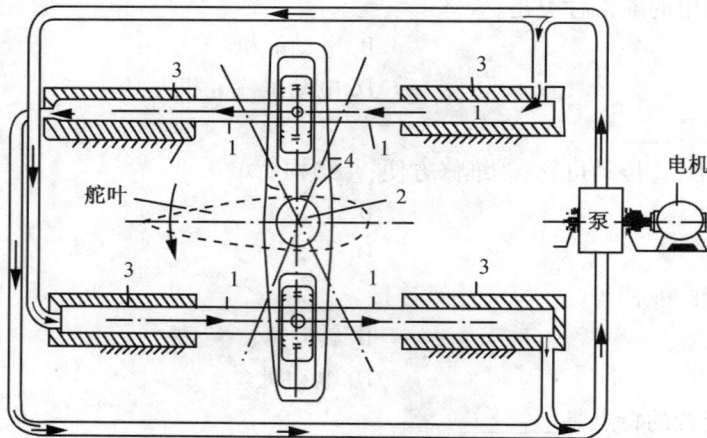

35. 上图中所示的设备2属于_____。

A. 舵杆　　　　　　　　　　　B. 舵柄

C. 柱塞(活塞)　　　　　　　　D. 油缸

36. 上图中所示的设备3属于_____。

A. 舵杆　　　　　　　　　　　B. 舵柄

C. 柱塞(活塞)   D. 油缸

37. 上图中所示的设备 4 属于_____。

A. 舵杆   B. 舵柄

C. 柱塞(活塞)   D. 油缸

38. 大、中型船舶较广泛采用的舵机种类是_____。

A. 蒸汽舵机   B. 电动舵机

C. 液压舵机   D. 电动蒸汽舵机

39. 电动液压舵机能使电能转化为液压能,再将液压能转化为机械能,从而达到转舵目的的理论根据是_____。

①油液不可压缩性;②流量可控性;③流向可控性;④油压可控性;⑤油液可压缩性

A. ①②③④   B. ②③④⑤

C. ①②③④⑤   D. ①③④⑤

40. 电动液压舵机的优点是_____。

①结构简单;②体积小,重量轻;③转矩大,噪声小;④容易管理;⑤体积大,噪声大

A. ①②③④⑤   B. ②③④

C. ②③   D. ①②④⑤

41. 柱塞式液压舵机将其柱塞的往复运动转换成舵柄带动舵杆转舵的方式有_____。

①滑式;②滚轮式;③摆缸式

A. ①②   B. ①③

C. ②③   D. ①②③

1.2.2.2 操舵装置——舵角限位器的作用、种类与限制角

一、知识点梳理

1. 作用:防止操舵时实际舵角超过最大有效舵角。

2. 种类:有机械、电动和角铁架式等。

3. 限制角:流线型舵一般为 32°,平板舵为 35°。

4. 位置:机械舵角限位器可以设在舵叶上、下舵杆与舵柱的上部;角铁架和电动限位器设在舵柄两侧。

二、相关习题

1. 舵角限位器的作用是为了防止_____。

A. 操舵时的实际舵角太大   B. 操舵时的有效舵角太大

C. 操舵时的实际舵角超过最大有效舵角   D. 实操舵角超过有效舵角

2. 机械舵角限位器一般设在_____。

①舵叶上侧;②下舵杆与舵柱的上部;③舵柄两侧极限舵角位置处

A.①②　　　　　　　　　　　　　　　　B.②③

C.①③　　　　　　　　　　　　　　　　D.①②③

3. 舵角限位器的种类有_____。

①机械式;②电动式;③电桥平衡式

A.①②　　　　　　　　　　　　　　　　B.①③

C.②③　　　　　　　　　　　　　　　　D.①②③

4. 在舵叶或下舵杆与舵柱上部设置机械舵角限位器的限制角为_____。

A.流线型舵 33.5°,平板舵 36.5°　　　　B.流线型舵 32°,平板舵 35°

C.流线型舵 35°,平板舵 38°　　　　　　D.流线型舵 38°,平板舵 35°

5. 舵角限位器通常设置在_____。

①舵机上;②舵扇上;③舵柱上;④驾驶室内

A.①②③　　　　　　　　　　　　　　　B.②③④

C.①③④　　　　　　　　　　　　　　　D.①②④

1.2.2.3 SOLAS 公约与我国《钢质海船入级规范》对操舵装置的要求

一、知识点梳理

1. 一般要求

通常每艘船舶均应设置一套主操舵装置和一套辅助操舵装置。布置应满足当其中一套发生故障时不致引起另一套也失效。

2. 主操舵装置基本性能要求

(1)具有足够的强度并能在船舶最大航海吃水和最大营运前进航速时进行操舵,使舵自任一舷的 35°转至另一舷的 35°,并且于相同条件下自一舷的 35°转至另一舷的 30°所需的时间不超过 28 s。

(2)舵杆直径大于 120 mm 时,为动力操作。

(3)设计成船舶最大后退速度时不致损坏。

3. 辅助操舵装置基本性能要求

(1)应能在船舶最大航海吃水和以最大营运前进航速的一半但不小于 7 kn 时进行操舵,使舵自一舷的 15°转至另一舷的 15°,且所需时间不超过 60 s。

(2)舵杆直径大于 230 mm 时,为动力操作。

(3)人力操舵装置只有当其操作力在正常情况下不超过 160 N,且确保其结构不致对操舵手轮产生破坏性的反冲作用时,方可装船使用。

二、难点点拨

现代海船一般都设有两套相同的动力转舵系统。

三、相关习题

1. 主操舵装置和舵杆应_____。
①具有足够强度；②能在船舶最大航海吃水和最大营运前进航速时进行操舵；③设计成在最大后退航速时不致损坏
A. ①②　　　　　　　　　　　　　B. ②③
C. ①③　　　　　　　　　　　　　D. ①②③

2. 辅助操舵装置应_____。
①具有足够强度；②足以在可航行的航速下操纵船舶；③能于紧急时迅速投入工作
A. ①②　　　　　　　　　　　　　B. ②③
C. ①③　　　　　　　　　　　　　D. ①②③

3. 船舶可不设置辅助操舵装置的基本条件是_____。
A. 具有一套主操舵装置
B. 具有两套主操舵装置
C. 主操舵装置具有两台相同的动力设备
D. 主操舵装置具有两台或两台以上相同的动力设备

4. 1 万总吨及以上的每艘油船和 7 万总吨及以上的每艘其他船舶，其主操舵装置应设置_____。
A. 一台动力设备　　　　　　　　　B. 两台相同的动力设备
C. 三台相同的动力设备　　　　　　D. 两台或两台以上相同的动力设备

5. 辅助操舵装置应能在船舶最大航海吃水和以最大营运前进航速的一半但不小于 7 kn 时，将舵自一舷 15°转至另一舷 15°的时间不超过_____ s。
A. 60　　　　　　　　　　　　　　B. 30
C. 45　　　　　　　　　　　　　　D. 50

6. 按规范规定，主、辅操舵装置的布置应满足_____。
A. 当其中一套发生故障时应不致引起另一套也失灵
B. 当其中一套发生故障时应不致引起另一套也失效
C. 在任何情况下都不能失效
D. 在任何情况下都不能失灵

7. 主操舵装置应具有足够能力，并足以在船舶处于最深航海吃水，以最大营运航速前进时，使舵_____。
A. 自一舷 35°转至另一舷 35°的时间不超过 30 s

B. 自一舷 30°转至另一舷 30°的时间不超过 28 s

C. 自一舷 35°转至另一舷 30°的时间不超过 28 s

D. 自一舷 15°转至另一舷 15°的时间不超过 60 s

8. 主操舵装置应能在船舶满载全速前进时,将舵自一舷_____转至另一舷_____,其时间不超过_____ s。

A. 30°;30°;30　　　　　　　　B. 35°;30°;28

C. 30°;30°;28　　　　　　　　D. 35°;30°;30

9. 主、辅操舵装置动力设备的布置应能满足_____。

①当动力源发生故障失效后又恢复输送时,能自动再起动;②能从驾驶室使其投入工作;③任一台操舵装置动力设备的动力源发生故障时,应在驾驶室发出声、光警报

A. ①②　　　　　　　　　　B. ①②③

C. ②③　　　　　　　　　　D. ①③

10. 辅助操舵装置是_____。

A. 用人力操纵的

B. 用动力操纵的

C. 用动力操纵的或满足条件的人力操舵装置操纵的

D. 用人力和动力操纵的

11. 规范规定的操舵装置种类是_____。

A. 转舵机构和舵机装置　　　　B. 主操舵装置和辅助操舵装置

C. 电操舵装置和液压操舵装置　D. 液压和电力控制系统

12. 船舶可不设辅助操舵装置的条件是主操舵装置必须具有两台或几台_____。

A. 相同的液压控制系统　　　　B. 相同的动力设备

C. 相同的随动系统　　　　　　D. 相同的电力控制系统

13. 主操舵装置和舵杆应设计成在最大后退速度时_____。

A. 不出小故障　　　　　　　　B. 不致损坏

C. 有一定强度　　　　　　　　D. 满足一般航行要求

14. 辅助操舵装置应有足够强度和足以在_____操纵船舶,并能在_____时迅速投入工作。

A. 大风浪情况下;船舶前进　　B. 可驾驶的航速下;应急

C. 驾驶后退速度下;需要使用　D. 进、出港及狭水道;船舶前进

15. 辅助操舵装置应能满足在最大营运前进航速的一半但不小于 7 kn 时进行操舵,使舵自一舷_____转至另一舷_____,所需时间不超过_____。

A. 30°;30°;30 s　　　　　　B. 35°;35°;45 s

C. 20°;20°;50 s　　　　　　D. 15°;15°;60 s

16. 人力操舵装置只有当其操作力在正常情况下不超过_____时方允许装船使用。

A. 60 N　　　　　　　　　　B. 160 N

C. 260 N　　　　　　　　　　D. 360 N

17. 主、辅操舵装置任一台动力设备在动力源发生故障时,应能在_____发出_____警报。

A.机舱;音响   B.舵机室;灯光

C.驾驶室;声光   D.海图室;液晶光

18.主、辅操舵装置动力设备的布置应满足能从_____使其投入工作。

A.机舱   B.舵机间

C.应急操作室   D.驾驶室

19.辅助操舵装置在满足操舵要求情况下,当舵柄处的舵杆直径大于_____时,操舵装置应为_____操作。

A.150 mm;手动   B.200 mm;随动

C.230 mm;动力   D.300 mm;自动

20.主操舵装置和舵杆应有足够的强度,并能在最大营运航速前进时操舵,使舵自任一舷的_____转至另一舷的_____。

A.30°;30°   B.35°;35°

C.40°;40°   D.50°;50°

21.主操舵装置应在_____和_____都设有控制器。

A.驾驶室;机舱   B.驾驶室;船长室

C.驾驶室;机控室   D.驾驶室;舵机室

22.当船舶满足不设置辅助操舵装置条件时,则应设置两套独立的控制系统,且每套系统均应能在_____控制。

A.舵机室   B.机控室

C.应急控制室   D.驾驶室

23.当辅助操舵装置是用动力操纵的,则应能在_____进行控制,并应独立于主操舵装置的控制系统。

A.机控室   B.舵机室

C.驾驶室   D.舵机室、驾驶室

24.舵角的显示装置应独立于_____。

A.电路控制系统   B.液压控制系统

C.手柄控制系统   D.操舵装置的控制系统

25.按规定,当舵杆直径(不包括冰区加强)大于_____时,其主操舵装置应为动力操纵。

A.100 mm   B.110 mm

C.120 mm   D.130 mm

26.为满足规范对辅助操舵装置转舵周期的要求,以及在任何情况下当舵柄处的舵杆直径(不包括冰区加强)超过_____时,该操舵装置应为动力操纵。

A.120 mm   B.160 mm

C.230 mm   D.280 mm

27.对1万总吨及以上的每艘油船、化学品船和液化气体运输船,除另有规定外,当其主操舵装置的一个动力转舵系统的任何部分(除舵柄、舵扇或为同样目的服务的部件或因转舵机构卡住以外)发生单项故障以致丧失操舵能力时,应能在_____内重新获得操舵能力。

A. 30 s   B. 45 s

C. 60 s   D. 120 s

28. 对于 1 万总吨及以上但小于 10 万载重吨的油船,在操舵装置仅具有单一的动力转舵系统时,若舵机制造厂欲使其符合_____相应的验收准则,则应提供相应的资料经_____认可。

   A. CCS;CCS   B. 国际海事组织;CCS

   C. CCS;国际海事组织   D. CCS;中华人民共和国海事局

29. 当主、辅操舵装置控制系统的电源供应发生故障时,应在_____发出声、光警报。

   A. 舵机室   B. 驾驶室

   C. 机舱   D. 轮机长与船长房间

30. 除另有明文规定外,每艘船舶都应配备使主管机关满意的_____。

   A. 两套操舵装置

   B. 主操舵装置和辅助操舵装置

   C. 1 万总吨及以上的油船,其主操舵装置应有两套或两套以上

   D. 两套主操舵装置

31. 主操舵装置应能在船舶最深航海吃水和以最大营运前进航速前进时,在不超过_____s 内将舵自一舷的 35°转至另一舷的 30°。

   A. 28   B. 35

   C. 30   D. 25

32. 为满足规范对辅助操舵装置转舵周期的要求,以及在任何情况下当舵柄处的舵杆直径(不包括冰区加强)超过 230 mm 时,该操舵装置应为_____。

   A. 人力操纵   B. 动力操纵

   C. 链索传动方式操纵   D. 齿轮传导方式操纵

33. 较大船舶的主操舵装置一般都有_____。

   A. 一套动力设备   B. 两套或两套以上相同的动力设备

   C. 三套相同的动力设备   D. 三套不同的动力设备

34. 舵角的位置信号应在_____和_____都有显示。

   A. 机舱;驾驶室   B. 驾驶室;轮机长室

   C. 机舱;舵机室   D. 驾驶室;舵机室

1.2.2.4 操舵装置控制系统——随动操舵系统的种类与基本控制原理

一、知识点梳理

1. 原理:主要是通过舵角反馈来控制电桥平衡。

2. 特点:舵轮转动角等于舵叶的偏转角,操舵直观。

二、难点点拨

注意:根据相关的随动控制系统工作原理图进行理解,比手柄控制系统多了电桥电路和舵角反馈发送器。

三、相关习题

1. 电操舵装置随动控制系统的特点是_____。
　①转动舵轮可随之转出舵角;②舵轮停转,舵角不变;③舵轮转动角度与舵叶偏转的角度相等;
　④没有舵角反馈发送器
　A.①②④　　　　　　　　　　　　B.①③④
　C.②③④　　　　　　　　　　　　D.①②③

2. 电力操舵装置控制系统得到广泛应用的原因是_____。
　①轻便灵敏,线路易于布置,有利于操舵自动化;②不受船体变形和温度变化的影响;③工作可
　靠,维修方便;④制造简单,价格便宜
　A.①②　　　　　　　　　　　　　B.②③
　C.①②③④　　　　　　　　　　　D.①②③

3. 电操舵装置随动控制系统的特点是_____。
　①转动舵轮可随之转出舵角;②舵轮停转,舵角不变;③舵轮转动角度与舵叶偏转的角度相等
　A.①②　　　　　　　　　　　　　B.①③
　C.②③　　　　　　　　　　　　　D.①②③

4. 电力操舵装置控制系统的两套独立操舵系统是_____。
　A.手柄操舵和应急操舵　　　　　　B.随动操舵和手柄操舵
　C.手动操舵和自动操舵　　　　　　D.自动操舵和应急操舵

5. 操舵装置控制系统是指将_____由_____传至_____的一个系列设备。
　A.电源;机舱;舵机电机　　　　　　B.液压源;舵机间;舵机油泵
　C.舵令;驾驶室;操舵动力装置　　　D.舵号;控制室;舵机工作电路

6. 电动舵机随动操舵控制系统的主要原理是_____。
　A.靠继电器控制舵机电源通断　　　B.靠舵角反馈控制电桥平衡
　C.靠手动机构控制舵柄转动　　　　D.靠遥控器控制舵机

7. 海船广泛采用电力操舵装置控制系统的主要原因是_____。
　①便于遥控并具有较大的应用前景;②不受船体变形及环境温度的影响;③工作可靠,维修管
　理方便
　A.①②　　　　　　　　　　　　　B.②③
　C.①③　　　　　　　　　　　　　D.①②③

8. 海船普遍采用电力操舵装置控制系统的主要原因是_____。

①轻便灵敏，线路布置容易；②不受船体变形和温度变化的影响；③工作可靠，维修方便，有利于操舵自动化；④容易与液压舵机配套

A. ②③④   B. ①③④

C. ①②④   D. ①②③

9. 采用电力操舵装置控制系统的船舶都有_____和_____两套独立操舵系统，当一套发生故障时可立即转换使用另一套操舵系统。

A. 自动；自适应   B. 随动；应急

C. 主操舵；辅助操舵   D. 液压；电力

10. 船舶采用的操舵装置控制系统主要有_____和_____两种。

A. 自动控制；随动控制   B. 随动控制；应急控制

C. 液压控制；电力控制   D. 手动控制；自动控制

11. 随动操舵控制系统的特点是_____。

①转动舵轮可随之转出舵角；②舵轮停转，舵角不变；③舵轮转动角度与舵叶偏转的角度相等；④没有舵角反馈发送器

A. ①②④   B. ①③④

C. ②③④   D. ①②③

1.2.2.5 操舵装置控制系统——应急控制系统的特点与使用要领

一、知识点梳理

1. 结构特点：电源独立（由直流船电供电），操舵手柄、开关或按钮直接控制继电器或其他相应装置来起动舵机，无反馈装置，开关合上舵机转动，左开关合上左转，右开关合上右转，开关脱开舵机停止。

2. 使用要领：

(1) 按舵角操舵：舵角到及时松开手柄；

(2) 按航向操舵：应结合改向大小，船舶的回转惯性，合理使用舵角，及时断电（将手柄搬回到中间位置），才能使船舶准确到达所需的航向。

3. 在驾驶室和舵机间各设有一套应急操舵的开关或手柄。

二、难点点拨

1. 按规定至少每三个月进行一次应急操舵演习，包括在驾驶室和舵机间操舵。

2. 应急操舵一般是在随动操舵失灵时才使用，甚至包括临时制作的应急舵。

三、相关习题

1. 应急舵的基本工作原理是_____。
   A. 用控制开关直接控制继电器或其他相应装置来起动舵机工作
   B. 利用惠斯顿电桥的偏差信号经放大来驱动继电器的断通
   C. 采用舵角反馈发送装置
   D. 转动舵轮来控制舵机使舵转出相应的舵角

2. 使用直接控制系统操舵时,要使舵叶准确到达所需要的舵角,应注意掌握_____。
   A. 船的回转惯性 　　　　　　　　B. 及时操作控制开关
   C. 海况 　　　　　　　　　　　　D. 船速

3. 手柄(应急)操舵的基本方法是_____。
   ①左舵左扳;②右舵右扳;③到达所需舵角时,立即松开手柄
   A. ①② 　　　　　　　　　　　　B. ①③
   C. ②③ 　　　　　　　　　　　　D. ①②③

4. 手柄控制系统与随动控制系统的主要区别是_____。
   A. 有舵角反馈装置 　　　　　　　B. 无舵角反馈装置
   C. 没有放大器 　　　　　　　　　D. 手柄控制触臂在电桥上移动

5. 操舵装置控制系统中的随动控制与直接控制的主要区别是_____。
   A. 舵轮控制
   B. 手柄(按钮)控制
   C. 反馈装置
   D. 随动控制操舵直观,直接控制必须要与舵角指示器配合使用

6. 使用直接控制系统操舵时,要使船舶准确到达所需的航向,应注意重点,掌握_____。
   ①船的回转惯性;②合理使用舵角,及时断电;③海况;④船速;⑤改向度数的大小
   A. ①②③ 　　　　　　　　　　　B. ②③④
   C. ②③⑤ 　　　　　　　　　　　D. ①②⑤

7. 应急舵的操舵特点是_____。
   ①无舵角反馈装置;②手柄直接控制舵机;③只能在机舱操作;④反馈装置控制机舱开关;⑤与随动舵相同
   A. ①② 　　　　　　　　　　　　B. ①②③
   C. ①②④ 　　　　　　　　　　　D. ②③④⑤

8. 应急舵操作特点为_____。
   ①左舵扳左;②右舵扳右;③到达所需舵角即松开手柄
   A. ①②③ 　　　　　　　　　　　B. ②③
   C. ①② 　　　　　　　　　　　　D. ①②③

9. 应急操舵的演习内容应包括_____。

①舵机间内的直接控制操舵;②与驾驶室的通信程序;③转换动力供应的操作(适用时)

A.①② B.①③

C.①②③ D.②③

10.应急操舵的操舵地点是在_____。

①机舱;②驾驶台;③舵机房

A.①② B.①③

C.②③ D.①②③

11.应急操舵的特点是_____。

①手柄直接控制舵机;②没有反馈装置;③反馈装置控制舵机开关;④与随动舵相同

A.①② B.①③

C.①③④ D.②④

12.按规定至少每_____应进行一次应急舵演习。

A.1 个月 B.2 个月

C.3 个月 D.4 个月

1.2.2.6　自动舵的种类与各自的特点

一、知识点梳理

1. 比例舵

优点:比例舵结构简单,自动操舵时主要根据偏航角 φ 的大小来给出偏舵角 α,比较直观。

缺点:没有考虑偏航角速度的影响,恒值干扰的影响,航迹呈"S"形。精度较差,基本不用。

2. 比例—微分舵

特点:除了有与偏航角成比例的舵角成分外,还有与偏航速度成比例的舵角成分。

应用:现在船上使用的自动舵,大多属于这一类型。

3. 比例—微分—积分舵

$$\alpha = -(k_1\varphi + k_2 d\varphi/dt + k_3\int\varphi dt)$$

优点:能加快给舵速度,又能自动压舵消除偏航角,是比较完善的新型的自动舵。

缺点:结构复杂,造价高。

4. 自适应自动舵:能根据外界变化和设定性能指标,自动调整控制参数,实现最佳控制。

5. 航迹舵(自动驾驶仪):能使船沿计划航线航行,并能在预定转向点转向,从而达到无人驾驶。

二、难点点拨

航迹舵是根据位置偏移量操舵保持航迹;其他自动舵是根据航向偏差操舵的,考虑航向偏差造成的影响,增加了比例、微分、积分环节,为了确定各环节的最佳系数,又出现了自适应自动舵。

三、相关习题

1. 自动舵与人工操舵比较,其优点是_____。
①自动纠正偏航角;②航向精度高;③相对提高了航速;④减轻人员劳动强度;⑤减少燃料消耗
A.①②③④　　　　　　　　　　B.②③④⑤
C.①③④⑤　　　　　　　　　　D.①②③④⑤

2. 自动操舵的首要指令信息是_____。
A.风流浪信息　　　　　　　　　B.人工输入信息
C.计算机输入信息　　　　　　　D.船舶偏航信息

3. 自动操舵与随动操舵的主要区别是_____。
A.有无舵角反馈测量机构　　　　B.有无调节执行机构
C.有无偏航比较机构　　　　　　D.有无航向反馈测量机构

4. 自动舵的优点有_____。
①自动纠正偏航角;②航向精确度高;③减少燃料消耗,缩短航程;④在任何情况下都不用人工调节和操作
A.②③④　　　　　　　　　　　B.①③④
C.①②④　　　　　　　　　　　D.①②③

5. 仅按船舶偏航角 φ 来操舵的自动舵表达式是_____。
A. $\alpha = k_1 \varphi$ 　　　　　　　　　B. $\alpha = -k_1 \varphi$
C. $\alpha = \pm k_1 \varphi$ 　　　　　　　　D. $\alpha = \pm k_1 (\varphi + C)$

6. 按照船舶偏航角来操舵的自动舵表示式 $\alpha = -K_1 \delta$ 中"－"表示_____。
A.偏舵角是消除偏航角　　　　　B.偏舵角与偏航角成反比
C.无实际意义　　　　　　　　　D.操舵角为左舵

7. 在自动舵表达式 $\alpha = k_1 \varphi$ 中,系数 k_1 可根据_____来选择调节。
A.气候条件　　　　　　　　　　B.舵的类型
C.船型、海况、装载量　　　　　D.外界干扰情况

8. 仅按偏航角大小来操舵的自动舵特点是_____。
①比较直观;②能克服偏航角速度;③航向稳定较快;④航迹成"S"曲线,精度较差
A.①②　　　　　　　　　　　　B.②③
C.③④　　　　　　　　　　　　D.①④

9. 在自动舵表达式 $\alpha = -\left(k_1 \varphi + k_2 \dfrac{\mathrm{d}\varphi}{\mathrm{d}t}\right)$ 中 k_2 是按_____来选择调节的。
A.船舶种类和装载量　　　　　　B.船舶偏航惯性
C.外界干扰　　　　　　　　　　D.风、流及浪的大小

10. 按船舶偏航角 φ 和偏航角速度 $\dfrac{\mathrm{d}\varphi}{\mathrm{d}t}$ 来操舵的自动舵表达式是_____。

A. $\alpha = k_1\varphi + k_2\dfrac{\mathrm{d}\varphi}{\mathrm{d}t}$ 　　　　　B. $\alpha = k_1\varphi \pm k_2\dfrac{\mathrm{d}\varphi}{\mathrm{d}t}$

C. $\alpha = -\left(k_1\varphi + k_2\dfrac{\mathrm{d}\varphi}{\mathrm{d}t}\right)$ 　　　D. $\alpha = \pm\left(k_1\varphi + k_2\dfrac{\mathrm{d}\varphi}{\mathrm{d}t}\right)$

11. 按船舶偏航角 φ 和偏航角速度 $\dfrac{\mathrm{d}\varphi}{\mathrm{d}t}$ 来操舵的自动舵特点是_____。

①加快了给舵速度;②能较好地克服船舶的偏航惯性;③降低灵敏度;④提高了维持航向的精确度

A. ①②③ 　　　　　　　　　　B. ②③④

C. ①③④ 　　　　　　　　　　D. ①②④

12. 比例—微分—积分自动舵的特点是_____。
①给舵速度快;②能自动消除单侧偏航角;③结构简单,造价低;④是比较完善的自动舵

A. ①②③ 　　　　　　　　　　B. ②③④

C. ①③④ 　　　　　　　　　　D. ①②④

13. 在比例—微分舵的基础上增加积分环节项的目的是_____。

A. 克服因风流或螺旋桨不对称而产生的恒值干扰作用

B. 把舵角指示误差累积起来

C. 使船舶的追随性变好

D. 使船舶的旋回性变好

14. 比例—微分—积分自动舵中的系数 k_3 是根据_____来选择调节的。

A. 外界干扰

B. 天气条件

C. 船型与载重量

D. 风流或螺旋桨排出流不对称产生的单侧恒值干扰

15. 各种类型自动舵都应和罗经组合,并具有_____三种操舵方式。

A. 自动、液压、应急 　　　　　B. 随动、辅助、掀钮

C. 应急、电动、机械 　　　　　D. 自动、随动、应急

16. 自适应自动舵中,从不规则噪声信号中提取船舶偏航信息的组件是_____。

A. 辨识装置 　　　　　　　　　B. 卡尔曼滤波器

C. 最佳控制器 　　　　　　　　D. 增益调节器

17. 在自适应舵中,发出舵角指令,使船舶回到原航向的组件是_____。

A. 自动舵控制器 　　　　　　　B. 卡尔曼滤波器

C. 最佳控制器 　　　　　　　　D. 增益调节器

18. 自适应舵中,供计算、比较及鉴别之用的组件是_____。

A. 微计算机 　　　　　　　　　B. 辨识装置

C. 卡尔曼滤波器 　　　　　　　D. 数学模型

19. 自适应舵中,能自动选择节能方式和保向方式运行的组成部分是_____。

A. 增益调节器 　　　　　　　　B. 辨识装置

C. 卡尔曼滤波器　　　　　　　　　D. 数学模型

20. 与普通自动舵相比,自适应自动舵具有的主要优点是_____。
①能自动确定各项系数;②进行最佳控制;③减少操舵次数并减小操舵舵角
A. ①②③　　　　　　　　　　　　B. ①②
C. ①③　　　　　　　　　　　　　D. ②③

21. 自适应自动舵中,能自动选择节能方式和保向方式运行的组成部分是_____。
A. 辨识装置　　　　　　　　　　　B. 卡尔曼滤波器
C. 最佳控制器　　　　　　　　　　D. 增益调节器

22. 与普通自动舵相比,自适应自动舵的优点有_____。
①可减少操舵次数;②操舵舵角减小;③燃油消耗量减少
A. ①②　　　　　　　　　　　　　B. ②③
C. ①③　　　　　　　　　　　　　D. ①②③

23. 能自动选择节能方式和保向方式运行的自动舵是_____。
A. 特种自动舵　　　　　　　　　　B. 航迹舵
C. 自适应自动舵　　　　　　　　　D. 随动舵

24. 能适应船舶运动特性和海况变化,可以减少操舵次数,减小舵角等的自动舵称为_____。
A. 一般自动舵　　　　　　　　　　B. 比例自动舵
C. 自适应自动舵　　　　　　　　　D. 航迹舵

25. 下列哪些情况应中止使用航迹舵?
①进、出港时;②避让操船时;③雾航时;④船位不可靠或无船位时
A. ①②　　　　　　　　　　　　　B. ②③
C. ①②③④　　　　　　　　　　　D. ②④

26. 自动驾驶仪不但具备一般自动舵的航向保持功能,而且还能_____。
A. 用于避让操纵　　　　　　　　　B. 随时定位
C. 保持船舶位置处于预定的航迹带内　D. 识别物标

27. 当航迹舵在自动校正风流压影响的航向修正量大于_____时应发出警报。
A. 5°　　　　　　　　　　　　　　B. 10°
C. 15°　　　　　　　　　　　　　D. 20°

28. 能保持船舶位置在预定航迹带内的自动舵是_____。
A. 随动舵　　　　　　　　　　　　B. 一般自动舵
C. 自适应自动舵　　　　　　　　　D. 航迹舵

29. 航迹舵获取实时连续船位较理想的设备是_____。
A. LORAN-C　　　　　　　　　　　B. DECCA
C. NNSS　　　　　　　　　　　　D. GPS

30. 当自动驾驶仪微处理器在收到 GPS 的船位信号后,尚需对该船位信号进行_____。
①坐标系统误差的修正;②船位数据的滤波处理;③较大误差的剔除处理;④风、流影响计算
A. ②③④　　　　　　　　　　　　B. ①③④

C. ①②③④ 　　　　　　　　　D. ①②③

31. 通常含有航迹舵主要功能的舵是_____。
　　A. 航迹舵　　　　　　　　　B. 一般自动舵
　　C. 随动舵　　　　　　　　　D. 自适应自动舵

32. 能使船舶自动保持在规定的航迹带内航行，并能在预定转向点上自动转向的舵是_____。
　　A. 自适应舵　　　　　　　　B. 无人驾驶舵
　　C. 特种自动舵　　　　　　　D. 自动驾驶仪

33. 自动驾驶仪给出的指标航向是_____。
　　A. 固定航向
　　B. 预算航向
　　C. 航迹向
　　D. 随风、流压影响的一连串变化的航向

34. 自动驾驶仪能使船舶自动航行在所规定的_____。
　　A. 计划航线上　　　　　　　B. 实际航迹线上
　　C. 恒向航线上　　　　　　　D. 航迹带内

35. 航迹舵能否正常工作的关键，取决于连续输入的_____。
　　A. 船舶速度的精确度　　　　B. 风流压测定值的精确度
　　C. 船位数据的精确度　　　　D. 船舶航程数据的精确度

36. 使用航迹舵时，航迹带宽度确定的根据是_____。
　　A. 航行区域和装载状态　　　B. 海面状况和装载状态
　　C. 船舶大小和海况　　　　　D. 航行区域和海况

37. 使用航迹舵时，若船舶航行在计划航线的 $\pm d_{max}$ 位置偏移限制值以外，就认为航迹舵_____保持航迹，_____处理。
　　A. 能自动;不需进行任何　　　B. 不能自动;需驾驶员进行人工
　　C. 能自动;不需航迹舵组件　　D. 不能自动;需航迹舵组件

38. 使用航迹舵时，若经_____修正，能使船舶从计划航线的 $\pm(d_{max}-d_0)$ 区域回复到 $\pm d_0$ 区域内，就认为船舶基本航行在计划航线上。
　　A. 自动舵装置　　　　　　　B. 驾驶员
　　C. GPS　　　　　　　　　　D. 自动驾驶仪

39. 航迹舵对风流压进行修正计算的时间间隔为_____。
　　A. 5~15 min　　　　　　　　B. 15~30 min
　　C. 30~45 min　　　　　　　D. 45~60 min

40. 航迹舵对指标航向修正量小数点位的处理方法为_____。
　　A. 0.1~0.5 取 0,0.6~0.9 取 1　　B. 0.1~0.5 取 0.5,0.6~0.9 取 1
　　C. 0.1~0.5 取 0,0.6~0.9 取 0.5　　D. 0.1~0.5 取 0.5,0.6~0.9 取 0.5

41. 航迹舵位置偏移量(XTE)计算是以_____为基准的。
　　A. 真航线　　　　　　　　　B. 推算航线

C. 恒向航线   D. 计划航线

42. 自动驾驶仪在自动转向中的主要功能是_____。
①能根据转向点的位置与当时航速自动地确定转向时刻；②能根据航向改变量及允许的转向速率均匀地改变指标航向至新的计划航向；③无需风流压信息
A.①③   B.②③
C.①②   D.①②③

43. 当船舶航行到转向点前一定量时,航迹舵即能根据转向点的位置等参数指令新的指标航向到_____装置中,从而实现自动转向。
A. 航向变换   B. 航迹变换
C. 辨识   D. 自动舵

44. 航行中在规定不能使用一般自动舵的场合,航迹舵_____。
A. 同样可以使用   B. 同样不可以使用
C. 与 GPS 配合可以使用   D. 与自动舵配合可以使用

45. 避让操船时应中止使用航迹舵,让清后再重新起动航迹舵前,必须_____。
①确认下一个转向点的正确性；②确认下一个计划航向的度数；③调整船舶航向,使航向基本对准下一个转向点；④经驾驶员验证
A.①②③   B.②③④
C.①③④   D.①②③④

46. 当航迹舵在较长时间内无船位数据信号输入时,应及时提醒驾驶员_____。
A. 停止操舵   B. 转换到其他操舵方式
C. 由人工输入估计数据   D. 转换到应急操舵方式

47. 为确保安全,在使用自动驾驶仪进行自动转向前,驾驶员必须充分了解_____。
①周围的海域及本船船位；②所使用的航迹带宽度；③转向前后的海面状况；④可用航线
A.①②③   B.②③④
C.①③④   D.①②④

48. 若在转向点附近有岛屿、浅滩等危险物,则必须在用_____或_____定位并确认有安全正横距后,才能用航迹舵自动转向。
A. NNSS；GPS   B. LORAN-C；DECCA
C. RADAR；LF(陆标)   D. TNS；SFRm

49. 能使船在规定的航迹带内航行,并按指标航向自动转向的舵被称为_____。
A. 航迹舵   B. 无人驾驶舵
C. 特种自动舵   D. 自适应舵

50. 航迹舵在_____会发出报警指示。
①自动校正风、流压影响时；②航向修正量过大时；③船位接收仪长时间无船位时
A.①②   B.②③
C.①③   D.①②③

51. 通过初始人工输入相关航路数据后,能使船自动沿着计划航线航行,并能在预定的转向点上

自动转向的自动舵称为_____。

A. 一般自动舵   B. 比例自动舵

C. 自适应自动舵   D. 航迹舵

52. 单手柄控制(操作)系统的含义是指_____。

 A. 主机、舵机及锚机的操作由一个手柄控制

 B. 主机、侧推器的操作由一个手柄控制

 C. 主机、舵机及侧推器的操作由一个手柄控制

 D. 主机、舵机、侧推器及锚机的操作由一个手柄控制

53. 单手柄控制(操作)系统的含义是指_____的操作由一个手柄控制。

 ①主机;②舵机;③锚机;④侧推器

A. ①②③④   B. ②③④

C. ①②④   D. ①②③

1.2.2.7　自动舵的操舵转换方式:随动舵、自动舵、应急舵的转换及适用的场合

一、知识点梳理

1. 操舵方式

(1)随动操舵(又称人工操舵):对应随动操舵系统,即正常操舵;

(2)自动操舵:对应自动舵系统;

(3)应急操舵:对应手柄控制系统,在自动和随动操舵系统发生故障时使用。

2. 由"随动"调整到"自动",转换前应注意:

(1)把压舵与自动改向调节旋钮归零;(2)确定航向;(3)处于正舵状态。

3. 随动舵适用场合:大风浪、船舶避让、改向、过转向点,航行于狭水道、渔区、礁区、航道复杂水域、进、出港和靠离泊位、在能见度受限制的情况下以及在所有其他航行危险的情况下。

二、相关习题

1. 自动操舵仪一般都有_____。

 A. 随动操舵和自动操舵两种操舵方式

 B. 应急操舵和自动操舵两种操舵方式

 C. 随动操舵和应急操舵两种操舵方式

 D. 随动操舵、自动操舵和应急操舵三种操舵方式

2. 航行中操舵,每个班次_____。

 A. 只进行自动操舵

B. 只进行随动操舵

C. 应视当时的实际情况确定采用何种操舵方式

D. 在大风浪时应同时进行自动操舵和随动操舵

3. 使用随动操舵系统时,必须将操舵仪的_____置于随动操舵位置。

  A. 机组　　　　　　　　　　　　　　B. 舵机

  C. 调节器　　　　　　　　　　　　　D. 操舵方式选择

4. 从随动舵转换为自动操舵前应注意_____。

①将压舵及航向改变旋钮置于零位;②将微分旋钮置于最大位置;③将灵敏度旋钮调低一些;④操稳船,并使舵处于正舵位置

  A. ①②③④　　　　　　　　　　　　B. ②③④

  C. ①②④　　　　　　　　　　　　　D. ①④

5. 只有在_____的情况下才在舵机间使用应急操舵。

  A. 自动操舵失灵　　　　　　　　　　B. 随动操舵失灵

  C. 自动舵和随动操舵失灵　　　　　　D. 驾驶室不能进行操舵控制

6. 操舵时,当舵工听到舵角操舵口令后,应立即_____待确认后及时将舵_____。

  A. 转动舵轮;转至所要求舵角　　　　B. 打开舵开关;快速转至所要求舵角

  C. 复诵一遍;转至所指定舵角　　　　D. 起动舵轮指示灯;慢速转至所要求舵角

7. 当指挥员发出变换航向口令时,舵工决定所操舵角大小的主要依据是_____。

①航向变更幅度;②船速快慢;③船舶的回转惯性;④船舶的回转速度

  A. ①③　　　　　　　　　　　　　　B. ②④

  C. ③④　　　　　　　　　　　　　　D. ①②

8. 当船转向逐渐接近新航向时提前反向压舵舵角大小的主要依据是_____。

①航向变更幅度;②船速快慢;③船舶的回转惯性;④船舶的回转速度

  A. ①②　　　　　　　　　　　　　　B. ②③

  C. ③④　　　　　　　　　　　　　　D. ①④

9. 船在航行中舵处于正舵位置,而船首一直向左舷偏转,应_____。

  A. 操左舵　　　　　　　　　　　　　B. 操右舵

  C. 向右压2°舵角　　　　　　　　　　D. 向右压一适当舵角

10. 船舶在航行中受单侧风流影响时,船首一直向一边偏移,为抵消这种偏移应_____。

  A. 转向压舵　　　　　　　　　　　　B. 向相反舷压一临时舵角

  C. 保向压舵　　　　　　　　　　　　D. 向相反舷压一合适舵角

11. 操舵最终要求是_____。

  A. 注意力要集中　　　　　　　　　　B. 时刻注视罗经航向

  C. 严格遵照舵令操舵　　　　　　　　D. 使船长、值班驾驶员满意

12. 操舵时应注意的事项有_____。

①严格遵照舵令操舵;②掌握本船舵的性能;③熟悉操舵装置转换开关;④注意随动与应急舵的不同使用方法;⑤注意随时改变航向

A. ①②③④　　　　　　　　　　　B. ②③④⑤

C. ①③④⑤　　　　　　　　　　　D. ①②④⑤

13. 操舵时,当发现罗经基线偏在原定航向刻度左边时,这表示_____。

A. 船首偏在原航向左边,应操左舵　　B. 船首偏在原航向右边,应操右舵

C. 船首偏在原航向左边,应操右舵　　D. 船首偏在原航向右边,应操左舵

14. 操舵时,当舵工听到航向舵令后,应立即_____,待确认后再_____并报告。

A. 转动舵轮;转至所指航向

B. 打开舵开关;快速转至所指航向

C. 复诵一遍;及时合理操舵使船到达所指航向

D. 打开舵开关;慢速操舵使船到达所指航向

15. 当操舵人员听到"把定"口令时,第一个动作应是_____。

A. 复述舵令　　　　　　　　　　　B. 保持当时航向不变

C. 保持当时转向舵角不变　　　　　D. 将舵转回至正舵

16. 当操舵人员听到操舵口令时,对操舵指令_____。

A. 必须复述

B. 视情况决定是否复述

C. 可不必复述直接操舵

D. 按舵角操舵时复述,按航向操舵时不必复述

17. 按导标操舵是指_____。

A. 让船首对准导标　　　　　　　　B. 让船转至导标方向

C. 保持船舶当时导标方位　　　　　D. 保持船舶当时舷角

18. "把定"操舵是指_____。

A. 将舵轮把定不变　　　　　　　　B. 保持当时航向不变

C. 保持当时转出舵角不变　　　　　D. 将舵转回至正舵

19. 当操舵人员听到按导标操舵口令时应_____。

①复述;②让导标与本船正横;③让船首对准导标,并将新航向报告指挥员

A. ②③　　　　　　　　　　　　　B. ①②

C. ①③　　　　　　　　　　　　　D. ①②③

20. 在_____时,应立即使用应急操舵。

A. 自动操舵失灵　　　　　　　　　B. 随动操舵失灵

C. 主操舵装置发生故障　　　　　　D. 自动操舵和随动操舵系统发生故障

21. 下列哪些情况应将自动舵转为人工操舵?

①避让和雾航时;②备车进、出港航行时;③大风浪中;④过转向点时

A. ①②③　　　　　　　　　　　　B. ②③④

C. ①③④　　　　　　　　　　　　D. ①②③④

22. 在使用自动舵时,下列哪些情况应转成人工操舵?

①避让时;②雾航时;③大风浪航行时;④狭水道航行时;⑤进、出港时

A. ①②③④ B. ②③④⑤
C. ①②④⑤ D. ①②③④⑤

23. 以下应转换成人工操舵的情况有_____。
①雾航时;②大风浪中航行时;③狭水道中航行时;④渔区、礁区等复杂水域中航行时
A. ②③④ B. ①②③
C. ①③④ D. ①②③④

24. 船舶进、出港、狭水道航行、避让及大风浪天气航行时,一般都应使用_____。
A. 自动操舵 B. 手柄操舵
C. 应急操舵 D. 随动操舵

25. 在使用自动舵时,下列情况中哪些应转换成人工操舵?
①在避让时和雾航时;②大风浪航行时;③狭水道航行时;④航行于渔区、礁区等复杂海区时
A. ①②③④ B. ②③④
C. ①②④ D. ①②③

1.2.2.8 自动舵调节旋钮的使用

一、知识点梳理

1. 比例旋钮(舵角调节):重载或空载、舵叶露出水面或海况恶劣时一般应调大些。
2. 微分旋钮(反舵角调节):大船、重载及旋回惯性大时应调大些;恶劣海况调小或零。
3. 灵敏度旋钮(天气调节、航摆角调节):在天气好时,为了船舶走得更直一些,可将灵敏度调高一些。
4. 压舵调节(积分调节):根据单侧风流的影响,使舵叶偏转一个固定角度。
5. 航向改变调节:用自动舵改变航向,一般每次 <10°。
6. 零位修正调节:修正自动舵与罗经同步误差。

二、难点点拨

注意比例、微分、积分调节对应于自动舵的比例、微分、积分环节中系数 K_1、K_2、K_3 的关系。

三、相关习题

1. 自动舵比例调节旋钮(舵角调节)的调节方法是_____。
①重载时调大些;②轻载时调大些;③部分舵叶露出水面时应调大些;④海况恶劣时调大些
A. ①③④ B. ②③④
C. ①③ D. ②④

2. 自动舵调节旋钮中的压舵调节用以_____。
　　A. 消除回航时的惯性　　　　　　　　B. 调节偏航角和偏舵角的比例
　　C. 抵消船舶的单侧偏航　　　　　　　D. 改变航向

3. 自动舵面板上的"反舵角调节"旋钮是为了_____。
　　A. 调节偏舵角和偏航角的比例　　　　B. 消除偏航时的惯性
　　C. 抵消单侧偏航　　　　　　　　　　D. 提高灵敏度

4. 自动舵调节旋钮中灵敏度调节（又称天气调节）的正确使用方法是：海况良好时可调_____，海况恶劣时应调_____。
　　A. 高些；低些　　　　　　　　　　　B. 低些；高些
　　C. 高些；高些　　　　　　　　　　　D. 低些；低些

5. 在比例—微分舵的基础上增加积分环节项的目的是_____。
　　A. 克服因风流或螺旋桨不对称而产生的恒值干扰作用
　　B. 把舵角指示误差累积起来
　　C. 加快给舵速度
　　D. 增大给舵角度

6. 有关微分调节，下述不正确的是_____。
　　A. 刻度的"0"档表示没有微分作用　　B. 旋回惯性大时应调大些
　　C. 海况恶劣时应调大些　　　　　　　D. 能给出反舵角的大小

7. 自动舵的舵角调节旋钮用来调节_____。
　　A. 开始工作的偏航角　　　　　　　　B. 纠正偏航的舵角大小
　　C. 反舵角大小　　　　　　　　　　　D. 偏出一个固定舵角大小

8. 从随动操舵转换为自动操舵前，应注意_____。
　　①先将压舵及自动改向调节旋钮置于零位；②把船舶操稳在指定的航向上；③将灵敏度旋钮调低一些；④使舵处于正舵位置
　　A. ①②③　　　　　　　　　　　　　B. ②③④
　　C. ①③④　　　　　　　　　　　　　D. ①②④

9. 自动舵的正确操作步骤是_____。
　　①将选择开关从"随动"转至"自动"位置；②把船操稳在指定的航向上，并处于正舵位置；③根据情况调整有关功能旋钮；④接通电网电源，并选择机组及操舵系统；⑤将压舵及自动改向调节旋钮置于零位
　　A. ①②③④⑤　　　　　　　　　　　B. ⑤④③②①
　　C. ④②⑤①③　　　　　　　　　　　D. ④②⑤③①

10. 自动舵的舵角调节旋钮（比例调节）主要根据_____来调节。
　　A. 船舶装载情况　　　　　　　　　　B. 船舶惯性大小
　　C. 风流压大小　　　　　　　　　　　D. 船舶纵倾情况

11. 自动舵的压舵旋钮是根据_____来调节的。
　　A. 偏航惯性　　　　　　　　　　　　B. 偏航角速度

C. 船舶的单侧偏航　　　　　　　　D. 天气好坏

12. 自动舵的微分旋钮是根据偏航惯性来调节的,具体的调节方法是_____。

A. 重载时调大些,轻载时调小些　　B. 重载时调大些,轻载时调大些

C. 大船调大些,小船调小些　　　　D. 小船调大些,大船调小些

13. 为保护自动舵,风浪大时,应将"灵敏度"调_____些,或者说将"航摆角"调_____些。

A. 高;大　　　　　　　　　　　　B. 低;大

C. 高;小　　　　　　　　　　　　D. 低;小

14. 若需在自动操舵情况下大角度改向,则应逐次进行,且每次改变的最大角度最好应不超过_____。

A. 10°　　　　　　　　　　　　　B. 15°

C. 20°　　　　　　　　　　　　　D. 30°

15. 自动舵中的微分调节旋钮应根据_____调节。

A. 水深　　　　　　　　　　　　B. 船舶类型

C. 载重量　　　　　　　　　　　D. 船型、载重和旋回角速度等

16. 某船空载大风浪航行,自动舵主操舵台面板上的有关旋钮位置是_____。

①比例旋钮取大值;②灵敏度旋钮取小值;③微分旋钮调大些

A. ①②　　　　　　　　　　　　B. ①③

C. ②③　　　　　　　　　　　　D. ①②③

17. 灵敏度调节是调节自动舵系统开始工作的_____。

A. 最小偏舵角　　　　　　　　　B. 最小偏航角

C. 最大偏舵角　　　　　　　　　D. 最大偏航角

18. 海况良好时,灵敏度调节应调_____;海况恶劣时,灵敏度调节应调_____。

A. 高些;高些　　　　　　　　　B. 低些;低些

C. 高些;低些　　　　　　　　　D. 低些;高些

19. 灵敏度调节又称_____。

A. 比例调节或天气调节　　　　　B. 微分调节或航摆角调节

C. 天气调节或航摆角调节　　　　D. 积分调节或惯性调节

20. 恶劣海况时应将灵敏度调节调低的原因是_____。

A. 确保船舶航向偏摆小　　　　　B. 保证船舶航行安全

C. 完善自动舵工作性能　　　　　D. 减少舵机工作频率,以保护舵机

21. 反舵角调节的正确调节方法是:大船、重载及旋回惯性大时应调_____,海况恶劣时应调_____。

A. 大;大　　　　　　　　　　　B. 小;小

C. 大;小或必要时将其归至零位　　D. 小或必要时将其归至零位;大

22. 舵角调节又称比例调节,在海况恶劣、空载或舵叶浸水面积小时,应选用_____,风平浪静,船舶操纵性能好时选用_____。

A. 高档;高档　　　　　　　　　B. 低档;低档

　　C. 低档；高档　　　　　　　　　　　　　D. 高档；低档

23. 舵角调节又称比例调节，是用来调节自动舵的_____。
　　A. 工作时间　　　　　　　　　　　　　　B. 工作精度
　　C. 纠正偏航的舵角大小　　　　　　　　　D. 工作电压

24. 自动舵操舵台上的零位修正调节用于_____。
　　A. 修正自动舵航向角的指示误差
　　B. 修正自动舵航向指示刻度盘（分罗经）与主罗经的同步误差
　　C. 修正自动舵舵角指示器的误差
　　D. 主罗经的自差

25. 在比例—微分自动舵中，为克服风流或螺旋桨不对称等原因产生的恒值干扰作用而设置的人为调节是_____。
　　A. 比例调节　　　　　　　　　　　　　　B. 灵敏度调节
　　C. 反舵角调节　　　　　　　　　　　　　D. 压舵调节

26. 在普通自动舵中为克服船舶的回转惯性而设置的人为调节是_____。
　　A. 比例调节　　　　　　　　　　　　　　B. 灵敏度调节
　　C. 反舵角调节　　　　　　　　　　　　　D. 压舵调节

27. 在比例—微分—积分自动舵中，为改变系统开始投入工作时的偏航角大小而设置的人为调节是_____。
　　A. 比例调节　　　　　　　　　　　　　　B. 灵敏度调节
　　C. 反舵角调节　　　　　　　　　　　　　D. 压舵调节

28. 关于自动舵舵角调节旋钮，下列操作不正确的是_____。
　　A. 海况恶劣用高档　　　　　　　　　　　B. 空船航行用高档
　　C. 舵叶浸水面积小时用高档　　　　　　　D. 船舶操纵性能好时用高档

29. 自动舵中能调节灵敏度的旋钮是_____。
　　A. 舵角调节旋钮　　　　　　　　　　　　B. 反舵角调节旋钮
　　C. 航向设定旋钮　　　　　　　　　　　　D. 航摆角调节旋钮

30. 有关自动舵航向改变（自动改向）调节旋钮的正确描述是_____。
　　A. 需人工复位　　　　　　　　　　　　　B. 每次只能进行小度数改向
　　C. 比例舵应调高些　　　　　　　　　　　D. 船舶转到给定航向时，指针能指到给定方向

31. 自动舵面板上的反舵角调节旋钮（微分调节）是根据_____。
　　A. 天气好坏来调节　　　　　　　　　　　B. 船舶纵倾情况来调节
　　C. 装载情况调节，重载调大些，轻载调小些　D. 风流压大小调节

32. 自动舵灵敏度旋钮的调节方法是_____。
　　A. 风浪大时调大　　　　　　　　　　　　B. 风浪大或小时调大
　　C. 中浪时调大　　　　　　　　　　　　　D. 风浪小时调大

33. 自动舵操舵台面板上的"航向改变调节"是用于在自动操舵情况下改变航向的，当利用其进行大角度转向时，应_____。

A. 一次转至所需航向

B. 分几次进行,直至转到所需航向

C. 无法使用,必须用随动舵进行转向

D. 无法使用,必须用随动舵或应急舵进行转向

34. 自动舵的比例调节(舵角调节)的调节方法是_____。

①重载时调大些;②航行于渔区、礁区等复杂海区时调大些;③部分舵叶露出水面时应调大些;④海况恶劣时调大些

A. ①③④   B. ②③④

C. ①③   D. ②④

1.2.2.9　使用自动舵的注意事项

一、知识点梳理

1. 转换应由一位负责的驾驶员操作或在其监督下进行操作。

2. 每一航行班次(即每4 h)至少应检查一次随动操舵装置是否正常。

3. 当随动转入自动操舵时,应先将压舵旋钮和自动改向旋钮调至零位。

二、相关习题

1. 航行中使用自动操舵方式操舵时,_____应进行一次自动操舵与随动操舵的转换,以查看转换是否正常。

A. 大副班   B. 二副班

C. 三副班   D. 每一班

2. 使用舵设备应注意的事项有_____。

①使用前准备工作:检查各活动部位有无阻碍,并试舵;②使用时与轮机员密切配合,注意运转情况及舵效;③操舵时要精神集中,注意听清舵令,不得操错舵;④停航时,应关闭舵机电源

A. ②③④   B. ①②④

C. ①③④   D. ①②③

1.2.2.10　舵设备的作用及其组成

一、知识点梳理

1. 作用:使在航船舶保持所需航向、改变原来航向或进行旋回运动。

2.组成：舵（通常在船尾螺旋桨后）、舵机及其转舵装置（舵机间）、操舵装置控制系统（驾驶台至舵机间）、舵角限位器和舵角指示器。

二、相关习题

1.舵设备的组成中包括_____。

①舵机及其传动机构；②舵角指示器；③舵及舵角限位器；④操舵装置控制系统

A.①②③   B.②③④

C.①③④   D.①②③④

2.舵设备主要由_____组成。

①舵；②转舵装置；③舵机；④操舵装置控制系统

A.①②③④   B.②③④

C.①③④   D.①②③

3.舵机和转舵装置，一般安装在_____。

A.首尖舱内   B.尾尖舱内

C.驾驶室内   D.船尾舵机室内

4.操舵装置是转动舵的装置，一般安装在_____。

A.驾驶室内   B.机舱内

C.尾尖舱平台甲板上的舵机间内   D.隔离空舱内

5.舵设备是船舶操纵的主要设备，其作用是使在航船舶_____。

A.保持和改变航向   B.保持、改变航向或做旋回运动

C.控制船舶运动   D.操纵船舶旋转

6.舵是舵设备中承受水动力以产生转舵力矩的构件，一般安装在_____。

A.机舱内   B.舵机间

C.尾尖舱中   D.船尾螺旋桨后面

1.2.2.11　舵的种类及特点：分别根据舵叶剖面形状、舵杆轴线位置、舵的支承方式分类、特种舵

一、知识点梳理

（一）按舵叶的剖面形状分

1.平板舵：阻力较大，舵效随着舵角的增大而变差，失速现象发生早。

2.流线型舵的优点：

（1）强度高；（2）减少了舵承上的压力；（3）水动力性能好，舵的升力系数大，阻力小，舵效高（舵力大）；（4）舵的构造比较复杂。海船广泛采用。

（二）按舵杆轴线位置分

1.不平衡舵：舵叶全部位于舵杆轴线之后，舵钮支点较多，舵杆强度容易得到保证，需要较大的转舵力矩。

2.平衡舵：（1）舵杆轴线位于舵叶的前后缘之间；（2）平衡比度在0.2～0.3；（3）所需的转舵力矩小，进而可相应减小舵机功率。海船广泛应用。

3.半平衡舵：舵的下半部为平衡舵，上半部为不平衡舵，平衡比度在0.2以下。应用：适用于尾柱形状比较复杂的船舶。

（三）按舵叶的支承情况分

（1）双支承舵；（2）支承舵；（3）悬挂舵；（4）半悬挂舵。

（四）特种舵

1.一般（总）特点：（1）增加舵效；（2）提高推进效率；（3）减小旋回圈直径；（4）改善大型船舶在低速时操性能。

2.种类：反应舵、主动舵、整流帽舵、襟翼舵、导流管舵、组合舵等。

二、难点点拨

1.注意有关图片识别，能认识各设备及其部位。

2.某设备的结构特点往往不包括其适用情况。

三、相关习题

1.海船较普遍采用的舵是_____。

①流线型舵；②平衡舵；③双支承舵

A.①②　　　　　　　　　　　　　　B.①③

C.②③　　　　　　　　　　　　　　D.①②③

2.海船广泛采用的舵叶的横剖面型式是_____。

A.流线型　　　　　　　　　　　　　B.三角形

C.矩形　　　　　　　　　　　　　　D.梯形

3.按舵的支承方式分,不平衡舵属于_____。

A.多支承舵　　　　　　　　　　　　B.双支承舵

C.悬挂舵　　　　　　　　　　　　　D.半悬挂舵

4.海船广泛使用的舵是_____。

A.不平衡舵　　　　　　　　　　　　B.平衡舵

C.半平衡舵　　　　　　　　　　　　D.单板舵

5.海船广泛使用的舵是_____。

A.普通舵　　　　　　　　　　　　　B.流线型平衡舵

C.流线型舵　　　　　　　　　　　　D.平板舵

6. 不平衡舵的特点是_____。

①舵叶面积全部在舵杆轴线的后方;②舵钮支点多,舵杆强度易于保证;③转舵时需要较大的转舵力矩

A. ①②
B. ②③
C. ①③
D. ①②③

7. 舵的类型按舵杆轴线位置分为_____。

①不平衡舵;②平衡舵;③半平衡舵;④双支承舵

A. ①②③
B. ②③④
C. ①③④
D. ①②③④

8. 舵的类型按舵叶的支承情况分为_____。

①双支承舵;②多支承舵;③悬挂舵;④半悬挂舵

A. ①②
B. ①②③
C. ①②③④
D. ③④

9. 按舵的支承方式分,平衡舵属于_____。

A. 多支承舵
B. 双支承舵
C. 悬挂舵
D. 半悬挂舵

10. 按支承方式的不同,可将舵分为_____。

A. 平板舵和流线型舵
B. 平衡舵和不平衡舵
C. 悬挂舵、半支承舵和支承舵
D. 普通舵和特种舵

11. 舵的种类按舵杆轴线所在位置分为_____。

①不平衡舵;②平衡舵;③悬挂舵;④半平衡舵;⑤平板舵

A. ①②③
B. ③④⑤
C. ①②④
D. ①②③④

12. 舵的类型按舵叶剖面形状分为_____。

①平板舵;②流线型舵;③槽形舵;④工字形舵

A. ①②
B. ③④
C. ①②④
D. ①②③④

13. 对于双支承的半悬挂舵,上支承点设在_____,下支承点设在_____。

A. 舵机甲板上;舵杆筒口
B. 船体内;舵叶的中间
C. 舵叶的中间;舵托处
D. 舵柱或挂舵臂处的舵钮上;舵叶的中间

14. 按舵叶剖面形状的不同,可将舵分为_____。

A. 平板舵、流线型舵
B. 平衡舵、不平衡舵
C. 多支承舵、双支承舵
D. 主动舵、反应舵

15. 舵叶全部位于舵杆轴线之后,并设有较多舵钮支点的舵称为_____。

A. 平衡舵
B. 半平衡舵
C. 普通舵
D. 半悬挂舵

16. 平衡舵的特点是_____。

①舵叶压力中心靠近舵轴;②所需的转舵力矩小;③可相应减小所需的舵机功率;④结构简单

A.①②③   B.②③④

C.①③④   D.①②③④

17. 所需转舵力矩大并仅被小船使用的舵是_____。

A. 平板舵   B. 流线型舵

C. 普通舵   D. 平衡舵

18. 平衡舵的平衡比度是指_____。

A. 舵轴前的舵叶面积比上舵叶总面积

B. 舵轴后的舵叶面积比上舵叶总面积

C. 舵轴后的舵叶面积比上舵轴前的舵叶面积

D. 舵轴前的舵叶面积比上舵轴后的舵叶面积

19. 半平衡舵的平衡比度一般在_____。

A. 小于 0.2   B. 0.2 ~ 0.3

C. 0.3 ~ 0.4   D. 0.4 ~ 0.5

20. 平衡舵的平衡比度一般在_____。

A. 小于 0.2   B. 0.2 ~ 0.3

C. 0.3 ~ 0.4   D. 0.4 ~ 0.5

21. 按舵杆轴线所在位置分,以下所需转舵力矩最小的舵是_____。

A. 平衡舵   B. 半平衡舵

C. 普通舵   D. 不平衡舵

22. 按舵杆轴线位置分,海船上广泛采用的舵是_____。

A. 半平衡舵   B. 不平衡舵

C. 流线型舵   D. 平衡舵

23. 平衡舵部分舵叶面积设计在舵杆轴线前方的目的是_____。

A. 增加回转力矩

B. 减少回转力矩

C. 减小舵绕舵轴回转所需的力矩,从而可相应减小所需的舵机功率

D. 改善水流分布

24. 平衡舵的特点是_____。

①舵绕舵轴回转所需的力矩小;②制造方便;③可相应减小所需的舵机功率;④海船普遍使用

A.①②③   B.①③

C.①②④   D.①③④

25. 适用于尾柱形状比较复杂船舶的舵是_____。

A. 不平衡舵   B. 平衡舵

C. 半平衡舵   D. 普通舵

26. 所需转舵力矩及舵机功率小,在海船上广泛应用的舵是_____。

A. 平板舵   B. 流线型舵

C. 普通舵   D. 平衡舵

27. 为了减少舵机所需功率,船舶最好采用_____。

    A. 不平衡舵   B. 平衡舵

    C. 半平衡舵   D. 平板舵

28. 特种舵的主要类型有_____。

    ①整流帽舵;②主动舵;③襟翼舵;④反应舵

    A.①②③④   B.①②③

    C.②③④   D.①③④

29. 整流帽舵的作用是_____。

    ①改善螺旋桨排出流的乱流状态;②提高螺旋桨的推力;③改善船尾的振动情况

    A.①②   B.①②③

    C.②③   D.①③

30. 襟翼舵在使用时的最大特点是_____。

    ①能产生更大的流体动力;②具有较大的转船力矩;③所需舵机功率也较大

    A.①②   B.②③

    C.①③   D.①②③

31. 以下有关襟翼舵特点叙述正确的是_____。

    ①能产生更大的流体动力;②增加了转船力矩;③所需的转舵力矩较小;④提高了航行速度

    A.①②③④   B.①②③

    C.②③④   D.①③

32. 反应舵以螺旋桨轴线为界,将舵叶前缘的上下分别向左右舷相反方向扭曲一个角度的目的

    (作用)是_____。

    ①使尾流中的轴向诱导速度增大;②减少了阻力,增加了推力;③改善船尾的振动情况

    A.①②   B.②③

    C.①③   D.①②③

33. 下图中所示的舵设备属于_____。

    A. 整流帽舵   B. 主动舵

    C. 襟翼舵   D. 鱼尾舵

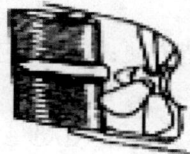

34. 下图中所示的舵设备属于_____。

    A. 整流帽舵   B. 主动舵

    C. 襟翼舵   D. 鱼尾舵

35.下图中所示的舵设备属于_____。
  A.反应舵
  C.襟翼舵
  B.主动舵
  D.鱼尾舵

36.下图中所示的舵设备属于_____。
  A.反应舵
  C.襟翼舵
  B.主动舵
  D.鱼尾舵

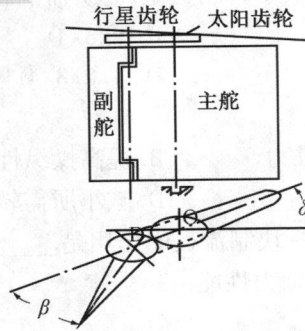

37.下图中所示的舵设备属于_____。
  A.反应舵
  C.襟翼舵
  B.主动舵
  D.组合舵

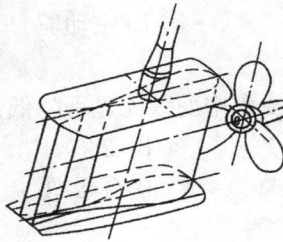

38.舵叶剖面设计成"鱼"形,且其舵角可在 ±75° 范围内使用的特种舵是_____。

A. 主动舵
B. A 字舵

C. 反应舵
D. 组合舵

39. 襟翼舵副舵叶（襟翼）的作用是_____。

A. 增加舵叶面的面积

B. 增加舵叶面的阻力

C. 增加舵剖面的拱度，使舵产生更大的流体动力

D. 提高螺旋桨的推力

40. 整流帽舵正对螺旋桨轴线部位装设一个圆锥形流线型体的主要目的是_____。

A. 改善螺旋桨排出流的乱流状态
B. 增加转舵力矩

C. 减小航行阻力
D. 便于操作

41. 主动舵设置一个由马达驱动的小螺旋桨的目的是_____。

①增加转船力矩；②在低速或停车时仍可获到转船力矩；③提高船舶的操纵性；④增加推进作用

A. ①②③
B. ②③④

C. ①③④
D. ①②③④

42. 以下有关襟翼舵特点叙述正确的是_____。

①能产生更大的流体动力；②增大了转船力矩；③所需的转舵力矩较小；④提高了航行速度

A. ①②③
B. ②③④

C. ①③④
D. ①②③④

43. 反应舵的作用是_____。

A. 起导流作用，减少阻力，增加推力
B. 提高操纵性能

C. 增加转船力矩
D. 减小所需转舵力矩

44. 组合舵在舵叶上、下两端各安装一块制流板的作用是_____。

A. 减少绕流损失，改善舵的流体动力性能

B. 保护舵叶

C. 便于安装拆检

D. 增加强度

45. 下列各项中_____为特种舵。

A. 平板舵
B. 流线型舵

C. 多支承舵
D. 主动舵

46. 下列有关组合舵描述正确的是_____。

①舵角可在 ±75° 范围内使用；②浅水中舵效无显著降低；③特别适用于小展弦比的舵型

A. ①②
B. ②③

C. ①③
D. ①②③

47. 整流帽舵的作用是_____。

①有利于改善螺旋桨排出流的乱流状态；②提高螺旋桨的推力；③改善船尾的振动情况

A. ①②
B. ②③

C.①③　　　　　　　　　　　　　　D.①②③

48. 主动舵的作用是_____。

①增加推力;②增加转舵力矩;③增加转船力矩;④提高船舶操纵性能

A.①②③④　　　　　　　　　　　B.①②③

C.③④　　　　　　　　　　　　　　D.①③④

49. 襟翼舵的优点是_____。

①转船力矩大;②所需的转舵力矩小;③所需的舵机功率小

A.①②　　　　　　　　　　　　　　B.②③

C.①③　　　　　　　　　　　　　　D.①②③

50. 由主舵叶和副舵叶组成的舵被称为_____。

A. 反应舵　　　　　　　　　　　　B. 整流帽舵

C. 主动舵　　　　　　　　　　　　D. 襟翼舵

51. 在舵叶后端装有一个导管,导管内装设一个小螺旋桨的舵被称为_____。

A. 反应舵　　　　　　　　　　　　B. 整流帽舵

C. 主动舵　　　　　　　　　　　　D. 襟翼舵

52. 在流线型舵上正对螺旋桨轴线部分装设一个形如对称机翼的旋转体的舵被称为_____。

A. 反应舵　　　　　　　　　　　　B. 整流帽舵

C. 主动舵　　　　　　　　　　　　D. 襟翼舵

53. 舵叶前缘以螺旋桨轴线为界,上下分别向左右舷相反方向扭曲一个角度的舵被称为_____。

A. 反应舵　　　　　　　　　　　　B. 整流帽舵

C. 主动舵　　　　　　　　　　　　D. 襟翼舵

1.2.2.12　流线型平衡舵的结构、组成,各组成部分的作用、特点与满足的要求

一、知识点梳理

流线型平衡舵主要由舵叶、舵杆和舵承三部分组成。

1. 舵叶用水平隔板和垂直隔板按线型组成骨架,再将两块流线型的外壳板直接焊接在骨架外面。舵叶内灌涂防腐沥青。

2. 舵杆是舵叶转动的轴。

3. 舵承用来支承舵杆和舵的重量及保证船体水密。

二、难点点拨

注意舵叶中空及其绳孔、凹槽的作用。

三、相关习题

1. 海船广泛应用的舵是_____。
   A. 平衡舵　　　　　　　　　　　B. 不平衡舵
   C. 半平衡舵　　　　　　　　　　D. 平板舵

2. 流线型舵设计成中间空心并要求水密的主要目的是_____。
   A. 获得浮力减轻舵承压力　　　　B. 节省材料及简化制造工艺
   C. 降低造价增加强度　　　　　　D. 提高水动力性能

3. 流线型舵的特点是_____。
   ①阻力小;②产生的舵力大;③所需的转舵力矩小
   A. ①②③　　　　　　　　　　　B. ①②
   C. ①③　　　　　　　　　　　　D. ②③

4. 流线型舵的特点是_____。
   ①水动力性能好;②舵的升力系数高;③舵的阻力系数低;④维修保养方便
   A. ①②③　　　　　　　　　　　B. ②③④
   C. ①③④　　　　　　　　　　　D. ①②③④

5. 具有阻力小、舵效高并被海船广泛采用的舵是_____。
   A. 平板舵　　　　　　　　　　　B. 流线型舵
   C. 普通舵　　　　　　　　　　　D. 平衡舵

6. 随着舵角增大舵效变坏,失速现象发生得早,阻力大的舵是_____。
   A. 平板舵　　　　　　　　　　　B. 流线型舵
   C. 普通舵　　　　　　　　　　　D. 平衡舵

7. 流线型舵的特点是_____。
   ①水动力性能好;②舵的升力系数高;③舵的阻力系数低;④相比其他舵舵效高
   A. ①②③　　　　　　　　　　　B. ②③④
   C. ①③④　　　　　　　　　　　D. ①②③④

8. 流线型平衡舵的特点是_____。
   ①阻力小;②产生的舵力大;③所需的转舵力矩小
   A. ①②③　　　　　　　　　　　B. ①③
   C. ②③　　　　　　　　　　　　D. ①②

9. 流线型平衡舵的主要结构是_____。
   ①舵叶;②舵杆;③舵承;④舵柄

A.①②③

B.②③④

C.①③④

D.①②③④

10. 在流线型平衡舵舵叶的上部和下部都开有小孔并配有不锈金属栓塞的目的是_____。

A. 便于舵叶安装或拆卸

B. 便于流水畅通,以减少阻力

C. 便于密性试验及充填防腐沥青

D. 便于舵叶内部透气

11. 流线型平衡舵在舵叶上均开有由钢管构成的绳孔或在尾端上开有凹槽,其目的是_____。

A. 便于系固物件

B. 便于舵拆卸与复装时吊起

C. 便于与舵承舵杆连接

D. 便于试验工作

12. 舵叶上部和下部所设小孔的作用不包括_____。

A. 便于压水试验

B. 便于空气气密试验

C. 灌涂防腐沥青

D. 便于舵叶装卸

13. 舵叶上设置绳孔和凹槽的主要作用是_____。

A. 舵叶内部密性试验

B. 安装拆卸

C. 灌放水和充填防腐沥青

D. 方便维修保养

14. 下列有关舵杆的说法正确的是_____。

①舵杆是舵叶转动的轴;②舵杆用以承受和传递作用在舵叶上的力;③舵杆用以传递舵给予转舵装置的力

A.①②

B.②③

C.①③

D.①②③

15. 舵杆是舵叶转舵的轴,其下部与_____连接,上部与_____相连。

A. 舵轴;操舵装置

B. 舵顶板;传动装置

C. 舵叶;转舵装置

D. 上轴承;舵机

16. 舵杆分为上舵杆和下舵杆的目的是_____。

A. 方便舵叶的拆卸和修理

B. 减少所需的转舵力矩,从而降低舵机的功率

C. 避免大风浪航行时受损

D. 方便舵杆与船体和尾柱的连接

17. 上舵杆下端与舵叶之间普遍使用的连接方法是_____。

A. 垂直法兰连接

B. 垂直嵌接

C. 水平法兰连接

D. 水平嵌接

18. 上舵杆下端与舵叶之间用法兰接头连接,其连接形式有_____。

①水平法兰连接;②垂直法兰连接;③垂直嵌接

A.①②

B.①②③

C.①③

D.②③

19. 舵承的作用是_____。

①支撑舵机;②支撑舵杆;③支撑舵重量;④保证船体水密

A.①②④

B.①②③

C.①②③④   D.②③④

20. 下列关于舵承的说法正确的是_____。
①舵承用来支撑舵杆和舵的重量；②设置舵承要保证船体水密；③按其位置有上下舵承之分；④目前大型船舶普遍采用不设下舵承

A.①②④   B.①②③

C.①③④   D.①②③④

21. 上舵承一般安装在_____。

A.舵机甲板上   B.舵轴上

C.艉柱承座上   D.舵杆筒口上

22. 下舵承一般安装在_____。

A.舵机甲板上   B.舵轴上

C.艉柱承座上   D.舵杆筒口或舵杆筒内

23. 舵承可以分为上舵承和下舵承两种，上舵承由侧推滚珠轴承和垂直滑动轴承组成，其中侧推滚珠轴承是承受_____。

A.舵的重量   B.舵的侧向力

C.舵机的转舵力矩   D.舵叶的反作用力

24. 上舵承是由侧推滚珠轴承和垂直滑动轴承组成，其中垂直滑动轴承是承受_____。

A.舵的重量   B.舵的侧向力

C.舵机的转舵力矩   D.舵叶的反作用力

1.2.2.13 舵力的概念；影响舵力的因素

一、知识点梳理

1. 舵力：舵相对于水运动，受到水流的合力作用。按来源包括舵的正压力和摩擦力；按作用效果分解为升力和阻力。

2. 因素：舵力的大小与舵的形状、水密度、舵面积、舵速、舵角等因素有关。

二、难点点拨

注意理解舵力的形成及其作用效果。

三、相关习题

1. 舵力的大小与_____有关。
①舵角和舵叶面积；②舵叶断面形状；③船速；④舵速

A. ①②③
B. ①③④
C. ①②④
D. ①②③④

2. 舵力的大小与_____有关。
①舵角和舵叶面积；②舵叶断面形状；③舵速
A. ①②③
B. ①③
C. ①②
D. ②③

3. 舵的垂直压力大小与_____有关。
①舵叶的浸水面积；②舵对水的相对速度；③舵角的大小
A. ①
B. ①②
C. ②③
D. ①②③

4. 舵的正压力是指_____。
A. 平行于舵叶纵剖面所受到的力
B. 垂直于舵叶纵剖面所受到的力
C. 平行于水流方向所受到的力
D. 垂直于水流方向所受到的力

5. 关于舵力,下述哪项正确?
①舵力指的就是舵的正压力；②舵力是指升力与阻力的合力；③舵力是指舵的正压力与舵的摩擦力的合力
A. ①③
B. ①②
C. ①②③
D. ②③

6. 舵的正压力的大小_____。
A. 与舵速、舵面积有关,与舵角无关
B. 与舵速、舵面积无关,与舵角有关
C. 与舵速、舵面积有关,与舵角有关
D. 与舵速、舵面积无关,与舵角无关

7. 舵的正压力的大小_____。
A. 与舵叶的几何形状有关,与舵角有关
B. 与舵叶的几何形状无关,与舵角有关
C. 与舵叶的几何形状有关,与舵角无关
D. 与舵叶的几何形状无关,与舵角无关

8. 操舵后,舵力对船舶运动产生的影响,下列说法正确的是_____。
①使船速降低；②使船舶横倾；③使船偏转；④使船舶发生横移
A. ①②③④
B. ①②③
C. ②③④
D. ①④

9. 舵的正压力的大小与舵面积、舵速有关,_____。
A. 舵面积越大、舵速越低,舵的正压力越大
B. 舵面积越大、舵速越高,舵的正压力越大
C. 舵面积越小、舵速越低,舵的正压力越大
D. 舵面积越小、舵速越高,舵的正压力越大

10. 船舶航行中,舵力的大小与_____的平方成正比。
A. 船速
B. 航速
C. 舵速
D. 流速

11. 航进中的船舶舵力受到伴流和螺旋桨排出流的影响,它是_____。

A.伴流和排出流都提高了舵力   B.伴流与排出流都降低了舵力

C.伴流使舵力增强,排出流使舵力下降   D.伴流使舵力下降,排出流使舵力增强

12.舵速是指_____。

    A.船舶航速

    B.舵相对于冲在舵面上的水的相对速度

    C.舵水相对运动速度在首尾方向上的分量

    D.舵叶的转动速度

13.舵速是指_____。

    A.舵相对于水的相对运动速度在舵翼前后方向上的分量

    B.舵相对于水的相对运动速度在舵翼垂直方向上的分量

    C.舵相对于水的相对运动速度在船舶首尾方向上的分量

    D.舵相对于水的相对运动速度在船舶横向方向上的分量

14.舵速是指_____。

    A.舵相对于水的相对运动速度在船舶首尾方向的分量

    B.舵相对于水的相对运动速度在船舶横向方向的分量

    C.舵相对于水的相对运动速度

    D.船舶的船速

15.船舶在航行中,舵速等于_____。

    A.船速 + 舵处的伴流速度 + 螺旋桨排出流速度

    B.船速 − 舵处的伴流速度 + 螺旋桨排出流速度

    C.船速 + 舵处的伴流速度 − 螺旋桨排出流速度

    D.船速 − 舵处的伴流速度 − 螺旋桨排出流速度

16.若驾驶台想练习操舵,应征得轮机部同意后方能进行,原因是_____。

    A.频繁操舵容易使主机超负荷   B.频繁操舵容易使主机转速不稳定

    C.频繁操舵会增加轮机员的劳动强度   D.频繁操舵容易使舵机超负荷

17.伴流对船舶操纵的影响是_____。

    A.增加推进器效率和舵效   B.增加推进器效率,降低舵效

    C.降低推进器效率和舵效   D.降低推进器效率,增加舵效

1.2.2.14   舵力转船力矩

一、知识点梳理

1.舵力转船力矩:舵力作用在舵上,力臂为重心到舵力的垂直距离。

2.因素:舵力和舵力转船力矩与舵的形状、水密度、舵面积、舵速、舵角有关,还与失速现象、空泡现象、空气吸入现象、舵与船体之间相互影响、旋回中有效舵角减小($10° \sim 13°$)等因素有关。

二、难点点拨

舵的高宽比(纵横比)大,升力大,提高了小舵角的保向性;但临界舵角越小,失速较早。

三、相关习题

1. 船舶的舵力转船力矩是作用在舵上的垂直压力与舵的中心至船舶_____垂直距离的乘积。
   A. 重心　　　　　　　　　　　　B. 转心
   C. 浮心　　　　　　　　　　　　D. 漂心

2. 船舶的舵力矩的力臂为_____。
   A. 舵力中心至船舶重心的垂直距离　　　B. 舵力中心至船舶转心的垂直距离
   C. 舵力中心至船舶浮心的垂直距离　　　D. 舵力中心至船舶漂心的垂直距离

3. 海船的极限舵角一般约为_____;超大型船舶的极限舵角一般为_____。
   A. 25°;32°　　　　　　　　　　B. 30°;35°
   C. 35°;35°～40°　　　　　　　　D. 40°;35°～40°

4. 由乔塞尔普通舵舵力估算公式可知,当海船转船力矩达到最大值时的极限舵角约为_____。
   A. 25°　　　　　　　　　　　　B. 35°
   C. 45°　　　　　　　　　　　　D. 55°

5. 一般海船的几何极限舵角为_____。
   A. 90°　　　　　　　　　　　　B. 45°～48°
   C. 35°～38°　　　　　　　　　　D. 38°～45°

6. 航行中的船舶,提高舵力转船力矩的措施包括_____。
   A. 增大舵角、提高舵速和增大舵面积　　B. 增大舵角和增大舵面积
   C. 提高舵速和增大舵面积　　　　　　D. 增大舵角和提高舵速

7. 航行中的船舶,提高舵力转船力矩的措施包括_____。
   ①操大舵角;②增加桨转速;③提高舵速;④增大舵叶面积
   A. ①②③④　　　　　　　　　　B. ①②③
   C. ②　　　　　　　　　　　　　D. ①③

8. 空船航行时,舵面有一部分可能会露出水面,若航速较高,就会出现舵力下降。这主要是因为发生了_____。
   A. 失速现象　　　　　　　　　　B. 空气吸入现象
   C. 空泡现象　　　　　　　　　　D. 伴流现象

9. 装有变螺距桨与装有固定螺距桨的大型船比较,停车淌航中_____。
   A. 舵效较差,其原因是车叶仍以原转速转动形成水流屏障,降低了舵速
   B. 舵效较差,其原因是车叶仍以原转速转动形成水流屏障,降低了舵面积
   C. 舵效较好,其原因是车叶仍以原转速转动形成水流屏障,增大了舵速

　　D. 舵效较好,其原因是车叶仍以原转速转动形成水流屏障,增大了舵面积

10. 船舶旋回运动中_____。

　　A. 有效舵角比几何舵角小,且漂角越大有效舵角越小

　　B. 有效舵角比几何舵角小,且漂角越大有效舵角越大

　　C. 有效舵角比几何舵角大,且漂角越大有效舵角越大

　　D. 有效舵角比几何舵角大,且漂角越大有效舵角越小

11. 关于伴流和螺旋桨排出流的影响对舵力产生影响,下列哪种说法正确?

　　A. 伴流使舵力上升,排出流使舵力下降

　　B. 伴流使舵力下降,排出流使舵力下降

　　C. 伴流使舵力上升,排出流使舵力上升

　　D. 伴流使舵力下降,排出流使舵力上升

12. 关于舵叶纵横比对舵力产生的影响,下列哪种说法正确?

　　A. 舵叶纵横比越大,小舵角时舵叶升力也大

　　B. 舵叶纵横比越小,小舵角时舵叶升力也大

　　C. 舵叶纵横比越大,小舵角时舵叶升力也小

　　D. 舵叶纵横比越小,小舵角保向性越高

13. 关于舵叶纵横比对舵力产生的影响,哪种说法正确?

　　A. 舵叶纵横比越大,小舵角时舵叶升力小、保向性越高

　　B. 舵叶纵横比越小,小舵角时舵叶升力也大

　　C. 舵叶纵横比越大,小舵角时舵叶升力大、保向性越高

　　D. 舵叶纵横比越小,小舵角保向性越高

14. 使舵力减小的因素包括_____。

　　①排出流;②伴流;③失速现象;④空泡现象

　　A. ①②③④　　　　　　　　　　B. ①②③

　　C. ②③④　　　　　　　　　　　D. ①②④

15. 使舵力减小的因素包括_____。

　　①空气吸入现象;②伴流;③失速现象;④空泡现象

　　A. ①②③④　　　　　　　　　　B. ①②③

　　C. ②③　　　　　　　　　　　　D. ①②④

16. 使舵力减小的因素包括_____。

　　①空气吸入现象;②排出流;③失速现象;④空泡现象

　　A. ①②③④　　　　　　　　　　B. ①②③

　　C. ②③　　　　　　　　　　　　D. ①③④

17. 使舵力增大的因素包括_____。

　　①伴流;②排出流;③失速现象;④空泡现象

　　A. ①②③④　　　　　　　　　　B. ①②③

　　C. ②　　　　　　　　　　　　　D. ①③④

18. 船舶操35°舵角旋回运动中,有效舵角通常会减小_____。
    A. 10°~13°   B. 0°
    C. 20°   D. 5°~8°

19. 在下列哪些情况下舵的背流面容易出现空泡现象?
    ①使用大舵角时;②船舶高速前进时;③舵的前端曲率大时;④舵的背面吸入空气时
    A. ①②③   B. ②③④
    C. ①②④   D. ①②③④

20. 下列有关舵的背流面容易出现空泡现象的条件哪项有误?
    A. 使用大舵角时   B. 船舶高速前进时
    C. 舵的前端曲率大时   D. 舵的背面吸入空气时

1.2.2.15　舵效的概念及其影响因素

一、知识点梳理

1. 概念:操一定舵角后,一定水域、时间,取得转向角或角速度的大小。
2. 影响因素:舵角;舵速 = 船速 - 伴流速度 + 排出流速度;排水量:大,舵效差;船舶纵倾,尾倾舵效好;船舶横倾,向低舷侧水阻力大,舵效差;舵机性能,液压舵机都快;蒸汽,来慢,回快;电动,来快,回慢;风流浅水,高速满载逆风转向舵效好;低速空载顺风转向舵效好;逆流舵效好;深水舵效好。

二、难点点拨

舵效是对地的概念,一船船速一定,无论逆流顺流,其舵力一样大,舵力转船力矩一样大,但逆流的舵效好于顺流的舵效。因为转相同的角度,逆流比顺流所需要的水域小。

三、相关习题

1. 舵效的好坏可以根据_____判断。
   A. 前进中的船舶操舵后在单位进距内航向角的变化量
   B. 前进中的船舶操舵后在单位横距内航向角的变化量
   C. 前进中的船舶操舵后航向角的变化量
   D. 前进中的船舶操舵后进距的变化量
2. 操舵后,舵力对船舶运动产生的影响,下列说法正确的是_____。
   ①使船速降低;②使船横倾;③使船旋转;④使船发生横移
   A. ①②③④   B. ①②③

C. ②③④   D. ①④

3. 操舵后,舵力对船舶运动产生的影响,下列说法正确的是_____。
  A. 使船产生尾倾   B. 使船产生首倾
  C. 使船旋转   D. 使船速增大

4. 操舵后,舵力对船舶运动产生的影响,下列说法正确的是_____。
  A. 使船产生尾倾   B. 使船产生首倾
  C. 使船横倾   D. 使船速增大

5. 操舵后,舵力对船舶运动产生的影响,下列说法正确的是_____。
  A. 使船产生尾倾   B. 使船产生首倾
  C. 使船速降低   D. 使船速增大

6. 满载大型船在进行操纵转向时,一般宜_____。
  A. 晚用舵,晚回舵,用小舵角   B. 早用舵,早回舵,用大舵角
  C. 早用舵,晚回舵,用小舵角   D. 晚用舵,早回舵,用大舵角

7. 肥大型单车船在有较高余速时,舵效变得很差,其原因是_____。
  A. 该类船舶的伴流较一般船强,使舵力减小
  B. 该类船舶的伴流较一般船强,使舵力增大
  C. 该类船舶的伴流较一般船弱,使舵力减小
  D. 该类船舶的伴流较一般船弱,使舵力增大

8. 肥大型船在驶向停泊地的过程中,停车后虽然还有相当大的余速,但舵效较差,除排出流突然消失外,还主要是由于_____使舵力减少的缘故。
  A. 伴流较小   B. 吸入流较小
  C. 伴流较大   D. 伴流消失

9. 对同一条船而言,下述错误的是_____。
  A. 船速越高,舵效越好   B. 吃水越大,舵效越好
  C. 水深越浅,舵效越差   D. 顶流时舵效比顺流时好

10. 肥大型船在驶向停泊地的过程中,停车以后,虽然还有相当大的余速,但舵效很差,这是因为下列_____的影响使舵力减小。
  ①排出流消失;②吸入流消失;③伴流较大
  A. ①   B. ①②
  C. ①②③   D. ①③

11. 航进中的船舶舵力受到伴流和螺旋桨排出流的影响,它是_____。
  A. 伴流和排出流都提高了舵力   B. 伴流与排出流都降低了舵力
  C. 伴流使舵力增强,排出流使舵力下降   D. 伴流使舵力下降,排出流使舵力增强

12. 船舶降低船速 V_s 后,突然加大主机转速 n 是提高舵效的有效途径。这是由于此时_____。
  A. 伴流速度较大和舵速减小的结果   B. 伴流速度较小和舵速增大的结果
  C. 伴流速度较大和舵速增大的结果   D. 伴流速度较小和舵速减小的结果

13. 船舶降低船速 V_s 后,突然加大主机转速 n 是提高舵效的有效途径。这是由于_____。

A.减小了旋回滞距,并增大了舵速的结果 B.减小了旋回滞距,并减小了舵速的结果
C.增大了旋回滞距,并增大了舵速的结果 D.增大了旋回滞距,并减小了舵速的结果

14.下列哪项措施可提高船舶舵效?
A.提高船速的同时提高螺旋桨转速 B.提高船速的同时降低螺旋桨转速
C.降低船速的同时提高螺旋桨转速 D.降低船速的同时降低螺旋桨转速

15.操纵船舶时,可借助提高螺旋桨的滑失比以增加舵效,对于可变螺距螺旋桨,这需要
_____。
A.降低螺旋桨的进速,增大螺旋桨的螺距 B.降低螺旋桨的进速,减小螺旋桨的螺距
C.提高螺旋桨的进速,增大螺旋桨的螺距 D.提高螺旋桨的进速,减小螺旋桨的螺距

16.舵效与舵角有关,一般舵角为_____时,舵效最好。
A.25°~32° B.20°~30°
C.32°~35° D.37°~45°

17.舵效的好坏可以这样判断_____。
A.根据前进中的船舶操舵后在单位进距内航向角的变化量
B.根据前进中的船舶操舵后在单位横距内航向角的变化量
C.根据前进中的船舶操舵后航向角的变化量
D.根据前进中的船舶操舵后进距的变化量

18.有关船舶舵效,哪一种说法是正确的?
A.船舶首倾比尾倾时舵效好,顺流时比顶流时舵效好
B.船舶尾倾比首倾时舵效差,顺流时比顶流时舵效差
C.船舶首倾比尾倾时舵效差,顺流时比顶流时舵效差
D.船舶首倾比尾倾时舵效好,顺流时比顶流时舵效好

19.有关船舶舵效,哪一种说法是正确的?
A.船舶尾倾比首倾时舵效好,顶流时比顺流时舵效好
B.船舶尾倾比首倾时舵效好,顶流时比顺流时舵效差
C.船舶尾倾比首倾时舵效差,顺流时比顶流时舵效差
D.船舶首倾比尾倾时舵效好,顺流时比顶流时舵效好

20.有关船舶舵效,哪一种说法是正确的?
A.船舶尾倾比首倾时舵效好,舵角小时比舵角大时舵效好
B.船舶首倾比尾倾时舵效好,舵角小时比舵角大时舵效好
C.船舶尾倾比首倾时舵效差,舵角大时比舵角小时舵效好
D.船舶首倾比尾倾时舵效差,舵角大时比舵角小时舵效好

21.下列哪项措施不能提高船舶舵效?
①提高船速;②提高船速的同时降低螺旋桨转速;③降低船速的同时降低螺旋桨转速;④降低船速的同时提高螺旋桨转速
A.①②③④ B.①②③
C.②③ D.①④

22. 下列哪项措施可提高船舶舵效？

①提高船速；②提高船速的同时降低螺旋桨转速；③降低船速的同时降低螺旋桨转速；④降低船速的同时提高螺旋桨转速

    A.①②③④   B.①②③

    C.②③   D.①④

23. 下列哪项措施对改善舵效有利？

①提高船速；②增大操舵舵角；③适当的尾倾；④航进中停车

    A.①②③④   B.①②③

    C.②③   D.①④

24. 下列哪项措施对改善舵效有利？

①停车淌航；②增大操舵舵角；③适当的首倾；④淌航中短时间进车

    A.①②③④   B.①③

    C.②③④   D.②④

25. 下列哪项措施对改善舵效不利？

①停车淌航；②增大操舵舵角；③适当的首倾；④淌航中短时间进车

    A.①②③④   B.①③

    C.②③④   D.②④

26. 对于低速航行的船舶，下列哪项措施对改善舵效最为有效？

    A.操大舵角   B.快进车操大舵角

    C.微进车操大舵角   D.快进车正舵

27. 舵效与转舵时间和舵机性能有关：_____。

    A.转舵时间越短，舵效越好；电动液压舵机比蒸汽舵机舵效差

    B.转舵时间越短，舵效越好；电动液压舵机比液压舵机舵效好

    C.转舵时间越长，舵效越好；电动液压舵机比蒸汽舵机舵效差

    D.转舵时间越长，舵效越好；电动液压舵机比液压舵机舵效好

28. 电动液压舵机的特点是_____。

    A.舵来得快，回得慢   B.舵来得快，回得也快

    C.舵来得慢，回得快   D.舵来得慢，回得也慢

29. 电动舵机的特点是_____。

    A.舵来得快，回得慢   B.舵来得快，回得也快

    C.舵来得慢，回得快   D.舵来得慢，回得也慢

30. 蒸汽舵机的特点是_____。

    A.舵来得快，回得慢   B.舵来得快，回得也快

    C.舵来得慢，回得快   D.舵来得慢，回得也慢

31. 船舶纵倾、横倾对舵效有影响，下列说法正确的是_____。

    A.纵倾时，首倾比尾倾舵效好；横倾时，向低舷侧转向比向高舷侧转向舵效好

    B.纵倾时，首倾比尾倾舵效好；横倾时，向低舷侧转向比向高舷侧转向舵效差

C. 纵倾时,首倾比尾倾舵效差;横倾时,向低舷侧转向比向高舷侧转向舵效差

D. 纵倾时,首倾比尾倾舵效差;横倾时,向低舷侧转向比向高舷侧转向舵效好

1.2.2.16　舵设备的日常与定期检查保养

一、知识点梳理

1. 日常检查保养:平时,清洁干燥;开航前检查,对舵;航行中切忌跑舵,操舵方式转换。

2. 定期检查保养:每三个月全面检查,舵叶舵杆磨损锈蚀。

二、相关习题

1. 一般开航前_____时间内,值班驾驶员应会同轮机员进行试舵。

A. 1 h
B. 6 h
C. 12 h
D. 24 h

2. 使用自动舵航行时应_____检查手操舵装置一次。

A. 至少每 8 h
B. 每 1 h
C. 每天
D. 每个航行班次

3. 对舵时,舵角指示器指示舵叶位置(非正舵位置)的误差不应大于_____,而在正舵时其误差应为_____。

A. ±1°;±0°
B. ±0.5°;±1°
C. ±1°;±1°
D. ±0.5°;±0°

4. 除正舵外,舵角指示器指示舵叶位置的误差不应大于_____。

A. ±2°
B. ±1.5°
C. ±1°
D. ±0.5°

5. _____应对舵设备进行一次全面的检查和保养。

A. 每月
B. 每季度
C. 半年中
D. 一年中

6. 正常情况下,当舵轮和舵叶均处于正舵位置时,两者之间_____。

A. 偏差应不超过 ±1°
B. 偏差应不超过 ±0.5°
C. 应保持一致
D. 偏差应不超过 ±3°

7. 舵叶、舵轮及舵角指示器三者在非正舵位置时的同方向与同步误差范围应为_____。

A. 不大于 ±0.5°
B. 不大于 ±1°
C. 不大于 ±2°
D. 无误差

8. 舵叶、舵轮及舵角指示器三者在正舵位置时的误差要求是_____。

A. 不大于 ±0.5°
B. 不大于 ±1°

C. 不大于 ±2° D. 无误差

9. 开航前的正确对舵程序是_____。
①操舵使舵角指示器的指针指 0°,核对实际舵角是否为正舵;②分别连续操左(右)5°、15°、25°、满舵并回舵,核对各指示器与实际舵角是否一致;③缓慢操左(右)舵至满舵,核对各指示器与实际舵角的准确性;④做从一舷满舵至另一舷满舵、回舵的快速操舵试验,核对各指示器与实际舵角的准确性

A. ①③②④ B. ①②③④
C. ④③②① D. ④②③①

10. 每隔_____应对舵设备进行一次全面的检查保养。
A. 1 个月 B. 3 个月
C. 6 个月 D. 12 个月

11. 开航前对舵的主要目的是检查_____的运作情况是否正常。
①遥控机构;②追随机构;③舵角指示器及其他工作系统;④舵杆、舵叶
A. ②③④ B. ①③④
C. ①②③④ D. ①②③

12. 开航前对舵必须参加的人员有_____。
①值班驾驶员;②轮机长;③电机员(或负责的轮机员);④值班一水
A. ①②③ B. ①②④
C. ①②③④ D. ①③④

13. 下列有关试舵前驾驶员应做的工作描述正确的是_____。
①派人观察舵叶周围有无障碍物;②核对分罗经与主罗经的误差情况;③核对舵轮与舵角指示器;④检看舵叶、舵杆和法兰连接情况
A. ①②③ B. ②③④
C. ①③④ D. ①②④

14. 舵角指示器在正舵时的指示误差应为_____。
A. ±2° B. ±1°
C. ±0.5° D. 0°

15. 保养舵机间内的舵机及转舵装置时应注意_____。
①各部位应保持清洁,对活动部位应定期检查磨损、锈蚀情况,并做好记录;②各活动部位要定期加油润滑;③周围环境不准放杂物
A. ①②③ B. ①②
C. ①③ D. ②③

16. 舵设备的检查与保养可分为_____。
①日常检查与保养;②定期检查与保养;③临时检查与保养
A. ②③ B. ①②
C. ①③ D. ①②③

17. 舵设备的日常检查与保养可分为_____。

①平时检查与保养;②开航前;③航行中;④停航后

A.①②③　　　　　　　　　　　　　B.③④

C.①②　　　　　　　　　　　　　　D.①②③④

18. 按规定至少_____进行一次应急操舵演习,以练习应急操舵程序。

A. 3 个月　　　　　　　　　　　　B. 6 个月

C. 12 个月　　　　　　　　　　　 D. 18 个月

1.2.3　锚设备及其运用

1.2.3.1　锚设备的组成及各部分的作用,锚的种类、特点及应用

一、知识点梳理

1. 组成:锚、锚链、锚链筒、制链器、锚机、锚链舱、锚链管和弃链器等。

2. 锚的种类:

(1)有杆锚(海军锚)。

(2)无杆锚(山字锚、转爪锚):常见霍尔锚、斯贝克锚(锚头重心在销轴下)、尾翼式锚。

(3)大抓力锚的类型。

①有杆大抓力锚有丹福斯锚(多用于工程船)、史蒂文锚(石油平台定位锚)。

②无杆大抓力锚有 AC-14 型(滚装船用)、波尔锚(挖泥船用)、DA-1 型锚。

(4)特种锚:伞形锚、螺旋锚、单爪锚等作为永久性系泊用锚。

二、相关习题

1. 锚设备是由_____组成。

①锚与锚链;②锚链筒与制链器;③锚机与锚链管;④锚链舱与弃链器

A.①③④　　　　　　　　　　　　B.②③④

C.①②④　　　　　　　　　　　　D.①②③④

2. 下列有关锚链筒描述不正确的是_____。

A. 其是锚链进、出的孔道,但不可收藏锚干

B. 其由甲板链孔、舷边链孔和筒体三部分组成

C. 内设冲水装置

D. 不能太靠近首尾纵中线

3. 锚链筒由_____组成。

①甲板链孔;②舷侧链孔;③筒体

A. ①③   B. ①②③

C. ①②   D. ②③

4. 锚链筒内设有喷水装置,其作用是_____。

  A. 抛锚时用于冲洗锚链   B. 抛锚时用于冲洗锚

  C. 起锚时用于冲洗锚和锚链   D. 起锚时用于冲洗锚

5. 在锚链筒上口设有一铁盖,其目的是_____。

  ①防止海水从锚链筒涌上甲板;②保证人员安全;③增加锚链筒口的强度

  A. ①③   B. ①②③

  C. ①②   D. ②③

6. 锚链筒的直径约为链径的_____倍。

  A. 5   B. 8

  C. 10   D. 15

7. 有关锚链管,下列说法不正确的是_____。

  A. 应设防水盖   B. 设在链轮的上方

  C. 正对锚链舱中央   D. 直径约为 7~8 倍链径

8. 锚链管是锚链进、出锚链舱的管道,其直径约为链径的_____倍。

  A. 3~4   B. 4~5

  C. 5~6   D. 7~8

9. 在锚设备的组成中,设置在锚链管与锚链筒之间的设备是_____。

  A. 弃链器和制链器   B. 弃链器和锚机

  C. 锚机和制链器   D. 锚机、弃链器和制链器

10. 有关锚链舱,下列说法正确的是_____。

  A. 锚链舱应设置在防撞舱壁之后部   B. 锚链舱应设置在锚机后面

  C. 锚链舱应设置在艏尖舱的下面或前面   D. 锚链舱应设置污水井和排水管系

11. 锚链管上口设置盖板的目的是_____。

  A. 保证人员安全

  B. 防止海水进入锚链舱

  C. 防止杂物进入锚链舱

  D. 确保人员安全,防止海水和杂物进入锚链舱

12. 锚机的安装应保证引出锚链的_____处于同一平面内。

  A. 链轮和制链器   B. 链轮和锚链筒

  C. 制链器   D. 链轮、制链器及锚链筒

13. 锚链舱内设置污水井和排水管系的目的是_____。

  ①排除积水;②防止锚链锈蚀;③冲洗锚链

  A. ①②   B. ①③

  C. ②③   D. ①②③

14. 圆筒状锚链舱的直径一般是链径的_____倍。

A. 10   B. 20

C. 25   D. 30

15. 有些低干舷船与快速船装有锚穴,其形状有_____。

①三角形;②方形;③圆形;④伞形

A. ①②③④   B. ①②

C. ①②③   D. ②③④

16. 有些低干舷船与快速船将锚链筒下口设计成锚穴的目的是_____。

①减少由锚引起的水和空气的阻力;②减少锚爪击水引起的水花飞溅;③保护锚的安全;④防止海水从锚链筒涌上甲板

A. ①②③④   B. ①②

C. ①②③   D. ②③④

17. 锚机和锚链筒之间设置制链器的作用是_____。

①用来固定锚链;②航行时,承受锚的重力;③锚泊时,承受锚链张力以保护锚机;④航行时承受锚的惯性力

A. ①③④   B. ①②③

C. ②③④   D. ①②③④

18. 制链器的主要作用是_____。

A. 使锚链平卧在链轮上

B. 防止锚链下滑

C. 固定锚链并将锚和卧底链产生的拉力直接传递至船体

D. 为美观而设计

19. 制链器的主要作用是_____。

A. 避免锚链跳动   B. 减轻锚机负荷,保护锚机

C. 减轻锚链下垂曲度   D. 便于迅速解脱锚链

20. 锚链舱一般设在_____。

①防撞舱壁之前;②首尖舱内;③首尖舱的上面或后面;④锚机下面

A. ①③④   B. ①②③④

C. ②③④   D. ①②④

21. 锚设备中弃链器的作用是_____。

A. 固定末端锚链

B. 使末端锚链不乱

C. 保证在紧急情况下能迅速可靠地脱开锚链

D. 便于锚链拆修

22. 螺旋式弃链器的操作手轮设在锚链舱_____到达的地方,并能由其迅速_____锚链。

A. 内部不易;系固   B. 外部易于;解脱

C. 内部易于;解脱   D. 外部易于;系固

23. 弃链器的作用是_____。

A.使末端锚链固定于船体　　　　　　　　B.便于脱解锚链进行保养
C.在紧急情况下自动解脱　　　　　　　　D.在紧急情况下由人工迅速解脱

24.横闩式弃链器的特点是_____。
①结构简单,使用方便;②一般装设于甲板上;③锚链绷紧时容易松脱
A.①②　　　　　　　　　　　　　　　　B.①③
C.②③　　　　　　　　　　　　　　　　D.①②③

25.螺旋式弃链器的特点是_____。
①结构较复杂;②使用安全可靠;③一般装设于锚链舱舱壁上
A.①②　　　　　　　　　　　　　　　　B.①③
C.②③　　　　　　　　　　　　　　　　D.①②③

26.螺旋式制链器的特点是_____。
①动作缓慢,操作方便;②工作可靠;③结构简单,操作迅速
A.①②　　　　　　　　　　　　　　　　B.②③
C.①③　　　　　　　　　　　　　　　　D.①②③

27.船用制链器的种类有_____。
A.螺旋式、链式　　　　　　　　　　　　B.螺旋式、闸刀式
C.链式、闸刀式　　　　　　　　　　　　D.螺旋式、闸刀式、链式

28.闸刀式制链器的特点是_____。
①结构简单,操作迅速;②尺寸大时显得笨重;③船上使用较普遍
A.①②③　　　　　　　　　　　　　　　B.①②
C.②③　　　　　　　　　　　　　　　　D.①③

29.性能优良的锚应具有_____。
①较大的抓力系数;②抛起迅速;③结构坚固;④重量较大
A.①②④　　　　　　　　　　　　　　　B.①②③
C.②③④　　　　　　　　　　　　　　　D.①②③④

30.锚链的作用是_____。
①连接锚和船体;②传递锚的抓力;③卧底链可增加抓力
A.①②　　　　　　　　　　　　　　　　B.②③
C.①③　　　　　　　　　　　　　　　　D.①②③

31.锚链的主要作用是_____。
①连接锚和船体;②传递锚的抓力;③增加锚的抓力
A.①②　　　　　　　　　　　　　　　　B.①③
C.②③　　　　　　　　　　　　　　　　D.①②③

32.锚链的作用是_____。
①连接锚和船体;②传递锚的抓力;③可控制船在一定范围内的漂移
A.①②　　　　　　　　　　　　　　　　B.①③
C.②③　　　　　　　　　　　　　　　　D.①②③

33. 无杆锚的特点是_____。

①抛收方便;②抓重比一般为 2~4;③一般不易走锚

A. ①②③   B. ②③

C. ①②   D. ①③

34. 我国设计的尾翼式锚的优点是_____。

①入土阻力小;②稳定性好;③抗浪击;④入土稳定性好,且易冲洗干净

A. ①②④   B. ②③④

C. ①②③   D. ①②③④

35. 货船上普遍使用的锚是_____。

A. 有杆锚   B. 无杆锚

C. 大抓力锚   D. 丹福斯锚

36. 海船较普遍使用的锚是_____。

A. 海军锚   B. 马氏锚

C. 霍尔锚与斯贝克锚   D. 丹福斯锚

37. 适合于工程作业船的锚是_____。

A. 无杆锚   B. 有杆锚

C. 大抓力锚   D. 特种锚

38. 锚抓力系数的大小主要取决于_____。

A. 抛锚方法   B. 锚重及水深

C. 锚地风浪流的大小   D. 锚型及底质

39. 霍尔锚锚干可围绕锚体前后转动各约_____。

A. 45°   B. 30°

C. 60°   D. 50°

40. 下列锚中哪种不属于特种锚?

A. 螺旋锚   B. 伞形锚

C. 丹福斯锚   D. 单抓锚

41. 下列锚中哪种属于特种锚?

A. 无杆锚   B. 海军锚

C. 丹福斯锚   D. 螺旋锚

42. 霍尔锚的抓力系数一般取_____。

A. 2~4   B. 3~5

C. 4~6   D. 3~4

43. 山字锚的优点是_____。

①便于收藏;②抛起方便;③抓力大;④普遍使用

A. ①③④   B. ②③④

C. ①②   D. ①②④

44. 商船普遍采用无杆锚做首锚,是由于这种锚具有_____的突出特点。

A. 稳定性高
B. 重心低
C. 便于收藏
D. 自洁能力强

45. 无杆大抓力锚 AC-14 型的特点是_____。
①设有极其肥大的稳定鳍且具有很好的稳定性;②啮土迅速,对各种底质的适应性较强;③抓重比最高可达 12 ~ 14;④常用超大型船或水线以上面积较大的滚装船上的首锚

A. ①②③
B. ②③④
C. ①③④
D. ①②③④

46. 无杆大抓力锚"波尔锚"的特点是_____。
①锚爪平滑而锋利,适应各种底质;②稳定性好,收抛方便,抓重比一般为 6 左右;③特别是在挖泥船上广泛采用

A. ①②③
B. ①②
C. ②③
D. ①③

47. 特种锚的用途是指用作_____。
①浮筒,灯船用锚;②浮标用锚;③疏浚船和挖泥船用锚

A. ①②③
B. ①②
C. ①③
D. ②③

48. 大抓力锚的特点是_____。
①锚爪宽而长;②啮土深,稳定性好;③能获得较大的抓力;④海船普遍适用

A. ①②③
B. ②③④
C. ①③④
D. ①②③④

49. 丹福斯锚(也称燕尾锚)的特点是_____。
①锚头处有横杆;②锚爪前后转动角约 30°;③抓重比一般不小于 10;④多用于工程船

A. ①②③
B. ②③④
C. ①③④
D. ①②③④

50. 下列有关锚的描述正确的是_____。

A. 各类型锚应在一定重量下具有尽可能大的抓力
B. 有杆锚锚爪能顺利抓入土中且抓力大,船上都使用
C. 特种锚是特种船使用的,如大型船舶等
D. 山字锚收藏和抛起方便且不易走锚,故普遍使用

51. 关于史蒂文锚,下列说法正确的是_____。
①锚爪短而面积大;②锚干上装有可移动的锲块来改变锚爪的最大转角;③适用多种底质,抓重比可达 17 ~ 34;④多用作石油平台的定位锚

A. ①②③④
B. ①②④
C. ①②③
D. ②③④

52. 有杆锚抛锚时上端横杆的作用是_____。
①抛锚时便于锚爪入土;②抛妥时便于稳定锚爪入土角;③可增加锚的抓力;④可防止走锚

A. ①②
B. ①③

C.②③   D.①②③④

53. 远洋船上不再使用的锚是_____。

    A. 有杆锚   B. 无杆锚

    C. 大抓力锚   D. AC-14 型锚

54. 霍尔锚的突出优点是_____。

    ①抓力大；②使用方便；③便于收藏；④不易走锚；⑤结构简单

    A.①②③④   B.②③④⑤

    C.②③⑤   D.①③⑤

55. 大抓力锚的特点是_____。

    ①锚爪宽而长；②稳定性好；③抓力较大；④收藏不便；⑤容易管理

    A.①②③④   B.②③④⑤

    C.①②③⑤   D.①③④⑤

56. 锚的抓重比又称锚的抓力系数，它是指_____。

    A. 锚的抓力与链重之比   B. 链的抓力与锚重之比

    C. 锚的抓力与锚重之比   D. 锚重与锚的抓力之比

57. 在商船上普遍采用的船首锚均为_____。

    A. 大抓力锚   B. 海军锚

    C. 斯贝克锚   D. 无杆锚

58. 商船上普遍采用的船首锚均为无杆锚，而船尾有时采用_____。

    A. 霍尔锚   B. 海军锚

    C. 无杆锚   D. 有杆锚或燕尾锚

59. 丹福斯锚属于有杆大抓力锚，其锚爪可前后转动_____。

    A.42°   B.30°

    C.35°   D.40°

60. 波尔锚在挖泥船上广泛采用，其锚爪转动角约为_____。

    A.40°   B.42°

    C.30°   D.45°

61. AC-14 型锚属于无杆大抓力锚，其锚爪转动角约为_____。

    A.40°   B.42°

    C.30°   D.45°

1.2.3.2　锚链的种类、组成与标记

一、知识点梳理

1. 种类：(1)按有无档：有档锚链、无档锚链。

（2）制造方式：铸钢锚链、焊接锚链、锻造锚链。

（3）钢材种类：强度由小到大依次为 AM1、AM2、AM3。

（4）按作用分：普通链环、末端链环、转环、连接链环、连接卸扣及末端卸扣。

2. 组成：基本单位是链节，一般为 27.5 m。包括锚端链节、中间链节、末端链节。转环环栓朝向中间链节。

3. 标记：连接链环红漆，前后数有档环，第 N 个缠金属丝，之间得涂白漆。表示 N 与 $N+1$ 之间，第六节重复，最后两节涂醒目标志。

二、难点点拨

读取锚链节数时，首先找到连接链环（卸扣），表示节与节的分界。再往前后（起锚）或往后（抛锚）点数有档环的个数至缠金属丝的环截止。有档环的个数为 N 时，即表示刚才的连接链环是 N 与 $N+1$ 节之间（或出链 N 节）；注意也可能表示的是 $N+5$ 与 $N+6$ 节之间，这在实际抛起锚时是不会混淆的。

三、相关习题

1. 锚链按其结构可分为_____。

    A. 铸钢锚链和电焊锚链   B. 有档锚链和无档锚链

    C. 铸钢锚链和锻造锚链   D. 电焊锚链和锻造锚链

2. 若锚链链环的直径为 d，则普通有档链环的长度应是_____。

    A. $3.6d$ B. $1.4d$

    C. $6d$ D. $1.2d$

3. 普通链环大小的表示方法为_____。

    A. 每个链环的重量   B. 每节锚链的重量

    C. 链环的直径   D. 每节锚链的长度

4. 锚链按制造方法分有_____。

    ①铸钢锚链；②电焊锚链；③锻造锚链；④铆接锚链

    A. ①②③   B. ②③④

    C. ①②④   D. ①②③④

5. 锚链按制造方法分有_____。

    ①铸钢锚链；②电焊锚链；③气焊锚链；④锻造锚链

    A. ①②③   B. ②③④

    C. ①②④   D. ①②③④

6. 铸钢锚链的缺点是_____。

    ①制造工艺较复杂；②成本较高；③耐冲击负荷差

    A. ①②   B. ①③

C.②③   D.①②③

7.铸钢锚链的优点是_____。
　①强度较高,刚性好;②撑挡不会松动,使用年限长;③工艺简单,成本较低,耐冲击负荷强
　A.①②③   B.①②
　C.②③   D.①③

8.电焊锚链的优点是_____。
　①工艺先进简单;②成本低;③质量超过其他种锚链
　A.①②③   B.①②
　C.②③   D.①③

9.商船已基本不使用的锚链是_____。
　A.锻造锚链   B.铸钢锚链
　C.电焊锚链   D.气焊锚链

10.海船广泛使用的锚链是_____。
　A.铸钢锚链   B.电焊锚链
　C.气焊锚链   D.锻造锚链

11.锚链中连接链环(或连接卸扣)的主要作用是_____。
　A.增加锚链的强度
　B.便于锚链拆解
　C.便于节与节之间区别
　D.抛锚后,制链器卡在连接卸扣(或连接链环)上

12.若用连接卸扣连接各节锚链,则与其配套使用的链环有_____。
　①加大链环;②转环;③无档链环
　A.①②   B.②③
　C.①③   D.①②③

13.衡量锚链强度的标准链环是_____。
　A.加大链环   B.连接卸扣
　C.链端链环   D.普通链环

14.按锚链的公称抗拉强度可分为_____。
　A.AM1、AM2 两级   B.AM1、AM2、AM3 三级
　C.AM1、AM2、AM3、AM4 四级   D.AM1、AM2、AM3、AM4、AM5 五级

15.锚链每节长度的基本单位有_____。
　①我国规定为 27.5 m;②英美规定为 15 拓;③我国老式船也有 25 m 或 20 m 的
　A.①②   B.②③
　C.①②③   D.①③

16.我国规定每节锚链的标准长度为_____。
　A.25 m   B.26 m
　C.27 m   D.27.5 m

17. 锚链的转环装设在_____。
   ①锚端链节；②末端链节；③中间链节
   A. ①②③　　　　　　　　　　　　B. ①②
   C. ②③　　　　　　　　　　　　　D. ①③

18. 在末端链节的末端和锚端链节的前端均增设转环的主要目的是_____。
   A. 减轻起锚时的磨损　　　　　　　B. 避免抛锚时产生跳动
   C. 避免锚链发生过分扭绞　　　　　D. 增加锚链局部强度

19. 一般锚链的锚端链节和末端链节均应设一个转环，转环的环栓应朝向_____。
   A. 中间链节　　　　　　　　　　　B. 锚端链节
   C. 末端链节　　　　　　　　　　　D. 以上均可

20. 锚端链节中的末端卸扣和锚卸扣的圆弧部分朝向锚机，其作用是_____。
   ①增加链节连接强度；②减少起锚时的磨损；③防止卡在锚链筒的唇缘处；④便于拆解和保养
   A. ①④　　　　　　　　　　　　　B. ②③
   C. ①③④　　　　　　　　　　　　D. ②③④

21. 中间链节如果用连接卸扣代替连接链环，则连接卸扣的圆弧部分应_____。
   A. 全部朝向锚　　　　　　　　　　B. 全部背向锚
   C. 部分朝向锚　　　　　　　　　　D. 前八节朝向锚

22. 中间链节用连接卸扣代替连接链环时，其圆弧部分全部朝向锚的目的是_____。
   ①避免抛起锚时其通过持链轮产生跳动；②避免抛起锚时其通过持链轮产生冲击；③避免抛起锚时其通过持链轮卡住
   A. ①②　　　　　　　　　　　　　B. ②③
   C. ①③　　　　　　　　　　　　　D. ①②③

23. 一根完整的锚链由_____组成。
   ①普通链环；②加大链环和末端链环；③连接链环或连接卸扣；④末端卸扣
   A. ①②③④　　　　　　　　　　　B. ②③④
   C. ①③④　　　　　　　　　　　　D. ①②③

24. 在连接链环前后第四个有档链环的撑挡上各绕以金属丝，并涂白漆，连接链环涂红漆，这种标记在_____。
   A. 第三至第四节之间　　　　　　　B. 第四至第五节之间
   C. 第四节　　　　　　　　　　　　D. 第五至第六节之间

25. 对锚链标记进行检查的时间通常为_____。
   A. 每一航次　　　　　　　　　　　B. 每半年
   C. 每次起锚时　　　　　　　　　　D. 进厂修理时

26. 将锚链连接链环涂红漆的目的是_____。
   A. 防锈　　　　　　　　　　　　　B. 表明易损处
   C. 指示锚链长度　　　　　　　　　D. 提醒有丢失锚链的危险

27. 当你将锚抛下看到一个红色链环且其前后各有一个白色有档链环，则表示出链长度为

_____。

A. 二节　　　　　　　　　　　　B. 三节

C. 五节　　　　　　　　　　　　D. 六节

28. 为了确切掌握锚链抛出或绞入的节数,必须在各节锚链上标记记号。其标记法从第_____节之间开始,重复第一与第二节及其他相应各节之间同样的方法进行标记。

A. 五至六　　　　　　　　　　　B. 六至七

C. 七至八　　　　　　　　　　　D. 四至五

29. 下图所示的锚链的标记是锚链_____的标记。

A. 第二节　　　　　　　　　　　B. 第三节

C. 第四节　　　　　　　　　　　D. 第五节

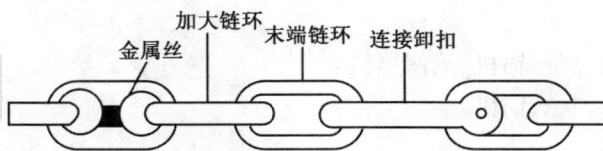

30. 下图所示的锚链的标记是锚链_____的标记。

A. 第二节　　　　　　　　　　　B. 第三节

C. 第四节　　　　　　　　　　　D. 第五节

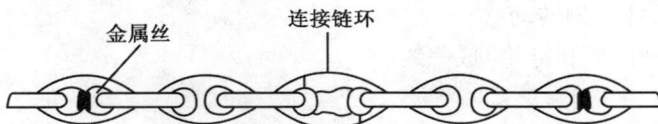

31. 下图所示的锚链的标记是锚链_____的标记。

A. 第二节　　　　　　　　　　　B. 第六节

C. 第八节　　　　　　　　　　　D. 第九节

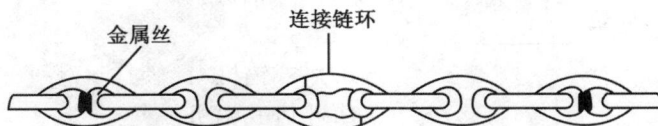

32. 最后一至二节锚链大都涂上红色或黄色等醒目油漆标记的目的是_____。

A. 防锈　　　　　　　　　　　　B. 美观

C. 便于操作　　　　　　　　　　D. 警惕有丢锚危险

33. 锚链节与节之间常用_____连接。

A. 连接链环　　　　　　　　　　B. U 形卸扣

C. 转环　　　　　　　　　　　　D. 无档连环

34. 下列有关锚链的连接的描述,不正确的是_____。

A.锚卸扣的弧形应朝向锚机

B.锚端及末端链节所属转环的环栓均应朝向锚链中央

C.连接卸扣的弧形应朝向锚的方向

D.连接链环应采用普通无档链环

1.2.3.3　锚机的主要技术要求

一、知识点梳理

（一）分类

1.按动力：电动锚机、液压锚机、蒸汽锚机。

2.按布置：卧式锚机、立式锚机。

（二）技术要求

1.由独立驱动。

2.足够的功率，不小于 9 m/min，将一只锚从水深 82.5 m 处拉起至深度 27.5 m 处。

3.连续工作 30 min，1.5 倍额定拉力工作 2 min。

4.可靠的制动器，应能承受锚链或钢索断裂负荷 45% 的静拉力，应装有离合器，能承受锚链破断负荷 80% 的拉力，能顺倒转动。

5.三点（锚链筒、制链器和链轮）成一线。

二、相关习题

1.锚机按动力分类不包括_____。

A.电动锚机 　　　　　　　　　　B.机械锚机

C.液压锚机 　　　　　　　　　　D.蒸汽锚机

2.海船锚机的布置形式多为_____。

A.立式锚机 　　　　　　　　　　B.卧式锚机

C.半立式锚机 　　　　　　　　　D.半卧式锚机

3.电动液压锚机的特点是_____。

①操作平稳；②变速性能好；③制造技术和维护保养要求高

A.①②③ 　　　　　　　　　　　B.①②

C.②③ 　　　　　　　　　　　　D.①③

4.当合上锚机的链轮离合器时，锚机的运转特点为_____。

A.卷筒转动而链轮不转动 　　　　B.卷筒不转动而链轮转动

C.卷筒与链轮同时转动 　　　　　D.卷筒与链轮都不转动

5.锚机中带式制动器（刹车）的作用是_____。

①刹住链轮；②控制松链速度；③固定锚链

A. ①②
B. ②③
C. ①③
D. ①②③

6. 当脱开锚机的链轮离合器时，锚机的运转特点是_____。
    A. 主轴转动而卷筒和链轮不动
    B. 主轴不动而卷筒和链轮转动
    C. 主轴和卷筒转动而链轮不转动
    D. 主轴和卷筒不转动而链轮转动

7. 起锚机应有连续工作_____的能力，并应能在过载拉力作用下连续工作_____。
    A. 30 min；2 min
    B. 20 min；1.5 min
    C. 10 min；2 min
    D. 2 min；30 min

8. 锚机应能在不小于_____额定拉力的过载拉力作用力下连续工作_____。
    A. 2 倍；2 min
    B. 2 倍；3 min
    C. 1.5 倍；2 min
    D. 1.5 倍；3 min

9. 锚机在大于 82.5 m 的水深中试验绞锚，其平均速度应不小于_____。
    A. 绞双锚 5 m/min
    B. 绞单锚 8 m/min
    C. 绞单锚 9 m/min
    D. 绞双锚 7 m/min

10. 我国规范规定，锚机在使用额定拉力时绞单锚的平均速度应不小于_____。
    A. 12 m/min
    B. 20 m/min
    C. 9 m/min
    D. 13 m/min

11. 锚机在额定拉力与额定速度时的连续工作时间应不少于_____。
    A. 60 min
    B. 45 min
    C. 30 min
    D. 15 min

12. 锚机链轮应装有可靠的制动器，刹紧后，应能承受锚链断裂负荷_____的静拉力。
    A. 50%
    B. 35%
    C. 40%
    D. 45%

13. 锚机应能在不小于 1.5 倍额定拉力的过载拉力作用下（不要求速度）连续工作_____。
    A. 5 min
    B. 4 min
    C. 3 min
    D. 2 min

14. 锚设备中的链轮上缘、制链器和锚链筒上口三者之间应_____。
    ①尽量靠近；②位置保持在一条直线上；③增加强度
    A. ①②③
    B. ①②
    C. ①③
    D. ②③

15. 锚设备中的链轮上缘、制链器和锚链筒上口三者之间应_____。
    ①尽量远离；②位置保持在一条直线上；③增加强度
    A. ①②③
    B. ①②
    C. ①③
    D. ②③

1.2.3.4 锚设备的检查、保养及检验要求

一、知识点梳理

(一)锚设备的试验

1. 锚的试验:外观检查、称重,拉力试验,抓力试验。

2. 锚链的试验:拉力试验,拉断试验。

3. 锚机的试验。

(二)日常检查保养

检查锚、锚链、锚机、制链器、弃链器的外观,简单保养,使用注意事项。

(三)定期检查保养,每半年一次

检查锚、锚链、锚机、锚链舱的失重、裂纹、变形、磨损情况,做彻底的保养、修理、换新。

二、相关习题

1. 下列哪项属于平时检查养护内容?
   A. 及时补做锚链标记
   B. 锚爪、锚干有晃动时,应更换
   C. 锚链筒腐蚀和磨损严重应焊补磨光
   D. 左、右锚相互调换

2. 当 $L \geqslant 90$ m 船舶的锚机基座腐蚀值达到原厚度的_____时,应换新。
   A. 25%
   B. 20%
   C. 10%
   D. 30%

3. 连接链环应拆开检验,对严重锈蚀、松动或变形的应换新;如仍可用,则应先清洗并在其内吻合处_____后再装复。
   A. 涂白漆
   B. 涂沥青漆
   C. 涂上黄油
   D. 不涂任何东西

4. 用手锤敲击每个链环与卸扣,听其声音是否清脆,主要检查其有否_____。
   A. 磨损
   B. 裂纹
   C. 变形
   D. 结构松动

5. 锚设备的检查分日常、定期和修船检查,其中定期检查至少_____进行一次。
   A. 一个航次
   B. 一个季度
   C. 半年
   D. 一年

6. 按规定,当无限航区船舶锚链链环的直径比原直径减少_____时,必须换新。
   A. 12%
   B. 15%
   C. 85%
   D. 80%

7. 锚机在日常检查保养中应做到_____。

①检查刹车是否良好；②使用前加油、试车；③离合器经常加油；④注意链轮的轮齿与蜗杆的螺纹磨损情况

A. ①②③   B. ②③④

C. ①③④   D. ①②③④

8. 锚设备的检查保养分为_____。

①日常检查保养；②特别检查保养；③定期检查保养

A. ①②   B. ①③

C. ②③   D. ①②③

9. 锚的日常检查保养项目有_____。

①对锚卸扣及横销的磨损及变形松动检查保养；②对锚头横销是否松动检查保养；③对锚爪有否弯曲和裂纹进行检查保养；④对锚爪上是否有杂物进行检查清理

A. ①②③   B. ②③④

C. ①③④   D. ①②③④

10. 锚链的日常检查保养内容包括_____。

①对锚链的标记检查；②对链环、卸扣裂纹、变形程度的检查；③对转环是否灵活的检查；④对锚链磨损程度的检查

A. ①②③④   B. ②③④

C. ①②③   D. ①②④

11. 锚链舱的定期检查保养内容有_____。

①进行清洁工作；②检查排水设备是否正常；③更换损坏的衬垫；④检查锚链管的磨损情况

A. ①②④   B. ②③④

C. ①②③   D. ①②③④

12. 对二、三类航区船舶锚链进行磨损检查时，若发现链环直径小于原直径的_____就应换新。

A. 88%   B. 85%

C. 82%   D. 79%

13. 锚链的检查内容包括_____。

①裂纹检查；②变形检查；③磨损检查；④结构松动检查

A. ①②③   B. ②③④

C. ①③④   D. ①②③④

14. 锚的失重不应超过原锚重的_____，否则应换新。

A. 10%   B. 15%

C. 20%   D. 25%

15. 锚机传动齿轮轮齿的磨损应不超过原厚度的_____。

A. 5%   B. 10%

C. 15%   D. 20%

16. 锚链进厂检查修理后，应涂煤焦沥青漆_____，并做好标记。

A. 一度   B. 二度

C. 三度   D. 四度

1.2.3.5　锚的作用

一、知识点梳理

1. 系泊用锚:单锚泊,双锚泊(八字、一字、平行锚)。
2. 操纵用锚:拖锚制动,拖锚掉头,拖锚倒行,抛开锚。
3. 应急用锚:避碰、搁浅、大风浪滞航。

二、难点点拨

系泊用锚是利用锚和卧底锚链产生的系留力使船舶停泊;操纵用锚是用锚的抓力控制船速和航向。

三、相关习题

制动用锚、靠离泊用锚、掉头用锚、拖锚倒航

1. 锚的作用基本可分为_____。
　①系泊用锚;②操纵用锚;③应急用锚;④捞取海底沉物用锚
　A. ①③④   B. ①②③
　C. ①②④   D. ①②③④
2. 船舶操纵用锚主要有几种形式?
　①拖锚制动;②拖锚掉头;③拖锚倒行;④抛开锚
　A. ①③④   B. ①②③
　C. ①②④   D. ①②③④
3. 锚泊用锚和操纵用锚哪一种抓力大?
　A. 锚泊用锚   B. 操纵用锚
　C. 两者一样   D. 不能判断
4. 为离泊创造条件抛开锚时,其松链长度应_____。
　A. 大于 2 节   B. 大于 3 节
　C. 大于 4 节   D. 大于 5 节
5. 锚在港内操纵时的应用不包括_____。
　A. 控制船速,减小冲程   B. 控制船身横向移动
　C. 船舶漂滞时作海锚用   D. 船舶后退时起稳首作用
6. 锚在港内操纵时的应用包括_____。

①船舶漂滞时作海锚用;②控制船速,减小冲程;③船舶后退时起稳首作用;④控制船身横向移动

A. ①②③④

B. ①③

C. ②③④

D. ②④

7.锚在操纵中的运用包括下列哪项?

　A.控制余速、稳定船首、抛锚掉头、单锚泊

　B.控制余速、稳定船首、单锚泊、脱浅用锚

　C.控制余速、单锚泊、抛锚掉头、脱浅用锚

　D.控制余速、稳定船首、抛开锚、抛锚掉头

8.操纵中用锚时,锚的抓力取决于_____。

　A.锚型、锚重、抛锚方法等和风力、水流、海浪

　B.出链长度、水深、底质、排水量、风力、水流

　C.锚型、锚重、抛锚方法、排水量、风力、水流

　D.锚型、锚重、抛锚方法、出链长度、水深、底质

9.一般情况下,万吨以下重载船拖锚制动时,_____。

　A.出链长度应控制在 2 倍水深左右

　B.出链长度应控制在 2.5 倍水深左右

　C.出链长度应控制在 3.5 倍水深左右

　D.出链长度应控制在 4 倍水深左右

10.靠 10 m 水深的泊位时,用于制速拖锚的出链长度一般为_____。

　A.1 节左右

　B.2 节左右

　C.3 节左右

　D.4 节左右

11.适合总载重吨一万吨级货船抛锚的锚地水深一般为_____。

　A.10 ~ 12 m

　B.15 ~ 20 m

　C.22 ~ 30 m

　D.30 ~ 40 m

锚泊用锚

12.锚泊用锚和操纵用锚哪一种抓力大?

　A.锚泊用锚

　B.操纵用锚

　C.两者一样

　D.不能判断

13.锚泊用锚包括_____。

①单锚泊;②冰锚;③双锚泊;④锚链系浮筒

　A.①②③④

　B.①②③

　C.②③④

　D.①③

14.锚泊用锚和操纵用锚哪一种抓力小?

　A.锚泊用锚

　B.操纵用锚

　C.两者一样

　D.不能判断

应急用锚

15. 锚在应急中的应用包括_____。

①协助掉头；②避免碰撞、触礁、上滩；③搁浅时固定船体和协助脱浅；④在海上大风浪中稳定船首

A.①②③④   B.①②③

C.②③④   D.①②④

16. 锚在应急中的应用包括_____。

①狭水道航行时用锚纠正船舶偏转；②避免碰撞、触礁、上滩；③搁浅时固定船体和协助脱浅；④海上漂滞用锚

A.①②③④   B.①②③

C.②③④   D.①②④

1.2.3.6　锚地选择

一、知识点梳理

1. 锚地水深：锚地最小水深 $H = dk + 2/3h_w$；d 为吃水，无浪涌，k 取 1.2，有浪涌，k 取 1.5。万吨级船锚地水深一般 15 ~ 20 m，锚地最大水深不超过一舷链长的 1/4 或 85 m。

2. 底质地形：选择顺序如下，沙底、黏土 > 泥沙 > 硬泥、软泥 > 石底、珊瑚礁底（不宜抛锚）。

3. 回旋余地：

开阔水域：与固定物表 $R = L + L_c + 2r$；与活动物标 $R = L + 2L_c + 4r$（L 为船长，L_c 出链长，r 误差）。

港内：单锚泊水域半径 $R = L + (60 ~ 90)$ m；双锚泊水域半径 $R = L + 45$ m。

距下风 10 m 等深线 3 ~ 5 n mile，条件受限，不少于 2 n mile。

4. 其他：避风条件，上风水域一侧；远离交通密集区和水中障碍物（电缆、管路）水域。

二、难点点拨

无浪涌，即留 20% 富余水深；有浪涌，锚地富余水深应是 $0.5d + 2/3h_w$。

三、相关习题

1. 适合总吨位 1 万吨级货轮抛锚的锚地水深一般为_____。

A. 10 ~ 13 m   B. 15 ~ 20 m

C. 20 ~ 30 m   D. 30 ~ 40 m

2. 在有浪，涌侵入的开敞锚地抛锚时，其低潮时的锚地水深至少应为_____。

A.1.2 倍吃水 + 1/3 最大波高　　　　　　B.1.2 倍吃水 + 2/3 最大波高

C.1.5 倍吃水 + 1/3 最大波高　　　　　　D.1.5 倍吃水 + 2/3 最大波高

3.某轮吃水 10 m,在某锚地锚泊,若该处最大波高为 3 m,则它应选择的锚地应能保证在低潮时具有_____。

　A.5 m 以上的富余水深　　　　　　B.3 m 以上的富余水深

　C.7 m 以上的富余水深　　　　　　D.9 m 以上的富余水深

4.某轮吃水 14 m,在某开敞锚地锚泊,若该处最大波高为 3 m,则应选择的锚地应能保证在低潮时具有_____。

　A.3 m 以上的富余水深　　　　　　B.5 m 以上的富余水深

　C.7 m 以上的富余水深　　　　　　D.9 m 以上的富余水深

5.根据经验,一般万吨船在大风浪中锚泊时,充分考虑安全锚泊条件,至少应距下风方向 10 m 等深线_____。

　A.1 n mile　　　　　　B.1.5 n mile

　C.2 n mile　　　　　　D.5 n mile

6.港内锚地的单锚泊所需的水域的半径按_____式估算。

　A.2 倍船长 + (60 ~ 90) m　　　　　　B.1 倍船长 + (60 ~ 90) m

　C.2 倍船长 + 45 m　　　　　　D.1 倍船长 + 45 m

7.港内锚地的八字锚泊所需的水域的半径按_____式估算。

　A.2 倍船长 + (60 ~ 90) m　　　　　　B.1 倍船长 + (60 ~ 90) m

　C.2 倍船长 + 45 m　　　　　　D.1 倍船长 + 45 m

8.船舶在强风中锚泊,若锚泊船所需的回转半径为 R,船位与锚位测量误差均为 r,船长为 L,实际出链长度为 S,则两锚泊船首向相同时,其间距应至少为_____。

　A.$L + 2S - 4r$　　　　　　B.$L + 2S + 4r$

　C.$L - 2S - 4r$　　　　　　D.$L - 2S + 4r$

9.深水区抛锚,锚地最大水深一般不得超过一舷锚链总长的_____。

　A.1/6　　　　　　B.1/5

　C.1/4　　　　　　D.1/3

10.需用锚机将锚全部送达海底而后用刹车带将锚抛出的抛锚方法适用于水深大于_____。

　A.50 m　　　　　　B.35 m

　C.25 m　　　　　　D.15 m

11.在虑及锚机起重能力的前提下,深水抛锚的水深极限一般可取_____。

　A.100 m　　　　　　B.85 m

　C.50 m　　　　　　D.25 m

12.在许多船锚泊的锚地上抛锚时,宜选择在他船的哪一侧抛锚?

　A.船尾　　　　　　B.下风舷一侧

　C.下流一侧　　　　　　D.视具体情况而定

1.2.3.7 锚泊方式,抛起锚作业程序、操纵要领及注意事项

一、知识点梳理

（一）锚泊方式

1. 单锚泊:操作简单,抛起方便,广泛适用,偏荡易走锚。

2. 八字锚:30°~60°,防止偏荡 50°~60°,大型船 60°~90°;抓力为单锚泊抓力的 1.75 倍。作业复杂,易缠链,用于减缓偏荡。

3. 一字锚:180°,力链 3~4(流大)节和惰链 3 节。抓力小、范围小;适用于狭水道,船舶来往较多的水域。

4. 一点锚:0°,2 倍抓力,抵御台风(台风达 6 级以上)。

（二）作业程序

1. 抛锚。

（1）备锚,起动锚机,解开制链器,合上离合器,松开刹车,用锚机送锚链至预定高度,刹紧制动器,脱开离合。浅水抛锚 $h < 25$ m;$h > 25$ m,锚机将锚链送至海底,再用刹车。$h > 50$ m 始终用锚机,或送海底后用刹车退势极微。

（2）调整船首向:风流合力方向。根据锚地他船判断;空载大风,顶风抛;重载激流,顶流抛。

（3）控制船速:退速不宜过高,万吨 <2 kn;中型 <1 kn;大型 <0.5 kn。判断:正横串视物标;DGPS;倒车浪花抵船中,对水停止,对地略有退势。

（4）出链:第一次出 2.5h,报告松紧度、方向,根据松紧度,松出,反复几次至所需链长。

（5）判断是否抓牢:锚链有节奏的抬动,抓牢;否则,起锚重抛。

2. 起锚:机舱送电、锚链水,合上离合,打开制链器、刹车,听口令适当速度起锚,判断锚离底。

（三）双锚泊的抛锚顺序

1. 八字锚:顶风后退抛,抛任一舷,通常左舷;风流不一致,先抛上风。

横风前进抛,先抛上风。横风后退抛,先抛下风。

抗台:北半球,危险半圆,先抛左锚,且链左长右短。

2. 一字锚:顶流前进抛,先抛惰锚;顶流后退抛,先抛力锚。

3. 平行锚:同时抛出,链长相等。

二、难点点拨

双锚泊,两链的夹角有所不同,其命名不同,能提供的锚泊力也不同,适用的场合也不同。双锚泊作业时,除一点锚同时抛出,其他均应参考单锚泊作业,按一定顺序分先后抛出。

三、相关习题

1. 根据经验，万吨级船舶倒车制速中，在流速较缓水域_____。
   A. 当倒车排出流水花达到船中时，船舶对水速度约为0
   B. 当倒车排出流水花达到船中时，船舶对地速度约为0
   C. 当倒车排出流水花达到船首时，船舶对地速度约为0
   D. 当倒车排出流水花达到船首时，船舶对水速度约为0

2. 据经验，万吨级船舶倒车制速中，在顶流较大水域_____。
   A. 当倒车排出流水花达到船首时，船舶对地漂移速度约等于流速
   B. 当倒车排出流水花达到船首时，船舶对地速度约为0
   C. 当倒车排出流水花达到船中时，船舶对地漂移速度约等于流速
   D. 当倒车排出流水花达到船中时，船舶对地速度约为0

3. 落锚时的船速，可利用_____。
   ①冲程资料估算；②正横附近灵敏度较高串视物标的相对运动来判定；③本船倒车水花来判断（流缓时）
   A. ①②③   B. ①②
   C. ①③   D. ②③

4. 船舶抛锚前控制本船余速十分重要，落锚前大型重载船船速越低越好，在港外锚地判断余速的方法是_____。
   A. 根据太阳来判别   B. 根据山形来判别
   C. 使用雷达来判别   D. 根据倒车水花来判别

5. 根据经验，万吨级船舶倒车水花到达船中时，一般_____。
   A. 船舶对水速度为0   B. 船舶对地速度为0
   C. 船舶对水已略有退速   D. 船舶对地已有较大退速

6. 总吨位1万吨级商船抛锚时，考虑到锚机负荷，对地船速一般应控在_____。
   A. 6 kn以下   B. 4 kn以下
   C. 2 kn以下   D. 1 kn以下

7. 可自由落下抛锚的水深 h 限度一般定为_____。
   A. $h < 10$ m   B. $h < 15$ m
   C. $h < 25$ m   D. $h < 30$ m

8. 水深大于_____时，不可直接由锚孔或水面吊锚状态下抛锚，应利用锚机将锚松出到接近海底，而后使船极小的退势下，用刹车带将锚抛出。
   A. 25 m   B. 35 m
   C. 45 m   D. 55 m

9. 水深大于_____时，不可直接由锚孔或水面吊锚状态下抛锚，应用锚机将锚送到海底，而后使船极微的退势（小于0.5节）将锚抛出，或用锚机抛出全部锚链。

A. 50 m   B. 40 m

C. 25 m   D. 15 m

10. 绞锚时,如锚链太紧绞不动且方向朝前时,若要尽早把锚绞起,可以_____。

　　A. 慢速倒车   B. 慢速进车

　　C. 快速倒车   D. 快速进车

11. 绞锚时,如锚链太紧绞不动且方向朝后时,若要尽早把锚绞起,可以_____。

　　A. 慢速倒车   B. 慢速进车

　　C. 快速倒车   D. 快速进车

12. 锚泊时,一般最初的出链长度为_____水深时即应刹住,使其受力后再松链。

　　A. 1. 5 倍   B. 2 倍

　　C. 2. 5 倍   D. 3 倍

13. 锚泊中的船舶在风向与流向相反时,其锚链的方向取决于_____。

　　①风力;②流速;③船水线以上受风面积;④锚地底质

　　A. ①②③   B. ①③④

　　C. ①②④   D. ②③④

14. 在风流影响相互不一致时,船舶抛锚时应_____。

　　A. 主要服从于流   B. 主要服从于风

　　C. 结合本船的载况,考虑影响较大的一方   D. 能按无风流的情况处理

15. 船舶在江河中锚泊时,为了减小锚泊船的旋回水域_____。

　　A. 多抛八字锚   B. 多抛一字锚

　　C. 多抛平行锚   D. 多抛短链单锚

16. 在什么情况下宜抛一字锚?

　　A. 水流较急地区   B. 旋回区域较大处

　　C. 底质较差的区域   D. 来往船只较多的狭水道

17. 在流向有变,宽度有限的水道适合抛_____。

　　A. 单锚泊   B. 一字锚

　　C. 八字锚   D. 平行锚

18. 一字锚锚泊法适合于在_____的水域。

　　A. 通航密集的外海水道,且又无碍航行   B. 通航密集的外海水道,且又有碍航行

　　C. 通航密集的内陆水道,且又有碍航行   D. 通航密集的内陆水道,且又无碍航行

19. 下列锚泊方法中,哪一种方法系留力最小?

　　A. 一字锚泊法   B. 八字锚泊法

　　C. 平行锚泊法   D. 单锚泊法加止荡锚

20. 在风流影响下,一字锚承受系留力作用较大者为_____。

　　A. 主锚   B. 力锚

　　C. 惰锚   D. 附锚

21. 在风流影响下,一字锚承受系留力作用较小者为_____。

A. 主锚   B. 力锚

C. 惰锚   D. 附锚

22. 进抛法抛一字锚时,应_____。

A. 顶流先抛惰锚,后抛力锚   B. 顶流先抛力锚,后抛惰锚

C. 顺流先抛惰锚,后抛力锚   D. 顺流先抛力锚,后抛惰锚

23. 退抛法抛一字锚时,应_____。

A. 顶流先抛力锚,后抛惰锚   B. 顶流先抛惰锚,后抛力锚

C. 顺流先抛惰锚,后抛力锚   D. 顺流先抛力锚,后抛惰锚

24. 采用一字锚锚泊方法时,一般情况下,力链和惰链链长应分别控制在_____。

A. 3 节和 3 节   B. 4 节和 4 节

C. 3 节和 4 节   D. 4 节和 3 节

25. 采用一字锚锚泊方法时,强流情况下_____。

A. 迎流锚链应为 3 节,落流锚链应为 3 节

B. 迎流锚链应为 4 节,落流锚链应为 4 节

C. 迎流锚链应为 3 节,落流锚链应为 4 节

D. 迎流锚链应为 4 节,落流锚链应为 3 节

26. 抛一字锚时,锚链易发生绞缠,为了便于清解,抛锚时应注意将连结卸扣_____。

A. 松至水中   B. 松接近水面

C. 留在锚链舱内   D. 留在甲板上

27. 船抛八字锚的方法通常适用的情况是_____。

①减小单锚泊中的偏荡;②锚地底质差;③单锚泊抓力不足时

A. ①②   B. ①②③

C. ①③   D. ②③

28. 八字锚泊之所以整体上安全效果较好,主要是由于_____。

A. 从不发生偏荡,锚泊所需水域较大   B. 有助于减轻偏荡,锚泊所需水域较小

C. 从不发生偏荡,锚泊所需水域较小   D. 有助于减轻偏荡,锚泊所需水域较大

29. 抛八字锚应保持两链间的合适夹角是_____。

A. 小于 30°   B. 大于 100°

C. 30°~60°   D. 50°~100°

30. 船舶采用八字锚泊方法时,从减轻偏荡、缓解冲击张力和增加稳定度出发两锚链张角_____。

A. 以 15°~30° 为宜   B. 以 30°~45° 为宜

C. 以 45°~60° 为宜   D. 以 60°~90° 为宜

31. 顶风时,采用后退法抛八字锚时,应先抛出_____。

A. 左舷锚   B. 右舷锚

C. 上风舷锚   D. 下风舷锚

32. 横风时,采用前进法抛八字锚时,应先抛出_____。

A. 下风舷锚   B. 上风舷锚

C. 左舷锚   D. 右舷锚

33. 为减小偏荡,抛八字锚时,两锚链的张角应_____。

A. 迎风向   B. 背风向

C. 迎流向   D. 背流向

34. 八字锚两交角在60°左右时,其抓力约为单锚抓力的_____。

A. 1.2~1.5倍   B. 1.7~1.8倍

C. 1.9~2倍   D. 2.2~2.5倍

35. 八字锚的抛出方法在横风条件下,第一锚在_____。

A. 进抛法中应选下风舷锚,退抛法中应选上风舷锚

B. 不论进抛法还是退抛法均选上风舷锚

C. 进抛法中应选上风舷锚,退抛法中应选下风舷锚

D. 不论进抛法还是退抛法均选下风舷锚

36. 船抛八字锚的方法通常适用的情况是_____。
①单锚泊偏荡时;②锚地底质差时;③单锚泊抓力不足时;④锚地回旋余地不足时

A. ①②④   B. ①②③

C. ①③④   D. ②③④

37. 八字锚之所以整体上安全效果较好,主要是由于_____。

A. 能经常给出最大的锚抓力

B. 从不发生偏荡,一直是两锚同时起作用

C. 双锚有助于减轻偏荡,从而缓解冲击张力

D. 两链决不会绞缠

38. 下列锚泊方法中,哪一种方法系留力最大?

A. 一字锚泊法   B. 八字锚泊法

C. 一点锚泊法   D. 单锚泊法加止荡锚

39. 一艘船在底质相同、风流压相同和松出锚链相同的条件下,以_____锚泊方法的锚系留力最大。

A. 单锚   B. 单链加止荡锚

C. 八字锚   D. 一点锚

40. 一点锚(平行锚)的特点包括_____。

A. 强风中船舶不易偏荡,但抓力较大,不易走锚

B. 强风中船舶仍有偏荡,但抓力较大,不易走锚

C. 强风中船舶不易偏荡,但抓力较小,易于走锚

D. 强风中船舶仍有偏荡,但抓力较小,易于走锚

41. 一点锚(平行锚)的特点包括_____。

A. 双锚系留力小、强风中船舶无偏荡,不易走锚,双链易于绞缠

B. 双锚系留力大、强风中船舶仍有较大偏荡,不易走锚,双链不易绞缠

C. 双锚系留力大、强风中船舶仍有较大偏荡,不易走锚,双链易于绞缠

D. 双锚系留力小、强风中船舶无偏荡,不易走锚,双链不易绞缠

42. 一点锚双锚抓力的合力为单锚抓力的_____。

    A. 1 倍   B. 1. 5 倍

    C. 2 倍   D. 2. 5 倍

43. 根据经验,为避免或减少船舶因流影响而回转所产生的双链绞缠,最好选择船舶在受台风影响,风力达到_____以上时改抛一点锚。

    A. 4 级   B. 6 级

    C. 8 级   D. 10 级

44. 在北半球,船舶处于右半圆,观测到风向呈顺时针变化时抛抗台八字锚,应_____。

    A. 先抛左锚,后抛右锚,出链左长右短   B. 先抛右锚,后抛左锚,出链左长右短

    C. 先抛左锚,后抛右锚,出链右长左短   D. 先抛右锚,后抛左锚,出链右长左短

45. 起锚后,"收锚"工作的准确程序为_____。

    ①合上制链器,用锚机将锚链倒出一点使制链器受力;②收紧刹车;③脱开离合器,关闭锚链水;④盖上锚链筒防浪盖;⑤封好锚链管口;⑥通知机舱关闭锚机电源

    A. ①→②→③→④→⑤→⑥   B. ①→②→③→⑤→④→⑥

    C. ①→③→④→⑤→⑥   D. ①→③→⑤→④→⑥

46. 船舶进入锚地的船首向最好指向风流作用的合力方向,关于船首向的控制,下列说法正确的是_____。

    ①可以根据锚地其他船的船首向大致判断当时风流作用力的方向;②压载船舶遇到大风且流速较小时,宜采用船首顶风抛锚方式;③重载船舶遭遇急流且风速较小时,宜采用船首顶流抛锚方式;④风舷角或流舷角越小越安全,一般不宜大于15°,切忌横风、横流时抛锚

    A. ①②③④   B. ①②③

    C. ②③④   D. ①③④

47. 抛锚时,锚链的方向通常用整点时钟表示,"9 clock"表示_____。

    A. 锚链指向正后方   B. 锚链指向正前方

    C. 锚链指向左正横   D. 锚链指向右正横

48. 退抛法抛锚时,驾驶台应该根据报告的锚链松紧程度和方向,采取进车、操舵或倒车措施,下列说法正确的是_____。

    ①锚链指向"9 clock",受力较小,可适当倒车;②锚链指向"2 clock",受力较大,可适当进车配合右舵;③锚链指向正横后,若受力过大,应快速松链;④锚链指向正横后,应适当倒车,使锚链指向正横之前

    A. ①③④   B. ①②③

    C. ②③④   D. ①②④

49. 抛锚时,松到所需链长后,应判断锚是否有效抓底,下列说法正确的是_____。

    ①锚链绷紧之后短时间内变得松弛,则说明锚没有稳定抓底;②露出水面的锚链长度缓慢缩短,锚链成自然悬垂状态,则说明锚已稳定抓底;③锚链长时间处于绷紧状态或绷紧时抖动,

则说明锚没有稳定抓底

A.①③   B.①②③

C.②③   D.①②

50. 顶风流后退抛八字锚，关于两锚的抛出顺序，下列说法正确的是_____。

①风流方向一致时，可抛下任一锚；②风流方向一致，通常先抛下左舷锚；③风流方向不一致时，应先抛上风锚

A.①③   B.①②③

C.②③   D.①②

1.2.3.8　操纵用锚的抓力及拖锚淌航距离的估算

一、知识点梳理

1. 影响因素：锚的抓力性能与锚型、底质、抛锚方式以及水深有关。

$$P_a = \lambda_a \cdot W_a$$

（1）抓力系数与锚型、底质有关，与锚的大小无关。静抓力系数，霍尔锚 3~5；锚链 0.75~1.5；动抓力系数，与出链长度有关，出链 2.5h 时，抓力为 1.6 倍水中锚重。

（2）拖锚拖动距离增加，锚爪啮入海底，抓力急剧增大，2 倍锚长，达到最大，5~6 倍，急剧下降。

（3）转环处锚链与水平面的垂直角，越大抓力越小，保证发挥最大抓力，出链（5~6）h。

2. 拖锚淌航距离：$S = 0.013\,5\ mV^2/P_a$，要求能根据公式简单计算，并注意淌航距离影响因素。

经验数据：万吨，2 节，拖单锚；3 节拖双锚，淌航距离 1L。

2 节，拖双锚；1.5 节拖单锚，淌航距离 0.5L。

二、难点点拨

拖锚淌航距离实质上就是锚的抓力做功，抵消船舶动能，$FS = 0.5\ mV^2$。

三、相关习题

操纵用锚的抓力系数、操纵用锚的抓力计算

1. 操纵中用锚时，锚的抓力取决于_____。

A. 锚型、锚重、抛锚方法、风力、水流、海浪

B. 出链长度、水深、底质、排水量、风力、水流

C. 锚型、锚重、抛锚方法、排水量、风力、水流

    D. 锚型、锚重、出链长度、水深、底质

2. 锚抓底后,锚环处锚链与锚杆之间夹角 θ _____。

    A. 为零时,锚的抓力系数最大　　　　　B. 越大时,锚的抓力系数越大

    C. 为某一正值时,锚的抓力系数最大　　D. 为零时,各种类型船用锚抓力系数均接近3

3. 当出链长度与水深之比为2.5,拖锚制动时,_____。

    A. 锚的抓力约为水中锚重的1.2倍　　　B. 锚的抓力约为水中锚重的1.4倍

    C. 锚的抓力约为水中锚重的1.6倍　　　D. 锚的抓力约为水中锚重的1.8倍

4. 当出链长度与水深之比为2.5,拖锚制动时,_____。

    A. 锚的抓力约为锚重的1.2倍　　　　　B. 锚的抓力约为锚重的1.4倍

    C. 锚的抓力约为锚重的1.6倍　　　　　D. 锚的抓力约为锚重的1.8倍

5. 一般情况下,万吨以下重载船拖锚制动时_____。

    A. 出链长度应控在2倍水深左右　　　　B. 出链长度应控在2.5倍水深左右

    C. 出链长度应控在3.5倍水深左右　　　D. 出链长度应控在4倍水深左右

6. 在10 m水深的港内水域中操纵用锚时_____。

    A. 出链长度一般应为0.5节落水　　　　B. 出链长度一般应为1节落水

    C. 出链长度一般应为2节落水　　　　　D. 出链长度一般应为2.5节落水

拖锚淌航距离的估算

7. 拖锚制动时,利用锚与海底的摩擦力(即动抓力)来刹减船速。在水深一定时,该力的大小与锚重、出链长度有关,下述正确的是_____。

    A. 锚越重,抓力越小;出链长度越长,抓力越大

    B. 锚越重,抓力越大;出链长度越长,抓力越大

    C. 锚越重,抓力越小;出链长度越长,抓力越小

    D. 锚越重,抓力越大;出链长度越长,抓力越小

8. 拖锚制动时,利用锚与海底的摩擦力(即动抓力)来刹减船速。在出链长度一定时,该力的大小与锚重、水深有关,下述正确的是_____。

    A. 锚越重,抓力越小;水深越大,抓力越大

    B. 锚越重,抓力越大;水深越大,抓力越大

    C. 锚越重,抓力越大;水深越大,抓力越小

    D. 锚越重,抓力越小;水深越大,抓力越小

9. 满载万吨轮2 kn余速拖单锚,淌航距离约为_____。

    A. 1倍船长　　　　　　　　　　　　　B. 1.5倍船长

    C. 2倍船长　　　　　　　　　　　　　D. 2.5倍船长

10. 满载万吨轮2 kn余速拖双锚,淌航距离约为_____。

    A. 1倍船长　　　　　　　　　　　　　B. 0.5倍船长

    C. 1.5倍船长　　　　　　　　　　　　D. 2.5倍船长

11. 满载万吨轮3 kn余速拖双锚,淌航距离约为_____。

A.1 倍船长 　　　　　　　　B.0.5 倍船长

C.1.5 倍船长 　　　　　　　　D.2.5 倍船长

12.满载万吨轮 1.5 kn 余速拖单锚,淌航距离约为_____。

A.1 倍船长 　　　　　　　　B.0.5 倍船长

C.1.5 倍船长 　　　　　　　　D.2.5 倍船长

13.船舶在港内拖锚淌航距离_____。

A.与排水量成正比,与锚的抓力成正比　　B.与排水量成正比,与锚的抓力成反比

C.与排水量成反比,与锚的抓力成反比　　D.与排水量成反比,与锚的抓力成正比

14.船舶在港内拖锚淌航距离_____。

A.与船舶余速的平方成正比,与锚的抓力成正比

B.与船舶余速的平方成反比,与锚的抓力成反比

C.与船舶余速的平方成正比,与锚的抓力成反比

D.与船舶余速的平方成反比,与锚的抓力成正比

15.船舶排水量为 $D = 75\,000$ t,水中锚重 $= 7.35$ t,水深 15 m,出链长度 1.5 节入水时,抓力/水中锚重 $= 1.6$,船舶在港内余速为 1.5 kn 时拖单锚的拖锚淌航距离约为多少?

A.230 m 　　　　　　　　B.210 m

C.190 m 　　　　　　　　D.170 m

16.船舶排水量为 $D = 15\,000$ t,水中锚重 $= 3.35$ t,水深 10 m,出链长度 1 节入水时,抓力/水中锚重 $= 1.6$,船舶在港内余速为 3 kn 时拖双锚的拖锚淌航距离约为多少?

A.170 m 　　　　　　　　B.150 m

C.130 m 　　　　　　　　D.110 m

1.2.3.9　单锚泊用锚的抓力的组成、单锚泊用锚的抓力系数

一、知识点梳理

1.锚泊力(系留力):$P = P_a + P_c = \lambda_a \cdot W_a + \lambda_c \cdot W_c \cdot l$,总的锚泊力包括锚的抓力和卧底锚链的抓力。

2.锚的抓力系数为其静抓力系数,霍尔锚为 3~5。

二、难点点拨

锚泊力是锚与卧底锚链能够提供的力,不能认为其与外力是平衡力的关系。当外力增大时,卧底锚链减小,反而导致能够提供的锚泊力减小。

三、相关习题

1. 单锚泊时,锚的总抓力为_____。
　①锚重×锚的抓力系数;②单位长度的链重×卧底链长×链抓力系数;③悬垂部分链的重量;
　④出链总长×链抓力系数

 A. ①对   B. ①②对

 C. ①②③对   D. ①④对

2. 锚的抓力大小与_____有关。

 A. 链长   B. 链长、底质

 C. 锚重、链长、底质   D. 锚重、链长、底质、水深、抛锚方式

3. 霍尔锚的抓力系数和链的抓力系数一般分别取为_____。

 A. $2\sim3,0.55\sim1.5$ B. $2\sim3,0.75\sim1.5$

 C. $3\sim5,0.75\sim1.5$ D. $3\sim5,0.55\sim1.5$

1.2.3.10 锚泊用锚的出链长度的组成及安全锚泊出链长度的计算

一、知识点梳理

1. 出链长度:$S \geqslant s + l = \left[h_0 \cdot (h_0 + 2 \cdot T_0/W_c)\right]^{1/2} + (T_0 - \lambda_a \cdot W_a)/\lambda_c \cdot W_c$;包括悬垂链长和卧底链长;与外力 T_0、锚的抓力系数 λ_a 和锚链的抓力系数 λ_c、锚重 W_a、单位链长链重 W_c、锚链孔至海底的高度 h_0 有关。

2. 经验公式:$S = 3h + 90$ m(风速 20 m/s,8 级); $S = 4h + 145$ m(风速 30 m/s,11 级)

3. 经验数据:水深小于 30 m,风力小于 7 级,5~6 节(5~7 倍水深);大于 8 级,小型船 7~9 节,大型船 9~11 节。

二、难点点拨

安全出链长度,不但要考虑船舶自身条件、抵御的外力,还要结合锚泊的环境与锚泊的时间等综合考虑。

三、相关习题

1. 单锚泊时,安全出链长度应_____。

 A. 大于或等于悬链长度与卧底链长之差   B. 小于或等于悬链长度与卧底链长之差

 C. 大于或等于悬链长度与卧底链长之和   D. 小于或等于悬链长度与卧底链长之和

2. 单锚泊时,锚链悬链长度_____。
    A. 与锚重有关,与船舶受到的外力有关   B. 与锚重无关,与船舶受到的外力有关
    C. 与锚重有关,与船舶受到的外力无关   D. 与锚重无关,与船舶受到的外力无关

3. 单锚泊时,锚链悬链长度_____。
    A. 与锚重有关,与锚链单位长度重量有关   B. 与锚重有关,与锚链单位长度重量无关
    C. 与锚重无关,与锚链单位长度重量有关   D. 与锚重无关,与锚链单位长度重量无关

4. 单锚泊时,锚链卧底链长_____。
    A. 与锚重有关,与锚链单位长度重量有关   B. 与锚重有关,与锚链单位长度重量无关
    C. 与锚重无关,与锚链单位长度重量有关   D. 与锚重无关,与锚链单位长度重量无关

5. 单锚泊时,锚链卧底链长_____。
    A. 与锚链单位长度重量无关,与船舶受到的外力有关
    B. 与锚链单位长度重量无关,与船舶受到的外力无关
    C. 与锚链单位长度重量有关,与船舶受到的外力有关
    D. 与锚链单位长度重量有关,与船舶受到的外力无关

6. 单锚泊时,系留力包括锚的抓力和链的抓力,其中链的抓力与卧底链长和单位长度链重有关,_____。
    A. 卧底链长越长,链的抓力越大;锚链越重,链的抓力越大
    B. 卧底链长越长,链的抓力越小;锚链越重,链的抓力越大
    C. 卧底链长越长,链的抓力越大;锚链越重,链的抓力越小
    D. 卧底链长越长,链的抓力越小;锚链越重,链的抓力越小

7. 均匀底质中锚抓底后,若出链长度足够,则抓力随拖动距离将发生变化,_____。
    A. 一般拖动约 2～3 倍锚长距离时,抓力达到最大值
    B. 一般拖动约 3～4 倍锚长距离时,抓力达到最大值
    C. 一般拖动约 5～6 倍锚长距离时,抓力达到最大值
    D. 一般拖动约 7～8 倍锚长距离时,抓力达到最大值

安全锚泊出链长度的计算

8. 抛出一定链长的单锚泊船,当外力减小时,该船的锚泊力将_____。
    A. 增大   B. 不变
    C. 减小   D. 因走锚而降为零

9. 抛出一定链长的单锚泊船,当外力增大时,该船的悬链长度将_____。
    A. 增大   B. 不变
    C. 减小   D. 等于出链长度

10. 抛出一定链长的单锚泊船,当外力增大时,该船的卧底链长度将_____。
    A. 增大   B. 不变
    C. 减小   D. 因走锚而降为零

11. 正常锚泊的船,当外力增大时,其卧底链长会_____,悬垂链长会_____。

A. 增大;减小　　　　　　　　　　B. 减小;减小

C. 减小;增大　　　　　　　　　　D. 增大;增大

安全锚泊出链长度的经验公式

12. 当风速为 30 m/s 时,根据经验,单锚泊出链长度与水深 h 关系为_____。

　A. $3h + 125$ m　　　　　　　　　B. $3h + 145$ m

　C. $4h + 125$ m　　　　　　　　　D. $4h + 145$ m

13. 当风速为 20 m/s 时,根据经验,单锚泊出链长度与水深 h 关系为_____。

　A. $3h + 90$ m　　　　　　　　　 B. $3h + 125$ m

　C. $4h + 90$ m　　　　　　　　　 D. $4h + 145$ m

14. 当风速为 20 m/s,水深 $h = 20$ m 时,根据经验,单锚泊出链长度约为_____。

　A. 180 m　　　　　　　　　　　　B. 150 m

　C. 120 m　　　　　　　　　　　　D. 100 m

15. 当风速为 30 m/s 时,根据经验,单锚泊出链长度与水深 h 关系为_____。

　A. $5h + 165$ m　　　　　　　　　B. $5h + 145$ m

　C. $4h + 165$ m　　　　　　　　　D. $4h + 145$ m

16. 当风速为 30 m/s,水深 $h = 20$ m 时,根据经验,单锚泊出链长度约为_____。

　A. 265 m　　　　　　　　　　　　B. 245 m

　C. 225 m　　　　　　　　　　　　D. 205 m

17. 在一般风、流、底质条件下于锚地抛锚,根据经验,单锚泊出链长度为_____。

　A. 1 ~ 2 倍水深　　　　　　　　　B. 3 ~ 4 倍水深

　C. 5 ~ 7 倍水深　　　　　　　　　D. 7 倍水深以上

18. 按经验,出链长度 $S = 3h + 90$ m(h 为水深),其相适应的风速限制为_____。

　A. 15 m/s　　　　　　　　　　　 B. 20 m/s

　C. 25 m/s　　　　　　　　　　　 D. 30 m/s

19. 按经验,出链长度 $S = 4h + 145$ m(h 为水深),其相适应的风速限制为_____。

　A. 15 m/s　　　　　　　　　　　 B. 20 m/s

　C. 25 m/s　　　　　　　　　　　 D. 30 m/s

20. 根据经验,船舶在 20 m 水深的急流水域单锚泊时,出链长度(节)应_____。

　A. 较流缓多 1 节　　　　　　　　 B. 较流缓多 1.5 节

　C. 较流缓多 2 节　　　　　　　　 D. 较流缓多 2.5 节

1.2.3.11　单锚泊船的偏荡、缓解偏荡的方法

一、知识点梳理

1. 原因:周期性风(动力)、浪或流(水动力)、锚链拉力(定常张力 + 冲击张力)的综合作用,

单锚泊、平行锚、八字锚均会偏荡。

2. 幅度：出链越长，风力越大、吃水越小，空载、尾倾，偏荡幅度大，达 $2.5L$。

3. 周期：出链越短，风力越大，水上面积大，风力中心前移，周期越短，$10 \sim 15$ min。

4. 运动特征：（1）风舷角，平衡位置最大，极限位置最小；（2）风链角，平衡位置0，极限位置最大；（3）运动线速度、角速度在平衡位置最大；（4）冲击张力，出现在平衡位置，是小型船静态张力的 $3 \sim 5$ 倍；压载油船3倍，满载2倍；空载集装箱船3倍。

5. 措施：增加吃水（3/4满载）；调平吃水或首倾；抛止荡锚2.5h，由未抛锚一舷极大位置向平衡位置过度时；改抛八字锚；恰当用车舵。

二、难点点拨

锚泊偏荡的起因是风动力的不稳定，导致锚链的张弛，船舶的摆动。锚和锚链提供的拉力作用点在船首附近，理论上，防止偏荡，使风力中心后移，达到稳定平衡的效果，即可减小船身摆动的幅度。

三、相关习题

1. 单锚泊船在强风的作用下，在偏荡过程中，作用于船体上的_____。

A. 风力、水动力呈周期性变化，锚链张力为定常值

B. 风力、水动力呈周期性变化，锚链张力呈周期性变化

C. 风力、水动力为定常值，锚链张力为定常值

D. 风力、水动力为定常值，锚链张力呈周期性变化

2. 单锚泊中的船舶在大风中发生周期性偏荡运动主要是由于哪些力造成的？

A. 风力、水动力和锚链拉力　　　　　　　B. 风力、水动力和摩擦阻力

C. 风力、水动力和兴波阻力　　　　　　　D. 风力、锚链拉力和摩擦阻力

3. 风速和风压力中心纵向位置对单锚泊船的偏荡周期的影响为_____。

A. 风速增大、风压力中心纵向位置前移，偏荡周期减小

B. 风速增大、风压力中心纵向位置后移，偏荡周期减小

C. 风速增大、风压力中心纵向位置前移，偏荡周期增大

D. 风速增大、风压力中心纵向位置后移，偏荡周期增大

4. 风速和水面以上受风面积对单锚泊船的偏荡周期的影响为_____。

A. 风速增大、水面以上受风面积增大，偏荡周期减小

B. 风速增大、水面以上受风面积减小，偏荡周期减小

C. 风速增大、水面以上受风面积增大，偏荡周期增大

D. 风速增大、水面以上受风面积减小，偏荡周期增大

5. 单锚泊船在强风作用下的偏荡幅度与船舶吃水和纵倾有关，_____。

A. 首倾越大、吃水越大，偏荡幅度越大　　B. 尾倾越大、吃水越大，偏荡幅度越大

C.首倾越大、吃水越小,偏荡幅度越大　　　D.尾倾越大、吃水越小,偏荡幅度越大

6.单锚泊偏荡时,其偏荡运动的周期和锚链受力随外力增大的变化情况是_____。
　　A.周期缩短,锚链受力减小　　　　　　　B.周期缩短,锚链受力增大
　　C.周期变长,锚链受力减小　　　　　　　D.周期变长,锚链受力增大

7.单锚泊偏荡时,其偏荡运动的周期随外力增大而_____。
　　A.增大　　　　　　　　　　　　　　　　B.缩短
　　C.不变　　　　　　　　　　　　　　　　D.明显增大

8.大风浪中的锚泊船会产生偏荡,在什么情况下其锚链受力最大?
　　A.船舶偏离平衡位置最大时　　　　　　　B.船舶风舷角最大时
　　C.锚链与风的夹角最大时　　　　　　　　D.整个偏荡周期中

9.强风中单锚泊船产生的偏荡,锚链与风向的夹角 α 和船舶的风舷角 θ 比较,大约下述何时锚链所受张力最大?
　　A.α 最大时　　　　　　　　　　　　　　B.α 最小时
　　C.θ 为零时　　　　　　　　　　　　　　D.θ = α 时

10.单锚泊的船受风浪影响在偏荡过程中,当锚链与风向的夹角为零时,_____。
　　A.风舷角最小、锚链受张力最大　　　　　B.风舷角最小、锚链受张力最小
　　C.风舷角最大、锚链受张力最小　　　　　D.风舷角最大、锚链受张力最大

11.船舶在锚泊时出现偏荡现象,当锚链角(锚链与风向之间的夹角)和风舷角为多少时,锚链所受张力达到最大值?
　　A.锚链角最小,风舷角最大　　　　　　　B.锚链角最小,风舷角最小
　　C.锚链角最大,风舷角最小　　　　　　　D.锚链角最大,风舷角最大

12.单锚泊船在强风作用下偏荡过程中,锚链张力最大时刻大约出现在_____。
　　A.船首抵达偏荡平衡位置时
　　B.船首抵达偏荡极限位置时
　　C.船首由偏荡极限位置向平衡位置过渡中接近平衡位置时
　　D.船首由偏荡平衡位置向极限位置过渡中接近极限位置时

13.单锚泊船在强风作用下偏荡过程中,锚链张力最大时刻的特征为_____。
　　A.锚链链处于极限位置附近,风舷角与风链角相等的稍后时刻
　　B.锚链链处于极限位置附近,风舷角与风链角相等的稍前时刻
　　C.锚链链处于平衡位置附近,风舷角与风链角相等的稍前时刻
　　D.锚链链处于平衡位置附近,风舷角与风链角相等的稍后时刻

14.单锚泊船在大风中发生偏荡运动,当偏荡到何处时,船的惯性力最小?
　　A.向左(右)偏荡到最大端(回折处)
　　B.从平衡位置向左(右)偏荡到最大端的1/2距离处
　　C.从平衡位置向左(右)偏荡到最大端的1/3距离处
　　D.平衡位置处

15.单锚泊船大幅度偏荡时,小型船锚链受冲击张力约为_____。

A. 正面风压力的 1~3 倍   B. 正面风压力的 2~3 倍

C. 正面风压力的 3~5 倍   D. 正面风压力的 4~6 倍

16. 单锚泊的空载大型油船,在强风作用下偏荡过程中,锚链的冲击力约为_____。

    A. 正面风压力的 1 倍   B. 正面风压力的 3 倍

    C. 正面风压力的 5 倍   D. 正面风压力的 7 倍

17. 单锚舶的满载大型油船,在强风作用下偏荡过程中,锚链的冲击力约为_____。

    A. 正面所受风力的 2 倍   B. 正面所受风力的 4 倍

    C. 正面所受风力的 6 倍   D. 正面所受风力的 8 倍

18. 单锚泊的空载集装箱船,在强风作用下偏荡过程中,锚链的冲击力约为_____。

    A. 正面风压力的 1 倍   B. 正面风压力的 3 倍

    C. 正面风压力的 5 倍   D. 正面风压力的 7 倍

19. 单锚泊船偏荡激烈时,可加抛止荡锚,其出链长以_____倍水深为宜。

    A. 1.5~2.5   B. 2.5~3.5

    C. 3.5~4.5   D. 4.5~5.5

20. 单锚泊船偏荡激烈时,可抛另一舷锚(止荡锚)抑制偏荡,该锚应在其舷侧的_____。

    A. 平衡位置向极限位置过渡中抛出,出链长度应控在 4.5 倍水深以内

    B. 平衡位置向极限位置过渡中抛出,出链长度应控在 2.5 倍水深以内

    C. 极限位置向平衡位置过渡中抛出,出链长度应控在 4.5 倍水深以内

    D. 极限位置向平衡位置过渡中抛出,出链长度应控在 2.5 倍水深以内

21. 空船偏荡幅度较大,加大吃水是减少偏荡幅度的有效措施,至少应加至_____。

    A. 满载吃水的 55%   B. 满载吃水的 65%

    C. 满载吃水的 75%   D. 满载吃水的 85%

22. 船舶打入压载水,增加吃水是减小船体偏荡的有效措施,一般应保持满载吃水的_____。

    A. 1/4   B. 1/2

    C. 3/4   D. 4/5

23. 强风中单锚泊船偏荡过程中,兼用主机时_____。

    A. 进车可减小锚链张力,微倒车可减轻偏荡

    B. 进车可增大锚链张力,微倒车可减轻偏荡

    C. 进车可减小锚链张力,微倒车可增大偏荡

    D. 进车可增大锚链张力,微倒车可增大偏荡

24. 在强风、流中单锚泊的船,发现偏荡严重,采取抑制偏荡的有效措施是_____。

    ①放长锚链;②注入压舱水增加尾倾;③改抛八字锚

    A. ①②③   B. ①②

    C. ②③   D. ③

25. 为了减少偏荡,适宜用_____锚泊方法。

    A. 单锚泊   B. 一字锚

    C. 平行锚   D. 八字锚

26.下述方法中,减少单锚泊偏荡的最有效、最常用的方法是_____。
    A. 松长锚链   B. 抛止荡锚
    C. 增加尾倾   D. 采用车舵

27.单锚泊船,在风流作用下,可能产生偏荡,防止偏荡有效方法除抛止荡锚、八字锚外,也可以用_____方法。
    A. 松长锚链   B. 增加尾吃水
    C. 增加首吃水   D. A、B 都可以

28.一般来说上层建筑对大风浪中锚泊船的偏荡有一定的影响,驾驶台居_____则有抑制偏荡的作用。
    A. 首   B. 中前
    C. 中   D. 尾

29.单锚泊船舶偏荡激烈时,为抑制偏荡可加抛止荡锚,下列正确的是_____。
    ①该锚应在船舶由未抛锚一舷极端位置开始荡向平衡位置时抛出;②该锚应在已抛锚舷极端位置荡向平衡位置时抛出;③出链不宜过长,应控于 2.5 倍水深以内
    A.①②   B.①②③
    C.①③   D.②③

30.在强风中的单锚泊船偏荡时使用止荡锚,其锚泊力可抗风的程度以_____风速为限。
    A.15 m/s   B.20 m/s
    C.25 m/s   D.30 m/s

31.锚泊中,船舶发生严重偏荡会引起_____。
    A. 走锚或断链   B. 货物移动
    C. 船舶倾斜   D. 船体破损

32.单锚泊船舶偏荡激烈时,为抑制偏荡可加抛止荡锚,该锚应_____。
    ①在船舶由未抛锚一舷极端位置开始荡向平衡位置时抛出;②在已抛锚舷极端位置荡向平衡位置时抛出;③出链长度随风力增大应加长
    A.①   B.①②③
    C.①③   D.②③

33.强风中抑制船舶偏荡,下列说法正确的是_____。
    ①进车虽可直接缓解锚链吃力,但大型船舶主机转速难以微调,应舵缓慢,过量使用反而造成走锚;②对于可低速运转的汽轮机船可连续使用微进车;③与其使用微进,反倒不如使用微退,可减轻偏荡(对大型船舶而言)
    A.①   B.①②
    C.②③   D.①②③

1.2.3.12　走锚的判断及应急措施

一、知识点梳理

1. 原因:外力大于锚泊力;底质、出链长度、外力;偏荡(重要原因)。
2. 判断依据:定位;周期性偏荡消失锚链处于上风;观察锚链(周期性的张弛,未走锚;间歇性抖动,走锚);与上下风船位置。
3. 措施:不可松链,加抛另一锚;通知机舱备车;报告船长;鸣放 Y 信号;用高频报告;备妥主机,择地重抛。

二、难点点拨

判断是否走锚时,与下风船位置越来越近,或与上风船位置越来越远,可判断本船走锚;由于大风中走锚,船舶多处于横风,通过首尾串视物标也可以判断是否走锚。

三、相关习题

1. 锚泊船,当外力增大时,该锚的受力将_____。
   A. 增大 　　　　　　　　　　　　B. 不变
   C. 减小 　　　　　　　　　　　　D. 因走锚而降为零
2. 抛出一定链长的单锚泊船,当外力增大时,该船的锚泊力将_____。
   A. 增大 　　　　　　　　　　　　B. 不变
   C. 减小 　　　　　　　　　　　　D. 因走锚而降为零
3. 在大风中偏荡的锚泊船,辨别走锚的有效方法是_____。
   A. 船体周期性偏荡幅度增大,风仅作用于抛锚舷
   B. 船体周期性偏荡幅度增大,风仅作用于抛锚舷的对面舷侧
   C. 船体周期性偏荡现象消失,风仅作用于抛锚舷
   D. 船体周期性偏荡现象消失,风仅作用于抛锚舷的对面舷侧
4. 大风中辨别走锚的最有效方法是_____。
   A. 锚链始终吃力状态
   B. 感到船体受到异常冲击
   C. 从走锚中船舶正横附近的物标方位来判断船位的变化
   D. 船体周期性的偏荡现象消失,风仅作用于抛锚舷
5. 普通空载万吨货船,锚的抓力系数 $\lambda_a = 3.5$,链的抓力系数 $\lambda_c = 0.75$,则_____。

A. 可抗御的临界风速为 10 m/s　　　　　B. 可抗御的临界风速为 15 m/s

C. 可抗御的临界风速为 25 m/s　　　　　D. 可抗御的临界风速为 35 m/s

6. 普通满载万吨货船，锚的抓力系数 $\lambda_a = 3.5$，链的抓力系数 $\lambda_c = 0.75$，则_____。

A. 可抗御的临界风速为 15 m/s　　　　　B. 可抗御的临界风速为 20 m/s

C. 可抗御的临界风速为 30 m/s　　　　　D. 可抗御的临界风速为 35 m/s

7. 单锚泊船的值班人员发现走锚时，情况危急，务必立即采取的首要措施是_____。

A. 松长锚链　　　　　　　　　　　　　B. 缩短锚链

C. 通知机舱备车移泊　　　　　　　　　D. 抛下另一锚并使之受力

8. 单锚泊船在大风中发生偏荡运动，当船舶偏荡运动处在_____态势时，最容易发生走锚现象。

A. 向左(或向右)偏荡到最大端(回折处)

B. 由平衡位置起向左(或右)偏荡到最大端(回折处)的 1/2 距离处

C. 由平衡位置起向左(或右)偏荡到最大端(回折处)的 1/3 距离处

D. 平衡位置处

9. 单锚泊船在大风中剧烈偏荡时，可以动车用舵使船首尽量对着风向，以缓和锚链张力和船首摆动，但当偏荡运动处在_____态势时，若动车过多，反而会加大锚链的负荷，增加走锚或造成断链的危险。

A. 向左(或向右)偏荡到最大端(回折处)

B. 由平衡位置起向左(或右)偏荡到最大端(回折处)的 1/2 距离处

C. 由平衡位置起向左(或右)偏荡到最大端(回折处)的 1/3 距离处

D. 平衡位置处

10. 在河口或江河等急流地区长期锚泊，常需每一两日重起重抛，其原因是_____。

A. 该水域流速较高，易于走锚

B. 便于仔细检查抛锚是否牢靠，必要时可重起重抛

C. 该水域流沙现象严重，易于走锚

D. 该水域泥沙多流动，锚被深埋不易起出

11. 船舶在强风或强流水域单锚泊时_____。

A. 易发生偏荡，易走锚　　　　　　　　B. 易发生偏荡，不易走锚

C. 不易发生偏荡，易走锚　　　　　　　D. 不易发生偏荡，不易走锚

12. 引起走锚的主要原因是_____。

①严重偏荡；②松链不够长、抛锚方法不妥；③锚地底质差或风浪突然袭击；④值班人员不负责任，擅自离开岗位

A. ①②④　　　　　　　　　　　　　　B. ①③④

C. ①②③　　　　　　　　　　　　　　D. ②③④

13. 发现本船走锚时，值班驾驶员应_____。

A. 松链增加出链长度，通知机舱备车，报告船长

B. 报告船长，通知机舱备车，松链增加出链长度

  C. 立刻抛另一锚使之受力,通知机舱备车,报告船长

  D. 报告船长,通知机舱备车,立刻抛另一锚使之受力

14. 如果单锚泊的船舶偏荡运动消失,船舱单舷受风,而风并未减弱,此时最可能的情况是_____。

  A. 风向逆时针变化   B. 风向顺时针变化

  C. 船舶已走锚   D. 风向不再变化

15. 单锚泊的船舶在风的作用下走锚时的现象有_____。

  ①偏荡运动消失;②船舶单舷受风;③锚链指向上风舷

  A. ①   B. ①②

  C. ②③   D. ①②③

16. 判断单锚泊的船舶在风的作用下是否走锚的方法有_____。

  ①观察船舶的偏荡运动;②观察锚链的受力情况;③勤测锚位

  A. ①②③   B. ①③

  C. ②③   D. ①

17. 判断船舶是否走锚的方法有_____。

  ①观察锚地其他船舶的相对位置变化;②观察首尾附近的串视标方位变化;③勤测锚位

  A. ①②③   B. ①③

  C. ②③   D. ①

18. 大风浪中船舶走锚时的姿态多为_____。

  A. 船首迎风   B. 横风

  C. 船首顺风   D. 船首迎风且摇摆不定

19. 大风浪中锚泊的船舶,如果锚链有规律地拉紧和松弛,说明_____。

  A. 船舶已走锚   B. 船舶处于正常锚泊中

  C. 船舶将要走锚   D. 风力有规律地变化

20. 大风浪中锚泊的船舶,如果锚链只张不弛且可感觉到间歇性地急剧抖动,最可能的情况是_____。

  A. 船舶已走锚   B. 船舶处于正常锚泊中

  C. 风向、风力不稳定   D. 流向不稳定

21. 发现本船走锚时,下列做法错误的是_____。

  A. 报告船长   B. 立刻松链

  C. 通知机舱备车   D. 加抛另一锚

22. 发现本船走锚时,下列做法正确的是_____。

  A. 报告船长,等待船长采取措施

  B. 立刻松链

  C. 果断弃链

  D. 白天显示"Y"字母旗,并用 VHF 等警告附近他船

23. 单锚泊的船舶走锚后,如果尚未备妥主机,为保证船舶安全的最重要的工作通常是_____。

A. 加抛另一锚

B. 立刻松链

C. 果断弃链

D. 白天显示"Y"字母旗,并用 VHF 等警告附近他船

24. 单锚泊船的值班人员发现走锚时,情况危急,务必立即采取的首要措施是_____。

A. 松长锚链   B. 缩短锚链

C. 通知机舱备车移泊   D. 抛下另一锚并使之受力

25. 按国际信号规则规定,走锚时白天应悬挂_____。

A. "H"字母旗   B. "G"字母旗

C. "B"字母旗   D. "Y"字母旗

1.2.3.13　清解锚链绞缠

一、知识点梳理

1. 将拖船向绞花的相反方向顶推回旋,逐个解花。

2. 自行清解:在平流或缓流进行,拆解,引绳穿起,在力链上按惰链缠绕方向,反绕对应花数,再从惰链孔收回,绕在卷筒上。

二、相关习题

1. 清解双锚绞缠时引索应从惰链孔出舷外,并按绞花处惰链对力链绞缠的_____方向绕过后,再从_____孔引回甲板上。

A. 相同;力链   B. 相同;惰链

C. 相反;力链   D. 相反;惰链

2. 双锚绞缠后可能会引起_____。

①损坏锚链;②抓力大为减小;③起锚困难;④锚链扭转负荷增加

A. ①②③④   B. ①③④

C. ①②③   D. ②③④

3. 清解锚链绞缠的方法包括_____。

①船舶自行清解;②拖船顶推回旋清解;③弃单锚清解;④弃双锚清解

A. ①②③   B. ①②③④

C. ①   D. ①②

4. 船舶自行清解锚链绞缠需要使用的缆绳包括_____。

①挂缆;②保险缆;③引缆;④送出缆

A. ①②③   B. ①②③④

C. ①   D. ①②

5. 船舶自行清解锚链绞缠需要使用的缆绳包括_____。

　　①保险缆；②送出缆；③引缆；④回头缆

　　A. ①②③   B. ①②③④

　　C. ①   D. ①②

6. 船舶自行清解锚链绞缠，拆卸连接链环时作业位置选择在_____。

　　A. 船首楼甲板   B. 锚链口下方

　　C. 绞花之下   D. 水下

1.2.4　缆的运用

1.2.4.1　系船缆的种类和特点

一、知识点梳理

　　1. 种类：植物纤维绳（白棕、棉麻、油麻绳）；化学纤维缆绳（尼龙、涤纶、丙纶绳和乙纶绳、维尼龙绳）；钢丝缆绳（硬、半硬、软）。

　　2. 规格：长度 220 m，也有 500 m，编织绳 100 m；破断负荷 = 安全工作负荷 × 安全系数（一般取 6）。

二、相关习题

1. 下列属于植物纤维绳的有_____。

　　①白棕绳；②马尼拉绳；③油麻绳；④尼龙绳；⑤涤纶绳；⑥棉麻绳

　　A. ①②③⑥   B. ①②③④⑤⑥

　　C. ①③⑤⑥   D. ①②⑥

2. 船舶缆绳（系船缆）主要有_____。

　　①纤维绳；②钢丝绳；③复合缆；④混合缆

　　A. ①②③   B. ②③④

　　C. ①③④   D. ①②③④

3. 尼龙绳的特点是_____。

　　①耐酸碱，耐油；②弹性大，不易疲劳，吸湿性强；③怕火，不耐磨，受力会伸长；④曝晒过久将使其强度下降

　　A. ①②③   B. ②③④

　　C. ①③④   D. ①②③④

4.丙纶绳的特点是_____。

①柔软,吸水性小;②耐油及化学腐蚀,最耐脏、耐磨;③不易滑动;④不耐热

A.①②③　　　　　　　　　　　　B.②③④

C.①③④　　　　　　　　　　　　D.①②③④

5.下列四种合成纤维绳中,强度最小的是_____。

A.丙纶绳　　　　　　　　　　　　B.涤纶绳

C.尼龙绳　　　　　　　　　　　　D.维尼纶绳

6.下列四种合成纤维绳中,强度最大的是_____。

A.丙纶绳　　　　　　　　　　　　B.涤纶绳

C.尼龙绳　　　　　　　　　　　　D.维尼纶绳

7.7×19 的钢丝绳为_____钢丝绳。

A.硬　　　　　　　　　　　　　　B.软

C.半硬　　　　　　　　　　　　　D.硬或半硬

8.下列类型的钢丝绳中_____是半硬钢丝绳。

A.7×7+1　　　　　　　　　　　　B.7×19+1

C.6×24　　　　　　　　　　　　　D.6×19+1

9.半硬钢丝绳常用作_____。

A.静索　　　　　　　　　　　　　B.拖缆或系船缆

C.绑扎　　　　　　　　　　　　　D.大桅支索

10.钢丝缆中油麻芯的作用是_____。

①使缆绳变软便于操作;②起软垫作用,减少缆绳内部摩擦;③防锈和润滑缆绳内部;④减轻缆绳重量

A.①②③　　　　　　　　　　　　B.②③④

C.①③④　　　　　　　　　　　　D.①②③④

11.复合缆的结构特点是_____。

①由金属与纤维复合而成;②每股均有金属丝核心,外覆纤维保护套;③由3、4 或 6 股组成

A.①②③　　　　　　　　　　　　B.①②

C.①③　　　　　　　　　　　　　D.②③

12.配备系船缆时一般都采用整捆缆绳(220 m 或 500 m)的原因是_____。

①考虑到在任何可能情况下所需要的最大长度;②琵琶头容易磨损,每隔一段时间就要截去重插,长度逐渐变短;③必要时可同时使用其两头带缆

A.①②　　　　　　　　　　　　　B.②③

C.①③　　　　　　　　　　　　　D.①②③

13.钢丝绳的大小主要以_____来表示。

A.最大直径　　　　　　　　　　　B.最大周长

C.每捆长度　　　　　　　　　　　D.每捆重量

14.纤维绳的大小主要以_____来表示。

A. 最大直径
B. 最大周长
C. 每捆长度
D. 每捆重量

15. 化纤缆强度的估算公式是:$T = 98KD^2$,从 K 值的大小可以看出下列化纤缆中强度最大的是_____。

A. 丙纶缆
B. 尼龙绳
C. 改良的丙纶缆
D. 复合缆

16. 无论是钢丝绳还是纤维绳,如果它们的破断强度是 B,一般情况下,它们的安全强度取_____。

A. $B/5$
B. $B/6$
C. $B/7$
D. $B/8$

17. 纤维绳的结构主要有拧绞绳和编织绳两种,其中拧绞绳的长度一般为_____。

A. 100 m
B. 200 m
C. 220 m
D. 280 m

18. 纤维绳的结构主要有拧绞绳和编织绳两种,其中编织绳的长度一般为_____。

A. 100 m
B. 200 m
C. 220 m
D. 280 m

19. 按《规范》规定,_____载重吨及以上的液货船,包括油船、化学品液货船和液化气体船,应配备能在应急情况下将船拖离危险区域时所需的应急拖带装置。

A. 5 000
B. 10 000
C. 15 000
D. 20 000

1.2.4.2 系缆的名称与作用

一、知识点梳理

1. 系泊用缆:首、首横、首倒、尾倒、尾横、尾缆;其作用,根据其出缆位置与方向而定。如首缆在船首,缆绳斜向前方,其能控制船首外偏和船身后移。万吨船靠码头,一般头缆、尾缆各 3 根,前后倒缆各 1 根。

2. 系浮用缆:单头缆、回头缆。

二、难点点拨

外档头缆也叫包头缆,里档头缆也叫领水缆。

三、相关习题

1. 船舶系泊时,首缆或头缆的作用是_____。

A.防止船舶后移,防止船首向外舷移动　　　B.防止船舶前移,防止船首向外舷移动
C.防止船舶后移,防止船尾向外舷移动　　　D.防止船舶前移,防止船尾向外舷移动

2.首缆或头缆的作用是_____。
①防止船舶后移;②防止船首向外偏转;③防止船尾贴靠码头损伤车舵
A.①　　　　　　　　　　　　　　　B.①②
C.①②③　　　　　　　　　　　　　D.②③

3.船舶系泊时,尾缆的作用是_____。
A.防止船舶后移,防止船尾向外舷移动　　　B.防止船舶前移,防止船尾向外舷移动
C.防止船舶后移,防止船首向外舷移动　　　D.防止船舶前移,防止船首向外舷移动

4.船舶系泊时,前倒缆或首倒缆的作用是_____。
A.防止船舶后移,防止船首向外舷移动　　　B.防止船舶后移,防止船尾向外舷移动
C.防止船舶前移,防止船首向外舷移动　　　D.防止船舶前移,防止船尾向外舷移动

5.船舶系泊时,后倒缆或尾倒缆的作用是_____。
A.防止船舶前移,防止船首向外舷移动　　　B.防止船舶后移,防止船首向外舷移动
C.防止船舶前移,防止船尾向外舷移动　　　D.防止船舶后移,防止船尾向外舷移动

6.船舶系泊时,首横缆或前横缆的作用是_____,尾横缆或后横缆的作用是_____。
A.防止船首向外舷移动;防止船尾向外舷移动
B.防止船首向外舷移动;防止船首向外舷移动
C.防止船尾向外舷移动;防止船尾向外舷移动
D.防止船尾向外舷移动;防止船首向外舷移动

7.船舶系泊时,能防止船舶前移的缆绳包括_____。
A.尾缆和尾倒缆　　　　　　　　　　B.尾缆和首倒缆
C.头缆和尾倒缆　　　　　　　　　　D.头缆和首倒缆

8.船舶系泊时,能防止船舶后移的缆绳包括_____。
A.尾缆和尾倒缆　　　　　　　　　　B.尾缆和首倒缆
C.头缆和尾倒缆　　　　　　　　　　D.头缆和首倒缆

9.船舶系泊时,能防止船尾向外舷移动的缆包括_____。
A.首缆、首倒缆和首横缆　　　　　　B.尾缆、首倒缆和首横缆
C.尾缆、尾倒缆和首横缆　　　　　　D.尾缆、尾倒缆和尾横缆

10.船舶系泊时,能防止船首向外舷移动的缆包括_____。
A.首缆、首倒缆和首横缆　　　　　　B.尾缆、首倒缆和首横缆
C.尾缆、尾倒缆和首横缆　　　　　　D.尾缆、尾倒缆和尾横缆

11.领水缆的作用是_____。
①稳住船身,以免由于顶流、顶风使船后退;②在拖锚制动靠泊时,以免锚链作用而使船身后缩;③防止船身靠拢速度过快
A.①　　　　　　　　　　　　　　　B.①②
C.①②③　　　　　　　　　　　　　D.②③

1.2.4.3　系泊设备的组成与应用

一、知识点梳理

1. 挽缆装置:单柱、双柱缆桩,单十字、双十字缆桩,羊角桩。
2. 导缆装置:导缆孔、导缆钳(闭式、开式、单滚轮、双滚轮、三滚轮)、滚柱导缆器、滚轮倒缆器、导向滚轮(设在甲板上,配合绞缆设备使用)。

二、难点点拨

万吨级船,备有首尾缆各 3~4 根,前后倒缆左右舷各一根,备用缆前后各 1~2 根,保险缆(兼作拖缆)前后各 1 根。

三、相关习题

1. 系船缆的性能应满足_____。
   ①强度大;②耐腐蚀、耐磨损;③密度小,弹性适中;④质地柔软,使用方便
   A. ①③④   B. ①②③④
   C. ②③④   D. ①②③
2. 一般万吨级船舶备有保险缆(兼作拖缆)前后各_____。
   A. 1 根   B. 2 根
   C. 3 根   D. 4 根
3. 一般万吨级船舶备有首尾缆各_____。
   A. 4~5 根   B. 3~4 根
   C. 2~3 根   D. 1~2 根
4. 一般万吨级船舶备有首尾倒缆左右各_____。
   A. 1 根   B. 2 根
   C. 3 根   D. 1~2 根
5. 一般万吨级船舶备用缆前后各_____。
   A. 1 根   B. 2 根
   C. 3 根   D. 1~2 根
6. 万吨级船舶一般配备首尾缆各_____根,前后倒缆各_____根。
   A. 3~4;2   B. 5~6;1
   C. 3~4;1   D. 5~6;2
7. 船舶系浮筒时,平时不受力的缆绳是_____。

    A. 单头缆   B. 倒缆

    C. 首缆   D. 回头缆

8. 锚链系浮筒作业,必须准备大卸扣_____只;带卸扣的钢丝缆_____根。

    A. 1;2   B. 1;1

    C. 2;1   D. 2;2

9. 挽桩方法,挽_____时又叫作大挽。

    A. 单柱缆桩   B. 双柱缆桩

    C. 多根缆绳   D. 两根缆绳

10. 一般系泊时钢丝缆挽桩的道数为_____。

    A. 大挽时至少5道,小挽时至少3道   B. 大挽时至少6道,小挽时至少4道

    C. 大挽时至少5道   D. 小挽时至少5道

11. 导缆装置的作用是_____。

    ①导引缆绳由舷内通向舷外,并变换方向;②限制其导出位置及减少磨损;③减少缆绳受力磨损,使其安全

    A. ①②   B. ②③

    C. ①③   D. ①②③

12. 导缆装置能供船系泊时导引系缆由舷内通向舷外;同时也能_____。

    ①变换方向;②限制其位置;③减少缆绳磨损;④增加美观

    A. ①②③   B. ①③④

    C. ②③④   D. ①②③④

13. 导缆孔一般设置在_____,导缆钳一般设置在_____。

    A. 船首尾;船中   B. 船中;船首尾

    C. 船中;船中   D. 船首尾;船首尾

14. 异缆孔的周边做成唇形的目的是_____。

    ①保护船缆通过时免被舷墙割伤;②保护舷墙板免被船缆磨损;③便于琵琶头顺利通过

    A. ①②   B. ②③

    C. ①③   D. ①②③

15. 导缆钳的形式有_____。

    ①闭式和开式;②单柱式和单滚式;③双滚式和三滚式

    A. ①②   B. ②③

    C. ①③   D. ①②③

16. 装在甲板端部及上下两层甲板间的导缆装置是_____。

    A. 滚轮导缆器   B. 滚柱导缆器

    C. 导缆孔   D. 导缆钳

17. 导向滚轮上羊角的作用是_____。

    ①改变缆绳的走向;②防止系缆松弛时滚落到甲板上;③挽缆绳

    A. ①②③   B. ②

C.①③ D.①②

18. 下图中所示的设备属于_____。

  A. 导缆钳   B. 导缆桩

  C. 羊角   D. 导缆滚柱

19. 下图中所示的设备属于导缆钳的是_____。

  A.①②③④⑤⑥   B.①②③

  C.①②③④   D.③④⑤⑥

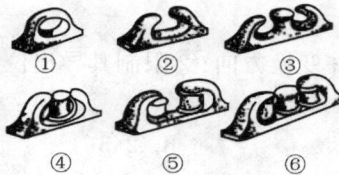

20. 下图中所示的设备属于挽缆装置的是_____。

  A.①②③④⑤⑥   B.①②③

  C.①②③④   D.④⑤⑥

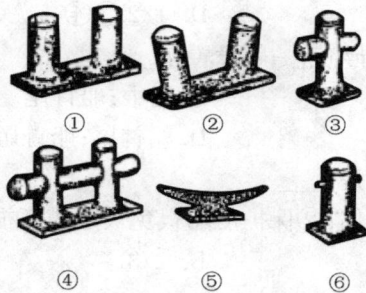

21. 上图中,海船上常用的挽缆装置是_____。

  A.①   B.③

  C.②   D.⑥

22. 下图中所示的设备属于_____。

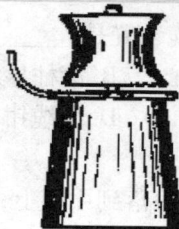

A. 导向滚轮　　　　　　　　　　　B. 滚柱倒缆器

C. 滚轮倒缆器　　　　　　　　　　D. 羊角

23. 下图中所示的设备属于_____。

    A. 导向滚轮　　　　　　　　　　B. 滚柱倒缆器

    C. 滚轮倒缆器　　　　　　　　　　D. 羊角

24. 下图中所示的设备属于_____。

    A. 导向滚轮　　　　　　　　　　B. 滚柱倒缆器

    C. 滚轮倒缆器　　　　　　　　　　D. 羊角

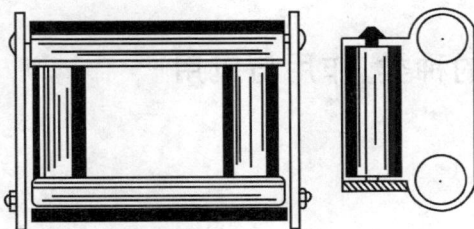

25. 导向滚轮中羊角的作用是_____。

    A. 防止缆绳掉落　　　　　　　　B. 挽住缆绳

    C. 减小缆绳与缆桩的摩擦力　　　D. 改变缆绳的走向

26. 配合锚机绞缆的导缆装置是_____。

    A. 导向滚轮　　　　　　　　　　B. 导向滚柱

    C. 导缆钳　　　　　　　　　　　D. 导缆孔

27. 船上的挽缆装置形式主要有_____。

    ①双柱式和斜式双柱式;②单十字和双十字式;③单柱式和羊角式

    A. ①②　　　　　　　　　　　　B. ②③

    C. ①③　　　　　　　　　　　　D. ①②③

28. 下列哪个设备不属于挽缆装置?

    A. 卧式绞缆机　　　　　　　　　B. 双柱系缆桩

    C. 斜式双柱系缆桩　　　　　　　D. 双十字缆桩

29. 大中型船舶多采用哪种挽缆装置?

    A. 双柱缆桩　　　　　　　　　　B. 单十字缆桩

    C. 斜式双柱系缆桩　　　　　　　D. 双十字缆桩

30. 导向滚轮及其羊角的作用是_____。

①改变缆绳的走向;②防止系缆松弛时滚落到甲板上;③挽缆绳

A.①②③   B.②③

C.①③   D.①②

31. 大型船舶的导缆钳多用_____。

A.闭式和开式   B.单柱式

C.双滚轮或三滚轮式   D.单滚式

32. 导缆装置的作用是_____。

①导引缆绳由舷内通向舷外;②限制其导出位置及减少磨损;③避免因缆绳急剧弯折而增大其所受应力;④使船舶固定在码头上

A.①④   B.①②③

C.①③④   D.②③

33. 船上常用的导缆装置有_____。

①导缆孔;②导缆钳;③导向滚柱;④导向滚轮

A.①②④   B.①②③④

C.①③④   D.①②③

1.2.4.4 绞缆机的种类、作用与应用

一、知识点梳理

1. 布置方式:卧式、立式。

2. 动力种类:电动绞缆机、蒸汽绞缆机、液压绞缆机,自动张力绞缆机。

二、相关习题

1. 绞缆机的作用是_____。

①靠泊时帮助船员收紧缆绳;②自力移泊时,通过绞缆机绞缆,使船舶前后移动;③与他船并靠时绞紧缆绳

A.①②③   B.②③

C.①③   D.①②

2. 船用绞缆机按动力分类有_____。

①蒸汽绞缆机;②电动绞缆机;③液压绞缆机

A.①②③   B.②③

C.①③   D.①②

3. 船用绞缆机按卷筒轴线位置分类有_____。

①卧式绞缆机;②立式绞缆机;③横置式绞缆机;④V 形绞缆机

A.①②③④   B.②③④

C.①③   D.①②

4.绞缆机的绞缆速度应能达到_____。

A.10 m/min   B.12 m/min

C.15 m/min   D.20 m/min

5.绞缆机拉力应能达到所配置的系缆破断力的_____。

A.75%   B.80%

C.65%   D.50%

6.绞缆机按其动力分,有_____。

①蒸汽式;②电动式;③液压式;④人力式

A.①②③   B.②③④

C.①③④   D.①②③④

7.绞缆机按卷筒轴线位置分有_____。

A.卧式绞缆机   B.立式绞缆机

C.卧式和立式绞缆机   D.立式和斜式绞缆机

8.自动绞缆机的作用是_____。

①无须人工带缆;②减少值班人员操作;③保持缆绳受力平衡并防止缆绳被拉断;④不受潮汐、风力的影响

A.①②④   B.②③④

C.①③④   D.①②③

9.近年来,有些船上配备了自动系缆绞车,其目的是_____。

①可根据系缆的受力情况,自动调整系缆的长度;②减轻船员的劳动强度;③使用时不易磨损缆绳,安全可靠

A.①③   B.①②

C.②③   D.①②③

1.2.4.5 缆车及其附属用具的种类与作用

一、知识点梳理

缆车(存放缆绳的装置),制缆索(同质),撇缆绳(40 m,6 mm),碰垫,挡鼠板。

二、难点点拨

注意据图识别各种系缆设备附属用具。

三、相关习题

1. 系缆卷车是用来_____的装置。
   A. 存放缆绳
   B. 绞收缆绳
   C. 送出缆绳
   D. 自动调整张力

2. 系缆卷车附属用具包括_____。
   ①手柄或扶手;②脚踏刹车;③液力泵
   A. ①③
   B. ①②
   C. ②③
   D. ①②③

3. 系缆卷车的手柄是用来_____的装置。
   A. 存放缆绳
   B. 松出或绞收缆绳
   C. 送出缆绳
   D. 自动调整张力

4. 系缆卷车的_____是用于控制卷缆车的转速的装置。
   A. 手柄
   B. 扶手
   C. 电机
   D. 脚踏刹车

5. 使用系缆卷车时尤其要注意的是_____。
   A. 钢缆的缠绕
   B. 卷车的转速
   C. 摇动手柄的使用
   D. 刹车及转动扶手的使用

1.2.4.6 系泊设备的检查保养和使用注意事项

一、知识点梳理

1. 注意各部分的养护周期、检查及其养护要点。
2. 操作时,注意站位、布置、操作、受力强度。

二、相关习题

1. 绞缆机在养护周期内的养护要点是_____。
   ①对失灵者换新或修理;②活络处加油;③制动装置失效者应及时修复
   A. ①②③
   B. ①②
   C. ①③
   D. ②③

2. 导缆钳及导向滚轮在养护周期内的养护要点是_____。
   ①除锈油漆,做好磨损记录;②加油润滑销轴;③销轴弯曲的应修理或换新
   A. ①②③
   B. ①②

C.①③ D.②③

3. 在养护周期内若发现系缆桩及导缆孔有锈蚀、磨损现象,则应_____。

①除锈油漆;②做好磨损记录;③必要时应焊补修复

A.①②③ B.①②

C.①③ D.②③

4. 制缆装置在养护周期内的检查要点是_____。

①甲板眼环是否锈蚀磨损;②链(索)是否变形,腐蚀磨损;③长度是否不足

A.①②③ B.①②

C.①③ D.②③

5. 船用钢丝绳在养护周期内的养护要点是_____。

①锈蚀应除锈上油;②断丝超过规定者应换新;③断丝超过规定者插接或换新

A.①②③ B.①②

C.①③ D.②③

6. 缆索绞车在养护周期内的检查要点是_____。

①外壳及底脚螺栓锈蚀情况;②卷筒轴是否活络;③脚踏刹车是否可靠

A.①②③ B.①②

C.①③ D.②③

7. 船用植物纤维绳在养护周期内的检查要点是_____。

①外表磨损情况;②股内是否有霉点;③断股情况

A.①②③ B.①②

C.①③ D.②③

8. 船用化纤缆在养护周期内的检查要点是_____。

①外表磨损情况;②测量粗细;③断股情况

A.①②③ B.①②

C.①③ D.②③

9. 导缆钳与导向滚轮的养护周期为_____。

A. 一个季度 B. 二个季度

C. 三个季度 D. 四个季度

10. 系缆桩与导缆孔的养护周期为_____。

A. 一个季度 B. 二个季度

C. 三个季度 D. 四个季度

11. 甲板眼环、制缆索的养护周期为_____。

A. 每三个月 B. 每航次

C. 每六个月 D. 每年

12. 船用化纤缆的养护周期为_____。

A. 12 个月 B. 9 个月

C. 6 个月 D. 3 个月

13. 绞缆机的养护周期为_____。

    A. 12 个月　　　　　　　　　　　　　B. 9 个月

    C. 6 个月　　　　　　　　　　　　　D. 3 个月

14. 缆索绞车的养护周期为_____。

    A. 12 个月　　　　　　　　　　　　　B. 9 个月

    C. 6 个月　　　　　　　　　　　　　D. 3 个月

15. 船用钢丝绳的养护周期为_____。

    A. 12 个月　　　　　　　　　　　　　B. 9 个月

    C. 6 个月　　　　　　　　　　　　　D. 3 个月

16. 船用植物纤维缆的养护周期为_____。

    A. 1 个月　　　　　　　　　　　　　B. 2 个月

    C. 3 个月　　　　　　　　　　　　　D. 4 个月

17. 当发生_____时,钢丝绳的强度会降低到原来的90%以下。

    ①短插接;②长插接;③扭结消除后;④眼环接;⑤钢丝绳搓成绳索后

    A. ①②③④⑤　　　　　　　　　　　B. ①②④⑤

    C. ①③④⑤　　　　　　　　　　　　D. ②③④⑤

18. 使用和保管钢丝绳时,下列说法正确的是_____。

    ①防止扭结和弯曲过度;②防止生锈和过度磨损;③防止受顿力

    A. ①②③　　　　　　　　　　　　　B. ①②

    C. ①③　　　　　　　　　　　　　　D. ②③

19. 某船钢丝绳的直径为 2 cm(6×19),在_____长度内发现有_____钢丝断裂,不准继续使用。

    A. 160 mm;6 根　　　　　　　　　　B. 160 mm;5 根

    C. 200 mm;6 根　　　　　　　　　　D. 200 mm;5 根

20. 船用钢丝缆在使用过程中,如果出现过度拉伸受伤,使用强度应降低约_____。

    A. 10%　　　　　　　　　　　　　　B. 20%

    C. 40%　　　　　　　　　　　　　　D. 50%

1.2.4.7　靠、离泊时缆绳的应用

一、知识点梳理

1. 靠泊:顶流,先带头缆,再带前倒缆、前横缆;船尾先带倒缆,后带尾缆和横缆。

  横风,先带首横缆,无条件将头缆和前倒缆同时带上,尾部先带横缆。

2. 离泊:(备车、上引水)单绑,船首保留一根头缆和倒缆,顺流时保留一根尾缆,顶流时保留一根尾倒缆。溜缆时,一般用前倒缆,应留强度大、靠码头边缘、接近船中那根。

3. 系、离浮筒:先带单头缆,后带回头缆;回头缆不受力;先解单头缆,后解回头缆。

二、难点点拨

回头缆平时不受力,只在解离时,自行离泊用,亦即作为系浮的单绑用缆。

三、相关习题

1. 船舶系带双浮筒时,带缆程序一般应是_____。
   A. 回头缆、单头缆同时带　　　　　　B. 先回头缆,后单头缆
   C. 先单头缆,后回头缆　　　　　　　D. 根据当时具体情况而定
2. 并靠系浮船时,应先带_____。
   A. 相缆(船舶之间的缆绳)　　　　　B. 浮筒缆
   C. 任意　　　　　　　　　　　　　D. 回头缆
3. 顺风顺流尾离码头时应挽住_____。
   A. 首缆　　　　　　　　　　　　　B. 前倒缆
   C. 后倒缆　　　　　　　　　　　　D. 尾缆
4. 能够承受自船首方向的风、流推力和倒车的拉力,防止船位向后移动及外张的缆绳是_____。
   ①头缆;②尾缆;③前倒缆;④尾倒缆;⑤横缆
   A. ①④　　　　　　　　　　　　　B. ②③
   C. ①③④　　　　　　　　　　　　D. ②③⑤
5. 船在系泊中,横缆的主要作用是_____。
   A. 阻止船舶向前移动　　　　　　　B. 阻止船舶离开码头
   C. 阻止船舶向后移动　　　　　　　D. 阻止船舶前后移动
6. 船舶系浮筒时,平时不受力的缆绳是_____。
   A. 单头缆　　　　　　　　　　　　B. 倒缆
   C. 首缆　　　　　　　　　　　　　D. 回头缆
7. 单绑的含义是指_____。
   A. 首尾各留一根缆绳　　　　　　　B. 船首仅留一根缆绳
   C. 船尾仅留一根缆绳　　　　　　　D. 解去首尾不必要的缆绳
8. 一般情况下,船舶靠泊时的带缆顺序是_____。
   A. 先船首带缆,后船尾带缆;而船首应先带倒缆后带头缆
   B. 先船首带缆,后船尾带缆;而船首应先带头缆后带倒缆
   C. 先船首带缆,后船尾带缆;而船尾应先带尾缆后带倒缆
   D. 先船首带缆,后船尾带缆;而船尾应先带倒缆后带尾缆
9. 一般情况下,顶流或顶风靠泊时的带缆顺序是_____。

A. 头缆、前倒缆、尾倒缆、尾缆

B. 头缆、尾缆、前倒缆、尾倒缆

C. 前倒缆、头缆、尾倒缆、尾缆

D. 前倒缆、尾倒缆、尾缆、头缆

10. 船舶重载、顶流时靠泊应先带_____。

    A. 首缆　　　　　　　　　　　　B. 首倒缆

    C. 尾缆　　　　　　　　　　　　D. 尾倒缆

11. 吹开风靠码头,应首先带_____。

    A. 首横缆　　　　　　　　　　　B. 尾缆

    C. 前倒缆　　　　　　　　　　　D. 后倒缆

12. 靠泊时一般在船首应先带首缆,而后带首倒缆,其理由是_____。

    ①稳住船身,以免由于顶流、顶风使船后退;②在拖锚制动靠泊时,以免锚链作用而使船身后缩;③由于船身尚在前进时,若先带首倒缆,当倒缆吃力后,其横向分力将使船首过快压扰码头而受损;④对于重载大船在靠泊时有效抵消船首挤向码头的方法是及早用车舵控制

    A. ①②③④　　　　　　　　　　B. ①②③

    C. ①②④　　　　　　　　　　　D. ①③④

13. 吹开风较强时的带缆顺序是_____。

    ①一般应先带首横缆,并及时绞紧上缆桩挽住;②若无条件先带着横缆,则可将首缆和首倒缆同时带上,并尽快收紧;③必要时可用拖船制动,辅以车舵助操,协助靠泊

    A. ①③　　　　　　　　　　　　B. ②③

    C. ①②　　　　　　　　　　　　D. ①②③

14. 尾部出缆先后顺序,视具体条件而定,_____。

    ①船舶重载,顶流较强时,应先带尾缆,然后带横缆及尾倒缆;②若顶流较弱,而风从尾来,则以先带尾缆为妥;③船舶空载,吹开风强时,宜先带尾横缆,并尽快收紧

    A. ①②　　　　　　　　　　　　B. ②③

    C. ①③　　　　　　　　　　　　D. ①②③

15. 船舶靠泊时,尾部出缆先后顺序,视具体条件而定,_____。

    A. 船舶空载、吹开风强时,宜先带尾横缆,然后带尾倒缆及尾缆

    B. 船舶重载、顶流较强时,应先带尾缆,然后带横缆及尾倒缆

    C. 船舶空载、吹开风强时,宜先带尾缆,然后带尾倒缆及尾横缆

    D. 船舶重载、顶流较强时,应先带尾横缆,然后带尾缆及尾倒缆

离泊用缆

16. 船舶离泊前进行单绑,一般船首留下哪些缆绳?

    A. 一根内舷头缆和一根倒缆　　　B. 一根内舷头缆和两根倒缆

    C. 一根外舷头缆和一根倒缆　　　D. 一根外舷头缆和两根倒缆

17. 船舶离泊前进行单绑,顺流情况下,一般留下哪些缆绳?

A. 船首留一头缆和一倒缆,船尾留一倒缆　　B. 船首留一头缆和一倒缆,船尾留一尾缆

C. 船首留一头缆,船尾留一尾缆和一倒缆　　D. 船首留一倒缆,船尾留一尾缆和一倒缆

18. 船舶离泊前进行单绑,顶流情况下,一般留下哪些缆绳?

A. 船首留一头缆和一倒缆,船尾留一倒缆　　B. 船首留一头缆和一倒缆,船尾留一尾缆

C. 船首留一头缆,船尾留一尾缆和一倒缆　　D. 船首留一倒缆,船尾留一尾缆和一倒缆

19. 船舶离码头采用尾离法时,前倒缆应尽可能_____。

A. 带至船首附近码头边的缆桩上　　B. 带至船尾附近码头边的缆桩上

C. 带至船中附近码头边的缆桩上　　D. 带至船中之后码头边的缆桩上

20. 离码头采用尾离法,首倒缆应尽可能_____。

A. 带至远离码头边的缆桩　　B. 带至接近船首的缆桩上

C. 带至接近船中码头边的缆桩上　　D. 使用长度较短的尼龙缆

21. 万吨级船舶顶流离泊时,用拖船拖首协助大船进行首离时,船舶应留哪些缆?

A. 尾倒缆、内舷尾缆各一　　B. 尾倒缆、外舷尾缆各一

C. 前倒缆、内舷尾缆各一　　D. 前倒缆、外舷尾缆各一

22. 万吨级船舶顺流离泊时,用拖船拖首协助大船进行尾离时,船舶应留哪些缆?

A. 尾倒缆、内舷头缆各一　　B. 尾倒缆、外舷头缆各一

C. 前倒缆、内舷头缆各一　　D. 前倒缆、外舷头缆各一

23. 中小型船舶采用尾离法离码头时,若利用前倒缆甩尾,前倒缆应选强度大的缆绳,且_____。

A. 应带至接近船首的码头缆桩上,并有足够长度

B. 应带至接近船中的缆桩上,并尽量缩短

C. 应带至接近船首的缆桩上,并尽量缩短

D. 从船首出缆带至接近船中的码头缆桩上

24. 顶流拖首协助大船进行首离时,除留后倒缆外,尾缆应_____。

A. 留内舷尾缆　　B. 留外舷尾缆

C. 留内外两舷各一条　　D. 留两条以上

25. 船舶离双浮筒前进行单绑(single up),下列哪项正确?

A. 船首解除回头缆,留单头缆;船尾解除单头缆,留回头缆

B. 船首解除回头缆,留单头缆;船尾解除回头缆,留单头缆

C. 船首解除单头缆,留回头缆;船尾解除单头缆,留回头缆

D. 船首解除单头缆,留回头缆;船尾解除回头缆,留单头缆

1.2.4.8　靠、离泊用缆的注意事项

一、知识点梳理

1. 绞缆不能硬绞或突然加大功率;不同质缆绳不能一个缆桩或导缆孔;钢丝绳不能扭结、急

折,弯处 6 倍钢丝绳直径,锈蚀降 30%;拉伤 50%;短插接 10%。

    2. 站位:绳圈、异侧、绞缆溜缆持缆 1 m;打止索结面向缆桩、异侧。

    3. 缆绳仰角要小;与码头夹角根据顶流顺流、横风情况。

二、相关习题

1. 用缆注意事项中,下述哪项正确?
    A. 吹开风时,缆绳与码头交角宜大一些;顶流较强时,缆绳与码头交角也宜大一些
    B. 吹开风时,缆绳与码头交角宜小一些;顶流较强时,缆绳与码头交角宜大一些
    C. 吹开风时,缆绳与码头交角宜大一些;顶流较强时,缆绳与码头交角宜小一些
    D. 吹开风时,缆绳与码头交角宜小一些;顶流较强时,缆绳与码头交角也宜小一些

2. 溜缆操作时应注意的事项中,下述哪项不正确?
    A. 溜缆一般使用钢丝缆　　　　　　B. 溜缆时应挽得住和溜得出
    C. 溜缆速度应快而不宜缓　　　　　D. 操作人员应位于溜出相反一舷

3. 用缆注意事项中,下述哪项正确?
    A. 各系缆的水平俯角应尽量增大　　B. 各系缆的水平俯角应尽量减小
    C. 溜缆速度应快而不宜缓　　　　　D. 回头缆应随时保持吃力

4. 有关停泊中系缆的使用,下列哪项有误?
    A. 各系缆的水平俯角应尽量小　　　B. 吹开风大时缆绳与码头间的夹角应尽量减小
    C. 操作中应防止缆绳受顿力　　　　D. 回头缆不宜吃力

5. 带缆作业时,打制索结者应_____缆桩和缆绳,并站在缆桩的_____。
    A. 面向;同侧　　　　　　　　　　B. 面向;异侧
    C. 背向;同侧　　　　　　　　　　D. 背向;异侧

6. 绞缆时,手持缆绳活端的水手应站在卷筒后方_____以上距离。
    A. 4 m　　　　　　　　　　　　　B. 3 m
    C. 2 m　　　　　　　　　　　　　D. 1 m

7. 在使用制缆索时,应使用_____。
    A. 与缆绳同质的制缆索　　　　　　B. 化纤制缆索
    C. 链条制缆索　　　　　　　　　　D. 软钢丝绳制缆索

8. 下列有关系泊带缆时,应注意的缆绳挽桩事项说法正确的是_____。
①要迅速准确防止断缆;②先挽不受力的缆;③挽桩时先绕过前面一根缆桩,然后再以 8 字形挽;④钢丝绳至少挽 5 道 8 字形,尼龙绳至少挽 3 道 8 字形;⑤钢丝绳挽好后打一压缆活结防止钢丝绳跳出缆桩,尼龙绳应在桩上围一圈并用缆绳压上
    A. ①②③④　　　　　　　　　　　B. ②③④⑤
    C. ①③④⑤　　　　　　　　　　　D. ①②④⑤

9. 当发生下列_____情况后钢丝绳的强度会降低到原来的 90% 以下。
①短插接;②长插接;③扭结消除后;④眼环接;⑤钢丝绳搓成绳索后

A.①②③④⑤　　　　　　　　　　B.①②④⑤

C.①③④⑤　　　　　　　　　　D.②③④⑤

10. 使用和保管钢丝绳时,下述正确的是_____。

①防止扭结和弯曲过度;②防止生锈和过度磨损;③防止受顿力

A.①②③　　　　　　　　　　B.①②

C.①③　　　　　　　　　　D.②③

11. 某船钢丝绳的直径为 2 cm(6×19),在_____长度内发现有_____钢丝断裂,不准继续使用。

A. 16 cm;6 根　　　　　　　　　　B. 16 cm;5 根

C. 20 cm;6 根　　　　　　　　　　D. 20 cm;5 根

12. 船用钢丝缆在使用过程中,如果出现过度拉伸受伤,使用强度应降低约_____。

A.10%　　　　　　　　　　B.20%

C.40%　　　　　　　　　　D.50%

1.2.5　拖船的运用

1.2.5.1　拖船的种类及其特点

一、知识点梳理

1. 种类:按航区分外海、港作拖船;按用途分运输、港作、救助拖船。

2. 港作拖船按推进装置分类:ZP(主流)、VSP、CPP、FPP。

(1)ZP 可控制推力的大小方向,停止性、旋回性、耐波性优,可横移,前进、后退拖力都最大;

(2)VSP 前进拖力最小,其他同 ZP;

(3)CPP 后退拖力最小;

(4)FPP,大多数港口已淘汰。

二、相关习题

1. 关于拖船推进器的种类,下列哪项正确?

A. CPP、FPP、ZP、VPP　　　　　　B. CSP、FPP、ZP、VSP

C. CPP、FSP、ZP、VSP　　　　　　D. CPP、FPP、ZP、VSP

2. 最易受波浪的影响使其拖力大大降低的拖船种类为_____。

A. CPP　　　　　　　　　　B. FPP

C. VSP　　　　　　　　　　D. ZP

3. CPP 型、VSP 型和 ZP 型推进器拖船的推力受波浪的影响情况为_____。

    A. CPP 型、VSP 型不易受波浪的影响,ZP 型易受波浪的影响

    B. ZP 型、VSP 型不易受波浪的影响,CPP 型易受波浪的影响

    C. CPP 型、ZP 型不易受波浪的影响,VSP 型易受波浪的影响

    D. ZP 型、VSP 型易受波浪的影响,CPP 型不易受波浪的影响

4. 每 100 kW 主机功率给出的拖力最大的拖船推进器型号是_____。

    A. ZP   B. CPP

    C. VSP   D. FPP

5. VSP、CPP 和 ZP 三种推进器,每 100 kW 主机功率给出的拖力的排序是_____。

    A. CPP > VSP > ZP   B. CPP > ZP > VSP

    C. VSP > ZP > CPP   D. ZP > CPP > VSP

6. 能用推进器使自身横向移动的拖船种类为_____。

    A. CPP、VSP、ZP、FPP   B. ZP、VSP

    C. VSP、FPP、CPP   D. ZP、FPP、VSP

7. 不能用推进器使自身横向移动的拖船种类为_____。

    A. CPP、VSP、ZP、FPP   B. ZP、VSP

    C. FPP、CPP   D. ZP、FPP、VSP

8. 能用推进器进行原地掉头的拖船种类为_____。

    A. CPP、VSP、ZP、FPP   B. ZP、VSP

    C. VSP、FPP、CPP   D. ZP、FPP、VSP

9. 用推进器不能进行原地掉头的拖船种类为_____。

    A. CPP、VSP、ZP、FPP   B. ZP、VSP

    C. FPP、CPP   D. ZP、FPP、VSP

10. 使用推进器和舵进行操作的拖船种类为_____。

    A. CPP、VSP、ZP、FPP   B. ZP、VSP

    C. FPP、CPP   D. ZP、FPP、VSP

11. 只能用推进器进行操作的拖船种类为_____。

    A. CPP、VSP、ZP、FPP   B. ZP、VSP

    C. VSP、FPP、CPP   D. ZP、FPP、VSP

12. 操纵性能优良,可以横向移动的拖船种类有_____。

    ①VSP 型;②CPP 型;③ZP 型;④FPP 型

    A. ②③④   B. ①②③

    C. ①③   D. ①②③④

13. 操纵性能较差,不能横向移动的拖船种类有_____。

    ①VSP 型;②CPP 型;③ZP 型;④FPP 型

    A. ②④   B. ①②③

    C. ①③   D. ①②③④

14. 与 CPP 型推进器拖船比较，VSP 型和 ZP 型推进器的旋回性情况为_____。

    A. VSP 旋回性较好，ZP 旋回性较差   B. VSP 旋回性较差，ZP 旋回性较好

    C. VSP 旋回性较好，ZP 旋回性较好   D. VSP 旋回性较差，ZP 旋回性较差

1.2.5.2 拖船使用方式

一、知识点梳理

1. 拖带［直拖（拎拖、吊拖）、斜拖］：拖缆长度应满足，最小俯角 $< 15°$，$> 4h$（拖缆出口至水面高度），不少于 45 m，一般为 $2L$（拖船长度）。

2. 顶推：首部传递推力，单首缆（常用）、双首缆、紧绑，用于作用点经常变化的情况。

3. 傍拖：舷侧传递拖力。

4. 舵船：VSP、ZP 拖船可做舵船。

5. 组合拖曳：两种或三种方式组合使用；作用：保向、变向、前进、减速。

二、相关习题

1. 拖船顶推协助大船进行操纵时，其系缆方式包括_____。

    A. 单首缆、紧绑   B. 双首缆、紧绑

    C. 单首缆、双首缆   D. 单首缆、双首缆、紧绑

2. 港作拖船顶推协助大船进行靠离泊操纵时，其最常用的系缆方式为_____。

    A. 单首缆   B. 双首缆

    C. 单首缆和双首缆   D. 紧绑

3. 单拖船船首与大船紧靠并带缆的拖带方式称为_____。

    A. 吊拖   B. 顶推

    C. 傍拖   D. 横拖

4. 拖船船尾以一定长度拖缆与大船相连的拖带方式称为_____。

    A. 吊拖   B. 顶推

    C. 傍拖   D. 倒拖

5. 组合拖曳适用于拖带无动力船，可以使被拖船_____。

    A. 推进，但不能制动、保向、变向   B. 推进、制动，但不能保向、变向

    C. 推进、制动、保向，但不能变向   D. 推进、制动、保向、变向

6. 当拖船需要经常变换顶推或拖带船舶不同部位时，宜选用_____。

    A. CPP 型拖船   B. FPP 型拖船

    C. ZP 型拖船   D. FPP 加导流管型拖船

7. 当拖船主要承担顶推或兼有拖带作业时，宜选用_____。

A. CPP 型拖船 B. FPP 型拖船
C. ZP 型拖船 D. FPP 加导流管型拖船

8. 拖船的作业方式一般不包括_____。
   A. 倒拖 B. 顶推
   C. 傍拖 D. 组合拖曳

9. 利用拖带(吊拖)方式协助大船时,下列关于拖船的作用和系带不合适的是_____。
   A. 拖船系在被拖船船尾,协助大船减速或后退
   B. 两艘或多艘船舶系在舷侧,协助大船横向移动离泊
   C. 拖船系在被拖船船尾,为被拖船提供前进动力
   D. 单拖船或两艘拖船系在被拖船舷侧,协助船舶掉头

10. 利用顶推方式协助大船时,下列关于拖船的作用和系带不合适的是_____。
   A. 两艘或多艘船舶系在舷侧,协助大船横向移动靠泊
   B. 两艘或多艘船舶系在舷侧,协助大船横向移动离泊
   C. 大船有进速,且较低时,单拖船系在船尾舷侧,协助转向
   D. 大船有退速,且较低时,单拖船系在船首舷侧,协助转向

11. 关于拖船的不同使用方式的特点,下列说法正确的是_____。
   ①顶推适用于作用点不变方向经常变化的情况;②拖带适用于作用点经常变化的情况;③傍拖适用于作用点和方向基本不变的情况
   A. ①③ B. ①②③
   C. ③ D. ①②

12. 不考虑水域、风流影响,协助前进中的船舶向右回转,顶右尾比拖右首转船效果好的原因是_____。
   ①顶推作用力方向可以随时与船首尾向垂直;②顶右尾产生的水动力矩方向与回转方向相同,而拖右首产生的水动力矩方向与回转方向相反
   A. ① B. ②
   C. ①②都对 D. ①②都不对

13. 采用吊拖方式拖带搁浅船舶脱浅,如果海上风浪变大,下列做法合适的是_____。
   ①增大出缆长度;②缩短出缆长度;③增大缆绳的悬垂量;④减小缆绳的悬垂量
   A. ①③ B. ①④
   C. ②③ D. ②④

1.2.5.3 协助操船所需拖船功率的估算

一、知识点梳理

注意掌握根据船长或吨位,从图表中查取所需拖船数量和总拖力<2万吨,0.075 DWT;

2万~5万吨,0.060 DWT;>5万吨,0.050 DWT。

二、相关习题

1. 拖船可给出的拖力或推力_____。
   A. 与拖船的运动速度无关,与拖船的主机功率及推进器种类有关
   B. 与拖船的运动速度有关,与拖船的主机功率及推进器种类有关
   C. 与拖船的运动速度有关,与拖船的主机功率及推进器种类无关
   D. 与拖船的运动速度无关,与拖船的主机功率及推进器种类无关

2. 根据经验,风速低于15 m/s,流速低于0.5 kn,万吨级船舶所需拖船功率(kW)应约为船舶总吨位的_____。
   A. 7%   B. 9%
   C. 11%   D. 13%

3. 根据经验,风速低于15 m/s,流速低于0.4 kn,万吨级船舶所需拖船功率(kW)应约为船舶载重吨位的_____。
   A. 6.4%   B. 7.4%
   C. 8.4%   D. 9.4%

4. 固定螺距螺旋桨拖船的牵引力与主机马力可用下式概算_____。
   A. 100马力=0.8吨牵引力   B. 100马力=1吨牵引力
   C. 100马力=1.2吨牵引力   D. 100马力=1.3吨牵引力

5. 根据经验,风速低于15 m/s,流速低于0.5 kn,船舶总吨位5 000,所需拖船功率(kW)应约为_____。
   A. 450 kW   B. 550 kW
   C. 650 kW   D. 750 kW

6. 根据经验,风速低于15 m/s,流速低于0.5 kn,船舶载重吨为10 000 t,所需拖船功率(kW)应约为_____。
   A. 740 kW   B. 840 kW
   C. 940 kW   D. 1 040 kW

7. 根据有关规定,载重量DWT<2万吨的船舶,所需的港作拖船总功率为_____。
   A. 0.075 DWT   B. 0.060 DWT
   C. 0.050 DWT   D. 0.040 DWT

8. 根据有关规定,载重量DWT处于2万吨至5万吨的船舶,所需的港作拖船总功率为_____。
   A. 0.075 DWT   B. 0.060 DWT
   C. 0.050 DWT   D. 0.040 DWT

9. 根据有关规定,载重量DWT大于5万吨的船舶,所需的港作拖船总功率为_____。
   A. 0.075 DWT   B. 0.060 DWT
   C. 0.050 DWT   D. 0.040 DWT

1.2.5.4 拖船作用下的船舶运动规律

一、知识点梳理

1. 静止:$GP \times GC = 0.123L^2$
(1)单船顶推:作用点船中,横移;位于船中前或后,横移、转船,最大转船力矩,远离船中。
(2)单船拖带:平移、转船效应取决于作用点、拖力角、拖力大小。
2. 前进
(1)单船顶推:顶尾转船效应大。若掉头相反一侧水域受限,则宜拖首。
(2)单船斜向拖带:本船成一漂角斜航,合速度 β 方向较拖力方向 θ 更靠近本船首尾。

二、难点点拨

大船在拖船作用下的运动,不但要考虑拖船的作用力与力矩,还要考虑船舶斜航产生的水动力和水动力力矩。

三、相关习题

1. 单拖船拖带时,拖缆方向与船舶首尾线成一定角度时,被拖船的运动方向_____。
   A. 与拖缆方向一致　　　　　　　　　　B. 与拖缆方向垂直
   C. 较拖缆方向更接近向正横方向　　　　D. 较拖缆方向更接近首尾线方向
2. 单拖船拖缆方向与船舶首尾线交角为 θ,当 $0° < \theta < 90°$ 时,被拖船移动的漂角 β 为_____。
   A. $\beta = 90°$　　　　　　　　　　　　B. $\beta = 0°$
   C. $\beta < \theta$　　　　　　　　　　　　D. $\beta > \theta$
3. 单拖船拖缆方向与船舶首尾线交角为 θ,当 $\theta = 0°$ 时,被拖船移动的漂角 β 为_____。
   A. $\beta = 90°$　　　　　　　　　　　　B. $\beta = 0°$
   C. $\beta < \theta$　　　　　　　　　　　　D. $\beta > \theta$
4. 单拖船拖缆方向与船舶首尾线交角为 θ,当 $\theta = 90°$,且作用点在重心处时,被拖船移动的漂角 β 为_____。
   A. $\beta = 90°$　　　　　　　　　　　　B. $\beta = 0°$
   C. $\beta < \theta$　　　　　　　　　　　　D. $\beta > \theta$
5. 单拖船拖缆方向与船舶首尾线交角为 θ,当 $0° < \theta < 90°$ 时,且作用点在船首处时,被拖船的运动情况为_____。
   A. 既有平动,又有绕转心的转动　　　　B. 只有平动,没有绕转心的转动
   C. 只有绕转心的转动,没有平动　　　　D. 既没有平动,又没有绕转心的转动

6. 单拖船拖缆方向与船舶首尾线交角为 θ ,当 $\theta = 0°$ 且作用点在船首处时,被拖船的运动情况为_____。

   A. 既有平动,又有绕转心的转动　　　　B. 只有平动,没有绕转心的转动

   C. 只有绕转心的转动,没有平动　　　　D. 既没有平动,又没有绕转心的转动

7. 单拖船拖缆方向与船舶首尾线交角为 θ ,当 $\theta = 90°$ 且作用点在重心处时,被拖船的运动情况为_____。

   A. 既有平动,又有绕转心的转动　　　　B. 只有平动,没有绕转心的转动

   C. 只有绕转心的转动,没有平动　　　　D. 既没有平动,又没有绕转心的转动

8. 拖船以垂直方向拖大船船尾时,大船将绕其_____转动。

   A. 船首最前端　　　　　　　　　　　　B. 船舶重心处

   C. 船尾最后端　　　　　　　　　　　　D. 船舶转心处

9. 拖船以垂直方向拖大船船首时,大船将绕其_____转动。

   A. 船首最前端　　　　　　　　　　　　B. 船舶重心处

   C. 船舶转心处　　　　　　　　　　　　D. 船尾最后端

10. 拖船以垂直方向顶推大船船首时,大船的转心位于_____。

   A. 船首最前端　　　　　　　　　　　　B. 船舶重心处

   C. 船舶重心之后　　　　　　　　　　　D. 船尾最后端

11. 拖船以垂直方向顶推大船船尾时,大船的转心位于_____。

   A. 船首最前端　　　　　　　　　　　　B. 船舶重心处

   C. 船舶重心之前　　　　　　　　　　　D. 船尾最后端

12. 单拖船协助低速前进的大船回转时,助转效果从好至差的顺序为_____。

   A. 顶推大船尾部;吊拖大船尾部;吊拖大船首部;顶推大船首部

   B. 吊拖大船尾部;顶推大船尾部;吊拖大船首部;顶推大船首部

   C. 顶推大船尾部;吊拖大船尾部;顶推大船首部;吊拖大船首部

   D. 吊拖大船首部;顶推大船尾部;顶推大船尾部;吊拖大船首部

13. 单拖船协助低速前进的大船回转时,助转效果从差至好的顺序为_____。

   A. 顶推大船首部;吊拖大船首部;顶推大船尾部;吊拖大船尾部

   B. 吊拖大船尾部;顶推大船尾部;吊拖大船首部;顶推大船首部

   C. 吊拖大船首部;顶推大船首部;吊拖大船尾部;顶推大船尾部

   D. 吊拖大船尾部;顶推大船尾部;顶推大船首部;吊拖大船首部

14. 为使被拖船具有最大的转船力矩,单拖船的作用点和拖力方向应该怎样设置?

   A. 作用点远离被拖船的船中,拖力方向与被拖船的首尾面平行

   B. 作用点远离被拖船的船中,拖力方向与被拖船的首尾面垂直

   C. 作用点接近被拖船的船中,拖力方向与被拖船的首尾面平行

   D. 作用点接近被拖船的船中,拖力方向与被拖船的首尾面垂直

15. 为使被拖船横移过程中尽量减小转动,单拖船的作用点和拖力方向应该怎样设置?

   A. 作用点远离被拖船的船中,拖力方向与被拖船的首尾面平行

B. 作用点远离被拖船的船中,拖力方向与被拖船的首尾面垂直

C. 作用点接近被拖船的船中,拖力方向与被拖船的首尾面平行

D. 作用点接近被拖船的船中,拖力方向与被拖船的首尾面垂直

16. 经验表明,船舶前进中用拖船顶推大船船首转头时,拖船起作用的大船的极限航速为_____。

A. 2 ~ 3 kn
B. 3 ~ 4 kn
C. 5 ~ 6 kn
D. 7 ~ 8 kn

17. 协助前进中的船舶回转,当单拖船在大船的右舷尾部顶推时,对大船运动的影响是_____。

A. 使大船向左前方斜航;产生的水动力矩与回转方向相反

B. 使大船向左前方斜航;产生的水动力矩与回转方向相同

C. 使大船向右前方斜航;产生的水动力矩与回转方向相同

D. 使大船向右前方斜航;产生的水动力矩与回转方向相反

18. 协助前进中的船舶回转,当单拖船在大船右舷首部吊拖时,对大船运动的影响是_____。

A. 使大船向左前方斜航;产生的水动力矩与回转方向相反

B. 使大船向左前方斜航;产生的水动力矩与回转方向相同

C. 使大船向右前方斜航;产生的水动力矩与回转方向相同

D. 使大船向右前方斜航;产生的水动力矩与回转方向相反

19. 狭水道协助前进中的船舶回转,当单拖船在大船右舷首部吊拖时,_____。

A. 船尾偏向左舷较大,适合于右舷水域受限的情况

B. 船尾偏向左舷较大,适合于左舷水域受限的情况

C. 船尾偏向左舷较小,适合于右舷水域受限的情况

D. 船尾偏向左舷较小,适合于左舷水域受限的情况

20. 狭水道协助前进中的船舶向右回转,当单拖船在大船右舷尾部顶推时,_____。

A. 船尾偏向左舷较大,适合于右舷水域受限的情况

B. 船尾偏向左舷较大,适合于左舷水域受限的情况

C. 船尾偏向左舷较小,适合于右舷水域受限的情况

D. 船尾偏向左舷较小,适合于左舷水域受限的情况

21. 单拖船协助低速前进中的大船向右回转时,为尽量减少大船右移距离,应_____。

A. 吊拖大船左舷船首
B. 吊拖大船右舷船首
C. 顶推大船左舷船尾
D. 顶推大船右舷船尾

22. 单拖船协助低速前进中的大船向左回转时,若右舷水域受限,应_____。

A. 吊拖大船左舷船首
B. 吊拖大船右舷船首
C. 顶推大船左舷船尾
D. 顶推大船右舷船尾

23. 单拖船协助低速前进中的大船向右回转时,若左舷水域受限,应_____。

A. 吊拖大船左舷船首
B. 吊拖大船右舷船首
C. 顶推大船左舷船尾
D. 顶推大船右舷船尾

24. 单拖船协助低速前进中的大船向左回转时,为尽量减少大船左移距离,应_____。

A. 吊拖大船左舷船首　　　　　　　　　B. 吊拖大船右舷船首

C. 顶推大船左舷船尾　　　　　　　　　D. 顶推大船右舷船尾

25. 船舶在宽度受限制的水道中顺流使用单拖船向右掉头,为了减小漂移,宜让拖船_____。

A. 顶推大船右舷船尾　　　　　　　　　B. 吊拖大船右舷船首

C. 顶推大船左舷船尾　　　　　　　　　D. 吊拖大船左舷船首

26. 船舶在宽度受限制的水道中顶流使用单拖船向右掉头,为了减小漂移,宜让拖船_____。

A. 顶推大船右舷船尾　　　　　　　　　B. 吊拖大船右舷船首

C. 顶推大船左舷船尾　　　　　　　　　D. 吊拖大船左舷船首

1.2.5.5　拖船助操注意事项

一、知识点梳理

1. 拖缆:质量好、长度(见前述)足够、强度大,拖力逐渐增大。

2. 船速:提高,推力减小,阻力增大,效果降低;大船速度应<5～6 kn。

3. 横拖:拖力与车舵合力垂直拖船首尾,有倾覆危险。

4. 倒拖:拖缆拉力与水动力合力指向大船,与大船碰撞,立即解掉拖缆最有效。

二、难点点拨

倒拖时,是大船拖拖船,拖船在大船拉力和水动力作用下不自主运动。

三、相关习题

1. 吊拖时拖缆的俯角一般应低于_____。

A. 10°　　　　　　　　　　　　　　　B. 15°

C. 20°　　　　　　　　　　　　　　　D. 25°

2. 吊拖时拖缆的俯角_____。

A. 应越小越好,一般要小于15°　　　　B. 应越小越好,一般要小于25°

C. 应越大越好,一般要大于25°　　　　D. 应越大越好,一般要大于15°

3. 吊拖时拖缆长度应大于被拖船拖缆出口至水面距离的_____。

A. 8 倍　　　　　　　　　　　　　　　B. 6 倍

C. 4 倍　　　　　　　　　　　　　　　D. 2 倍

4. 港内吊拖时,被拖船拖缆出口至水面距离为12 m,一般情况下拖缆长度_____。

A. 应大于48 m　　　　　　　　　　　B. 应大于58 m

C. 应大于68 m　　　　　　　　　　　D. 应大于78 m

5. 港内吊拖时,被拖船拖缆出口至水面距离为 10 m,拖缆长度_____。

  A. 应大于 30 m   B. 应大于 40 m

  C. 应大于 45 m   D. 应大于 60 m

6. 港内吊拖的拖缆长度_____。

  A. 不应少于 25 m   B. 不应少于 35 m

  C. 不应少于 45 m   D. 不应少于 55 m

7. 拖带中应防止的横拖现象是指_____。

  A. 拖船横拖大船船首、船尾或船中

  B. 拖缆方向垂直于拖船首尾面

  C. 拖船与大船首尾面平行,拖缆与两船首尾面垂直

  D. 拖缆张力和拖船拖力的合力方向与拖船首尾面垂直

8. 拖带中横拖现象的危害是_____。

  A. 可能使拖船倾覆   B. 可能使大船倾覆

  C. 可能使拖船和大船倾覆   D. 可能使拖船与大船碰撞

9. 拖带中应防止的倒拖现象是指_____。

  A. 大船船身后缩,拖着拖船向船尾方向运动

  B. 大船船身前进,拖着拖船向船首方向运动

  C. 大船的前后运动带动拖船沿拖缆垂直方向运动向大船分离

  D. 大船的前后运动带动拖船沿拖缆垂直方向运动向大船靠拢

10. 拖带中倒拖现象的危害是_____。

  A. 可能使拖船倾覆   B. 可能使大船倾覆

  C. 可能使拖船与大船碰撞   D. 可能使拖船和大船倾覆

11. 有关使用拖船助操时的注意事项的叙述,下列哪些是正确的?

  ①大船应消除过大的前冲或退势;②拖船必须在船舷设有专用标志的地方顶推;③大船应保持与拖船有效的通信联络;④严格防止横拖与倒拖现象的出现

  A. ①②③   B. ②③④

  C. ①③④   D. ①②③④

12. 有关使用拖船助操时的注意事项的叙述,下列哪项有误?

  A. 大船应消除过大的前冲或退势

  B. 大船应保持与拖船有效的通信联络

  C. 拖船必须在船舷设有专用标志的地方顶推

  D. 严格防止横拖与倒拖现象的出现

13. 考虑到船速对拖船作用效果的影响,下列_____情况下,拖船作用效果最好。

  A. 被拖船前进时   B. 被拖船后退时

  C. 被拖船对水没有速度时   D. 被拖船对地没有速度时

14. 关于波浪对拖船作用效果的影响,下列说法不正确的是_____。

  A. 波浪不仅影响拖船的姿态,还会影响拖船的最大拖力发挥

B. 波浪会在拖缆上造成较大的负荷

C. 波浪中,如果合适,可以选择风浪较小的下风向舷侧拖带

D. 波浪对拖带的影响比顶推影响小些

1.3 外界因素对操船的影响

1.3.1 风对操船的影响

1.3.1.1 风动力与风动力转船力矩

一、知识点梳理

1. 大小:与相对风速、风舷角、受风面积和形状有关。

(1)风速:强风,平均风速×1.25;暴风×1.50。

(2)受风面积:正面 $A_a = C_1 \times B^2$;侧面 $B_a = C_2 \times L^2$。一般来说,船舶空载时受 3~4 级风,相当于半载时 5~6 级,相当于满载时 7~8 级。

(3)风力系数 C_a 与风舷角 θ、吃水 d、上层建筑形状和分布有关。C_a-θ 为马鞍形曲线,θ 为 $0°$、$180°$时最小;$90°$时较小;$40°$、$140°$时最大。

2. 方向:风力角比风舷角更接近正横,$\theta \in 40° \sim 140°$,风力角 $\in 80° \sim 100°$。

3. 作用点:随 $\theta = 0° \sim 180°$,由前向后移动,距首 $0.3L \sim 0.7L$。

4. 力矩:以重心为支点,C_{ma},斜顶风斜顺风最大,正横后大于正横前。

二、难点点拨

在受风分析过程中,注意风力三要素的确定及其影响因素。

三、相关习题

影响风动力大小的因素

1. 在风中航行时,决定船舶所受风力大小的因素有_____。

①相对风速和风舷角;②水线以上船体正、侧面受风面积;③空气密度

A. ①   B. ①③

C. ②③　　　　　　　　　　　　　　　　　D. ①②③

2. 船舶所受风动力的大小_____。

　　A. 与风舷角有关,与相对风速无关　　　B. 与风舷角有关,与相对风速有关

　　C. 与风舷角无关,与相对风速无关　　　D. 与风舷角无关,与相对风速有关

3. 船舶所受风动力的大小_____。

　　A. 与风舷角有关,与船体水上面积无关　B. 与风舷角无关,与船体水上面积无关

　　C. 与风舷角有关,与船体水上面积有关　D. 与风舷角无关,与船体水上面积有关

4. 船舶所受风动力的大小_____。

　　A. 与船体水上正面积无关,与船体水上侧面积无关

　　B. 与船体水上正面积有关,与船体水上侧面积无关

　　C. 与船体水上正面积无关,与船体水上侧面积有关

　　D. 与船体水上正面积有关,与船体水上侧面积有关

5. 计算船舶所受风动力时,所用的风动力系数 C_a 的值与风舷角 θ 的关系为_____。

　　A. 当风舷角为0°或180°时,该值最小　B. 当风舷角为0°或180°时,该值最大

　　C. 当风舷角为90°时,该值最小　　　　D. 当风舷角为90°时,该值最大

6. 计算船舶所受风动力时,风舷角 θ 为何范围时,风动力系数 C_a 为最大值?

　　A. 30°~40°或80°~100°　　　　　　B. 30°~40°或140°~160°

　　C. 10°~20°或140°~160°　　　　　　D. 10°~20°或80°~100°

7. 船舶所受风动力作用中心的位置主要取决于_____。

　　A. 船舶水下船体形状及面积分布情况和风舷角

　　B. 船舶水下船体形状及面积分布情况和漂角

　　C. 船舶上层建筑形状及面积分布情况和风舷角

　　D. 船舶上层建筑形状及面积分布情况和漂角

8. 船舶所受风动力中心距船首的距离 a 和风动力角与风舷角的关系为_____。

　　A. 风动力角随风舷角的增大而减小;a 随风舷角的增大而减小

　　B. 风动力角随风舷角的增大而增大;a 随风舷角的增大而减小

　　C. 风动力角随风舷角的增大而增大;a 随风舷角的增大而增大

　　D. 风动力角随风舷角的增大而减小;a 随风舷角的增大而增大

9. 根据船舶实际吃水估算船舶的正面受风面积 A_a 时_____。

　　A. 正面受风面积 A_a 与船长 L 的平方成正比

　　B. 正面受风面积 A_a 与船宽 B 的平方成正比

　　C. 正面受风面积 A_a 与船长 L 的平方成反比

　　D. 正面受风面积 A_a 与船宽 B 的平方成反比

10. 可根据船舶实际吃水估算船舶的侧面受风面积 B_a,其_____。

　　A. 侧面受风面积 B_a 与船长 L 的平方成正比

　　B. 侧面受风面积 B_a 与船宽 B 的平方成正比

　　C. 侧面受风面积 B_a 与船长 L 的平方成反比

D. 侧面受风面积 B_a 与船宽 B 的平方成反比

11. 一般来说,船舶空载时所受 3~4 级风的影响约相当于_____。
    A. 半载时受 5~6 级风的影响,满载时受 7~8 级风的影响
    B. 半载时受 7~8 级风的影响,满载时受 5~6 级风的影响
    C. 半载时受 2~3 级风的影响,满载时受 3~4 级风的影响
    D. 半载时受 3~4 级风的影响,满载时受 2~3 级风的影响

12. 一般来说,船舶满载时所受 7~8 级风的影响约相当于_____。
    A. 半载时受 5~6 级风的影响,空载时受 2~3 级风的影响
    B. 半载时受 6~7 级风的影响,空载时受 5~6 级风的影响
    C. 半载时受 5~6 级风的影响,空载时受 3~4 级风的影响
    D. 半载时受 4~5 级风的影响,空载时受 2~3 级风的影响

13. 风对船舶作用力的方向_____。
    A. 与风向一致　　　　　　　　　B. 较风向更偏于船舶正横方向
    C. 较风向更偏于船舶首尾方向　　　D. 取决于风级的大小

14. 风动力角与风舷角比较,下列哪项正确?
    A. 船舶正横前来风,风动力角与风舷角相等
    B. 船舶正横前来风,风动力角大于风舷角
    C. 船舶正横后来风,风动力角大于风舷角
    D. 船舶正横后来风,风动力角与风舷角相等

15. 船舶受风时,其风动力作用中心随风舷角变化(0°~180°)情况为_____。
    A. 由前向后,线性变化　　　　　B. 由前向后,非线性变化
    C. 由后向前,线性变化　　　　　D. 由后向前,非线性变化

16. 风压力角 α 随风舷角 θ 增大而增大。$\theta=40°~140°$时,α 大体在_____。
    A. 30°~40°　　　　　　　　　B. 60°~70°
    C. 80°~100°　　　　　　　　　D. 140°~160°

17. 风压力角 α 随风舷角 θ 增大而增大。$\theta=90°\pm50°$时,α 大体在_____。
    A. 90°±30°　　　　　　　　　B. 90°±20°
    C. 90°±10°　　　　　　　　　D. 90°±50°

18. 同一条船舶空船或压载时,其风动力中心位置比满载要_____。
    A. 明显后移　　　　　　　　　B. 稍有后移
    C. 明显靠前　　　　　　　　　D. 稍微靠前

19. 同一条船舶满载时,其风动力中心位置比空船或压载要_____。
    A. 明显靠前　　　　　　　　　B. 稍有后移
    C. 明显靠后　　　　　　　　　D. 稍微靠后

风动力转船力矩

20. 船舶风动力转船力矩系数与风舷角有关,一般情况下_____。

A. 当风舷角为0°、90°或180°时,风动力矩系数接近于零
B. 当风舷角为0°、90°或180°时,风动力矩系数达到最大值
C. 当风舷角在45°或135°附近时,风动力矩系数接近于零
D. 当风舷角在15°或165°附近时,风动力矩系数达到最大值

21. 船舶风动力转船力矩系数与风舷角有关,一般情况下_____。
A. 风舷角为135°时比45°时,风动力转船力矩系数更大
B. 当风舷角为0°、90°或180°时,风动力转船力矩系数达到最大值
C. 风舷角为135°时比45°时,风动力转船力矩系数更小
D. 当风舷角在15°或165°附近时,风动力转船力矩系数达到最大值

1.3.1.2　水动力与水动力转船力矩

一、知识点梳理

1. 大小:与相对流速(平方)、漂角 β、水下侧面积有关。水动力系数 C_{wy} 与 β 近似正弦曲线,β =0°,180°时最小;β =90°时达到峰值;H/d 减小,C_{wy} 增大。
2. 方向:90°。
3. 作用点:随 β =0°~180°,由前向后移动,距首距离由 0.25L~0.75L。
4. 力矩:以重心为支点,C_{wm} 曲线斜顺风时,C_{wm} 最大。

二、难点点拨

水动力的作用,同样要注意其力的三要素。同时也要注意,水动力分析中,主要考虑侧面的水动力影响。

三、相关习题

影响水动力大小的因素

1. 船舶水动力的大小_____。
A. 与漂角有关,与相对流速无关　　　　　B. 与漂角有关,与相对流速有关
C. 与漂角无关,与相对流速无关　　　　　D. 与漂角无关,与相对流速有关
2. 船舶水动力的大小_____。
A. 与漂角有关,与船体水下面积无关　　　B. 与漂角无关,与船体水下面积无关
C. 与漂角有关,与船体水下面积有关　　　D. 与漂角无关,与船体水下面积有关
3. 船舶水动力的大小_____。
A. 与漂角有关,与船体水上面积无关　　　B. 与漂角无关,与船体水上面积无关

C. 与漂角有关,与船体水上面积有关　　　　D. 与漂角无关,与船体水下面积有关

4. 船对水有相对运动时,在船型一定时,船舶水动力系数 C_w 的值取决于_____。

　A. 船与水的相对运动速度和水下侧面积的大小

　B. 船与水的相对运动速度和漂角的大小

　C. 水下侧面积和水深与吃水之比 H/d 的大小

　D. 漂角和水深与吃水之比 H/d 的大小

5. 船舶水动力系数 C_w 与漂角 β 的关系为_____。

　A. 漂角 β 越大,水动力系数 C_w 越大

　B. 漂角 β 越小,水动力系数 C_w 越大

　C. 漂角 $\beta=0°$ 或 $180°$ 时,水动力系数 C_w 最小

　D. 漂角 $\beta=0°$ 或 $180°$ 时,水动力系数 C_w 最大

6. 船对水有相对运动时,在船型一定时,船舶水动力系数 C_w 的值取决于_____。

　A. 船与水的相对运动速度和水下侧面积的大小

　B. 船与水的相对运动速度和漂角的大小

　C. 水下侧面积和水深与漂角

　D. 漂角和水深与吃水之比 H/d 的大小

7. 水动力系数 C_w 与水深与吃水之比 H/d 的关系为_____。

　A. 相同漂角下,水深与吃水之比 H/d 越小,水动力系数 C_w 越小

　B. 相同漂角下,水深与吃水之比 H/d 越小,水动力系数 C_w 越大

　C. 不同漂角下,水深与吃水之比 H/d 越小,水动力系数 C_w 越小

　D. 不同漂角下,水深与吃水之比 H/d 越小,水动力系数 C_w 越大

8. 船舶水动力系数 C_w 与漂角、水深的关系为_____。

　A. 水深越小,水动力系数越小　　　　B. 漂角为零时,水动力系数最大

　C. 水深越小,水动力系数越大　　　　D. 漂角为 $90°$,水动力系数最小

9. 船舶水动力系数 C_w 与漂角的关系为_____。

　A. 在 $0°\sim90°$,漂角越大,水动力系数越大

　B. 在 $0°\sim90°$,漂角越大,水动力系数越小

　C. 在 $90°\sim180°$,漂角越大,水动力系数越大

　D. 漂角为零时水动力系数最小

10. 水动力系数 C_w 在漂角为_____时达最大值。

　A. $30°$左右　　　　　　　　　　B. $50°$左右

　C. $90°$左右　　　　　　　　　　D. $140°$左右

11. 水动力系数 C_w 在漂角为_____时达最小值。

　A. $0°$ 或 $180°$　　　　　　　　B. $50°$ 或 $70°$

　C. $80°$ 或 $100°$　　　　　　　　D. $140°$ 或 $160°$

12. 水深与吃水比 H/d 越小_____。

　①相同漂角时的水动力系数 C_w 越小;②相同漂角时的水动力系数 C_w 越大

A.①   B.②

C.①②两种情况均存在   D.①②两种情况均不存在

13. 船舶水动力作用中心的位置主要取决于_____。

A. 船舶水下船体形状及面积分布情况和风舷角

B. 船舶水下船体形状及面积分布情况和漂角

C. 船舶上层建筑形状及面积分布情况和风舷角

D. 船舶上层建筑形状及面积分布情况和漂角

14. 相对水流对船舶作用力的方向_____。

A. 与相对水流一致

B. 较相对水流方向更偏于船舶正横方向

C. 较相对水流方向更偏于船舶首尾方向

D. 取决于相对水流流速的大小

15. 船舶后退时,水动力中心_____。

A. 在重心附近   B. 在重心之前

C. 在重心之后   D. 在转心附近

16. 船舶前进时,水动力中心_____。

A. 在重心附近   B. 在重心之前

C. 在重心之后   D. 在转心附近

17. 水动力作用点距船首的距离随漂角的增大而_____。

A. 减小   B. 增大

C. 有时增大有时减小   D. 不变

水动力转船力矩

18. 有关水动力转船力矩的叙述,下列哪项是正确的?

A. 水动力转船力矩随漂角的增大而增大   B. 漂角为零时,水动力转船力矩最大

C. 斜向航进时,水动力转船力矩最大   D. 斜向后退时,水动力转船力矩最大

19. 航行中的船舶在下列哪种情况下的水动力转船力矩系数最大?

A. 漂角为0°或180°时   B. 漂角为100°时

C. 漂角为30°左右时   D. 漂角为140°左右时

20. 同一条船舶满载时,其水动力中心位置比空船或压载时_____。

A. 明显前移   B. 稍向后移

C. 明显后移   D. 稍向前移

1.3.1.3 船舶静止、前进、后退中的风致偏转规律

一、知识点梳理

1. 步骤:确定风力中心 A、重心 G、水动力中心 W;定性确定合力矩(叠加偏转方向一定且明显;抵消服从大者)。

2. 静止中:迎风端,顺风偏,转至接近正横向下风漂移,油船、尾机型,偏至风舷角 80°;客船 90°;一般货船 100°。

3. 前进中:正横前来风,空船慢速尾倾首受风面积大,顺风偏。满载或半载快速尾面积大,迎风偏。正横后来风,船首逆风偏转。斜顶风较斜顺风易于保向。

4. 后退中:正横前来风,尾找风。正横后来风,有一定退速,尾找风;退速微,类似静止。正横前比正横后显著,左舷比右舷显著。

二、难点点拨

船舶前进中受强横风,风力作用中心在重心附近,几乎不产生转船力矩,此时水动力力矩作用明显,船舶迎风偏转,应压下风舵。

三、相关习题

1. 定性说明船舶在风中偏转方向时,下列说法正确的是_____。
   ①风力中心、船舶重心、水动力中心位置很重要;②最终取决于船舶所受的风力转船力矩和水动力转船力矩之代数和;③仅取决于风力中心与船舶重心的位置关系,与水动力无关
   A.①
   B.①②
   C.①②③
   D.③

2. 定性说明船舶在风中偏转规律时,船舶偏转方向与风力中心和船舶重心相对位置关系是_____。
   A.与风力中心和船舶重心相对位置无关,与船舶重心和水动力中心相对位置无关
   B.与风力中心和船舶重心相对位置无关,与船舶重心和水动力中心相对位置有关
   C.与风力中心和船舶重心相对位置有关,与船舶重心和水动力中心相对位置有关
   D.与风力中心和船舶重心相对位置有关,与船舶重心和水动力中心相对位置无关

3. 船舶在风中的偏转规律与下列哪些因素有关?
   A.水动力中心、风压力中心和船舶重心
   B.舵力中心、风压力中心和船舶重心
   C.水动力中心、推力中心和船舶重心

D. 水动力中心、风压力中心和推力中心

4. 定性说明船舶在风中偏转规律时,船舶偏转方向与风动力中心和船舶重心相对位置_____。

　　A. 无关,与船舶重心和水动力中心相对位置无关

　　B. 无关,与船舶重心和水动力中心相对位置有关

　　C. 有关,与船舶重心和水动力中心相对位置有关

　　D. 有关,与船舶重心和水动力中心相对位置无关

5. 定性说明船舶在风中偏转规律时,船舶偏转方向_____。

　　A. 与风动力中心、船舶重心和水动力中心相对位置无关,与船舶进退动态无关

　　B. 与风动力中心、船舶重心和水动力中心相对位置有关,与船舶进退动态有关

　　C. 与风动力中心、船舶重心和水动力中心相对位置无关,与船舶进退动态有关

　　D. 与风动力中心、船舶重心和水动力中心相对位置有关,与船舶进退动态无关

6. 船在风中航行,决定船舶偏转方向的是_____。

　　A. 风动力矩和舵力转船力矩　　　　　　B. 风动力矩和拖力矩

　　C. 风动力矩、水动力矩和舵力转船力矩　　D. 水动力矩和舵力矩

7. 前进中的船舶正横前来风,对船舶运动产生的作用包括_____。

　　A. 船速提高,不产生横移速度　　　　　　B. 船速降低,不产生横移速度

　　C. 船速提高,产生横移速度明显　　　　　D. 船速降低,产生横移速度明显

船舶静止中受风偏转规律

8. 静止中的船舶,右正横前来风,该船偏转的情况是_____。

　　A. 船首向右偏转,直至船舶处于右正横受风状态

　　B. 船首向左偏转,直至船舶处于左正横受风状态

　　C. 船首向右偏转,直至船舶处于左正横受风状态

　　D. 船首向左偏转,直至船舶处于右正横受风状态

9. 静止中的船舶,左正横前来风,该船偏转的情况是_____。

　　A. 船首向右偏转,直至船舶处于右正横受风状态

　　B. 船首向左偏转,直至船舶处于左正横受风状态

　　C. 船首向右偏转,直至船舶处于左正横受风状态

　　D. 船首向左偏转,直至船舶处于右正横受风状态

10. 静止中的船舶,右正横后来风,该船偏转的情况是_____。

　　A. 船首向右偏转,直至船舶处于右正横受风状态

　　B. 船首向左偏转,直至船舶处于左正横受风状态

　　C. 船首向右偏转,直至船舶处于左正横受风状态

　　D. 船首向左偏转,直至船舶处于右正横受风状态

11. 静止中的船舶,左正横后来风,该船偏转的情况是_____。

　　A. 船首向右偏转,直至船舶处于右正横受风状态

　　B. 船首向左偏转,直至船舶处于左正横受风状态

C. 船首向右偏转,直至船舶处于左正横受风状态

D. 船首向左偏转,直至船舶处于右正横受风状态

12. 静止中的船舶,正横前来风,该船偏转的情况是_____。

　　A. 船首向下风偏转,直至船舶处于横风状态

　　B. 船首向上风偏转,直至船舶处于顶风状态

　　C. 船首向下风偏转,直至船舶处于顺风状态

　　D. 船首向上风偏转,直至船舶处于横风状态

13. 静止中的船舶,正横后来风,该船偏转的情况是_____。

　　A. 船首向下风偏转,直至船舶处于横风状态

　　B. 船首向上风偏转,直至船舶处于顶风状态

　　C. 船首向下风偏转,直至船舶处于顺风状态

　　D. 船首向上风偏转,直至船舶处于横风状态

14. 一般货船,尾吃水较深,船首受风面积较大,当其在静止中右正横前受风时,通常最终将保持_____来风的位置上。

　　A. 右正横　　　　　　　　　　　　　B. 左正横

　　C. 右正横略前　　　　　　　　　　　D. 右正横略后

15. 船舶静止中受风时船舶的偏转规律是_____。

　　A. 正横前来风时船首向上风偏转最终转向正横受风

　　B. 正横前来风时船首向上风偏转最终转向船首受风

　　C. 正横前来风时船首向下风偏转最终转向船尾受风

　　D. 正横前来风时船首向下风偏转最终转向正横受风

16. 停船后的船舶受风时,最终将转向_____。

　　A. 船首顶风　　　　　　　　　　　　B. 船尾迎风

　　C. 正横附近受风　　　　　　　　　　D. 右舷30°附近受风

船舶前进中受风偏转规律

17. 高速前进中的船舶风向来自正横后,其偏转趋势及保向性为_____。

　　A. 船尾转向下风,使船首转向上风,容易保向

　　B. 船尾转向上风,使船首转向下风,容易保向

　　C. 船尾转向下风,使船首转向上风,不易保向

　　D. 船尾转向上风,使船首转向下风,不易保向

18. 全速航进的船舶斜顶风较斜顺风易于保向的原因是_____。

　　A. 风动力矩与水动力矩方向相反,用小舵角产生的舵力矩即可克服偏转

　　B. 风动力矩与水动力矩方向相同,用小舵角产生的舵力矩即可克服偏转

　　C. 风动力矩与水动力矩方向相反,用大舵角产生的舵力矩即可克服偏转

　　D. 风动力矩与水动力矩方向相同,用大舵角产生的舵力矩即可克服偏转

19. 船舶前进中,正横前来风_____。

A. 风动力中心在重心之前,水动力中心在重心之后
B. 风动力中心在重心之前,水动力中心在重心之前
C. 风动力中心在重心之后,水动力中心在重心之后
D. 风动力中心在重心之后,水动力中心在重心之前

20. 船舶前进中,正横后来风_____。
  A. 风动力中心在重心之前,水动力中心在重心之后
  B. 风动力中心在重心之前,水动力中心在重心之前
  C. 风动力中心在重心之后,水动力中心在重心之后
  D. 风动力中心在重心之后,水动力中心在重心之前

21. 船舶高速前进中正横前来风船舶的偏转规律是_____。
  A. 满载、船尾受风面积大时,船首向上风偏转
  B. 满载、船尾受风面积大时,船尾向上风偏转
  C. 空载、船首受风面积大时,船首向上风偏转
  D. 空载、船首受风面积大时,船尾向下风偏转

22. 船舶满载、船尾受风面积大时,高速前进中右正横前来风的偏转规律是_____。
  A. 船首向右偏转,操右舵纠正   B. 船首向右偏转,操左舵纠正
  C. 船首向左偏转,操右舵纠正   D. 船首向左偏转,操左舵纠正

23. 船舶空载、船首受风面积大时,低速前进中右正横前来风的偏转规律是_____。
  A. 船首向右偏转,操右舵纠正   B. 船首向右偏转,操左舵纠正
  C. 船首向左偏转,操右舵纠正   D. 船首向左偏转,操左舵纠正

24. 船舶前进中受正横后来风的偏转规律是_____。
  A. 左舷来风,船首右偏;右舷来风,船首右偏
  B. 左舷来风,船首左偏;右舷来风,船首左偏
  C. 左舷来风,船首右偏;右舷来风,船首左偏
  D. 左舷来风,船首左偏;右舷来风,船首右偏

25. 船舶前进中受正横以前来风,出现船首下风偏转的主要条件是_____。
  A. 空载、航速较低   B. 空载、航速较高
  C. 满载、航速较低   D. 满载、航速较高

26. 船舶前进中受正横以前来风,出现船首下风偏转的主要条件是_____。
  A. 船速较低   B. 水线上下侧面积比较高
  C. 风速较高或太大   D. 满载状态

27. 高速前进中的船舶风向来自正横后,其偏转趋势一般为_____。
  A. 船首转向下风,使船尾迎风   B. 船尾转向下风,船首迎风转
  C. 无论怎么转,最终将成为正横受风   D. 保向容易,即使强风中也一样

28. 船舶前进中受正横以前来风,出现船首上风偏转的主要条件是_____。
  A. 空载、航速较低   B. 空载、航速较高
  C. 满载、航速较低   D. 满载、航速较高

29. 船舶前进中受正横以前来风,出现船首上风偏转的条件包括_____。
    A. 尾倾、船尾受风面积大
    B. 尾倾、船首受风面积大
    C. 首倾、船首受风面积大
    D. 首倾、船尾受风面积大

30. 船舶前进中受正横以前来风,出现船首下风偏转的条件包括_____。
    A. 尾倾、船首受风面积小
    B. 尾倾、船首受风面积大
    C. 首倾、船首受风面积大
    D. 首倾、船尾受风面积大

31. 船舶常速前进中受风时_____。
    A. 风来自正横前易于保向
    B. 风来自正横后易于保向
    C. 风来自正横易于保向
    D. 上层建筑面积越大越易于保向

32. 船舶在海上全速航行中,遇强横风时为保向通常_____。
    A. 应压上风舵
    B. 应压下风舵
    C. 应操正舵
    D. 不必操舵

33. 船舶倒车并有较高退速时,受风时的偏转趋势及舵的控制情况为_____。
    A. 最终转向尾迎风,服从舵的控制
    B. 最终转向首顶风,服从舵的控制
    C. 最终转向首顶风,不服从舵的控制
    D. 最终转向尾迎风,不服从舵的控制

34. 右旋式单车船后退中倒车,尾迎风明显的情况是_____。
    A. 右舷正横后来风
    B. 左舷正横后来风
    C. 右舷正横来风
    D. 左舷正横来风

35. 风动压力角是风动压力与船舶首尾线的夹角,该角与风舷角的关系是_____。
    A. 风动压力角总是小于风舷角
    B. 风动压力角总是大于风舷角
    C. 风动压力角总是等于风舷角
    D. 风动压力角与风舷角的大小关系变化不定

船舶后退中受风偏转规律

36. 船舶后退中,正横前来风,_____。
    A. 风动力中心在重心之前,水动力中心在重心之后
    B. 风动力中心在重心之前,水动力中心在重心之前
    C. 风动力中心在重心之后,水动力中心在重心之后
    D. 风动力中心在重心之后,水动力中心在重心之前

37. 船舶后退中,正横后来风,_____。
    A. 风动力中心在重心之前,水动力中心在重心之后
    B. 风动力中心在重心之前,水动力中心在重心之前
    C. 风动力中心在重心之后,水动力中心在重心之后
    D. 风动力中心在重心之后,水动力中心在重心之前

38. 右旋式单车船后退中倒车,尾迎风明显的情况是_____。
    A. 右舷正横后来风
    B. 左舷正横后来风
    C. 右舷正横前来风
    D. 左舷正横前来风

39. 高速运动的船舶,不论进、退均呈现运动方向端的找风特性,这是由于_____。

A. 船舶所受水动力中心距重心远，水动力矩大于风动力矩

B. 船舶所受水动力中心距重心近，水动力矩大于风动力矩

C. 船舶所受水动力中心距重心远，水动力矩小于风动力矩

D. 船舶所受水动力中心距重心近，水动力矩小于风动力矩

40. 当船在后退中遇到正横后吹来的风，水动力中心 W 和风力中心 A 都在重心之后，但水动力矩大于风力力矩，则船舶的动态为_____。

　　A. 偏转方向不定　　　　　　　　　　　B. 船首向上风，船尾向下风偏转

　　C. 处于横风状态向下风漂移　　　　　　D. 船尾找风

41. 船舶高速后退中受风时的一偏转趋势为_____。

　　①尾找风；②首找风；③转向横风；④用舵往往难以控制

　　A. ①②　　　　　　　　　　　　　　　　B. ③④

　　C. ①④　　　　　　　　　　　　　　　　D. ②④

1.3.1.4　船舶在静止、航行中的风致漂移规律

一、知识点梳理

　　1. 静止中：风致漂移速度 $V_y = 0.041(Ba/L \cdot d)^{1/2} \cdot V_a$，风致漂移速度与水线上下侧面积比的平方根成正比，与风速成正比。经验数据：大型船风致漂移速度，空载 $1/20V_a$，满载 $1/30V_a$。

　　2. 航行中：船速越低，水线上、下面积比越大，风速越大，漂角 β（>10 不可保向）、横移速度 V_y 也大。

二、难点点拨

　　航行中风致漂移产生的漂角与旋回运动、拖船拖带下的大船斜向运动产生的漂角，理论上都是船舶相对于水流的运动方向与首尾向的夹角。

三、相关习题

静止中船舶的漂移速度

1. 船舶在静止中受横风，其漂移速度与风速和船舶侧面受风面积的关系为_____。

　　A. 与风速成正比，与侧面受风面积的平方根成反比

　　B. 与风速成正比，与侧面受风面积的平方根成正比

　　C. 与风速成反比，与侧面受风面积的平方根成正比

　　D. 与风速成反比，与侧面受风面积的平方根成反比

2. 在深水中，静止中的船舶，正横附近受横风时，空载状态，水上侧面积与船长吃水之比 $B_a/Ld \approx$

1.5 时(V_a 为相对风速)_____。

A. 其匀速下风漂移速度 $V_y \approx 3\% V_a$　　　B. 其匀速下风漂移速度 $V_y \approx 5\% V_a$

C. 其匀速下风漂移速度 $V_y \approx 7\% V_a$　　　D. 其匀速下风漂移速度 $V_y \approx 9\% V_a$

3. 船长 $L = 150$ m,吃水 $d = 8$ m,侧面受风面积 $B_a = 1\ 000$ m² 的船舶在深水中,静止中受正横附近风速 $V_a = 30$ kn 的风的作用下,其匀速下风漂移速度 $V_y \approx$ _____ kn。

A. 0.1　　　　　　　　　　　　　　　B. 1.1

C. 1.5　　　　　　　　　　　　　　　D. 1.9

4. 船长 $L = 150$ m,吃水 $d = 6$ m,侧面受风面积 $B_a = 1\ 200$ m² 的船舶在深水中,静止中受正横附近风速 $V_a = 30$ kn 的风的作用下,其匀速下风漂移速度 $V_y \approx$ _____ kn。

A. 1.4　　　　　　　　　　　　　　　B. 1.8

C. 2.2　　　　　　　　　　　　　　　D. 2.6

5. 船长 $L = 150$ m,吃水 $d = 6$ m,侧面受风面积 $B_a = 1\ 200$ m² 的船舶在深水中,静止中受正横附近风速 $V_a = 40$ kn 的风的作用下,其匀速下风漂移速度 $V_y \approx$ _____ kn。

A. 1.3　　　　　　　　　　　　　　　B. 1.6

C. 1.9　　　　　　　　　　　　　　　D. 2.2

6. 超大型船舶停船时,横风漂移速度 V_y 在深水中(V_a 为风速)的状况是_____。

A. 空载状态($B_a \times d = 1.8$ 时),$V_y = 1/20 \times V_a$

B. 满载状态($B_a \times d = 1.8$ 时),$V_y = 1/50 \times V_a$

C. 空载状态($B_a \times d = 1.8$ 时),$V_y = 1/30 \times V_a$

D. 满载状态($B_a \times d = 1.8$ 时),$V_y = 1/30 \times V_a$

航行中船舶的漂移速度

7. 以船速 V_x 航于深水的船舶受横风的作用,其横向漂移速度 V_y 与 V_x 和相对风速 V_a 的关系为 _____。

A. 船速 V_x 越高、相对风速 V_a 越大,横向漂移速度 V_y 越大

B. 船速 V_x 越高、相对风速 V_a 越小,横向漂移速度 V_y 越大

C. 船速 V_x 越低、相对风速 V_a 越大,横向漂移速度 V_y 越大

D. 船速 V_x 越低、相对风速 V_a 越小,横向漂移速度 V_y 越大

8. 航行中的漂移速度与停船时的漂移速度之间的关系为_____。

A. $V'_y = V_y \times e^{V_s}$　　　　　　　　　B. $V'_y = V_y \times e^{-1.4V_s}$

C. $V'_y = V_y / e^{-1.4V_s}$　　　　　　　　　D. $V'_y = V_y \times e^{-2V_s}$

9. 有关船舶漂移速度,下述哪项正确?

A. 船速越高,漂移速度越大　　　　　　B. 船速越低,漂移速度越大

C. 船速为零,漂移速度越小　　　　　　D. 船速越低,漂移速度越小

1.3.1.5 强风中操船的保向界限

一、知识点梳理

压舵角大,保向范围大;正横附近来风保向最困难;斜顶风较斜顺风好;随船速的降低而减小;风速与船速比越大,保向性越低。

二、相关习题

1. 船舶在航行中受强风的作用,在风舷角一定时,_____。
   A. 舵角越大,保向界限越小   B. 舵角越大,保向界限越大
   C. 保向界限与舵角的大小无关   D. 不操舵也能保向
2. 船舶在风中航行,有关保向的叙述,下列哪项正确?
   A. 正横附近来风比正横前来风易于保向,正横前来风比正横后来风易于保向
   B. 正横附近来风比正横前来风易于保向,正横后来风比正横前来风易于保向
   C. 正横前来风比正横附近来风易于保向,正横前来风比正横后来风易于保向
   D. 正横前来风比正横附近来风易于保向,正横后来风比正横前来风易于保向
3. 船舶在风中航行,有关保向的叙述,下列哪项正确?
   A. 风速与船速之比越大越易于保向   B. 正横后来风比正横前来风易于保向
   C. 正横附近来风比正横前来风易于保向 D. 正横前来风比正横后来风易于保向
4. 船舶在风中航行,有关保向的叙述,下列哪项正确?
   A. 风速与船速之比越大越不易于保向   B. 正横后来风比正横前来风易于保向
   C. 正横附近来风比正横前来风易于保向 D. 船速与风速之比越小越易于保向
5. 船舶在风中航行,有关保向的叙述,下列哪项正确?
   A. 风速与船速之比越大越易于保向   B. 正横前来风比正横后来风易于保向
   C. 正横附近来风比正横前来风易于保向 D. 船舶受风面积越大越易于保向
6. 强风中船舶的保向界限,一般来说_____。
   A. 随风速的降低而增大   B. 随船速的提高而下降
   C. 随舵角的增大而下降   D. 随船舶受风面积的增大而增大
7. 航行中的漂移速度与船速之间的关系是_____。
   A. 随船速的提高,航行中的漂移速度显著减小
   B. 随船速的提高,航行中的漂移速度显著增大
   C. 航行中的漂移速度与船速无关
   D. 航行中的漂移速度随航速的提高可能改变方向
8. 风对船舶保向航行的影响是_____。

①正横附近来风时最易于保向;②斜逆风较斜顺风易于保向;③风速与船速之比升高时保向性将变差

A.①② B.①③
C.①②③ D.②③

9.强风中船舶保向性,总的来说是_____。

①随风速的提高而提高;②随船速的提高而降低;③随所操舵角的增大而提高;④与船速无关

A.③ B.③④
C.②③④ D.①②③④

10.船舶斜顶风较斜顺风航行易于保向的原因是_____。

①船舶斜顶风航行时,风力转船力矩与水动力转船力矩相抵,偏转的趋势较小;②船舶斜顺风航行时,风力转船力矩与水动力转船力矩相一致,偏转的趋势较强;③船舶斜顶风航行时,风力转船力矩较斜顺风航行时小,偏转的趋势较小

A.① B.①②
C.①②③ D.②③

11.高速前进中的船舶风向来自正横后,其偏转趋势及保向性为_____。

A.船尾转向下风,使船首转向上风,容易保向
B.船尾转向上风,使船尾转向下风,容易保向
C.船尾转向下风,使船首转向上风,不易保向
D.船尾转向上风,使船尾转向下风,不易保向

1.3.2　流对操船的影响

1.3.2.1　流对航速、冲程的影响

一、知识点梳理

顺流航速比顶流航速大两倍的流速;顺流顶流不影响船速。
流与船首交角,流速越大,交角越大,船速越慢,流压角越大。
冲程是对水的,顶流顺流,冲程一样。顶流对地的冲程减小。

二、难点点拨

船速与冲程是对水的概念,流对其无影响。航速是对地的概念。

三、相关习题

1. 在船舶与水的相对运动速度(船速)不变的情况下,流对航速的影响是_____。
   - A. 顺流时,航速等于船速与流速之差;顶流时,航速等于船速与流速之差
   - B. 顺流时,航速等于船速与流速之和;顶流时,航速等于船速与流速之差
   - C. 顺流时,航速等于船速与流速之差;顶流时,航速等于船速与流速之和
   - D. 顺流时,航速等于船速与流速之和;顶流时,航速等于船速与流速之和

2. 在船舶与水的相对运动速度不变的情况下,流对航速的影响是_____。
   - A. 顺流航速比顶流航速大一倍流速
   - B. 顺流航速比顶流航速大两倍流速
   - C. 顶流航速比顺流航速大一倍流速
   - D. 顶流航速比顺流航速大两倍流速

3. 同一艘船舶在其他条件相同时顶流和顺流各测定一次倒车冲程,两次冲程大小的关系是_____。
   - A. 顺流大于顶流
   - B. 顺流小于顶流
   - C. 顺流等于顶流
   - D. 无法判断

4. 有关流对船舶操纵的影响(船速和流速不变),下列哪项正确?
   - A. 顺流航行时的船速比顶流航行时的船速大两倍流速
   - B. 顺流航行时的舵力转船力矩比顶流航行时的小
   - C. 顺流航行时的舵力转船力矩与顶流航行时的该力矩一样大
   - D. A 和 C 正确

5. 同一艘船舶在其他条件相同时顶流和顺流各测定一次停车冲程,两次冲程大小的关系是_____。
   - A. 顺流大于顶流
   - B. 顺流小于顶流
   - C. 顺流等于顶流
   - D. 无法判断

6. 船舶受风时的漂移速度,下列说法不正确的是_____。
   - A. 漂移速度随船速的增加而降低
   - B. 漂移速度随船舶的吃水增加而降低
   - C. 漂移速度随风力的增大而增大
   - D. 浅水中的漂移速度较深水中大

7. 在相对开敞水域,由于风和涨落潮影响,当流与航道走向有一定的交角时,流速越大,交角越大,船速越慢,则_____。
   - A. 流压角就越大,船舶向下流漂移速度越慢
   - B. 流压角就越大,船舶向下流漂移速度越快
   - C. 流压角就越小,船舶向下流漂移速度越慢
   - D. 流压角就越小,船舶向下流漂移速度越快

8. 在相对开敞水域,由于风和涨落潮影响,当流与航道走向有一定的交角时,为保持船舶走在预定的航道上,下列操作正确的是_____。
   ①降低船速时,应加大向流一侧的风流压差角;②降低船速时,应减小向流一侧的风流压差角;③提高船速时,应加大向流一侧的风流压差角;④提高船速时,应减小向流一侧的风流压差角

A. ①③　　　　　　　　　　　B. ①④

C. ②③　　　　　　　　　　　D. ②④

1.3.2.2　流对旋回、舵效的影响

一、知识点梳理

1. 流致旋回漂移 D_d = 流速 × 掉头时间 × 80%；掉头水域 $D_1 = A_{md} ± D_d$ + 安全余量。

2. 舵效：在舵角、螺旋桨转速等条件相同时，顶流和顺流的舵力相等，舵力转船力矩相等，顶流的舵效比顺流的舵效好。斜顶流，向迎流舷转向困难。

二、难点点拨

舵效是对地的概念。

三、相关习题

1. 在流速和静水船速不变时，相同舵角下做旋回运动，下列叙述哪项正确？
   A. 顶流时纵距增大，横距增大　　　　B. 顶流时纵距减小，横距减小
   C. 顺流时纵距基本不变，横距增大　　D. 顺流时纵距增大，横距基本不变

2. 船舶在有水流的水域航行，在相对水的运动速度不变时，舵角相同的条件下，则_____。
   A. 顺流舵效比顶流舵效差　　　　　　B. 顺流舵力比顶流舵力小
   C. 顺流舵力比顶流舵力大　　　　　　D. 顺流舵效比顶流舵效好

3. 船舶在有水流的水域航行，在相对水的运动速度不变时，舵角相同的条件下，则_____。
   A. 顶流舵力小，顺流舵力大　　　　　B. 顶流舵力大，顺流舵力小
   C. 顺流舵效好，顶流舵效差　　　　　D. 顺流舵效差，顶流舵效好

4. 船舶在有水流的水域航行，在相对水的运动速度不变时，舵角相同的条件下，则_____。
   A. 顺流时的舵力大于顶流时的舵力　　B. 顺流时的舵力小于顶流时的舵力
   C. 顺流时的舵力等于顶流时的舵力　　D. 顺流时的舵效好于顶流时的舵效

5. 在流速和静水船速不变时，相同舵角下的舵力和舵效的情况为_____。
   A. 顶流时，舵力比顺流时大，舵效好　　B. 顶流时，舵力比顺流时大，舵效差
   C. 顶流时，舵力与顺流时相同，舵效好　D. 顶流时，舵力与顺流时相同，舵效差

6. 相同流速的水流和相同舵角对舵力、舵力转船力矩的影响是_____。
   A. 顶流舵力大，舵力转船力矩也大
   B. 顺流舵力大，舵力转船力矩也大
   C. 顶流和顺流舵力、舵力转船力矩一样大

D.顶流和顺流舵力、舵力转船力矩不一样大

7.在有水流的水道内航行时,在舵角相同的条件下,则_____。

①在流速和静水船速不变时,顺流时舵效比逆流航行时差;②在流速和静水船速不变时,顺流或逆流航行时,舵力以及舵力转船力矩是一样的;③在流速和静水船速不变时,逆流时舵效比顺流航行时差;④在流速和静水船速不变时,顺流或逆流航行时,舵力以及舵力转船力矩是不一样的

A.①　　　　　　　　　　　　　B.①②

C.③　　　　　　　　　　　　　D.③④

8.船舶在均匀水流中顺流掉头的漂移距离为_____。

A.流速×掉头时间×80%　　　　B.流速×掉头时间×60%

C.流速×掉头时间×40%　　　　D.流速×掉头时间×20%

9.总吨位 0.5 万吨级船舶在流速 $V_c = 3$ kn 水域掉头,掉头时间 $\triangle t = 3$ min,其漂移距 D_d 约为_____。

A.122 m　　　　　　　　　　　B.178 m

C.278 m　　　　　　　　　　　D.222 m

10.某船在顺流中掉头,流速为 1 m/s,掉头所需时间为 3.5 min,其漂移距离为_____。

A.168 m　　　　　　　　　　　B.126 m

C.189 m　　　　　　　　　　　D.210 m

11.某船在顶流中掉头,流速为 1 m/s,掉头所需时间为 5 min,其漂移距离为_____。

A.420 m　　　　　　　　　　　B.240 m

C.180 m　　　　　　　　　　　D.360 m

12.风流对船舶运动的影响不一致时,_____。

A.不考虑本船载况,主要考虑流的影响

B.不考虑本船载况,主要考虑风的影响

C.考虑本船载况,考虑风、流影响较大者

D.考虑本船载况,按无风、流情况处理

1.3.3　受限水域对操船的影响

1.3.3.1　浅水效应及其对操船的影响

一、知识点梳理

$H/d \leqslant 4$ 阻力增大,$H/d \leqslant 2$ 旋回初径变大。

1.附加质量:深水中,前后 0.07 ~ 0.10 倍船体质量;横向 0.75 ~ 1 倍;附加惯矩 1 倍。浅水

中,附加质量和惯矩,明显增加;船型越肥大,船速越高。

2. 兴波变化:首散波减小;尾波增大;船尾伴流增强,船体震动加剧。

3. 船速下降:摩擦阻力增加,兴波阻力增加,涡流阻力增加,推进效率降低。

4. 船体下沉纵倾:深水中,$F_r = 0.06$ 开始下沉;$F_r < 0.3$ 均下沉,首沉大于尾沉;$F_r > 0.3$ 尾沉大于首沉;$F_r > 0.6$ 尾倾更大,上浮。浅水中,下沉早,下沉大。

5. 舵力略有下降,舵效下降。

6. 旋回性下降,航向稳定性提高;旋回初径增大,纵距增加。

7. 冲程减小。

二、相关习题

1. 船舶由深水进入浅水水域航行时,其周围水压变化及沿船长的分布情况与_____有密切关系。

   A. 纵倾　　　　　　　　　　　　　　B. 船型

   C. 吃水　　　　　　　　　　　　　　D. 横倾

2. 关于船舶的附加质量的大小,下述正确的是_____。

   A. 横向附加质量约为船舶质量的 0.07 倍,纵向附加质量约为船舶质量的 0.75 倍

   B. 横向附加质量约为船舶质量的 0.75 倍,纵向附加质量约为船舶质量的 0.07 倍

   C. 横向附加质量约为船舶质量的 1.07 倍,纵向附加质量约为船舶质量的 1.75 倍

   D. 横向附加质量约为船舶质量的 1.75 倍,纵向附加质量约为船舶质量的 1.07 倍

3. 关于船舶的附加质量的大小,下述正确的是_____。

   A. 随着水深的变浅,横向附加质量增大,纵向附加质量减小

   B. 随着水深的变浅,横向附加质量减小,纵向附加质量减小

   C. 随着水深的变浅,横向附加质量增大,纵向附加质量增大

   D. 随着水深的变浅,横向附加质量减小,纵向附加质量增大

4. 关于船舶的附加质量和附加惯性矩的大小,下述正确的是_____。

   A. 随着水深的变浅,附加质量增大,附加惯性矩减小

   B. 随着水深的变浅,附加质量减小,附加惯性矩减小

   C. 随着水深的变浅,附加质量减小,附加惯性矩增大

   D. 随着水深的变浅,附加质量增大,附加惯性矩增大

5. 船舶由深水进入浅水区,发生的现象下述哪项正确?

   A. 船体水动力减小,船体振动加剧　　B. 船体水动力增大,船体振动减轻

   C. 船体水动力增大,船体振动加剧　　D. 船体水动力减小,船体振动减轻

6. 船舶在浅水区航行时,通常会出现_____。

   A. 船速上升、船体下沉和纵倾、舵效变差等现象

   B. 船速下降、船体下沉和纵倾、舵效变差等现象

   C. 船速下降、船体下沉和纵倾、舵效变好等现象

D. 船速上升、船体下沉和纵倾、舵效变好等现象

7. 船舶由深水进入浅水区,发生的现象下述哪项正确?

    A. 船体下沉减轻,船舶纵倾增大
    B. 船体下沉加剧,船舶纵倾增大

    C. 船体下沉减轻,船舶纵倾减小
    D. 船体下沉加剧,船舶纵倾减小

8. 船舶由深水进入浅水区,发生的现象下述哪项正确?

    A. 舵力变化不大,航向稳定性提高
    B. 舵力减小,航向稳定性下降

    C. 舵力增大,航向稳定性提高
    D. 舵力增大,航向稳定性下降

9. 船舶由深水进入浅水区,发生的现象下述哪项正确?

    A. 船速下降,航向稳定性提高
    B. 船速下降,航向稳定性下降

    C. 船速提高,航向稳定性提高
    D. 船速提高,航向稳定性下降

10. 船舶由深水进入浅水区,发生的现象下述哪项正确?

    A. 舵效降低,航向稳定性提高
    B. 舵效提高,航向稳定性提高

    C. 舵效降低,航向稳定性下降
    D. 舵效提高,航向稳定性下降

11. 船舶由深水进入浅水区,发生的现象下述哪项正确?

    A. 舵效降低,旋回性提高
    B. 舵效提高,旋回性下降

    C. 舵效提高,旋回性提高
    D. 舵效降低,旋回性下降

12. 船舶由深水进入浅水区,发生的现象下述哪项正确?

    A. 旋回性提高,航向稳定性提高
    B. 旋回性下降,航向稳定性下降

    C. 旋回性提高,航向稳定性下降
    D. 旋回性下降,航向稳定性提高

13. 船舶从深水进入浅水区时,下述正确的是_____。

    A. 航向稳定性提高
    B. 舵力增大

    C. 旋回性变好
    D. 冲程不变

14. 船舶从浅水进入深水区时,下述哪一项正确?

    A. 舵力降低
    B. 旋回性变好

    C. 航向稳定性提高
    D. 冲程不变

15. 船舶由深水进入浅水区,其首尾兴波的变化情况为_____。

    A. 首波增大,尾波减小
    B. 首波减小,尾波减小

    C. 首波减小,尾波增大
    D. 首波增大,尾波增大

16. 一船在航速、载况和舵角相同情况下,浅水中较深水中_____。

    A. 船舶转向惯性角变大,航向稳定性变好

    B. 船舶转向惯性角变小,航向稳定性变好

    C. 船舶转向惯性角变小,航向稳定性变差

    D. 船舶转向惯性角变大,航向稳定性变差

17. 一船在航速、载况和舵角相同情况下,浅水中较深水中_____。

    A. 追随性变差,航向稳定性变好
    B. 追随性变差,航向稳定性变差

    C. 追随性变好,航向稳定性变好
    D. 追随性变好,航向稳定性变差

18. 船舶由深水进入浅水区,引起船速下降的原因包括_____。

A. 船体下沉加剧,兴波增强   B. 船体下沉加剧,兴波减弱

C. 船体下沉减弱,兴波增强   D. 船体下沉减弱,兴波减弱

19. 船舶在浅水中航行,引起船速下降的原因是_____。

①船体下沉,纵倾增大,船舶摩擦阻力增大;②兴波增强,船舶在浅水中的兴波阻力增大;③推进器盘面附近伴流、涡流的增加使推进器效率下降,从而导致推力下降

A. ①   B. ②③

C. ①③   D. ①②③

20. 船舶由深水进入浅水区,引起船速下降的原因包括_____。

A. 推进器附近涡流的增大使推进器效率提高

B. 推进器附近涡流的减小使推进器效率提高

C. 推进器附近涡流的增大使推进器效率下降

D. 推进器附近涡流的减小使推进器效率下降

21. 船舶在浅水中旋回时,与深水中的旋回要素比较_____。

A. 漂角增大,旋回初径增大   B. 漂角增大,旋回初径减小

C. 漂角减小,旋回初径增大   D. 漂角减小,旋回初径减小

22. 船舶在浅水中旋回时,与深水中的旋回要素比较_____。

A. 进距增大,横距减小   B. 进距增大,横距增大

C. 进距减小,横距增大   D. 进距减小,横距减小

23. 静止中为平吃水的一般货船,航行中多为_____。

A. 尾倾,平均吃水增大   B. 首倾,平均吃水增大

C. 首倾,平均吃水减小   D. 尾倾,平均吃水减小

24. 船舶在浅水中航行时,其附加质量和附加惯矩与水深吃水比 h/d 有关,与深水中的值相比,_____。

A. 当 $h/d<2.5$ 时,则成倍增加   B. 当 $h/d<1.5$ 时,则成倍增加

C. 当 $h/d<2.5$ 时,则成倍减小   D. 当 $h/d<1.5$ 时,则成倍减小

25. 浅水效应包括下列哪些内容?

①船体下沉和纵倾变化均较深水中激烈;②船速下降,旋回性能变差;③舵力有所下降,舵效变差,但航向稳定性变好

A. ①   B. ②③

C. ①②③   D. ①③

26. 船舶在浅水区航行时,通常会出现_____。

①船速下降;②船体下沉和纵倾变化;③舵效变差

A. ①②   B. ②③

C. ①③   D. ①②③

27. 船舶在浅水区航行时,出现的现象包括_____。

①船速下降;②船体下沉和纵倾变化;③舵效变差;④船体振动加剧;⑤旋回性好,航向稳定性变差

A. ①②③ 　　　　　　　　　　　　　B. ②③

C. ①②③④⑤ 　　　　　　　　　　　D. ①②③④

28. 船模实验得出结论,对于一般的商船而言,浅水对船体阻力明显影响的水深界限为_____。

　　A. 小于 2 倍吃水时 　　　　　　　　B. 小于 10 倍吃水时

　　C. 小于 4 倍吃水时 　　　　　　　　D. 小于 3 倍吃水时

29. 根据船模试验,水深/吃水等于_____时,船体阻力受浅水的影响应引起重视。

　　A. 10 　　　　　　　　　　　　　　　B. 8

　　C. 5 　　　　　　　　　　　　　　　D. 3

30. 船舶由深水进入浅水区,发生的现象下述哪项正确?

　　A. 船速下降,冲程增大 　　　　　　　B. 船速下降,冲程减小

　　C. 船速提高,冲程增大 　　　　　　　D. 船速提高,冲程减小

31. 静止中为平吃水的一般货船或油船,航行中多为_____。

　　A. 吃水增大 　　　　　　　　　　　　B. 平均吃水增大

　　C. 吃水减小 　　　　　　　　　　　　D. 平均吃水减小

32. 普通商船在浅水区航行时,决定船舶下沉量的因素,下列说法正确的是_____。

①船舶航速越高,船体的下沉量越大;②船体越肥大,船体的下沉量越大;③航道越窄,水深越浅,船体的下沉量越大

　　A. ① 　　　　　　　　　　　　　　　B. ①②③

　　C. ②③ 　　　　　　　　　　　　　　D. ①③

33. 在一般商船的船速范围内,静止中为平吃水的船舶航行中大多出现_____。

　　A. 船体下沉和首倾现象 　　　　　　　B. 船体下沉和尾倾现象

　　C. 船体上浮和首倾现象 　　　　　　　D. 船体上浮和尾倾现象

34. 高速船在深水中航行中,在低速时,其船体沉浮和纵倾的情况为_____。

　　A. 船体下沉且尾倾 　　　　　　　　　B. 船体下沉且首倾

　　C. 船体上浮且首倾 　　　　　　　　　D. 船体上浮且尾倾

35. 高速船在深水中航行中,在高速时,其船体沉浮和纵倾的情况为_____。

　　A. 船体下沉且尾倾 　　　　　　　　　B. 船体下沉且首倾

　　C. 船体上浮且首倾 　　　　　　　　　D. 船体上浮且尾倾

36. 一般船舶驶于浅水域时,其下沉量变化情况为_____。

　　A. 水深越浅,下沉量越小,且同船速下的下沉量比深水中大

　　B. 水深越浅,下沉量越大,且同船速下的下沉量比深水中小

　　C. 水深越浅,下沉量越大,且同船速下的下沉量比深水中大

　　D. 水深越浅,下沉量越小,且同船速下的下沉量比深水中小

37. 一般船舶驶于浅水域时,低速时,其纵倾变化情况为_____。

　　A. 首倾,且同样首倾时,浅水中的航速比深水中的航速高

　　B. 首倾,且同样首倾时,浅水中的航速比深水中的航速低

　　C. 尾倾,且同样尾倾时,浅水中的航速比深水中的航速高

D.尾倾,且同样尾倾时,浅水中的航速比深水中的航速低

38.航速、载况和舵角相同情况下,浅水中的船舶转向惯性较深水中_____。

A.为大
B.为小
C.没什么变化
D.为大,水越浅越大

39.到达港口附近浅水域的 VLCC 船,为了平吃水进港_____。

A.须预先调整其纵倾情况,使之适当尾倾

B.须预先调整其纵倾情况,使之适当首倾

C.须预先调整其纵倾情况,使之平吃水

D.不须预先调整其纵倾情况

40.关于浅水效应,下列说法正确的是_____。

①船舶进入浅水区,其旋回时的漂角较深水区小;②在浅水区进行 Z 形试验时,其惯性超越角较深水区大;③在浅水区进行旋回时,其船速下降幅度大;④螺旋试验的环形面积浅水较深水大

A.①②③④
B.①②③
C.①③
D.②④

41.船舶在浅水区航行时,通常会出现_____。

①船速下降;②船体下沉和纵倾;③舵效变差;④首向浅滩一侧偏转

A.①②③④
B.①②③
C.①③
D.②④

42.船舶驶于浅水域时_____。

A.水越浅,由首倾自行变为尾倾所需的航速越低

B.水越浅,由首倾自行变为尾倾所需的航速越高

C.由首倾变为尾倾主要决定于船型,与水深无关

D.水越浅,只是越增加首倾而已,不会出现尾倾

1.3.3.2　富余水深的确定

一、知识点梳理

1.富余水深 = 海图水深 + 当时当地的基准潮高 − 船舶静止时的实际最大吃水

2.考虑因素:船体下沉纵倾。

波浪引起的摇荡,横摇 $1/2B\sin\theta$;纵摇 $1/2L\sin\Phi$;垂荡 Δd。

海图水深 20 m 以下误差 0.3 m,20~100 m 误差 1 m,>100 m 误差 10%。

潮差,气压变化升高 1 hPa 潮差降 1 cm。

主机冷缺口;操纵需要。

3.有关规定:EPMA 大型船外海 20%;港外 15%;港内 10%;

VLCC 外海 15% ;港外 10% ;港内 5% 。

马六甲 15 m,15 万吨,3.5 m。

濑户内海船舶吃水 <9 m,5% ;9 ~ 12 m,8% ; >12 m,10% 。

长江口南水道 0.6 m。

二、相关习题

1. 船舶在浅水域航行时,确定富余水深应考虑的因素包括_____。
   ①海水密度变化;②主机冷却水进口;③浅水中船舶的操纵性能变化
   A. ①②
   B. ①③
   C. ①②③
   D. ②③

2. 船舶在浅水域航行时,引起其吃水增加的因素包括_____。
   ①船体下沉和纵倾变化比深水中剧烈;②浅水中阻力增大;③浅水中船舶的操纵性能变差
   A. ①
   B. ①③
   C. ①②
   D. ②③

3. 下列有关富余水深的计算,哪项是正确的?
   A. 富余水深 = 海图水深 + 当时当地的基准潮高 − 船舶静止时的最大吃水
   B. 富余水深 = 海图水深 − 当时当地的基准潮高 + 船舶静止时的最大吃水
   C. 富余水深 = 海图水深 + 当时当地的基准潮高 − 船舶静止时的平均吃水
   D. 富余水深 = 海图水深 + 当时当地的基准潮高 − 船舶航行时的最大吃水

4. 欧洲引水协会(EMPA)建议的外海航道富余水深为_____。
   A. 吃水的 20%
   B. 吃水的 15%
   C. 吃水的 10%
   D. 吃水的 5%

5. 欧洲引水协会(EMPA)建议的港外水道富余水深为_____。
   A. 吃水的 20%
   B. 吃水的 15%
   C. 吃水的 10%
   D. 吃水的 5%

6. 欧洲引水协会(EMPA)建议的港内水道富余水深为_____。
   A. 吃水的 20%
   B. 吃水的 15%
   C. 吃水的 10%
   D. 吃水的 5%

7. 当吃水 $d < 9$ m 时,日本濑户内海内主要港口的富余水深标准为_____。
   A. $d \times 5\%$
   B. $d \times 8\%$
   C. $d \times 10\%$
   D. $d \times 12\%$

8. 当 9 m $\leq d \leq 12$ m 时,日本濑户内海内主要港口的富余水深标准为_____。
   A. $d \times 5\%$
   B. $d \times 8\%$
   C. $d \times 10\%$
   D. $d \times 12\%$

9. 当吃水 $d > 12$ m 时,日本濑户内海内主要港口的富余水深标准为_____。
   A. $d \times 5\%$
   B. $d \times 8\%$

C. $d \times 10\%$ D. $d \times 12\%$

10. 某轮吃水 10 m,航行于日本濑户内海,其保留水深应为_____。

    A. 0.5 m   B. 0.8 m

    C. 1 m   D. 1.5 m

11. 某轮吃水 8 m,航行于日本濑户内海,其保留水深应为_____。

    A. 0.4 m   B. 0.8 m

    C. 1 m   D. 1.2 m

12. 某轮吃水 15 m,航行于日本濑户内海,其保留水深应为_____。

    A. 0.5 m   B. 0.8 m

    C. 1 m   D. 1.5 m

13. 某轮最大吃水 20 m,则它航行于欧洲某港外水道时,按欧洲引航协会的要求,船舶应保留的富余水深为_____。

    A. 1.2 m   B. 2 m

    C. 3 m   D. 4 m

14. 某船船宽为 B,当横倾角为 θ 时,其吃水增加量可由下列_____算式概算。

    A. $B \cdot \sin\theta$ B. $B \cdot \cos\theta$

    C. $(B\sin\theta)/2$ D. $(B\cos\theta)/2$

15. 某船长为 L,当纵摇角为 Ψ 时,纵摇所造成的吃水增加量可由下列_____算式概算。

    A. $L \cdot \sin\Psi$ B. $L \cdot \sin\Psi/2$

    C. $L/2 \cdot \sin\Psi$ D. $L/2 \cdot \cos\Psi$

16. 海图水深测量误差范围的国际标准,水深在 20 ~ 100 m 时,其允许误差为_____。

    A. 0.3 m   B. 1 m

    C. 2 m   D. 0.5 m

17. 海图水深测量误差范围的国际标准,20 m 以下允许误差_____。

    A. 0.2 m   B. 0.3 m

    C. 0.4 m   D. 0.5 m

18. 船舶在浅水域航行,确定富余水深应考虑的因素包括_____。

    ①船体的下沉纵倾;②波浪引起的摇荡;③海图水深的测量误差

    A. ①②③   B. ①③

    C. ②③   D. ①②

19. 船舶在浅水域航行,引起船舶吃水增加的因素包括_____。

    ①由海水进入淡水;②波浪引起的摇荡;③海图水深的测量误差

    A. ①②③   B. ①③

    C. ②③   D. ①②

20. 船舶在浅水域航行,会引起当时当地水深增加的因素包括_____。

    ①气压降低;②船体下沉纵倾;③海图水深的测量误差

    A. ①   B. ①③

C. ②③
D. ①②

21. 气压变化引起水位变化,气压每升高 1 hPa,水面_____。

A. 下降 1 mm
B. 上升 1 mm

C. 下降 1 cm
D. 上升 1 cm

1.3.3.3 岸壁效应及其对操船的影响

一、知识点梳理

1. 岸壁效应:船体整体吸向岸壁、船首转向航道中央,同时发生。$W/L \leqslant 1$,操纵性受明显影响。

2. 影响因素:岸间距小,岸壁效应明显,$<1.7B$,出现;

水道宽度越窄,岸壁效应越激烈;

航速越高,岸壁效应越激烈;

船型越肥大,岸壁效应越明显;

水深越浅,岸壁效应越激烈。

3. 狭水道保向:先直航,后回转,再横漂;保向需向岸壁(内舷)压舵。压舵 $>5°$,应重视,$>15°$,加大离岸距离;向海底高(浅水)侧压舵。

二、难点点拨

船舶近岸航行,发生岸壁效应,一般是先直航,后转头,然后横漂。

三、相关习题

1. 船舶在航道中航行发生岸壁效应是指_____。

A. 船体与岸壁的吸引作用和船首与岸壁的排斥作用

B. 船体与岸壁的吸引作用和船首与岸壁的吸引作用

C. 船体与岸壁的排斥作用和船首与岸壁的吸引作用

D. 船体与岸壁的排斥作用和船首与岸壁的排斥作用

2. 根据船舶的模型试验表明,当水深与吃水之比 <2 时,船接近岸壁的距离为船宽的_____倍时,将出现显著岸壁效应。

A. 4
B. 2.7

C. 2
D. 1.7

3. 船舶在海底沿其船宽方向有明显倾斜的浅水域航行时,容易产生_____现象。

A. 船首转向浅水,同时船舶向浅水侧靠近的

B. 船首转向浅水,同时船舶向深水侧靠近的

C. 船首转向深水,同时船舶向浅水侧靠近的

D. 船首转向深水,同时船舶向深水侧靠近的

4. 船舶在海底沿其船宽方向有明显倾斜的浅水域航行时,_____。

A. 容易产生船首转向浅水现象,应向深水一舷操舵保向

B. 容易产生船首转向浅水现象,应向浅水一舷操舵保向

C. 容易产生船首转向深水现象,应向深水一舷操舵保向

D. 容易产生船首转向深水现象,应向浅水一舷操舵保向

5. 船舶驶入某海底沿其船宽方向有明显倾斜的浅水域时,_____。

A. 需向海底较高一舷压舵才能保向

B. 需向海底较低一舷压舵才能保向

C. 与海底平坦水域操纵方法相同即可保向

D. 航向偏摆不定,无论怎样操舵,都无法保向

6. 船舶驶入海底沿其船宽方向有明显倾斜的浅水域时,_____。

A. 需要向海底较高一舷压舵才能保向   B. 需要向海底较低一舷压舵才能保向

C. 与海底平坦水域并无不同,正常操纵即可 D. 将出现航向左右偏摆不定的局面

7. 航行中的船舶,如太接近水道一侧时将会产生的现象是_____。

A. 由于转头力矩的作用,使首转向航道中央

B. 由于转头力矩的作用,使首转向岸边

C. 由于岸吸的影响,使首转向岸边

D. 由于岸推的影响,使尾转向航道中央

8. 在狭水道航行,离岸壁太近会出现_____。

A. 船首岸推,船尾岸吸   B. 船首岸推,船尾岸推

C. 船首岸吸,船尾岸推   D. 船首岸吸,船尾岸吸

岸壁效应

9. 船舶一侧靠近岸壁航行时,为了保向_____。

A. 需向内舷压舵,且应使用大舵角   B. 需向内舷压舵,且应使用小舵角

C. 需向外舷压舵,且应使用小舵角   D. 需向外舷压舵,且应使用大舵角

10. 船舶一侧靠近岸壁航行时,为了保向_____。

A. 需向内舷压舵,且应降低航速   B. 需向内舷压舵,且应提高航速

C. 需向外舷压舵,且应降低航速   D. 需向外舷压舵,且应提高航速

11. 船舶在航道中航行时,若接近航道一侧太近会发生_____现象。

A. 船尾碰撞岸壁,船首转向航道中央   B. 船尾碰撞岸壁,船首碰撞岸壁

C. 船尾转向航道中央,船首碰撞岸壁   D. 船尾转向航道中央,船首转向航道中央

12. 靠近岸壁航行时,万吨以上船舶将受到岸吸力矩河岸推力矩作用,为保持船舶沿岸壁航行_____。

①需要向内舷压舵;②需要向外舷压舵;③当压舵角高于15°仍不足以保向时,即应加大离岸距离

A. ①②③   B. ②③

C. ①③   D. ①②

13. 船舶在航道中航行发生岸壁效应是指_____。

 A. 船体与岸壁的吸引作用和船首与岸壁的排斥作用

 B. 船体与岸壁的吸引作用和船首与岸壁的吸引作用

 C. 船体与岸壁的排斥作用和船尾与岸壁的吸引作用

 D. 船体与岸壁的排斥作用和船尾与岸壁的排斥作用

14. 船舶在海底沿其船宽方向有明显倾斜的浅水域航行时,容易产生_____现象。

 A. 船首转向浅水,同时船舶向浅水侧靠近的

 B. 船首转向浅水,同时船舶向深水侧靠近的

 C. 船首转向深水,同时船舶向浅水侧靠近的

 D. 船首转向深水,同时船舶向深水侧靠近的

15. 在狭水道航行,离岸壁太近会出现_____。

 A. 船首岸吸,船尾岸吸   B. 船首岸推,船尾岸推

 C. 船首岸吸,船尾岸推   D. 船首岸推,船尾岸吸

16. 船舶在航道中航行,岸吸力的大小_____。

 A. 与水深和船速无关,与船长和船宽有关   B. 与水深和船速有关,与船长和船宽有关

 C. 与水深和船速无关,与船长和船宽无关   D. 与水深和船速有关,与船长和船宽无关

17. 船舶在航道中航行,岸吸岸推(岸壁效应)的剧烈程度_____。

 A. 与船速有关,与船型无关   B. 与船速有关,与船型有关

 C. 与船速无关,与船型无关   D. 与船速无关,与船型有关

18. 船舶在航道中航行,岸吸岸推(岸壁效应)的剧烈程度_____。

 A. 与航道水深有关,与船型无关   B. 与航道水深无关,与船型无关

 C. 与航道水深有关,与船型有关   D. 与航道水深无关,与船型有关

19. 船舶在航道中航行,岸吸岸推(岸壁效应)的剧烈程度_____。

 A. 与航道水深有关,与航道宽度无关   B. 与航道水深无关,与航道宽度有关

 C. 与航道水深无关,与航道宽度无关   D. 与航道水深有关,与航道宽度有关

20. 航速、船型对岸壁效应的影响为_____。

 A. 航速越低,岸壁效应越剧烈;方形系数越大,岸壁效应越明显

 B. 航速越高,岸壁效应越剧烈;方形系数越大,岸壁效应越明显

 C. 航速越低,岸壁效应越剧烈;方形系数越小,岸壁效应越明显

 D. 航速越高,岸壁效应越剧烈;方形系数越小,岸壁效应越明显

21. 水深、航道宽度对岸壁效应的影响为_____。

 A. 水深越小,岸壁效应越剧烈;航道宽度越大,岸壁效应越明显

 B. 水深越大,岸壁效应越剧烈;航道宽度越大,岸壁效应越明显

C. 水深越小,岸壁效应越剧烈;航道宽度越小,岸壁效应越明显

D. 水深越大,岸壁效应越剧烈;航道宽度越小,岸壁效应越明显

22. 船体距岸距离、航道宽度对岸壁效应的影响为_____。

A. 距岸越近,岸壁效应越剧烈;航道宽度越大,岸壁效应越明显

B. 距岸越远,岸壁效应越剧烈;航道宽度越大,岸壁效应越明显

C. 距岸越近,岸壁效应越剧烈;航道宽度越小,岸壁效应越明显

D. 距岸越远,岸壁效应越剧烈;航道宽度越小,岸壁效应越明显

23. 有关岸吸岸推现象,下列选项中不正确的是_____。

A. 距岸壁越近越剧烈 　　　　　B. 水深越深越剧烈

C. 船速越高越剧烈 　　　　　　D. 船型越肥大越激烈

24. 有关岸吸岸推现象,下列选项中不正确的是_____。

A. 距岸壁越远越剧烈 　　　　　B. 水深越浅越激烈

C. 船速越高越激烈 　　　　　　D. 船型越肥大越激烈

25. 有关岸吸岸推现象,下列选项中不正确的是_____。

A. 距岸壁越近越剧烈 　　　　　B. 水深越浅越激烈

C. 船速越高低激烈 　　　　　　D. 船型越瘦削越激烈

26. 靠近岸壁航行时,船舶将受到岸吸力与岸推力矩作用,为保持船舶沿岸壁航行_____。

①需向内舷(靠近岸壁一舷)压舵;②需向外舷压舵;③当压舵角高于15°仍不足以保向,即应加大离岸距离

A. ①② 　　　　　　　　　　　B. ①③

C. ①②③ 　　　　　　　　　　D. ②③

27. 岸吸岸推现象与下列哪项因素有关?

①航速和船舶的大小;②航道深度与宽度;③船型的肥瘦程度

A. ① 　　　　　　　　　　　　B. ①②

C. ①③ 　　　　　　　　　　　D. ①②③

28. 有关船舶的岸吸岸推现象,下列哪项正确?

①船速越高,岸吸力矩和岸推力矩越大;②船舶越靠近岸壁航行,其保向就越困难;③水深越浅,航道越窄,岸吸岸推现象越激烈

A. ① 　　　　　　　　　　　　B. ①③

C. ②③ 　　　　　　　　　　　D. ①②③

29. 有关岸吸岸推现象,下述不正确的是_____。

①越靠近航道中央线航行,岸吸岸推现象越激烈;②水深越浅,航道越窄,岸吸岸推现象越激烈;③船速越高,船型越肥大,岸吸岸推现象越激烈

A. ① 　　　　　　　　　　　　B. ②③

C. ①③ 　　　　　　　　　　　D. ①②③

30. 根据船舶的模型试验,当水深与吃水之比小于2时,船接近岸壁的距离为船宽的多少倍时将出现显著岸壁效应?

A. 4 　　　　　　　　　　B. 10
C. 2. 5 　　　　　　　　　D. 1. 7

31. 船舶在浅水区航行,如水深沿船宽分布不均匀,会出现船首向_____现象。
　　A. 浅水一侧偏转　　　　　　　　B. 左侧偏转
　　C. 深水一侧偏转　　　　　　　　D. 右侧偏转

32. 船舶在海底沿其船宽方向有明显倾斜的浅水域航行时,_____。
　　A. 容导产生船首转向浅水现象,应向深水一舷操舵保向
　　B. 容易产生船首转向浅水现象,应向浅水一舷操舵保向
　　C. 容易产生船首转向深水现象,应向深水一舷操舵保向
　　D. 容易产生船首转向深水现象,应向浅水一舷操舵保向

33. 船舶驶入海底沿其船宽方向有明显倾斜的浅水域时,_____。
　　A. 需向海底较高一舷压舵才能保向
　　B. 需向海底较低一舷压舵才能保向
　　C. 与海底平坦水域并无不同,正常操纵即可
　　D. 将出现航向左右偏摆不定的局面

航道宽度

34. 根据 Hooft 的研究,航道宽度与船长之比 W/L 为多少时,船舶操纵性会受到明显影响?
　　A. $W/L \leq 1$　　　　　　　　B. $W/L \leq 2$
　　C. $W/L \leq 3$　　　　　　　　D. $W/L \leq 4$

35. 选择航道宽度时应考虑哪些因素?
　　①船舶的尺度;②通行速度;③交通流量;④他船的动态
　　A. ①②③　　　　　　　　　　B. ②③④
　　C. ①②③④　　　　　　　　　D. ①③④

36. 选择航道宽度时应考虑哪些因素?
　　①船舶的操纵性能;②浅水效应;③岸壁效应;④助航设施状况
　　A. ①②③④　　　　　　　　　B. ②③④
　　C. ①②③　　　　　　　　　　D. ①③④

37. 根据有关规定,航道宽度的构成要素主要有_____。
　　①航迹带宽度;②船舶间富余宽度;③船舶与航道底边间的富余宽度
　　A. ①③　　　　　　　　　　　B. ②③
　　C. ①②③　　　　　　　　　　D. ①②

1.3.4 船间效应

1.3.4.1 船间效应的定义

一、知识点梳理

定义:两船近距离航行,受彼此船行波影响,出现的吸引与排斥、转头、波荡等现象。

1. 波荡:不同位置受到向前加速和向后减速的作用;小船受影响大。
2. 转头:船舶斜向与散波遭遇;小型、浅吃水受作用显著。
3. 吸引排斥:首尾水位升高则排斥;中部水位下降则吸引。

二、难点点拨

三种现象可能同时出现,因两船相对位置、大小不同,则表现不同。

三、相关习题

1. 两船平行接近航行时会出现_____。
   ①波荡;②转头;③吸引、排斥
   A.①   B.②③
   C.①②③   D.①②

2. 两船近距离并行航行,下述正确的是_____。
   A. 先出现波荡,再出现转头,最后出现吸引与排斥
   B. 先出现转头,再出现波荡,最后出现吸引与排斥
   C. 先出现吸引与排斥,再出现转头,最后出现波荡
   D. 波荡、转头、吸引与排斥可能同时出现

3. 波荡现象是指处于他船航行波当中的船舶,因其处于波的不同位置而受到的_____作用。
   A. 加速或减速   B. 航向偏转
   C. 纵摇、垂荡   D. 横摇

4. 船间的吸引与排斥现象是由于航进中船舶_____,从而给附近他船以排斥作用;而
   _____,则给他船以吸引作用。
   A. 船首尾水位升高,压力增大;船中水位下降,压力降低
   B. 船首尾水位升高,压力降低;船中水位下降,压力增大
   C. 船首尾水位下降,压力降低;船中水位升高,压力增大

　D. 船首尾水位下降,压力增大;船中水位升高,压力减小

5. 两船并行航行接近时会出现_____。

　①波荡;②转头;③吸引;④排斥

　A. ①②③④　　　　　　　　　　　　B. ②④

　C. ①③④　　　　　　　　　　　　D. ①②③

6. 关于处在他船兴波中的船舶的转头作用,下述哪项不正确?

　A. 作用时间越短,转头作用越大　　　B. 越接近他船时,转头作用越大

　C. 较小的船,所受影响越大　　　　　D. 他船兴波越大,转头作用越大

1.3.4.2　追越、对驶过程中两船间的相互作用

一、知识点梳理

1. 追越:首尾平,内转、排斥;首抵中,同侧转、移;平齐,外转、吸引。

2. 对驶:首首,外转、排斥;首中,内转、吸引;首尾,不转、吸引;尾中,外转、吸引;尾尾,内转、排斥。

二、难点点拨

严格意义上讲,由于船行波是斜向后方延伸的。因此两船的横向间距不一样,即使其纵向距离相同,其所处的另一船的船行波的波谷、波峰也是不同的。

三、相关习题

1. 在横距较近的追越中,追越船船首驶达被追越船船尾时_____。

　A. 追越船和被追越船将向外偏转,且相互排斥

　B. 追越船和被追越船将向内偏转,且相互排斥

　C. 追越船和被追越船将向内偏转,且相互吸引

　D. 追越船和被追越船将向外偏转,且相互吸引

2. 一大船从小船左舷追越,当大船船首平小船船尾时,小船易发生_____。

　A. 船首向左偏转　　　　　　　　　B. 船首向右偏转

　C. 船体平行吸引　　　　　　　　　D. 船体平行排斥

3. 一大船从小船右舷追越,当大船船首平小船船尾时,小船易发生_____。

　A. 船首向左偏转　　　　　　　　　B. 船首向右偏转

　C. 船体平行吸引　　　　　　　　　D. 船体平行排斥

4. 在横距较近的追越中,追越船船首驶达被追越船船尾时,_____。

A. 追越船将向内偏转, 被追越船将向内偏转

B. 追越船将向外偏转, 被追越船将向内偏转

C. 追越船将向内偏转, 被追越船将向外偏转

D. 追越船将向外偏转, 被追越船将向外偏转

5. 在横距较近的追越中, 追越船船首驶达被追越船船尾时, _____。

A. 追越船将向外偏转, 被追越船将向内偏转, 且相互排斥

B. 追越船将向内偏转, 被追越船将向外偏转, 且相互排斥

C. 追越船将向外偏转, 被追越船将向内偏转, 且相互吸引

D. 追越船将向内偏转, 被追越船将向外偏转, 且相互吸引

6. 狭水道中追越时, 应_____。

①选择直航段追越; ②追越时应征得被追越船同意; ③被追越船应尽可能减速

A. ①②③   B. ②③

C. ①③   D. ①②

7. 船舶的转头作用是由于船首向与他船_____时, 波峰与波谷处的船体受到相反方向的作用力。

A. 船首向存在交角   B. 首散波方向平行

C. 首散波方向垂直   D. 首散波方向存在交角

8. 在横距较近的追越中, 追越船船首驶达被追越船船尾 1/3 ~ 1/4 船长时, _____。

A. 追越船将向内偏转, 被追越船将向内偏转

B. 追越船将向外偏转, 被追越船将向内偏转

C. 追越船将向内偏转, 被追越船将向外偏转

D. 追越船将向外偏转, 被追越船将向外偏转

9. 在横距较近的追越中, 追越船船中驶达被追越船船中时, _____。

A. 追越船和被追越船将向内偏转, 且相互排斥

B. 追越船和被追越船将向外偏转, 且相互排斥

C. 追越船和被追越船将向内偏转, 且相互吸引

D. 追越船和被追越船将向外偏转, 且相互吸引

10. 在航道中, 甲船从乙船右舷追越, 两船的长度和吃水都相同, 当甲船船首与乙船接近并平行时, 两船的动态为_____。

A. 甲船船首向右偏转, 乙船船尾向左偏转

B. 甲船船首向左偏转, 乙船船尾向左偏转

C. 甲船船首向右偏转, 乙船船尾向右偏转

D. 甲船船首向左偏转, 乙船船尾向右偏转

11. 在航道中, 甲船从乙船左舷追越, 两船的长度和吃水都相同, 当甲船船首与乙船尾接近平行时, 两船的动态为_____。

A. 甲船船首向右偏转, 乙船船尾向左偏转

B. 甲船船首向左偏转, 乙船船尾向左偏转

C. 甲船船首向右偏转,乙船船尾向右偏转

D. 甲船船首向左偏转,乙船船尾向右偏转

12. 在航道中,甲船从乙船左舷追越,两船的长度和吃水都相同,当甲船船身过乙船身,甲船船尾与乙船船首接近并行时,两船的动态为_____。

A. 甲船船首向右偏转,乙船船首向左偏转

B. 甲船船首向左偏转,乙船船首向左偏转

C. 甲船船首向右偏转,乙船船首向右偏转

D. 甲船船首向左偏转,乙船船首向右偏转

13. 在航道中,甲船从乙船右舷追越,两船的长度和吃水都相同,当甲船船身追过乙船船身,甲船船尾与乙船船首接近并行时,两船的动态为_____。

A. 甲船船首向右偏转,乙船船首向左偏转

B. 甲船船首向左偏转,乙船船首向左偏转

C. 甲船船首向右偏转,乙船船首向右偏转

D. 甲船船首向左偏转,乙船船首向右偏转

14. 在狭水道大船近距离追越小船,当大船首平小船尾时,受排斥力和吸引力作用,易发生的碰撞事故是_____。

A. 小船船首易与大船船中相撞　　　　B. 小船船身易与大船船身相擦碰

C. 小船船首易与大船船尾相撞　　　　D. 小船内转易与大船船首相撞

15. 在狭水道大船近距离追越小船,当大船尾平小船尾时,受排斥力和吸引力作用,易发生的碰撞事故是_____。

A. 小船船身易与大船船身相擦碰　　　　B. 小船船首易与大船船中相撞

C. 小船内转易与大船船首相撞　　　　D. 小船船首易与大船船尾相撞

1.3.4.3　驶过系泊船时的相互作用

一、知识点梳理

1. 系泊船运动,六个自由度运动:首摇、横摇、纵摇、横荡、纵荡、垂荡;危害最大的为纵荡,会擦损断缆。

2. 影响因素:驶过船排水量、船速;水深、船间距;系泊船排水量,风流。

二、难点点拨

驶过系泊船时,只有驶过船的船行波对系泊船的单向影响。

三、相关习题

1. 船舶以极近距离驶过系泊船时,受驶过船的兴波作用以及发散波被岸壁反射后对船体的作用,系泊船会发生_____。
①首摇、纵荡;②横摇、垂荡;③横荡、纵摇
A. ①②③　　　　　　　　　　　B. ②③
C. ①③　　　　　　　　　　　　D. ①②

2. 为防止出现浪损,船舶驶经系泊船附近时应_____。
①提前减速;②保持低速行驶;③减小兴波;④保持足够的横距
A. ①②③　　　　　　　　　　　B. ②③④
C. ①③④　　　　　　　　　　　D. ①②③④

3. 为防止出现浪损,船舶驶经系泊船附近时应_____。
①为减少通过时间,需加速;②保持低速行驶;③减小兴波;④保持足够的横距
A. ①②③　　　　　　　　　　　B. ②③④
C. ①③④　　　　　　　　　　　D. ①②③④

4. 作为系泊船,为防止出现浪损,应_____。
①加强值班;②收起舷梯;③收紧系缆,备好碰垫;④加抛外档短链锚以增加系泊的稳定度
A. ①②③　　　　　　　　　　　B. ②③④
C. ①③④　　　　　　　　　　　D. ①②③④

5. 作为系泊船,为防止出现浪损,应_____。
①加强值班;②放松系缆,使船离开码头一定距离;③收起舷梯;④加抛外档短链锚以增加系泊的稳定度
A. ①②③④　　　　　　　　　　B. ②③④
C. ①③④　　　　　　　　　　　D. ①④

6. 船舶以极近距离驶过系泊船时,受驶过船的作用以及发散波被岸壁反射后对船体的作用,系泊船会产生_____。
①首摇、横摇;②横荡、垂荡;③纵荡、纵摇
A. ①　　　　　　　　　　　　　B. ①②
C. ①③　　　　　　　　　　　　D. ①②③

7. 船舶以极近距离驶过系泊船时,受驶过船的作用以及发散波被岸壁反射后对船体的作用,系泊船会产生_____。
①首摇;②横摇;③纵摇
A. ①②③　　　　　　　　　　　B. ①②
C. ①③　　　　　　　　　　　　D. ②③

8. 系泊船受驶过船的作用以及发散波被岸壁反射后对船体的作用,会产生首摇、横摇、纵摇、纵荡、横荡、垂荡,其中幅度较大且对船舶影响最大的是_____。

A. 首摇   B. 纵摇

C. 垂荡   D. 纵荡

9.系泊船受驶过船的作用以及发散波被岸壁反射后对船体的作用,会产生首摇、横摇、纵摇、纵荡、横荡、垂荡,其中对系泊船影响最大的是_____,结果是可能造成_____等问题。

A. 首摇;碰撞   B. 纵摇;甲板上浪

C. 横摇;倾覆   D. 纵荡;断缆

1.3.4.4 影响船间效应的因素及预防措施

一、知识点梳理

1.影响因素

(1)船间距:力与间距4次方成反比,力矩与间距3次方成反比;间距小于船长和,则产生,小于船长之和一半,则明显增加。

(2)船速:力与力矩与船速的2次方成正比。

(3)作用时间:追越同向,相对速度小,作用时间长,作用大。

(4)大小船间:小船受影响大。

(5)浅窄水域:明显。

2.措施

(1)追越出现明显作用,追越船减车,用舵制止偏转;被追,适当加车,增加舵效。

(2)对驶首首平时,切忌大舵角抑制外转,可适当加车增加舵效。

(3)驶过系泊船驶过船,降速、加大距离。

系泊船,加强值班,外档短链,调整缆绳受力均匀,准备碰垫,停止作业,调整舷梯,车舵难以运用。

二、相关习题

1.船间的吸引与排斥现象是由于航进中船舶首尾水位升高、压力_____从而给附近他船以_____作用;而船中水位下降、压力_____,则给他船以_____作用。

A. 增大;排斥;降低;吸引   B. 增大;吸引;降低;排斥

C. 降低;吸引;增大;排斥   D. 降低;排斥;增大;吸引

2.船间的转头作用是由于船首向与他船_____时,波峰与波谷处的船体受到相反方向的作用力。

A. 船首向存在交角   B. 首散波方向平行

C. 首散波方向垂直   D. 首散波方向存在交角

3.船吸现象容易出现在_____。

A. 两船速度较高,相对速度较小的对驶中

B. 两船速度较低,相对速度较小的对驶中

C. 两船速度较高,相对速度较小的追越中

D. 两船速度较低,相对速度较小的追越中

4. 在狭水道大船近距离追越小船,当大船尾平小船尾时,受排斥力和吸引力作用,易发生的碰撞事故是_____。

A. 小船船身易与大船船身相擦碰　　B. 小船船首易与大船船中相撞

C. 小船内转易与大船船首相撞　　D. 小船船首易与大船船尾相撞

5. 在狭水道追越时,为减轻船间效应的影响,下列说法正确的是_____。

A. 追越船应提高船速,以缩短追越时间　　B. 双方应保持足够的横距

C. 被追越船应停车,以缩短追越时间　　D. 双方都应提高船速,以保证舵效

6. 在狭水道中大船近距离追越小船时,如果在追越中出现明显的船间效应而致有碰撞危险,下列说法正确的是_____。

A. 追越船应提高船速以快速通过　　B. 被追越船应立即停车

C. 被追越船应适当加车以提高舵效　　D. 双方都应加车提高船速,以保证舵效

7. 在横距较近的两船对驶局面中,两船船头平齐时,_____。

A. 各自向内偏转,且相互排斥　　B. 各自向外偏转,且相互排斥

C. 各自向内偏转,且相互吸引　　D. 各自向外偏转,且相互吸引

8. 在横距较近的两船对驶局面中,两船船身部分重叠时,_____。

A. 各自向内偏转,且相互排斥　　B. 各自向外偏转,且相互排斥

C. 各自向内偏转,且相互吸引　　D. 各自向外偏转,且相互吸引

9. 横距较近的追越局面相对于对驶局面更危险,原因在于_____。

①追越局面相对速度低,持续时间长;②对驶局面不会发生船间效应;③其他条件(船速和距离等)相同情况下,对驶局面船间效应作用力小于追越局面

A. ①　　B. ①②

C. ①③　　D. ①②③

10. 船吸现象的危险程度与两船船速和两船间的横距有关,_____。

A. 两船船速越低,两船间的横距越小,危险性越大

B. 两船船速越低,两船间的横距越大,危险性越大

C. 两船船速越高,两船间的横距越大,危险性越大

D. 两船船速越高,两船间的横距越小,危险性越大

11. 船吸现象的危险程度_____。

A. 与两船船速无关,与两船间的横距有关

B. 与两船船速有关,与两船间的横距有关

C. 与两船船速无关,与两船间的横距无关

D. 与两船船速有关,与两船间的横距无关

12. 关于处在他船兴波中的船舶的转头作用,下述哪项不正确?

A. 他船船速越低,转头作用越大　　　　B. 越接近他船时,转头作用越大

C. 越是较小的船,所受影响越大　　　　D. 他船兴波越大,转头作用越大

13. 关于处在他船兴波中的船舶的转头作用,下述哪项不正确?

　　A. 他船船速越高,转头作用越大　　　　B. 越远离他船时,转头作用越大

　　C. 越是较小的船,所受影响越大　　　　D. 他船兴波越大,转头作用越大

14. 关于处在他船兴波中的船舶的转头作用,下述哪项不正确?

　　A. 他船船速越高,转头作用越大　　　　B. 越接近他船时,转头作用越大

　　C. 越是较大的船,所受影响越大　　　　D. 他船兴波越大,转头作用越大

15. 关于处在他船兴波中的船舶的转头作用,下述哪项不正确?

　　A. 他船船速越高,转头作用越大　　　　B. 越接近他船时,转头作用越大

　　C. 越是较小的船,所受影响越大　　　　D. 他船兴波越小,转头作用越大

16. 系泊船受驶过船的作用以及发散波被岸壁反射后对船体的作用,会产生纵荡、横荡、垂荡。为减轻这种不利影响,下列说法不正确的是_____。

　　A. 系泊船应配合使用使车舵抵消不利影响

　　B. 系泊船应对缆绳和碰垫做必要的调整

　　C. 发现有大船快速驶过时,系泊船应停止有关可能受影响的作业,避免发生事故

　　D. 系泊船应对舷梯做出必要调整,避免船体移动而发生擦碰等事故

17. 试验表明,会产生船吸作用的两船间距约为_____。

　　A. 两船船宽之和的 1 倍　　　　B. 两船船长之和的 1 倍

　　C. 两船船宽之和的 2 倍　　　　D. 两船船长之和的 2 倍

18. 试验表明,船吸作用明显加剧的两船间距约为_____。

　　A. 小于两船船长之和的一半　　　　B. 小于两船船宽之和的一半

　　C. 小于两船船长之和　　　　D. 小于两船船宽之和

19. 两船并行会产生船吸现象,其吸引力的大小_____。

　　A. 与两船间横距的 2 次方成反比　　　　B. 与两船间横距的 4 次方成反比

　　C. 与两船间横距的 2 次方成正比　　　　D. 与两船间横距的 4 次方成正比

20. 两船并行会产生船吸现象,其吸引力的大小约与_____。

　　A. 船速的 2 次方成正比　　　　B. 船速的 4 次方成正比

　　C. 船速的 2 次方成反比　　　　D. 船速的 4 次方成反比

21. 两船并行会产生船吸现象,其转头力矩的大小约与_____。

　　A. 船速的 2 次方成反比　　　　B. 船速的 4 次方成正比

　　C. 船速的 2 次方成正比　　　　D. 船速的 4 次方成反比

22. 两船并行会产生船吸现象,其转头力矩的大小约与_____。

　　A. 两船间横距的 4 次方成反比　　　　B. 两船间横距的 3 次方成反比

　　C. 两船间横距的 4 次方成正比　　　　D. 两船间横距的 3 次方成正比

23. 两船并行横距较近,下列哪种情况容易发生船吸现象?

　　A. 两船的船速较高,相对速度较小　　　　B. 两船的船速较高,相对速度较大

C. 两船的船速较低,相对速度较小　　　　D. 两船的船速较低,相对速度较大

24. 两船并行会产生船吸现象,其吸引力的大小_____。
    A. 与船速的 2 次方成反比,与两船间横距的 4 次方成正比
    B. 与船速的 2 次方成反比,与两船间横距的 4 次方成反比
    C. 与船速的 2 次方成正比,与两船间横距的 4 次方成正比
    D. 与船速的 2 次方成正比,与两船间横距的 4 次方成反比

25. 两船并行会产生船吸现象,其转头力矩的大小_____。
    A. 与船速的 2 次方成反比,与两船间横距的 3 次方成正比
    B. 与船速的 2 次方成反比,与两船间横距的 3 次方成反比
    C. 与船速的 2 次方成正比,与两船间横距的 3 次方成正比
    D. 与船速的 2 次方成正比,与两船间横距的 3 次方成反比

26. 两船并航,有关影响船间作用力的大小的因素,下列说法正确的是_____。
    ①两船的船速越高,船间作用力越大;②两船的速度差越小,船间作用力的作用时间越长,船间作用的影响越大;③两船的尺度或排水量越小,船间作用越大;④小船受到的船间作用的影响大
    A. ①②③④　　　　　　　　　　　　B. ①②④
    C. ③④　　　　　　　　　　　　　　D. ④

27. 大小两船近距离并行航行,下述正确的是_____。
    ①大船船速越高,小船波荡越激烈;②大船兴波越激烈,小船波荡越激烈;③小船吃水越浅,波荡越激烈;④小船吃水越深,波荡越激烈
    A. ①②③④　　　　　　　　　　　　B. ②④
    C. ①③④　　　　　　　　　　　　　D. ①②③

28. 大小两船近距离并行航行,下述正确的是_____。
    ①大船船速越低,小船波荡越激烈;②大船兴波越激烈,小船波荡越激烈;③小船吃水越深,波荡越激烈;④小船吃水越浅,波荡越激烈
    A. ①②③④　　　　　　　　　　　　B. ②④
    C. ①③④　　　　　　　　　　　　　D. ①②③

29. 大小两船近距离并行航行,下述正确的是_____。
    A. 大船船速越低,小船波荡越激烈　　B. 大船兴波越小,小船波荡越激烈
    C. 小船吃水越深,波荡越激烈　　　　D. 小船吃水越深,波荡越轻

30. 大小两船近距离并行航行,下述正确的是_____。
    A. 大船船速越低,小船转头越激烈　　B. 大船兴波越小,小船转头越激烈
    C. 小船吃水越深,转头越轻　　　　　D. 小船吃水越深,转头越激烈

31. 关于横距较近的两船并行航行发生船吸现象,下述哪项正确?
    ①两船船速越高,影响越大;②相对速度越小,影响越大;③相对横距越小,影响越大
    A. ①②③　　　　　　　　　　　　　B. ②③
    C. ①③　　　　　　　　　　　　　　D. ①②

32. 关于横距较近的两船并行航行发生船吸现象,下述哪项正确?
①追越比对驶影响大;②相对速度越小,影响越大;③小船比大船影响小
A.①②③   B.②③
C.①③   D.①②

33. 离得较近的同向航行的两船,如果两船的船速较_____,它们的相对速度较_____,最易发生船吸现象。
A. 快;小   B. 慢;小
C. 快;大   D. 慢;大

34. 在狭水道中大船近距离追越小船时,如果在追越中出现明显的船间效应而致有碰撞危险,下列说法正确的是_____。
A. 追越船应提高船速以快速通过   B. 被追越船应立即停车
C. 被追越船应适当加车以提高舵效   D. 双方都应加车提高船速以保证舵效

35. 船舶以极近距离驶过系泊船时,为减轻对系泊船的不利影响,下列说法不正确的是_____。
A. 应加车快速通过   B. 宜减速行驶
C. 应尽量加大横距   D. 浅水时尤应注意兴波的不利影响

36. 船舶以极近距离驶过系泊船时,为减轻对系泊船的不利影响,下列说法正确的是_____。
A. 应加车快速通过   B. 宜减速行驶
C. 尽量减小横距   D. 应尽量保持与系泊船首向平行的航向

37. 船舶以极近距离驶过系泊船时,系泊船受驶过船的作用以及发散波被岸壁反射后对船体的作用,会产生首摇、横摇、纵摇、纵荡、横荡、垂荡。关于这种影响,下列说法正确的是_____。
A. 水深越浅,影响越大   B. 航速越低,影响越大
C. 系泊船排水量越大,影响越大   D. 驶过船排水量越小,影响越大

38. 船舶以极近距离驶过系泊船时,系泊船受驶过船的作用以及发散波被岸壁反射后对船体的作用,会产生首摇、横摇、纵摇、纵荡、横荡、垂荡。关于这种影响,下列说法正确的是_____。
A. 水深越浅,影响越小   B. 距离越近,影响越小
C. 系泊船排水量越小,影响越小   D. 驶过船排水量越大,影响越大

参考答案

1.1.1.1			
1～5	BCABB	6～10	CBCDB
11～12	DB		
1.1.1.2			
1～5	ABCCA	6～10	ACCBD
11～15	ABACB	16～20	BADBD

1.1.1.3			
1 ~ 5	CCCBB	6 ~ 10	ACDAB
11 ~ 15	CDACA	16 ~ 20	BABBC
21 ~ 25	DDDAB	26 ~ 30	BBBBA
31 ~ 35	DDADB	36 ~ 41	ABCBCD
1.1.1.4			
1 ~ 5	DDCBA	6 ~ 10	BBCAB
11 ~ 15	DACBB	16 ~ 17	AD
1.1.2.1			
1 ~ 5	BCAAD	6 ~ 10	ABBAA
11 ~ 15	ABAAA	16 ~ 20	AABBD
21 ~ 25	DACCC	26 ~ 30	CCCCD
31 ~ 35	DDAAC	36 ~ 37	BB
1.1.2.2			
1 ~ 5	BBDDB	6 ~ 10	ACDCA
11 ~ 15	ADCBA	16 ~ 20	AAACC
21 ~ 25	DAACB	26 ~ 30	CBADA
31 ~ 35	CBBBD	36 ~ 40	BCBBB
41 ~ 45	BBCCA	46 ~ 50	ABBAA
51 ~ 55	CDCAC	56 ~ 60	DCACA
61 ~ 65	DBAAC	66 ~ 70	ADDBB
71 ~ 75	ABDBD	76 ~ 80	BBCAC
81 ~ 85	AABBD	86 ~ 91	DDCADA
1.1.2.3			
1 ~ 5	DABCB	6 ~ 10	DDABB
11 ~ 15	CCACC	16 ~ 20	BCABA
21 ~ 25	DAADB	26 ~ 30	CBADD

31～35	CBCAD	36～40	BBBDB
41～42	AD		
1.1.2.4			
1～5	DDBCA	6～10	ADCCB
11～15	CADCC	16～22	DABBCAD
1.1.3.1			
1～5	BABDA	6～10	BDAAB
11～15	BCBCD	16～18	CDB
1.1.3.2			
1～5	BADAA	6～10	BAADD
11～15	CADAB	16～21	BCBBCB
1.1.3.3			
1～5	CAACB	6～10	DABAB
11～15	CACCB	16～17	BA
1.1.3.4			
1～5	ACCDB	6～10	DCDDD
11～15	CAAAB	16	D
1.1.4			
1～5	AADAD	6～10	DCADD
11～15	ADCAC	16～20	ABCAA
21～25	BBBAB	26～30	BCAAB
31～35	CBACD	36～41	CAABBB
1.1.5.1			
1～5	DDBAA	6～10	ADBDD
11～13	ABD		
1.1.5.2			
1～5	DDBCB	6～8	BDA

1.1.5.3			
1～5	AADAB	6～8	CDA
1.1.5.4			
1～5	DACBB	6～11	BADBCD
1.1.6			
1～5	BBBDC	6～10	BACCB
11～15	AABCA	16	B
1.2.1.1			
1～5	ABCDA	6～10	CBBCD
11～14	ACBA		
1.2.1.2			
1～4	BCCB		
1.2.1.3			
1～5	DAACC	6～10	DDCDC
11～15	CACAB	16	D
1.2.1.4			
1～5	AADAB	6～11	AAAAAA
1.2.1.5			
1～5	ACBAB	6～10	CBCDB
11～15	CAACD		
1.2.1.6			
1～5	ACCCC	6～10	CDBDB
11～15	CAACD	16～20	BACDB
21～24	BACD		
1.2.1.7			
1～5	AACCB	6～10	BCBDC
11～13	DAC		

1.2.1.8			
1~5	DCCBC		
1.2.1.9			
1~5	ABCBB		
1.2.1.10			
1~5	AAAAC	6~7	BA
1.2.1.11			
1~2	AD		
1.2.1.12			
1~5	CABBC	6~10	CDBBC
11~15	BADAD	16~20	CACCA
21~25	DAAAC	26~27	AD
1.2.1.13			
1~5	BBCCC	6~10	CBBDA
1.2.2.1			
1~5	DAABB	6~10	AADCD
11~15	DCDBA	16~20	ACDAB
21~25	BADDB	26~30	CCBAC
31~35	BBACA	36~41	DBCABD
1.2.2.2			
1~5	CDACA		
1.2.2.3			
1~5	DDDDA	6~10	BCBBC
11~15	BBBBD	16~20	BCDCB
21~25	DDDDC	26~30	CBBBB
31~34	ABBD		

1.2.2.4			
1～5	DDDBC	6～11	BDDBCD

1.2.2.5			
1～5	ABDBC	6～10	DAACC
11～12	AC		

1.2.2.6			
1～5	DDDDB	6～10	ACDBC
11～15	DDADD	16～20	BCDAA
21～25	DDCCC	26～30	CBDDD
31～35	DDDDC	36～40	DBDBB
41～45	DCDBD	46～50	BACAD
51～53	DCC		

1.2.2.7			
1～5	DCDDD	6～10	CDCDD
11～15	DACCA	16～20	AABCD
21～25	DDDDA		

1.2.2.8			
1～5	ACBAA	6～10	CBDCA
11～15	CABAD	16～20	ABCCD
21～25	CDCBD	26～30	CBDDB
31～34	CDBA		

1.2.2.9			
1～2	DB		

1.2.2.10			
1～5	DADCB	6	D

1.2.2.11			
1～5	DAABB	6～10	DACBC

11～15	CADAC	16～20	ACAAB
21～25	ADCBC	26～30	DBABA
31～35	AAABA	36～40	CDDCA
41～45	ADAAD	46～50	DDCDD
51～53	CBA		

1.2.2.12

1～5	AABAB	6～10	ADAAC
11～15	BDBDC	16～20	ACBDD
21～24	ADAB		

1.2.2.13

1～5	DADBD	6～10	CAABC
11～15	DCCAB	16～17	AB

1.2.2.14

1～5	AACBC	6～10	DBBAA
11～15	DACCA	16～20	DCAAD

1.2.2.15

1～5	AACCC	6～10	BACBD
11～15	DBACA	16～20	CACAD
21～25	CDBDB	26～31	BBBACC

1.2.2.16

1～5	ADACB	6～10	CBDAB
11～15	DDADA	16～18	BDA

1.2.3.1

1～5	DABCC	6～10	CBDCD
11～15	BDADD	16～20	BDCBA
21～25	CBDAD	26～30	ADBBD
31～35	ADCDB	36～40	CCDAC

41~45	DBCCA	46~50	BBAAA
51~55	AAACA	56~61	CDDBBC
1.2.3.2			
1~5	BCCAC	6~10	DBAAB
11~15	BCDBC	16~20	DBCAB
21~25	ADABC	26~30	CDBAC
31~34	DDAD		
1.2.3.3			
1~5	BBACA	6~10	CACCC
11~15	CDDAD		
1.2.3.4			
1~5	AACBC	6~10	ADBDA
11~15	DBDCB	16	B
1.2.3.5			
1~5	BDACC	6~10	CDDBA
11~15	BADBC	16	A
1.2.3.6			
1~5	BDCDC	6~10	BDBCC
11~12	BD		
1.2.3.7			
1~5	ACADA	6~10	CCAAB
11~15	ACACB	16~20	DBDAB
21~25	CAAAD	26~30	DBBCD
31~35	ABABC	36~40	BCCDB
41~45	CCBAA	46~50	ACDCB
1.2.3.8			
1~5	DACBB	6~10	BBCAB

11～15	ABBCC	16	A
1.2.3.9			
1～3	BDC		
1.2.3.10			
1～5	CBCAC	6～10	AAAAC
11～15	CDABD	16～20	CCBDA
1.2.3.11			
1～5	BAAAD	6～10	BBBBD
11～15	ACDAC	16～20	BABAD
21～25	CCADD	26～30	BCDCB
31～33	AAD		
1.2.3.12			
1～5	BCCDC	6～10	DDDAD
11～15	ACCCD	16～20	AABBA
21～25	BDADD		
1.2.3.13			
1～5	DADBA	6	A
1.2.4.1			
1～5	AADDD	6～10	CADBA
11～15	AAAAD	16～19	BCAD
1.2.4.2			
1～5	ABBCD	6～11	ABCDAB
1.2.4.3			
1～5	BABAD	6～10	ADABC
11～15	AABCD	16～20	BBAAA
21～25	AACBA	26～30	ADAAD
31～33	CBB		

1.2.4.4			
1 ~ 5	AADCA	6 ~ 9	ACBB
1.2.4.5			
1 ~ 5	ABBDB		
1.2.4.6			
1 ~ 5	AABBA	6 ~ 10	ABBBB
11 ~ 15	BDDCD	16 ~ 20	CCACD
1.2.4.7			
1 ~ 5	CABAB	6 ~ 10	DDBAA
11 ~ 15	ABCBA	16 ~ 20	ABACC
21 ~ 25	ACDAC		
1.2.4.8			
1 ~ 5	CCBBB	6 ~ 10	DACCA
11 ~ 12	CD		
1.2.5.1			
1 ~ 5	DABAD	6 ~ 10	BCBCC
11 ~ 14	BCAC		
1.2.5.2			
1 ~ 5	DABAD	6 ~ 10	CAACB
11 ~ 13	CCA		
1.2.5.3			
1 ~ 5	BCBBB	6 ~ 9	AABC
1.2.5.4			
1 ~ 5	DCBAA	6 ~ 10	BBDCC
11 ~ 15	CCCBD	16 ~ 20	CBDDA
21 ~ 25	DABCB	26	A

1.2.5.5			
1～5	BACAC	6～10	CDADC
11～14	CCCD		

1.3.1.1			
1～5	DBCDA	6～10	BCCBA
11～15	ACBBB	16～21	CCCCAA

1.3.1.2			
1～5	BCADC	6～10	DBCAC
11～15	ABBBC	16～20	BBDDA

1.3.1.3			
1～5	BCACB	6～10	CDDCA
11～15	BADDD	16～20	CCABD
21～25	ABCDA	26～30	ABDDB
31～35	ABDDD	36～41	ACDADC

1.3.1.4			
1～5	BBBAC	6～9	ACBB

1.3.1.5			
1～5	BCDAB	6～11	AADABC

1.3.2.1			
1～5	BBCCC	6～8	DBB

1.3.2.2			
1～5	DADCC	6～10	CBADA
11～12	BC		

1.3.3.1			
1～5	CBCDC	6～10	BBAAA
11～15	DDABC	16～20	BCADC
21～25	CBBBC	26～30	DDCCB

31 ~ 35	BBABD	36 ~ 40	CBBAC
41 ~ 42	BA		

1.3.3.2

1 ~ 5	CAAAB	6 ~ 10	CABCB
11 ~ 15	ADCCC	16 ~ 21	BBADAC

1.3.3.3

1 ~ 5	ADCDA	6 ~ 10	AAABA
11 ~ 15	ACACD	16 ~ 20	BBCDB
21 ~ 25	CCBAD	26 ~ 30	BDDAD
31 ~ 35	CDAAC	36 ~ 37	AA

1.3.4.1

1 ~ 5	CDAAA	6	A

1.3.4.2

1 ~ 5	BABBA	6 ~ 10	ADCDA
11 ~ 15	DCBDB		

1.3.4.3

1 ~ 5	ADBCD	6 ~ 9	DADD

1.3.4.4

1 ~ 5	ADCBB	6 ~ 10	CBCAD
11 ~ 15	BABCD	16 ~ 20	ABABA
21 ~ 25	CBADD	26 ~ 30	BDBDC
31 ~ 35	ADACA	36 ~ 38	BAD

2 各种环境下的船舶操纵

9101：3 000 总吨及以上船舶船长　　9102：500 ~ 3 000 总吨船舶船长
9103：3 000 总吨及以上船舶大副　　9104：500 ~ 3 000 总吨船舶大副
9105：3 000 总吨及以上船舶二/三副　9106：500 ~ 3 000 总吨船舶二/三副

考试大纲	适用对象					
	9101	9102	9103	9104	9105	9106
2　各种环境下的船舶操纵	30	30	20	20	5	5
2.1　港内操船						
2.1.1　进港时的减速过程	√	√	√	√	√	√
2.1.2　接、送引航员时的操船方法	√	√	√	√	√	√
2.1.3　港内掉头所需水域的估算及操船方法	√	√				
2.2　靠、离泊操纵						
2.2.1　靠、离泊的准备工作	√	√	√	√	√	√
2.2.2　靠、离泊操纵要领及其注意事项	√	√	√	√	√	√
2.2.3　尾系泊的操纵方法及其注意事项	√	√				
2.2.4　系、离浮筒的准备工作：缆绳系、离浮筒的准备工作，锚链系、离浮筒的准备工作	√	√				
2.2.5　系、离浮筒的操纵要领及其注意事项	√	√				
2.2.6　船舶并靠的操纵要领及其注意事项	√	√				
2.2.7　船舶进、出船坞操纵方法	√	√	√	√		
2.2.8　船舶进、出船闸操纵方法	√	√				
2.3　大型船舶操纵						
2.3.1　大型船舶的特点	√		√			
2.3.2　大型船舶锚泊操纵特点	√		√			
2.3.3　港内操纵特点	√		√			
2.3.4　拖船的使用	√		√			
2.4　特殊水域中的船舶操纵						
2.4.1　狭水道中的船舶操纵						

2.4.1.1　狭水道中的操船要点及其注意事项	√	√	√	√	√	√
2.4.1.2　弯曲水道中的船舶操纵	√	√	√	√	√	√
2.4.1.3　运河中的船舶操纵	√	√	√	√	√	√
2.4.2　桥区水域的船舶操纵	√	√	√		√	√
2.4.3　岛礁水域的船舶操纵	√	√	√			
2.4.4　冰区水域的船舶操纵						
2.4.4.1　冰情探测	√	√	√	√	√	√
2.4.4.2　冰区的船舶操纵:进入冰区、通过冰区、冰困后的措施	√	√	√	√	√	√
2.4.4.3　冰中锚泊、靠泊、停泊及航行注意事项	√	√	√	√	√	√
2.4.5　使用分道通航制和船舶交通管理区域的船舶操纵	√	√	√	√	√	√
2.5　大风浪中的船舶操纵						
2.5.1　船舶在波浪中的运动	√	√			√	√
2.5.2　船舶在大风浪中航行时所遭受的危害	√	√	√		√	√
2.5.3　大风浪航行前的准备工作	√	√	√	√	√	√
2.5.4　大风浪中的操船方法及其注意事项	√	√	√	√	√	√
2.5.5　避离热带气旋或台风时的船舶操纵	√	√	√		√	√

2.1　港内操船

2.1.1　进港时的减速过程

一、知识点梳理

海上船速与港内船速:

1. 备车时机:一般船舶(中小型)提前10 n mile或1 h;环境好,5 n mile或0.5 h。

大型集装箱船,操纵性好,5 n mile或0.5 h;交通复杂,10 n mile或1 h。

大型油船,提前10 n mile或1 h。

2. 减速时舵效:对船速的要求,自动舵>8 kn;手操舵>3 kn;侧推器<4 kn;拖船<4~6 kn。

二、相关习题

1. 船舶进港时,船速应从_____转换为_____;船舶出港时,一般船速由_____转换为_____。

    A. 港内船速;海上船速;海上船速;港内船速

    B. 海上船速;港内船速;海上船速;港内船速

    C. 港内船速;海上船速;港内船速;海上船速

    D. 海上船速;港内船速;港内船速;海上船速

2. 通常情况下,船舶进港过程中,航向控制能力随着船速的变化而_____;出港过程中,航向控制能力随着船速的变化而_____。

    A. 提高;提高   B. 提高;降低

    C. 降低;提高   D. 降低;降低

3. 关于船舶进港的控制速度情况,下述哪项正确?

    A. 横风较大时,船速不宜过高;顺风较大时,船速不宜过高

    B. 横风较大时,船速不宜过高;顺风较大时,船速不宜过低

    C. 横风较大时,船速不宜过低;顺风较大时,船速不宜过高

    D. 横风较大时,船速不宜过低;顺风较大时,船速不宜过低

4. 一般超大型油船接近泊地时,由于其排水量大,相对主机功率低,通常备车时机至少在_____。

    A. 至泊地前剩余航程 10 n mile 以上   B. 至泊地前剩余航程 10 n mile 以下

    C. 至泊地前剩余航程 20 n mile 以上   D. 至泊地前剩余航程 20 n mile 以下

5. 一般现代化大型集装箱船舶在接近港口附近时,通常备车时机在_____。

    A. 至锚地前剩余航程 5 n mile 或提前 0.5 h

    B. 至锚地前剩余航程 10 n mile 或提前 1 h

    C. 至锚地前剩余航程 20 n mile 或提前 2 h

    D. 至锚地前剩余航程 30 n mile 或提前 3 h

6. 一般现代化大型集装箱船舶在接近港口附近时,若交通条件复杂,通常备车时机在_____。

    A. 至锚地前剩余航程 5 n mile 或提前 0.5 h

    B. 至锚地前剩余航程 10 n mile 或提前 1 h

    C. 至锚地前剩余航程 20 n mile 或提前 2 h

    D. 至锚地前剩余航程 30 n mile 或提前 3 h

7. 一般船舶在接近港口附近时,通常备车时机在_____。

    A. 至锚地前剩余航程 5 n mile 或提前 0.5 h

    B. 至锚地前剩余航程 10 n mile 或提前 1 h

    C. 至锚地前剩余航程 20 n mile 或提前 2 h

    D. 至锚地前剩余航程 30 n mile 或提前 3 h

8. 对于一般货船,操船环境较好时,进港备车时机应至少在_____。
   A. 至锚地前剩余航程 5 n mile 以上　　　　B. 至锚地前剩余航程 5 n mile 以下
   C. 至锚地前剩余航程 20 n mile 以上　　　D. 至锚地前剩余航程 20 n mile 以下

9. 操纵万吨级的散货船到锚地抛锚待泊,操纵环境良好,备车时机在_____为佳。
   A. 至预定锚地前剩余航程 5 n mile 或提前 0.5 h
   B. 至预定锚地前剩余航程 10 n mile 或提前 1 h
   C. 至预定锚地前剩余航程 20 n mile 或提前 2 h
   D. 至预定锚地前剩余航程 30 n mile 或提前 3 h

10. 万吨轮满载,在无风流右舷靠码头时,一般约在泊位_____ n mile 左右停车淌航。
   A. 0.5　　　　　　　　　　　　　　B. 1
   C. 1.5　　　　　　　　　　　　　　D. 2

11. 船舶进港过程中,通常距离停泊位置为_____,船速一般为_____,需要进行制动操纵。
   A. 1 ~ 2 L;1 ~ 2 kn　　　　　　　B. 3 ~ 5 L;3 ~ 4 kn
   C. 6 ~ 8 L;5 ~ 6 kn　　　　　　　D. 8 ~ 10 L;6 ~ 8 kn

减速过程中的舵效

12. 船舶舵效随航速降低而变差,一般情况下,手动操舵保持舵效的最低航速约为_____。
   A. 5 ~ 6 kn　　　　　　　　　　　B. 4 ~ 5 kn
   C. 3 ~ 4 kn　　　　　　　　　　　D. 2 ~ 3 kn

13. 船舶舵效随航速降低而变差,一般情况下,自动舵保持舵效的最低航速约为_____。
   A. 8 kn 以下　　　　　　　　　　　B. 5 kn 以下
   C. 8 kn 以上　　　　　　　　　　　D. 5 kn 以上

14. 在实际操纵中,一般万吨船能保持舵效的最低船速约为_____。
   A. 1 kn　　　　　　　　　　　　　B. 2 kn
   C. 3 kn　　　　　　　　　　　　　D. 4 kn

15. 满载大型船在进行操纵转向时,一般宜_____。
   A. 晚用舵,晚回舵,用小舵角　　　　B. 早用舵,早回舵,用大舵角
   C. 早用舵,晚回舵,用小舵角　　　　D. 晚用舵,早回舵,用大舵角

16. 在港内操纵大型船时,随着船速的降低_____。
   A. 舵效变差,为保向压舵角应增大　　B. 舵效变好,为保向压舵角应增大
   C. 舵效变差,为保向压舵角应减小　　D. 舵效变好,为保向压舵角应减小

17. 船舶在静水港内靠泊时,在控制余速方面比有流港_____。
   A. 控速、倒车及拖锚时机一般均较早　B. 控速、倒车较早,但拖锚时机较晚
   C. 控速、倒车较晚,但拖锚时机较早　D. 控速、倒车及拖锚时机一般均较晚

18. 船舶进港过程中,船舶采取的减速方式取决于_____。
   ①船舶载况;②主机性能;③水文气象条件;④操纵人员水平和信心
   A. ①②③　　　　　　　　　　　　B. ②③④

C. ①②③④   D. ①③

19. 船舶进港过程中,根据舵效、航向控制能力和受外界环境影响情况,可将船速递减过程分为_____。

A. 常速阶段、变速阶段、低速阶段、制动阶段

B. 高速阶段、中速阶段、低速阶段、制动阶段

C. 高速阶段、减速阶段、低速阶段、停车阶段

D. 常速阶段、变速阶段、制动阶段、停车阶段

20. 船舶进港过程通常为减速操纵,随着船速变化_____。

①保向能力下降;②操纵风险增大;③受外界条件影响增大;④拖船依赖程度增大

A. ①②③④   B. ②③④

C. ①②③   D. ①③

2.1.2 接、送引航员时的操船方法

一、知识点梳理

1. 装置要求:>9 m,组合梯;舷梯平台水平,其上引水梯>2 m,倾斜角向后不超过55°,扶手绳≥28 mm,带有自亮灯的救生圈、撇缆。

2. 操船要求:根据引航员要求,引航梯下风,上下时,保持航向航速。

3. 直升机接送:吊运区清洁;有足够照明,方向向下指向甲板;挂妥船旗和三角旗;降落甲板期间保持航向航速;船舶风舷角不大于30°或遵守飞行员要求。

二、相关习题

1. 船舶接送引航员时,通常引航梯应放在_____。

A. 上风舷侧,或风浪较小的一舷   B. 下风舷侧,或风浪较小的一舷

C. 上风舷侧,或风浪较大的一舷   D. 下风舷侧,或风浪较大的一舷

2. 船舶接送引航员时,关于引航梯的放置,应_____。

A. 根据引航员的要求,通常应放在上风舷侧   B. 根据船长的决定,通常应放在上风舷侧

C. 根据引航员的要求,通常应放在下风舷侧   D. 根据船长的决定,通常应放在下风舷侧

3. 在风浪较大的水域,船舶在航中接送引航员时,应怎样操纵船舶?

A. 必要时操纵船舶,使引航梯处于下风舷侧

B. 引航员上下船时,船舶应保持航向但可适当改变航速

C. 必要时操纵船舶,使引航梯处于上风舷侧

D. 引航员上下船时船舶应保持航速但可适当变向

4. 在风浪较大的水域,船舶接送引航员时,下列操船行动,哪项正确?

①必要时操纵船舶,使引航梯处于上风舷侧;②引航员上下船时,船舶应保持航向和航速;③必要时操纵船舶,使引航梯处于下风舷侧

A.①②③　　　　　　　　　　B.①②

C.②③　　　　　　　　　　　D.①③

5.在风浪较大的水域,船舶接送引航员时,下列操纵行动,哪项正确?

①必要时操纵船舶,使引航梯处于上风舷侧;②必要时操纵船舶,使引航梯处于下风舷侧;③引航员上下船时,船舶适当改变航向和(或)航速;④引航员上下船时,船舶应保持航向和(或)航速

A.①②③④　　　　　　　　　B.②③④

C.②③　　　　　　　　　　　D.②④

6.在风浪较大的水域,由直升机接送引航员,在直升机降落船舶甲板过程中,下列操船行动哪项正确?

①在直升机降落船舶甲板过程中,保持航向和航速;②直升机飞近船舶时,应操纵船舶斜向迎风;③在直升机降落船舶甲板过程中,按规定准备应急;④直升机飞近船舶时,应挂妥船旗和三角旗

A.①②③　　　　　　　　　　B.①②③④

C.①②　　　　　　　　　　　D.②③

7.在风浪较大的水域,由直升机接送引航员,在直升机降落船舶甲板过程中,下列操船行动哪项正确?

①在直升机降落船舶甲板过程中,保持航向和航速;②直升机飞近船舶时,应操纵船舶斜向迎风;③在直升机降落船舶甲板过程中,按规定准备应急;④直升机飞近船舶时,应挂妥识别信号和风向标

A.①②③　　　　　　　　　　B.①②③④

C.①②　　　　　　　　　　　D.②③

8.船舶接送引航员时,关于引水梯水面高度的控制,通常应_____。

A.根据引水梯和接送船的甲板高度来判定

B.依照引航站和引航员的要求

C.根据天气情况决定

D.可以放长一些,以确保引航员上下安全

9.船舶进港接引航员的过程中应如何控制船速?

①提高船速,提前到达等待引航员;②调整进港船速,按预报时间抵达;③降低船速,等引航员先到

A.①②③　　　　　　　　　　B.②③

C.①②　　　　　　　　　　　D.②

10.航行中接送引航员,为适应引航船或拖船的并靠,应_____,在引航员乘梯上下船过程中应_____。

A.保持船首迎风;保持对地静止

B.保持船尾迎风;保持对水静止

C.将引航员梯或舷梯放在上风舷侧;保持航向和航速不变

D.将引航员梯或舷梯放在下风舷侧;保持航向和航速不变

11.采用直升机接送引航员,船舶应如何控制船舶航向、航速?

①斜顶风滞航,以保持舵效的船速为准;②主要考虑船舶的操纵性;③按直升机驾驶员要求调整;④主要考虑船舶的摇摆幅度

A.①②   B.③④

C.①③   D.①②③④

12.采用直升机接送引航员,下列做法正确的是_____。

①控制风舷角大于 30°;②控制横摇幅度不超过 5°、纵摇幅度不超过 4°;③夜间甲板照明灯的照射方向为向下;④按直升机驾驶员要求调整航向航速

A.①②   B.②③④

C.①③   D.②④

2.1.3　港内掉头所需水域的估算及操船方法

一、知识点梳理

1.掉头水域大小:主机突进,$3L$;拖锚或侧推器,$2L$;一艘拖船,$2L$;两艘 $1.5L$。

2.顺流抛锚掉头:流速在 $0.5 \sim 1.5$ kn,以 $1 \sim 1.5$ kn 为宜,抵掉头区为流趋缓和流向未变。

方向,右旋 FPP,向右;5 级以上横风,迎风;弯曲水道,向凸岸。

船位,抵掉头水域 $2L$,船位航道中线偏左。

落锚,抵掉头区,对水降至 0,船身与流 30°,抛右锚,出链 $2.5 \sim 3h$。淌航过快,加抛左锚,或拖船左船首顶推。

船首转 70°,易后缩。

3.顶流拖首掉头:流速平流或近乎平流,顶流流速不宜超过 1 kn;1 000 m 外停车淌航。

横流时,发现前冲后缩,应及时用车舵予以纠正。

4.拖船拖尾掉头:用于流速较小的静水港;船尾摆出 30°(视开风拢风而定),解掉船首各缆。

二、相关习题

用车、舵进行掉头所需水域

1.根据经验,在港内掉头中,对于单车右旋螺旋桨船舶,若先降速,而后提高主机转速,操满舵向右掉头,应至少需要直径为_____的圆形掉头水域。

A.2 倍船长   B.2.5 倍船长

C.3 倍船长   D.3.5 倍船长

2. 根据经验,在港内掉头中,若有一艘拖船可用进行掉头,应至少需要直径_____的圆形掉头水域。

　　A. 2 倍船长　　　　　　　　　　　　B. 2.5 倍船长

　　C. 3 倍船长　　　　　　　　　　　　D. 3.5 倍船长

3. 受水域限制,单桨船利用锚和风、流有利影响自力掉头区(L 为船长)_____。

　　A. 应需 2L 直径的水域　　　　　　B. 应需 2.5L 直径的水域

　　C. 应需 3L 直径的水域　　　　　　D. 应需 3.5L 直径的水域

4. 根据经验,在港内掉头中,若可有两艘以上的拖船可用进行掉头,应至少需要直径_____的圆形掉头水域。

　　A. 1 倍船长　　　　　　　　　　　　B. 1.5 倍船长

　　C. 2 倍船长　　　　　　　　　　　　D. 2.5 倍船长

顺流抛锚掉头

掉头时流速的大小的限制、掉头方向的选择、掉头时机的选择、船身的控制

5. 重载万吨级船顺流抛锚掉头时,流速_____。

　　A. 以 1~1.5 kn 为宜　　　　　　　　B. 以 1.5~2 kn 为宜

　　C. 以 2~2.5 kn 为宜　　　　　　　　D. 以 2.5~3 kn 为宜

6. 在确定港内顺流抛锚掉头方向时,对于右旋单桨船一般应_____。

　　A. 向左掉头,抛左锚　　　　　　　　B. 向右掉头,抛右锚

　　C. 向左掉头,抛右锚　　　　　　　　D. 向右掉头,抛左锚

7. 在确定港内顺流抛锚掉头方向时,右旋单桨船在空船左正横来风时,应_____。

　　A. 向左掉头,抛左锚　　　　　　　　B. 向右掉头,抛右锚

　　C. 向左掉头,抛右锚　　　　　　　　D. 向右掉头,抛左锚

8. 空载船舶在正横风较强时抛锚掉头,宜采取_____。

　　A. 迎风掉头　　　　　　　　　　　　B. 顺风掉头

　　C. 只能向右掉头　　　　　　　　　　D. 只能向左掉头

9. 重载万吨轮顺流抛锚掉头时,应选择在_____。

　　A. 流速趋缓,流向未变的时机　　　　B. 流速较急,流向未变的时机

　　C. 流速趋缓,流向改变后的时机　　　D. 流速较急,流向改变后的时机

10. 顺流抛锚掉头一般出链长度应为_____。

　　A. 1.5~2 倍水深　　　　　　　　　　B. 2.5~3 倍水深

　　C. 3.5~4 倍水深　　　　　　　　　　D. 4.5~5 倍水深

11. 重载万吨船顺流抛锚向右掉头,关于船位,下列哪项正确?

　　A. 抵落锚点 1~2 倍船长处的船位应摆在航道中央线偏右处

　　B. 抵落锚点 1~2 倍船长处的船位应摆在航道中央线偏左处

　　C. 抵落锚点时的船位应摆在航道中央线偏右处

　　D. 抵落锚点时的船位应摆在航道中央线偏左处

12. 重载万吨船顺流抛锚向右掉头,关于抛锚时机,下列哪项正确?
    A. 船首尾线与流向平行时下锚
    B. 船首尾线与流向垂直时下锚
    C. 船首尾线与流向成30°角时下锚
    D. 船首尾线与流向成60°角时下锚

13. 船舶在弯曲水道顺流抛锚掉头时,掉头的方向应向_____。
    A. 凸岸一侧
    B. 凹岸一侧
    C. 只能向右
    D. 只能向左

14. 空船遇到正横来风顺流抛锚掉头或弯曲水道顺流抛锚掉头时,关于掉头方向下列哪项正确?
    A. 弯曲水道向凸岸一侧掉头,空船遇到正横来风应向上风掉头
    B. 弯曲水道向凹岸一侧掉头,空船遇到正横来风应向上风掉头
    C. 弯曲水道向凸岸一侧掉头,空船遇到正横来风应向下风掉头
    D. 弯曲水道向凹岸一侧掉头,空船遇到正横来风应向下风掉头

15. 一般情况下右旋单桨船顺流抛锚掉头或弯曲水道顺流抛锚掉头时,关于掉头方向下列哪项正确?
    A. 一般情况下向左掉头,弯曲水道向凸岸一侧掉头
    B. 一般情况下向左掉头,弯曲水道向凹岸一侧掉头
    C. 一般情况下向右掉头,弯曲水道向凸岸一侧掉头
    D. 一般情况下向右掉头,弯曲水道向凹岸一侧掉头

16. 顺流抛锚掉头时,如拖锚淌航过快,若已预约拖船应_____。
    ①松长锚链;②加抛另一锚;③请拖船助操
    A. ①②③
    B. ①②
    C. ②③
    D. ①③

17. 顺流抛锚掉头时,如拖锚淌航过快,若未预约拖船应_____。
    ①请拖船助操;②加抛另一锚;③松长锚链
    A. ①②③
    B. ①②
    C. ③
    D. ②

18. 顺流抛锚掉头,当首转至70°左右时,易出现_____。
    A. 船身前冲
    B. 船身后缩
    C. 锚链受力最大
    D. 水动力转船力矩最小,导致掉头停顿

19. 大船顺流向右掉头,因重载流急,拖右锚制动不力,为减小漂移,加快转头,应如何配置拖船?
    A. 拖船应顶左首
    B. 拖船应拖右首
    C. 拖船应顶右尾
    D. 拖船应拖左尾

顶流拖首掉头

掉头时流速大小的限制、掉头方向的选择、掉头时机的选择、船身的控制

20. 拖船协助掉头时，为了便于控制船速，缩短掉头水域，最好在_____的情况下操纵。
    A. 顶流、流速不宜超过 1 kn
    B. 顶流、流速不宜超过 2 kn
    C. 顺流、流速不宜超过 1 kn
    D. 顺流、流速不宜超过 2 kn

21. 拖船拖大船船首顶流掉头时，为了便于控制船位、缩短掉头所需水域_____。
    A. 最好应在平流时抵达掉头区，争取在流速较缓时掉头
    B. 最好应在平流时抵达掉头区，等待流速较急时掉头
    C. 最好应在平流后抵达掉头区，争取在流速较缓时掉头
    D. 最好应在平流前抵达掉头区，等待流速较急时掉头

22. 拖船拖大船船首顶流掉头过程中，为了便于控制船位，在船舶掉转 90°时_____。
    A. 拖缆向后致大船后缩，大船可少量倒车正舵调整
    B. 拖缆向后致大船后缩，大船可少量进车用舵调整
    C. 拖缆向后致大船前冲，大船可少量倒车正舵调整
    D. 拖缆向后致大船前冲，大船可少量进车用舵调整

23. 顶流拖首掉头，满载万吨轮应在掉头位置_____以外停车淌航。
    A. 2 500 m
    B. 2 000 m
    C. 1 500 m
    D. 1 000 m

静水港掉头

24. 拖船拖尾掉头常用于_____。
    A. 流速较小的静水港
    B. 流速较大的河港口
    C. 流速较大的静水港
    D. 任何情况下均可使用

25. 拖船拖尾掉头离港时，假如在无风流的情况下，船尾离出至少30°时，才可解掉船首各缆绳，则在有较强的吹拢风时，船尾离出角度应_____。
    A. 小于30°
    B. 大于30°
    C. 大于20°
    D. 小于20°

26. 拖船拖尾掉头离港时，假如在无风流的情况下，船尾离出至少30°时，才可解掉船首各缆绳，则在有较强的吹开风时，船尾离出角度应_____。
    A. 小于30°
    B. 大于30°
    C. 大于40°
    D. 小于40°

2.2　靠、离泊操纵

2.2.1　靠、离泊的准备工作

一、知识点梳理

1. 靠泊准备

（1）了解信息：包括港口水域（120%L），水文气象、船舶信息等；不包括人文信息等。

（2）制订计划：包括港内和港外航道航行计划等；不包括海外航道、做好装货准备等。

2. 离泊准备

（1）观察泊位前后情况；（2）根据外界和本船实际制订离泊方案；（3）确认无碍后试车；（4）拖船就位，单绑。

二、难点点拨

1. 有流河港，船舶由航道中央淌航至泊位，流速变低，余速变大，船速不变；平直有流港，泊位处冲开流；弯曲水道，泊位处压拢流。

2. 风流相反靠泊，1.5 kn 流速与 5 级风抵消，2 kn 与 6 级风抵消，谁大优先考虑谁。

三、相关习题

靠、离泊的准备

1. 船舶靠码头操纵之前，应做哪些准备工作？

①掌握港口信息；②掌握本船情况；③制订操纵计划；④了解大洋航路

A. ①③④　　　　　　　　　　　　B. ②④

C. ①②③　　　　　　　　　　　　D. ①②④

2. 船舶靠码头操纵之前，应掌握的港口信息包括_____。

①航道信息；②泊位信息；③交通信息；④气象信息

A. ①②　　　　　　　　　　　　　B. ①③④

C. ②③④　　　　　　　　　　　　D. ①②③④

3. 对总长度大于 100 m 的船舶，泊位有效长度应当至少为船舶总长的_____。

A. 110%　　　　　　　　　　　　B. 115%

C. 120%   D. 125%

4. 下列关于靠泊准备工作正确的是_____。

①掌握本船的操纵性能;②掌握外界的客观条件;③做好靠泊部署;④做好应急准备

A. ①②③④   B. ①②③

C. ①②   D. ③④

5. 船舶靠码头操纵之前,应做哪些准备工作?

①掌握本船操纵性能;②掌握外界环境条件;③制订靠泊操纵计划;④做好应急准备

A. ①③④   B. ②③④

C. ①②③   D. ①②③④

6. 船舶离泊前的准备工作中,下列不正确的是_____。

A. 先吊起舷梯,后冲车   B. 先单绑,后备车

C. 检查系缆情况   D. 制订离泊方案

7. 船舶离泊前的准备工作中,下列正确的是_____。

①先吊起舷梯,后冲车;②检查系缆情况;③制订离泊方案;④先备车,后单绑

A. ①②③④   B. ②③④

C. ②③   D. ①②③

8. 船舶离泊前的准备工作中,下列正确的是_____。

①先冲车,后吊起舷梯;②检查系缆情况;③制订离泊方案;④先备车,后单绑

A. ①②③④   B. ②③④

C. ②③   D. ①②③

9. 船舶离泊前的准备工作中,下列正确的是_____。

①先冲车,后吊起舷梯;②检查系缆情况;③制订离泊方案;④先单绑,后备车

A. ①②③④   B. ②③④

C. ②③   D. ①②③

10. 船舶离泊前的准备工作中,下列正确的是_____。

A. 为了节省时间,在等待引航员到船之前,船舶可以先进行单绑

B. 在冲车之前,驾驶员监视船尾推进器附近是否有障碍物

C. 在冲车时,驾驶员监视船尾推进器附近是否有障碍物

D. 为了节省时间,船舶任何时候都可以进行单绑

11. 船舶离泊前的准备工作中,在冲车之前,驾驶员应确保_____。

①所有缆绳受力均匀;②舷梯、吊杆、岸上装卸设备无障碍;③与机舱保持联系;④按规定做好
记录

A. ①②③④   B. ①②④

C. ③④   D. ①②

12. 船舶离泊前的准备工作中,下述正确的是_____。

A. 为了节省时间,在等待引航员到船之前,船舶可以先进行单绑

B. 在冲车过程中,驾驶员应到船尾监视推进器附近是否有障碍物

C. 在冲车时,驾驶员监视船尾推进器附近是否有障碍物

D. 为安全起见,在引航员到船之后,船舶才能进行单绑

制订计划

13. 船舶靠泊计划的内容通常应包括_____。

①航道信息;②障碍物及避险方法;③航道、港内操纵方法;④可能发生的情况及对策

A. ①②　　　　　　　　　　　　　　B. ①③④

C. ②③④　　　　　　　　　　　　　　D. ①②③④

14. 船舶靠泊计划中靠泊操纵部署内容通常应包括_____。

①人员分工;②带缆方案;③应急准备;④装卸货准备

A. ①②　　　　　　　　　　　　　　B. ①③④

C. ②③④　　　　　　　　　　　　　　D. ①②③

15. 关于船舶制订靠离泊计划,不正确的是_____。

A. 掌握好本船的靠离泊时的实际情况

B. 掌握好外界的客观情况

C. 包括可能的应急计划,可以制订几套方案

D. 按照引航员指示的执行即可

16. 船舶离泊计划通常应包括_____。

①开航前的准备;②离泊操纵总体安排;③离泊操纵中可能遇到的问题和对策;④港内航道航行操纵

A. ①②　　　　　　　　　　　　　　B. ①③④

C. ②③④　　　　　　　　　　　　　　D. ①②③④

17. 船舶离泊计划通常应包括_____。

①开航前的准备;②离泊操纵各阶段重要实施环节;③离泊操纵中可能遇到的问题和对策;④港内及港外航道航行操纵

A. ①②　　　　　　　　　　　　　　B. ①③④

C. ②③④　　　　　　　　　　　　　　D. ①②③④

18. 船舶靠泊计划通常应包括_____。

①进港航道详情;②航道附近障碍物及避离方法;③靠泊操纵中可能遇到的问题和对策;④港内及港外航道航行操纵

A. ①②　　　　　　　　　　　　　　B. ①③④

C. ②③④　　　　　　　　　　　　　　D. ①②③④

19. 船舶靠泊计划通常应包括_____。

①进港前的准备;②港外航道航行操纵;③港内航道航行操纵;④靠泊操纵中可能遇到的问题和对策

A. ①②③④　　　　　　　　　　　　B. ①③④

C. ②③④　　　　　　　　　　　　　　D. ①②

20. 关于靠泊计划,下列正确的是_____。
①靠泊操纵总体安排;②海外航道航行操纵;③港外航道航行操纵;④港内航道航行操纵
A. ①②③④
B. ①②③
C. ①③④
D. ②③④

21. 关于靠泊部署,下列正确的是_____。
①做好人员分工;②做好应急准备;③做好装货准备;④做好用缆准备
A. ①②③④
B. ①②③
C. ①②④
D. ①③④

22. 在有流的河港靠泊时,自航道淌航至泊位也应估计到_____。
A. 余速往往减慢
B. 余速往往不会变化
C. 余速往往变大
D. 余速往往需要加大

23. 在有流的河港靠泊,自航道淌航至泊位余速往往变大是因为_____。
A. 船速增大
B. 航速降低
C. 流速增大
D. 流速降低

24. 在有流的河港靠泊时,自航道淌航至泊位余速往往变大是因为_____。
A. 船速增大
B. 航速增大
C. 流速增大
D. 流速不变

25. 在有流的河港靠泊时,自航道淌航至泊位余速往往变大是因为_____。
A. 船速不变
B. 航速降低
C. 流速增大
D. 流速不变

26. 在有流的河港靠泊时,自航道淌航至泊位余速往往变大是因为_____。
①船速不变;②流速不变;③航速增加;④流速降低
A. ①②③④
B. ①②③
C. ①②
D. ①③④

27. 在平直的有流港,泊位处的水流情况是_____。
A. 平行流
B. 冲开流
C. 压拢流
D. 复合流

28. 在弯曲水道的有流港,泊位处(凹岸)的水流情况是_____。
A. 平行流
B. 冲开流
C. 压拢流
D. 复合流

2.2.2 靠、离泊操纵要领及其注意事项

一、知识点梳理

1. 靠泊操纵

(1)控制余速:保持舵效前提下,抵泊位前沿的船速越低越好;船首抵泊位后端是最佳时机;抵泊位中间一般小型 <2 kn;大型船 <0.5 kn。影响因素,重载余速应低,压载横风不宜过低,顺风不宜过大,顺流比顶流时低;静水港控速、倒车、拖锚时机一般早。

(2)选择横距: $d_2 = 20$ m; $d_1 = 2B$; $d_1 = d_2 + L\tan\theta$;吹拢风,适当增加横距;重载富余水深小横移困难,减小横距。

(3)调整靠拢角:船舶接触码头瞬间平行靠拢。排水量大、顶流,靠拢角宜小;吹开风宜大。

(4)入泊速度:直壁式码头,万吨 <15 cm/s;超大型 2~5 cm/s;

栈式码头,万吨 <10 cm/s;10 万吨 <2~8 cm/s;20~30 万吨 <1~5 cm/s。

入泊仪量程及精度:0~150 m(±1%)、0~20 cm/s(±1%)。

有流影响, $V_c \times \tan\theta <$ 规定入泊速度。

2. 离泊操纵

(1)选择离泊方案:首离,条件,顶流或吹开风,泊位前端清爽,摆开 15°车舵不触及码头。

尾离,借助首倒缆,进车内舷舵,摆开尾。

平行离,拖船协助,大中型均采用。

(2)掌握摆出角度:吹开风、顺流较有利,摆出可以较小。

(3)控制前冲后缩:通过车、舵、溜缆、侧推器或拖船控制。

二、难点点拨

如无特殊说明,本知识点所述靠泊,往往是顶流情况下的自力靠泊;离泊也以尾离为主。

三、相关习题

1. 空载拢风较强时靠泊_____。
   A. 余速宜高些,推迟抛锚
   B. 余速宜低些,推迟抛锚
   C. 余速宜低些,提早抛锚
   D. 余速宜高些,提早抛锚
2. 船舶靠码头时,控制余速的关键时刻是_____的时刻。
   A. 船首抵泊位正中
   B. 船首抵泊位后端
   C. 抛外档锚
   D. 使用倒车的时刻
3. 靠泊操纵中,在通常情况下船首抵达泊位中点时船舶最大余速应控制在_____,拖单锚制动

是适当的。
　　A. 3 kn 以下　　　　　　　　　　　　B. 2 kn 以下
　　C. 3 kn 以上　　　　　　　　　　　　D. 2 kn 以上

4. 空船横风靠码头比满载横风靠码头_____。
　　A. 风致漂移较小,余速应降低　　　　　B. 风致漂移较大,余速应降低
　　C. 风致漂移较小,余速应提高　　　　　D. 风致漂移较大,余速应提高

5. 一般船舶在靠泊操纵时,有关控制抵泊余速的操作,哪一种说法明显不正确?
　　A. 能保证舵效的情况下,速度尽量慢
　　B. 淌航至泊位后端是控制余速的关键时刻
　　C. 船首抵泊位旗时的余速以不超过 2 kn 为宜
　　D. 空载而横风较大时,余速应降低

6. 一般船舶在靠泊操纵时,有关控制抵泊余速的操作,哪一种说法正确?
　　A. 淌航至泊位后端是控制余速的关键时刻
　　B. 船首抵泊位旗时的余速以不超过 4 kn 为宜
　　C. 淌航至泊位前端是控制余速的关键时刻
　　D. 空载而横风较大时,余速应降低

7. 一般船舶的靠泊操纵要领是_____。
　　①控制抵泊余速;②选好横距;③调整好靠拢角度
　　A.①②　　　　　　　　　　　　　　　B.②③
　　C.①②③　　　　　　　　　　　　　　D.①③

8. 船舶自力靠泊操纵要领为_____。
　　①控制好抵泊余速及入泊速度;②调整好横距;③控制好靠拢角度;④适当利用拖船助操
　　A.①②③④　　　　　　　　　　　　　B.①②③
　　C.①②　　　　　　　　　　　　　　　D.②③

9. 一般船舶在靠泊操纵时,有关控制抵泊余速的操作,哪一种说法正确?
　　①淌航至泊位前端是控制余速的关键时刻;②能保证舵效的情况下,速度尽量慢;③船首抵泊
　　位旗时的余速以不超过 2 kn 为宜;④空载而横风较大时,余速应降低
　　A.①②③④　　　　　　　　　　　　　B.①②③
　　C.②③④　　　　　　　　　　　　　　D.②③

10. 一般船舶在靠泊操纵时,有关控制抵泊余速的操作,哪一种说法正确?
　　①能保证舵效的情况下,速度尽量慢;②首抵泊位后端是控制余速的关键;③空载而横风较大
　　时,余速应提高;④船首抵 N 旗时的余速以不超过 2 kn 为宜
　　A.①②③　　　　　　　　　　　　　　B.①③④
　　C.①②④　　　　　　　　　　　　　　D.①②③④

11. 一般拖锚制动靠泊方法_____。
　　A. 多用于总吨几千吨的船舶,一万吨船较少采用
　　B. 多用于总吨几万吨的船舶,一万吨船较少采用

269

C. 多用于总吨几千吨的船舶,一万吨船也多采用

D. 多用于总吨几万吨的船舶,一万吨船也多采用

12. 如拟于靠妥后绞起开锚,则在靠 10 m 水深泊位中出链长度超过多少节即不易绞起?

A. 1 kn

B. 2 kn

C. 3 kn

D. 4 kn

13. 静水港空船吹开风靠码头,控制抵泊余速及横距比无风情况下,_____。

A. 余速快些,横距小些

B. 余速快些,横距大些

C. 余速慢些,横距小些

D. 余速慢些,横距大些

14. 静水港空船吹拢风靠码头,控制抵泊余速及横距比无风情况下,_____。

A. 余速快些,横距小些

B. 余速快些,横距大些

C. 余速慢些,横距小些

D. 余速慢些,横距大些

15. 一般情况下,船舶靠泊操纵中,在风流不大时,船首抵达泊位前端的横距应有_____的安全余量。

A. 60 m

B. 40 m

C. 20 m

D. 10 m

16. 船舶在一般情况下靠码头,其船位距泊位下方停靠船的横距宜大于几倍船宽?

A. 1 倍

B. 2 倍

C. 3 倍

D. 任意

17. 一般情况下,船舶靠泊操纵中,在风流不大时,船首抵达泊位前端的横距应有 20 m 的安全余量,若靠拢角度取 10°,泊位长度为 200 m,则船首抵达泊位后端的横距约为_____。

A. 25 m

B. 35 m

C. 45 m

D. 55 m

18. 船舶靠泊操纵中,在有较强的吹拢风时,船首抵达泊位前端的横距选为 30 m 的安全余量,若靠拢角度取 10°,泊位长度为 200 m,则船首抵达泊位后端的横距约为_____。

A. 65 m

B. 75 m

C. 85 m

D. 95 m

19. 船舶靠泊操纵中,在有较强的吹开风时,船首抵达泊位前端的横距选为 10 m 的安全余量,若靠拢角度取 10°,泊位长度为 200 m,则船首抵达泊位后端的横距约为_____。

A. 55 m

B. 45 m

C. 35 m

D. 25 m

20. 船舶靠泊时,确定靠拢角度大小的总原则是_____。

①重载船顶流较强时,靠拢角度宜小,并降低入泊速度;②重载顶流较强时,靠拢角度宜大,并提高入泊速度;③空船、流缓、吹开风时,靠拢角度宜大,以降低风致漂移;④空船、流缓、吹开风时,靠拢角度宜大,以提高风致漂移

A. ①②③④

B. ①③

C. ①④

D. ②④

21. 船舶靠泊时,确定靠拢角度大小的总原则是_____。

A. 重载船顶流较强时,靠拢角度宜大,并提高入泊速度

B. 空船、流缓、吹开风时,靠拢角度宜大,以降低风致漂移

C. 空船、流缓、吹开风时,靠拢角度宜小,以降低风致漂移

D. 重载船顶流较强时,靠拢角度宜小,并提高入泊速度

22. 船舶靠泊时,确定靠拢角度大小的总原则是_____。

A. 重载船顶流较强时,靠拢角度宜小,并降低入泊速度

B. 空船、流缓、吹开风时,靠拢角度宜小,以提高风致漂移

C. 空船、流缓、吹开风时,靠拢角度宜大,以提高风致漂移

D. 重载船顶流较强时,靠拢角度宜大,并降低入泊速度

23. 重载船舶顶急流靠泊时靠拢角度应_____。

A. 尽可能低于20°　　　　　　　B. 尽可能高于20°

C. 尽可能取大角度　　　　　　　D. 尽可能取小角度

24. 万吨船顺流接近泊位时_____。

A. 应尽量减小靠泊角,及时倒车制动,就势靠上码头

B. 在泊位外档先行掉头或用拖船协助掉头后再靠

C. 不必掉头,减小靠泊角,及时抛外档锚助靠

D. 不必掉头,减小靠泊角和横距,使用前倒缆、尾缆制速靠泊

25. 万吨级船舶,在风速不大时,顶流 1 kn 时进行靠泊,若要确保接近码头的速度不超过15 cm/s,则靠拢角度最大应不超过_____。

A. 22°　　　　　　　　　　　　B. 20°

C. 18°　　　　　　　　　　　　D. 16°

26. 空船开风靠码头比满载横风靠码头_____。

A. 风致漂移较小,余速应降低　　B. 风致漂移较大,余速应降低

C. 风致漂移较小,余速应提高　　D. 风致漂移较大,余速应提高

27. 万吨级船舶,在风速不大时,顶流 1.5 kn 时进行靠泊,若要确保接近码头的速度不超过 15 cm/s,则靠拢角度最大应不超过_____。

A. 20°　　　　　　　　　　　　B. 15°

C. 11°　　　　　　　　　　　　D. 8°

28. 靠泊操纵中,一般船舶接触直壁式码头的速度应低于_____。

A. 5 cm/s　　　　　　　　　　　B. 10 cm/s

C. 15 cm/s　　　　　　　　　　　D. 20 cm/s

29. 靠泊操纵中,超大型船舶进靠直壁式码头的速度一般应控制在_____。

A. 5~10 cm/s　　　　　　　　　B. 10~15 cm/s

C. 2~5 cm/s　　　　　　　　　　D. 20 cm/s

30. 靠泊操纵中,超大型船舶进靠海上泊位的速度一般应低于_____。

A. 5 cm/s　　　　　　　　　　　B. 10 cm/s

C. 15 cm/s　　　　　　　　　　　D. 20 cm/s

31. 靠泊操纵中,万吨级船舶进靠栈式泊位的速度一般应低于_____。

    A. 5 cm/s   B. 10 cm/s

    C. 15 cm/s   D. 20 cm/s

32. 靠泊操纵中,10万吨级船舶进靠栈式泊位的速度一般应控制在_____。

    A. 5 ~ 10 cm/s   B. 8 ~ 15 cm/s

    C. 2 ~ 8 cm/s   D. 10 ~ 20 cm/s

33. 靠泊操纵中,20万 ~ 30万吨级船舶进靠栈式泊位的速度一般应控制在_____。

    A. 5 ~ 10 cm/s   B. 8 ~ 15 cm/s

    C. 2 ~ 8 cm/s   D. 1 ~ 5 cm/s

34. 一般情况下,在船舶顶流拖首离泊时选择的离泊角度,流急时约为_____,流缓时约为
    _____。

    A. 15°;30°   B. 10°;20°

    C. 20°;40°   D. 25°;50°

35. 靠泊仪可指示船首尾距码头距离和入泊速度,其量程和精度分别为_____。

    A. 0 ~ 100 m(±2%),0 ~ 20 cm/s(±1%)

    B. 0 ~ 120 m(±1%),0 ~ 25 cm/s(±2%)

    C. 0 ~ 150 m(±1%),0 ~ 20 cm/s(±1%)

    D. 0 ~ 200 m(±2%),0 ~ 25 cm/s(±1%)

36. 一般船舶采用"尾先离"时,有关船尾摆出角度的操作,下列哪项正确?

    A. 流速较大时,船尾摆出角度应增大   B. 流速较小时,船尾摆出角度应减小

    C. 吹开风时,船尾摆出角度应减小   D. 吹拢风时,船尾摆出角度应减小

37. 一般船舶采用"尾先离"时,有关船尾摆出角度的操作,下列哪项正确?

    A. 流速较大时,船尾摆出角度应减小   B. 流速较小时,船尾摆出角度应减小

    C. 吹开风时,船尾摆出角度应增大   D. 吹拢风时,船尾摆出角度应减小

38. 一般船舶采用"尾先离"时,有关船尾摆出角度的操作,下列哪项正确?

    A. 吹开风时,船尾摆出角度应增大   B. 吹拢风时,船尾摆出角度应增大

    C. 流速较大时,船尾摆出角度应增大   D. 流速较小时,船尾摆出角度应减小

39. 一般船舶采用"尾先离"时,有关船尾摆出角度的操作,下列哪项正确?

    A. 吹开风时,船尾摆出角度应增大   B. 吹拢风时,船尾摆出角度应减小

    C. 流速较大时,船尾摆出角度应增大   D. 流速较小时,船尾摆出角度应增大

40. 船舶离泊采用"尾先离"时,有关船尾摆出角度的操作,下列哪项正确?

    A. 吹拢风比吹开风船尾摆出角度应大一些

    B. 顶流时比顺流时船尾摆出角度应小一些

    C. 吹拢风比吹开风船尾摆出角度应小一些

    D. 顺流时比顶流时船尾摆出角度应大一些

41. 船舶离泊采用"尾先离"时,有关船尾摆出角度的操作,下列哪项正确?

    A. 吹开风比吹拢风船尾摆出角度应大一些

B. 顶流时比顺流时船尾摆出角度应大一些

C. 吹拢风比吹开风船尾摆出角度应小一些

D. 顺流时比顶流时船尾摆出角度应大一些

42. 船舶自力离泊操纵要领为_____。

①确定首先离、尾先离还是平行离;②掌握好船身摆出的角度;③控制好船身的进退;④适时利用拖船助操

A. ①②③ 　　　　　　　　　　B. ①②③④

C. ①② 　　　　　　　　　　D. ②③④

43. 一般船舶的离泊操作要领是_____。

①确定船首先离,还是尾先离或平行离;②掌握首或尾的摆出角度,注意系缆受力情况;③掌握船舶进、退速度

A. ①② 　　　　　　　　　　B. ②③

C. ①②③ 　　　　　　　　　　D. ①③

44. 在流水港靠泊应注意_____。

①观察流向和码头走向是否一致;②重载大型船舶应保持与流向平行;③尽量避开急流时靠泊

A. ①② 　　　　　　　　　　B. ②③

C. ①②③ 　　　　　　　　　　D. ①③

45. 在静水港靠泊应注意_____。

①主要考虑风的影响,以顶风靠泊为宜;②吹开风强时,靠拢角度宜大;③吹拢风强时,不要过早拖锚减速

A. ①② 　　　　　　　　　　B. ②③

C. ①②③ 　　　　　　　　　　D. ①③

46. 在流水港风、流相反时靠泊应注意_____。

①判断风压和流压对船舶影响的大小;②重载船舶应顶流顺风靠泊;③压载船舶应顶风顺流靠

A. ①② 　　　　　　　　　　B. ②③

C. ①②③ 　　　　　　　　　　D. ①③

47. 万吨船顺流接近泊位时_____。

A. 应尽量减小靠泊角,及时倒车制动,就势靠上码头

B. 在泊位外档先行掉头或用拖船协助掉头后再靠

C. 不必掉头,减小靠泊角及时抛外档锚助靠

D. 不必掉头,减小靠泊角和横距,使用前倒缆、尾缆制速靠泊

48. 顺流2.5 kn,风力较弱,泊位前后有船,满载万吨轮,顺流摆尾顶首掉头离泊,有拖船协助操作,流急时,尾摆出角度不宜大于_____,以免前倒缆负荷过大。

A. 20° 　　　　　　　　　　B. 30°

C. 40° 　　　　　　　　　　D. 50°

49. 在有流港口,双拖船拖大船首尾进行平行离泊时,较大功率拖船应配于大船的_____。
    A. 迎流一端
    B. 背流一端
    C. 船中或船首
    D. 船中或船尾

50. 船舶离泊操纵时,符合首离法的条件包括_____。
    A. 风流较弱、顶流吹拢风
    B. 风流较弱、顶流吹开风
    C. 风流较强、顶流吹拢风
    D. 风流较强、顶流吹开风

51. 船舶离泊操纵时,符合首离法的条件包括_____。
    A. 风流较弱、顶流吹拢风、泊位前方无障
    B. 风流较弱、顶流吹拢风、泊位前方有障
    C. 风流较弱、顶流吹开风、泊位前方无障
    D. 风流较弱、顶流吹开风、泊位前方有障

52. 大型船舶离泊时,多采用_____方法。
    A. 首先离
    B. 尾先离
    C. 平行离
    D. 自力离

53. 船舶离泊时,泊位之前余地不大,且有吹拢风时,多采用_____方法。
    A. 首先离
    B. 尾先离
    C. 平行离
    D. 自力离

54. 船舶离泊时,船首余地不大,且风流较强、顺流吹拢风时,多采用_____方法。
    A. 首先离
    B. 尾先离
    C. 平行离
    D. 自力离

55. 船舶离泊时,船尾余地不大,且风流较弱、顶流吹开风时,可采用_____方法。
    A. 首先离
    B. 尾先离
    C. 平行离
    D. 自力离

56. 顺流拖首离码头时,大船倒缆宜出自_____导缆孔,拖缆则带至大船_____。
    A. 船首最前;首楼外舷
    B. 船中略前;首楼外舷
    C. 船首最前;首楼内舷
    D. 船中略前;首楼内舷

57. 船舶在码头边利用前倒缆动车作舵甩尾离泊,这一方法适用于_____。
    A. 中小船舶
    B. 大型船舶
    C. 超大型船舶
    D. 任何船型

58. 风流反向时靠泊,根据受风影响大小来决定靠泊方向,一般空载的万吨级船舶1.5 kn 流速影响约与几级风影响相抵消?
    A. 4 级
    B. 5 级
    C. 6 级
    D. 7 级

59. 风流反向时靠泊,根据受风影响大小来决定靠泊方向,一般空载的万吨级船舶2 kn 流速影响约与几级风影响相抵消?
    A. 4 级
    B. 5 级
    C. 6 级
    D. 7 级

2.2.3　尾系泊的操纵方法及其注意事项

一、知识点梳理

1. 形式:用锚固定船首,缆绳固定船尾于浮筒、岸线、突堤或码头,船身与码头垂直。
2. 适用:水域小、风浪较小的港口。
3. 过程:平行码头淌航接近上风锚位,余速 1 kn 以内,先抛锚,出链 2.5h,落锚点距岸,出链长 + 1.1L(船长 + 链长 + 缆长),倒车,后带缆。大型船通常尾缆 4 根,船首交角 20°的八字锚。

二、相关习题

1. 尾系泊是一种_____的停泊方式。
   A. 用锚固定船首,船身与码头垂直 　　B. 用锚固定船尾,船身与码头垂直
   C. 用锚固定船首,船身与码头平行 　　D. 用锚固定船尾,船身与码头平行

2. 尾系泊,俗称尾靠式,主要优点是_____。
   A. 在有限水域容纳较多船舶 　　　　 B. 便于装卸货
   C. 操纵简便 　　　　　　　　　　　 D. 有利于抵抗较大的风浪

3. 尾系泊,俗称尾靠式,船尾通常固定于_____。
   ①浮筒;②岸线;③突堤;④码头
   A. ①②③④ 　　　　　　　　　　　 B. ①②④
   C. ①②③ 　　　　　　　　　　　　 D. ②③④

4. 一般大型船舶在尾系泊时,船首应用交角约为_____的八字锚形式固定。
   A. 10° 　　　　　　　　　　　　　　 B. 20°
   C. 30° 　　　　　　　　　　　　　　 D. 40°

5. 船舶进行尾系泊时,其抛锚和带缆顺序一般为_____。
   A. 在指定位置先带尾缆,然后进车至抛锚点下锚
   B. 先在抛锚点下锚,然后倒车至指定位置带尾缆
   C. 先在抛锚点下锚,然后倒车至指定位置带首缆
   D. 不指定位置先带首缆,然后倒车至抛锚点下锚

6. 船舶采用尾靠泊方法时,抛锚点距码头边应有_____的距离。
   A. 出链长与 1.5 倍船长之和 　　　　 B. 出链长与 1.3 倍船长之和
   C. 出链长与 1.1 倍船长之和 　　　　 D. 出链长与 1 倍船长之和

7. 适用于尾系泊的港口具有_____的特点。
   A. 水域无限,风浪较大 　　　　　　 B. 水域无限,风浪较小
   C. 水域有限,风浪较大 　　　　　　 D. 水域有限,风浪较小

8. 对于大型船尾系泊,船首多用_____进行固定。
   A. 双锚,且双链交角较大的八字锚　　　　B. 双锚,且双链交角较小的八字锚
   C. 单锚,且锚链出链长度较大　　　　　　D. 单锚,且锚链出链长度较小
9. 万吨级船舶尾系泊靠泊时,在风力不太大的情况下,_____。
   A. 船舶可与码头平行方向接近,并可自力靠泊
   B. 船舶可与码头平行方向接近,但不能自力靠泊
   C. 船舶可与码头垂直方向接近,并可自力靠泊
   D. 船舶可与码头垂直方向接近,但不能自力靠泊
10. 风很小或无风时尾系泊,平行进泊横距约为_____。
    A. 船长 + 尾缆长 + 首出链长　　　　　　B. 船长 + 尾缆长 + 尾出链长
    C. 船长 + 首缆长 + 首出链长　　　　　　D. 船长 + 首缆长 + 尾出链长
11. 尾系泊时顺风进泊,倒车后淌航接近上风侧锚位时宜控制余速在_____,出链_____。
    A. 1 kn 之内;2.5 倍水深　　　　　　　　B. 1 kn 之内;3.5 倍水深
    C. 2 kn 之内;2.5 倍水深　　　　　　　　D. 2 kn 之内;1.5 倍水深

2.2.4 系、离浮筒的准备工作:缆绳系、离浮筒的准备工作,锚链系、离浮筒的准备工作

一、知识点梳理

通常缆绳系浮筒,台风季节或系泊时间长,锚链系。
掌握风流潮汐、浮筒连线方向和间距、本船情况。

二、相关习题

1. 对于河口港,为了减小船舶的回旋水域,多采用哪种系浮方法?
   A. 用缆绳系单浮　　　　　　　　　　　B. 用缆绳系双浮
   C. 用锚链系单浮　　　　　　　　　　　D. 用锚链系双浮
2. 长时间系浮或风浪较大,且船舶的回旋水域足够时,多采用哪种系浮方法?
   A. 用缆绳系单浮　　　　　　　　　　　B. 用缆绳系双浮
   C. 用锚链系单浮　　　　　　　　　　　D. 用锚链系双浮
3. 系浮前应做的准备工作包括掌握_____。
   ①潮汐情况;②风向和风力;③浮筒连线方向;④浮筒间距;⑤本船情况
   A. ①②③④⑤　　　　　　　　　　　　B. ①②③④
   C. ③④　　　　　　　　　　　　　　　D. ①②
4. 当风大流急掉头系泊时,若需要用锚链系浮,_____才能解开锚链。

A. 任何时候　　　　　　　　　　　B. 掉头前

C. 掉头中　　　　　　　　　　　　D. 掉头后

5. 若用缆绳系单浮,系浮前缆绳的准备工作包括_____。

①回头缆;②单头缆;③尾缆;④前倒缆

A. ①②③④　　　　　　　　　　　B. ①②

C. ②③　　　　　　　　　　　　　D. ②③④

6. 若用缆绳系双浮,系浮前缆绳的准备工作包括_____。

①前、后回头缆;②前、后单头缆;③前、后倒缆

A. ①②③　　　　　　　　　　　　B. ①②

C. ①③　　　　　　　　　　　　　D. ②③

7. 船舶使用锚链系浮,准备锚链时卸下_____。

A. 锚连接链环或卸扣　　　　　　　B. 第一节锚链的连接链环或卸扣

C. 第二节锚链的连接链环或卸扣　　D. 第三节锚链的连接链环或卸扣

2.2.5　系、离浮筒的操纵要领及其注意事项

一、知识点梳理

1. 系浮筒:多采用顶风顶流驶向系浮筒,顺风或顺流进港,可在浮筒的下风或下游侧掉头。

风流弱,浮筒置于$(1 \sim 1.5)B$,纵向距离$(0.5 \sim 1)L$时倒车停船。

风流强,上风处抛锚。

2. 离浮筒:顶流拖首,顺流拖尾离泊,向顶流方向拖,与船首尾夹角$30° \sim 50°$起拖,顶流端先出泊。

3. 注意:迅速带缆是重要环节,纵距20 m,横距10 m,保持相对静止;抛开锚距浮筒不宜过近,一般距浮筒连线$30 \sim 40$ m;系泊后松长开锚链。

二、相关习题

1. 船舶系浮筒时,采取何种方式?

A. 顶风或顶流,先系船首浮筒,后退再系船尾浮筒

B. 顺风或顺流,先系船尾浮筒,后退再系船首浮筒

C. 顶风或顶流,首尾同时系浮筒

D. 顺风或顺流,首尾同时系浮筒

2. 右旋单车船顶风系单浮风力较弱时,应与浮筒保持_____倍船宽横距置于_____舷以维持舵效最低航速驶近,距浮筒约_____倍船长左右,采用倒车停船。

A. $0.5 \sim 1$;右;$0.5 \sim 1$　　　　　B. $1 \sim 1.5$;右;$0.5 \sim 1$

C. 1.5 ~ 2;左;0.5 ~ 1   D. 2 ~ 2.5;左;0.5 ~ 1

3. 船舶系单浮筒时,有风影响情况下,一般_____。

  A. 采取顺风方向接近浮筒,顶风进港时,应在浮筒下风侧掉头后系浮

  B. 采取顺风方向接近浮筒,顶风进港时,应在浮筒上风侧掉头后系浮

  C. 采取顶风方向接近浮筒,顺风进港时,应在浮筒下风侧掉头后系浮

  D. 采取顶风方向接近浮筒,顺风进港时,应在浮筒上风侧掉头后系浮

4. 船舶顶风较强系单浮时,应在_____。

  A. 浮筒上风处抛锚,船首拖锚落向浮筒下风时系浮

  B. 浮筒上风处抛锚,船首拖锚落向浮筒上风时系浮

  C. 浮筒下风处抛锚,进车使船首驶至浮筒下风处系浮

  D. 浮筒下风处抛锚,进车使船首驶至浮筒上风处系浮

5. 船舶顶流拖首或顺流拖尾离双浮时,均应_____。

  A. 向顶流方向拖,与船舶首尾线交角 30° ~ 50°起拖

  B. 向顶流方向拖,与船舶首尾线交角 70° ~ 80°起拖

  C. 向顺流方向拖,与船舶首尾线交角 30° ~ 50°起拖

  D. 向顺流方向拖,与船舶首尾线交角 70° ~ 80°起拖

6. 船舶顶流拖首或顺流拖尾离双浮时,应_____。

  A. 向顶流方向拖,使船舶顺流一端先行出泊位

  B. 向顶流方向拖,使船舶顶流一端先行出泊位

  C. 向顺流方向拖,使船舶顺流一端先行出泊位

  D. 向顺流方向拖,使船舶顶流一端先行出泊位

7. 关于船舶系浮筒时的注意事项,哪项不正确?

  A. 系泊单浮筒系妥后应将系泊时所抛开锚绞紧

  B. 回头缆挽桩时应做八字型挽牢

  C. 系、离浮筒前应掌握潮流的涨落时间

  D. 系泊浮筒前应做好系泊计划

8. 船舶系靠单浮筒时,应_____。

  A. 先带单头缆,后带回头缆   B. 先带回头缆,后带单头缆

  C. 回头缆应绞紧且均匀受力   D. 单头缆应不受力

9. 船舶系靠单浮筒时,应_____。

  ①先带单头缆;②后带回头缆;③单头缆应绞紧且均匀受力;④回头缆应绞紧且均匀受力

  A. ①②③④   B. ①②③

  C. ①②   D. ①②④

10. 船舶系双浮筒时,如抛开锚,一般下锚点距浮筒连线的横距约需_____。

  A. 10 ~ 20 m   B. 20 ~ 30 m

  C. 30 ~ 40 m   D. 40 ~ 50 m

11. 船舶系双浮筒时,下列正确的是_____。

①开锚的抛锚点不应超过系船浮的泊位档子；②系妥双浮后，开锚不一定要绞起但需绞紧

A. ①　　　　　　　　　　　　　　　　B. ①②

C. ②　　　　　　　　　　　　　　　　D. ①②都不对

12. 关于系、离双浮的注意事项，下列正确的是_____。

①系双浮时，若前后泊位已有他船系泊，前后系缆应缩短；②系双浮时，若前后泊位的他船离泊后，前后系缆应收紧；③系双浮后，回头缆应松长不受力

A. ①②③　　　　　　　　　　　　　　B. ①②

C. ①③　　　　　　　　　　　　　　　D. ②③

13. 用锚链系单浮时，应掌握好开锚的抛锚点，系浮后一般应_____。

A. 绞起开锚，绞紧回头缆　　　　　　　B. 松长开锚，绞紧回头缆

C. 绞起开锚，松长回头缆　　　　　　　D. 松长开锚，松长回头缆

14. 船舶离双浮，无论顶流还是顺流，均应_____。

A. 解除下游端的所有缆绳，顶流端只留回头缆

B. 解除顶流端的所有缆绳，下游端只留回头缆

C. 解除船首的所有缆绳，船尾只留回头缆

D. 解除船尾的所有缆绳，船首只留回头缆

15. 系双浮筒时，如遇较强横风会使系缆受到过大的作用力，此时_____。

①检查缆绳受力情况，保证各单头缆受力均匀；②尽可能放松各缆绳；③尽可能收紧各缆绳；④如可行，可改用单浮筒系泊法或离泊改用其他安全方式

A. ①③④　　　　　　　　　　　　　　B. ①②④

C. ②③　　　　　　　　　　　　　　　D. ①④

2.2.6　船舶并靠的操纵要领及其注意事项

一、知识点梳理

不要有向并靠舷的横倾；平行靠拢，平直部分接触；风力小于 5 级，上风舷进行；风力大于 5 级，下风舷进行；风力涌浪大，不宜靠泊；靠锚泊船的未抛锚舷；先带相缆；偏荡时，被并靠船到极限位置。

二、相关习题

1. 强风中锚泊的大船产生偏荡运动，大船偏荡至什么位置，适合于小船接近并靠泊？

A. 一边极限位置　　　　　　　　　　　B. 中间位置

C. 任意位置　　　　　　　　　　　　　D. 中间位置与极限位置之间的任一位置

2. 系靠偏荡中的锚泊船应在_____进行。

A. 涌浪较大时的偏荡平衡位置　　　　　　B. 涌浪较大时的偏荡极限位置

C. 涌浪较小时的偏荡极限位置　　　　　　D. 涌浪较小时的偏荡平衡位置

3. 空船在 5~6 级风,并靠重载锚泊大船,宜从锚泊船哪舷接近并靠泊?

A. 上风舷

B. 下风舷

C. 任意舷

D. 横风并靠

4. 万吨空船在风力 3~4 级时并靠超大型锚泊船,一般应靠锚泊船的_____。

A. 上风舷

B. 下风舷

C. 任意舷

D. 横风并靠

5. 风浪天并靠大型船舶,风力小于 5 级时可以在大船_____进行,风力大于 5 级时应在大船_____进行。

A. 上风舷;上风舷

B. 下风舷;上风舷

C. 上风舷;下风舷

D. 下风舷;下风舷

6. 风浪天并靠大型船舶,可以在大船上风舷进行贴靠的风力条件为_____。

A. 大于 5 级时

B. 大于 6 级时

C. 小于 5 级时

D. 小于 6 级时

7. 风浪天并靠大型船舶,风力条件_____时可以在大船上风舷进行;风力条件_____时可以在大船上风舷进行。

A. 小于 4 级;大于 4 级

B. 小于 5 级;大于 5 级

C. 小于 6 级;大于 6 级

D. 小于 7 级;大于 7 级

8. 并靠的船舶,最不利的是哪一种状态?

A. 向并靠一舷的横倾

B. 向并靠相反一舷的横倾

C. 吃水大的船舶首倾

D. 吃水大的船舶尾倾

9. 船舶并靠操纵,并靠接触位置最好选在大船的_____。

A. 船首附近

B. 船尾附近

C. 船体最宽处

D. 中部附近

10. 船舶并靠操纵,贴靠上他船时应_____。

A. 使两船平直部分的船舷相互接触

B. 船首先靠他船船尾

C. 船尾先靠他船船首

D. 船首先贴靠,船尾后贴靠

11. 船舶并靠操纵,会损及栏杆、舱面设施或甲板建筑是哪种情况?

A. 干舷低的船首、船尾位于干舷高的船舷下方

B. 干舷高的船首、船尾位于干舷低的船舷上方

C. 干舷不同高的船舶并靠

D. 干舷同高的船舶并靠

12. 船舶在有流水域并靠时,两船间流速_____、水压力_____,当两船接近时会发生船舶偏转现象。

A. 减慢;减小

B. 加快;增大

C. 减慢;增大

D. 加快;减小

13. 船舶在有流水域并靠时,由于两船间流速和水压力变化,当两船接近时会发生_____。
   A. 船舶偏转或船舶快速靠拢
   B. 船舶偏转或船舶难以靠拢
   C. 船舶舵效变好
   D. 船舶无法靠拢
14. 进坞修理前若要等待坞期,临时并靠他船,并靠时不得有_____。
   A. 尾倾
   B. 右倾
   C. 左倾
   D. 相向横倾

2.2.7　船舶进、出船坞操纵方法

一、知识点梳理

1. 调整到要求的吃水差,无横倾,收妥双锚,备妥系缆和碰垫,停止使用各种水管。
2. 进、出坞宜在涨末顶流时,浮坞与流向一致,干坞与流向垂直。
3. 无动力,借助拖船,三艘,船尾做舵,拖首,提尾。
4. 绞进缆绳由厂方提供。校正缆绳由船方提供。

二、相关习题

1. 出浮船坞操纵,一般选择在_____。
   A. 涨末顶流时
   B. 落末顶流时
   C. 涨末顺流时
   D. 落末顺流时
2. 进船坞操纵,最关键的是控制好船在_____的船位。
   A. 坞门内
   B. 坞门外
   C. 船厂内
   D. 船厂外
3. 关于船舶进坞操纵,下列哪个说法不正确?
   A. 进坞操纵掌握船在坞门外船位很关键
   B. 在静水港主要考虑风的影响
   C. 在潮流港一般浮船坞与流向平行
   D. 在潮流港一般干船坞与流向平行
4. 关于船舶进坞操纵,下列哪个说法正确?
   ①进坞操纵掌握船在坞门外船位很关键;②在潮流港一般浮船坞与流向平行;③在静水港主要考虑风的影响;④在潮流港一般干船坞与流向平行
   A. ①②③④
   B. ①②③
   C. ①②
   D. ①②④
5. 关于船舶进坞操纵,下列哪个说法正确?
   ①进坞操纵掌握船在坞门外船位很关键;②在静水港主要考虑风的影响;③在潮流港一般浮船坞与流向垂直;④在潮流港一般干船坞与流向垂直
   A. ①②③④
   B. ①②③

C.①②　　　　　　　　　　　　　　D.①②④

6.船舶进坞前,应做好哪些准备?
　①保持船舶无横倾;②收妥双锚;③备妥系缆绳和靠垫;④停止使用各种排水管
　A.①②③④　　　　　　　　　　　B.①②③
　C.①②　　　　　　　　　　　　　D.①②④

7.有流港船舶进、出干船坞的时机一般选择_____。
　A.高潮后的涨末时段　　　　　　　B.初涨时段
　C.高潮初涨时段　　　　　　　　　D.任何时段

8.船舶进、出船坞,通常_____。
　A.船舶自身动力可用,用拖船助操　　B.船舶自身动力可用,不用拖船助操
　C.船舶自身动力不可用,用拖船助操　D.船舶自身动力不可用,不用拖船助操

9.船舶出坞操纵的特点为_____。
　①大船自身有动力;②依靠拖船操纵;③依靠缆绳操纵
　A.①②③　　　　　　　　　　　　B.①②
　C.①③　　　　　　　　　　　　　D.②③

10.船舶进坞一般需要三艘拖船配合,其中一艘功率最大的应用作_____。
　A.拎首　　　　　　　　　　　　　B.提尾
　C.顶推　　　　　　　　　　　　　D.以上均可

11.船舶进坞校正船首的偏转主要依靠_____。
　A.拖船　　　　　　　　　　　　　B.缆绳
　C.拖船与缆绳　　　　　　　　　　D.车舵

12.关于船舶出浮船坞的操纵时的用缆,下列正确的是_____。
　①从大船首部左右朝后向浮船坞出口方向的牵引缆应由船方提供;②坞内控制船身的首尾缆应由船方提供;③出浮船坞操纵所用缆绳均由厂方提供
　A.①②　　　　　　　　　　　　　B.①
　C.②　　　　　　　　　　　　　　D.③

2.2.8　船舶进、出船闸操纵方法

一、知识点梳理

　1.准备:查阅船闸当局的规定,核对本船吃水是否满足要求,检查动力设备是否正常,备妥双锚,挂 K 旗。
　2.进闸,沿导标中心线低速接近闸口,横风,导标线上风行驶,适当距离拎直;进闸后,船首先带左侧缆绳,横风强,先带上风;放水前、放水中调整各缆。
　3.出闸,调整缆绳使船舶处于上风侧,先解下风。

二、相关习题

1. 船舶进船闸首带缆时,通常应_____。
   A. 先带左侧后带右侧缆,以抵御进车时的不利偏转
   B. 先带左侧后带右侧缆,以抵御倒车时的不利偏转
   C. 先带右侧后带左侧缆,以抵御进车时的不利偏转
   D. 先带右侧后带左侧缆,以抵御倒车时的不利偏转

2. 船舶进闸门口,有侧风影响时应将船首领直,并尽可能靠拢_____。
   A. 上风侧　　　　　　　　　　B. 下风侧
   C. 横风侧　　　　　　　　　　D. 顺风侧

3. 关于进船闸前的准备,下列正确的是_____。
   ①查阅大洋航路;②查阅船闸当局的规定;③核对本船吃水是否超出当时闸口水深;④收妥双锚
   A. ①②③④　　　　　　　　　B. ①②③
   C. ②③　　　　　　　　　　　D. ②③④

4. 关于进船闸前的准备,下列正确的是_____。
   ①查阅船闸当局的规定;②备妥双锚;③检查动力设备是否正常;④核对本船吃水是否满足要求
   A. ①②③④　　　　　　　　　B. ①③④
   C. ②④　　　　　　　　　　　D. ③④

5. 过船闸前应事先向船闸当局申请并悬持国际信号旗_____。
   A. A 旗　　　　　　　　　　　B. B 旗
   C. G 旗　　　　　　　　　　　D. K 旗

6. 关于进、出船闸操纵,下列正确的是_____。
   A. 大船一般本身有动力,主要依靠自身操纵
   B. 大船一般本身有动力,主要依靠拖船操纵
   C. 大船一般本身没有动力,主要依靠拖船操纵
   D. 大船一般本身没有动力,主要依靠缆绳操纵

7. 船舶进闸后应调整首尾系缆使船停在闸箱的_____。
   A. 中心线的上风侧　　　　　　B. 中心线的下风侧
   C. 中心线上　　　　　　　　　D. 中心线或中心线的下风侧

8. 船舶进闸后应调整首尾系缆使船停在闸箱的_____。
   A. 左侧　　　　　　　　　　　B. 右侧
   C. 中心线偏右侧　　　　　　　D. 中心线上

9. 关于船舶进入船闸后缆绳的调整时机,哪项说法正确?
   A. 在放水前　　　　　　　　　B. 在放水中

C.在放水后   D.在放水前和放水中

10.关于船舶出船厂闸操纵,下列正确的是_____。

  A.出船闸前先向船舶绞向导标中线的上风侧

  B.出船闸前先向船舶绞向导标中线的下风侧

  C.出船闸后先向船舶绞向导标中线的上风侧

  D.出船闸后先向船舶绞向导标中线的下风侧

11.关于船舶出船闸操纵,下列正确的是_____。

  A.先解上风舷首缆   B.先解下风舷首缆

  C.先解上风舷尾缆   D.先解下风舷尾缆

12.船舶出船闸操纵关于尾缆的解缆,下列正确的是_____。

  A.先解上风舷尾缆,后解下风舷尾缆   B.先解下风舷尾缆,后解上风舷尾缆

  C.先解上风舷首缆,后解下风舷首缆   D.先解下风舷首缆,后解下风舷首缆

2.3　大型船舶操纵

2.3.1　大型船舶特点

一、知识点梳理

1. L/B 小,旋回性好,航向稳定性差。

2. A_R/Ld 小,舵效差。

3. C_b 大,旋回性好,航向稳定性差。

4. 单位重量分配的主机功率小,船舶质量大;浅水效应、岸壁效应、船间效应明显。

二、相关习题

1.因超大型船舶冲程较长、余速降低缓慢,在港内制动时多采用_____。

  A.拖锚制动   B.拖船制动

  C.蛇航降动   D.倒车制动

2.旋回过程中超大型船舶的速降与一般万吨级货船的速降比较_____。

  A.超大型船舶速降大,一般万吨级货船速降小

  B.超大型船舶速降大,一般万吨级货船速降大,且相同

  C.超大型船舶速降小,一般万吨级货船速降大

D. 超大型船舶速降小,一般万吨级货船速降小,且相同

3. 肥大型船在驶向停泊地的过程中,命令停车,在车叶停转的瞬间,虽然还有相当大的余速,却很快失去舵效,这是因为突然失去_____使舵力减少的缘故。

A. 相对水流　　　　　　　　　　　　B. 吸入流

C. 排出流　　　　　　　　　　　　　D. 伴流

4. 超大型船舶与一般万吨轮相比,下列哪项正确?
①停船性能差;②旋回时间长;③旋回速降小;④浅水效应不明显;⑤岸壁效应显著

A. ①②③④⑤　　　　　　　　　　　B. ①②⑤

C. ①③⑤　　　　　　　　　　　　　D. ①②③④

5. 超大型船舶与一般万吨轮相比,下列哪项正确?

A. 停船性能好　　　　　　　　　　　B. 旋回时间长

C. 旋回速降小　　　　　　　　　　　D. 岸壁效应不明显

6. 超大型船舶与一般万吨轮相比,下列哪项正确?

A. 停船性能好　　　　　　　　　　　B. 旋回时间短

C. 旋回速降大　　　　　　　　　　　D. 受风影响小

7. 超大型船舶与一般万吨轮相比,下列哪项有误?

A. 航向稳定性差　　　　　　　　　　B. 旋回时间长

C. 旋回中航速下降快　　　　　　　　D. 旋回性差

8. 超大型船舶与一般万吨轮相比,下列哪项正确?
①航向稳定性差;②旋回时间长;③旋回中航速下降快;④旋回性差

A. ①②③④　　　　　　　　　　　　B. ①③④

C. ①②③　　　　　　　　　　　　　D. ②③④

9. 超大型船舶的操纵性能与一般万吨轮相比,下列哪项正确?

A. 停船性能差　　　　　　　　　　　B. 旋回时间短

C. 旋回速降小　　　　　　　　　　　D. 受风流影响小

10. 超大型船舶相对旋回直径(D/L)和旋回直径(D)与一般万吨船的相应值比较,下列哪项正确?

A. 相对旋回直径基本相等,旋回直径基本相等

B. 相对旋回直径大,旋回直径基本相等

C. 相对旋回直径基本相等,旋回直径大

D. 相对旋回直径大,旋回直径大

11. 超大型船舶与一般万吨货船比较,下列哪项正确?

A. 淌航中丧失舵效时间超大型船舶早　B. 旋回时速度下降,超大型船舶小

C. 旋回时速度下降,瘦削型船舶大　　D. 淌航中丧失舵效时间瘦削型船舶早

12. 超大型船舶与一般万吨级货船比较,下列哪项特点是正确的?

A. 单位排水量所分配的主机功率较大,冲程较大

B. 单位排水量所分配的主机功率较大,冲程较小

C. 单位排水量所分配的主机功率较小,冲程较小

D. 单位排水量所分配的主机功率较小,冲程较大

13. 超大型船舶与一般万吨级货船比较,下列哪项特点是正确的?

    A. 航向稳定性较差,维持舵效所需的余速较高

    B. 航向稳定性较差,维持舵效所需的余速较低

    C. 航向稳定性较好,维持舵效所需的余速较高

    D. 航向稳定性较好,维持舵效所需的余速较低

14. 超大型船舶与一般万吨级货船比较,下列哪项特点是正确的?

    A. 旋回性较差、相对旋回初径大,追随性较好、旋回滞距较小

    B. 旋回性较差、相对旋回初径大,追随性较差、旋回滞距较大

    C. 旋回性较好、相对旋回初径小,追随性较好、旋回滞距较小

    D. 旋回性较好、相对旋回初径小,追随性较差、旋回滞距较大

15. 与一般万吨级船舶比较,超大型船舶的浅水效应和岸壁效应情况为_____。

    A. 浅水效应较大,岸壁效应较小   B. 浅水效应较大,岸壁效应较大

    C. 浅水效应较小,岸壁效应较小   D. 浅水效应较小,岸壁效应较大

16. 超大型船舶与一般货船相比具有哪种特点?

    A. 长宽比大,宽度吃水比大   B. 长宽比小,宽度吃水比大

    C. 长宽比小,宽度吃水比小   D. 长宽比大,宽度吃水比小

17. 根据试验结果,4 万吨油船在停车后余速约为_____时无舵效。

    A. 2. 2 kn   B. 3. 2 kn

    C. 4. 2 kn   D. 5. 2 kn

18. 根据试验结果,23 万吨油船满载时在 16 kn 的船速下紧急停船,其冲程约为_____ m,冲时约为_____ min。

    A. 4 000;20   B. 6 000;30

    C. 8 000;40   D. 2 000;10

19. 根据试验结果,超大型船舶在水深与吃水之比为 1. 25 时,进行旋回试验,其旋回圈比深水中增大约为_____。

    A. 50%   B. 60%

    C. 70%   D. 80%

20. 超大型船舶在浅水区航行时_____。

    A. 船体下沉量较一般船舶为大,失去舵效的时机较一般船舶为早

    B. 船体下沉量较一般船舶为小,失去舵效的时机较一般船舶为早

    C. 船体下沉量较一般船舶为大,失去舵效的时机较一般船舶为晚

    D. 船体下沉量较一般船舶为小,失去舵效的时机较一般船舶为晚

21. 大型船舶的质量大,惯性大,因此在用舵时,宜_____。

    A. 早用舵,晚回舵,用小舵角   B. 早用舵,早回舵,用小舵角

    C. 早用舵,晚回舵,用大舵角   D. 早用舵,早回舵,用大舵角

2.3.2 大型船舶锚泊操纵特点

一、知识点梳理

1. 接近锚地控速：2 n mile ~4 kn；1 n mile ~2 kn；1 L ~1 kn。
2. 抛锚方法：通常单锚泊，深水退抛法。
   水深 <1 节锚链，锚机送至水面以下接近海底，再用刹车；
   水深 >1 节锚链，锚机送至海底，用刹车，或全部用锚机送出。
   余速小于 0.5 kn。

二、相关习题

1. 超大型船一般宜用深水抛锚法抛锚，实际上常用_____方法。
   A. 搭上离合器，松开刹车，倒车用锚机送链至所需链长
   B. 用锚机将锚送至水面，脱开离合器，采用自由下落抛出
   C. 用锚机将锚送至水面以上，脱开离合器，采用自由下落抛出
   D. 用锚机将锚送至距海底前尚余半节链左右，脱开离合器，采用自由下落抛出

2. 超大型船舶在锚泊时，通常采用_____，抛锚时多用_____。
   A. 单锚泊法；退抛法   B. 单锚泊法；进抛法
   C. 双锚泊法；进抛法   D. 双锚泊法；退抛法

3. 超大型船舶在大风浪中锚泊时，为了减小偏荡，多采用_____，抛锚时多采用_____。
   A. 单锚泊法另加止荡锚；进抛法   B. 单锚泊法另加止荡锚；退抛法
   C. 八字锚泊法；进抛法   D. 八字锚泊法；退抛法

4. 超大型船舶在锚泊时，抛锚时多采用_____，余速控制在_____。
   A. 普通退抛法；1 kn 以下   B. 普通退抛法；0.5 kn 以下
   C. 深水退抛法；1 kn 以下   D. 深水退抛法；0.5 kn 以下

5. 超大型船在大风浪中通常采用_____，抛锚时多用_____，且余速多控制在_____以下。
   A. 单锚泊；退抛法；1 kn   B. 单锚泊；退抛法；0.5 kn
   C. 八字锚；退抛法；1 kn   D. 一字锚；退抛法；0.5 kn

6. VLCC 锚泊时，考虑到锚机刹车的安全，抛锚时的船速_____。
   A. 应小于 2 kn   B. 应小于 1.5 kn
   C. 应小于 1 kn   D. 应小于 0.5 kn

7. 超大型船在大风浪中抛锚时通常采用_____。
   A. 八字锚   B. 一字锚

C. 单锚泊　　　　　　　　　　　　　D. 单锚泊法另加止荡锚

8. 一般情况下,超大型船舶当离锚地的锚泊点 1 n mile 时,其速度应控制在_____左右。

A. 2 kn

B. 1.5 kn

C. 1 kn

D. 0.5 kn

2.3.3　港内操纵特点

一、知识点梳理

1. 入泊速度:超大型船舶接近码头的速度 < 5 cm/s;超大型油船舷侧靠海上泊位 < 2 ~ 5 cm/s;靠栈桥,万吨 < 10 cm/s;8 万 ~ 9 万吨 < 2 ~ 8 cm/s;20 万 ~ 30 万吨 < 1 ~ 5 cm/s。

2. 入泊角度:平行靠,用拖船或绞缆入泊。

3. 带缆:通常用头缆、尾缆,前后倒缆,前后横缆各 4 ~ 8 根,全部 20 条以上;单点系泊:合适系缆长度是水面至导缆孔高度的 1.5 倍,波浪时稍长。

二、相关习题

1. 超大型船舶靠泊时的靠拢角度多取为_____。

A. 0°

B. 5°

C. 10°

D. 15°

2. 靠泊操纵中,超大型船舶接近码头的速度应低于_____。

A. 5 cm/s

B. 10 cm/s

C. 15 cm/s

D. 20 cm/s

3. 万吨、8 万 ~ 9 万吨、20 万 ~ 30 万吨船靠栈桥时入泊速度应控制于_____。

A. < 25 cm/s、< 15 cm/s、10 ~ 15 cm/s 的范围

B. < 10 cm/s、2 ~ 8 cm/s、1 ~ 5 cm/s 的范围

C. < 5 cm/s、< 3 cm/s、< 2 cm/s 的范围

D. < 20 cm/s、< 15 cm/s、< 10 cm/s 的范围

4. 超大型油船舷靠海上泊位,其入泊速度一般应小于_____。

A. 10 ~ 15 cm/s

B. 5 ~ 10 cm/s

C. 2 ~ 5 cm/s

D. 2 ~ 3 cm/s

5. 大型油船在风速 15 m/s 条件下,有拖船协助掉头,需要_____。

A. 直径为 1.5 L 的掉头水域

B. 直径为 2 L 的掉头水域

C. 直径为 2.5 L 的掉头水域

D. 直径为 3 L 的掉头水域

6. 大型船靠码头,以余速向泊位淌航中,一般应取_____。

A. 与码头线呈较大角度接近,并备外舷锚

B. 与码头线呈较小角度接近,并备外舷锚

C. 与码头线呈尽可能平行地接近,然后拖船助操

D. 与码头线平行,停船后用拖船或绞缆入泊

7. 超大型船单点系泊过程中,波浪较小时,出缆长度多为水面至缆孔高度的_____倍;波浪明显时,则_____。

A. 3.5;收进些为好　　　　　　　B. 3;收进些为好

C. 2.5;松长些为好　　　　　　　D. 1.5;松长些为好

8. 超大型船舶单点系泊,波浪很小时,适合的系缆长度应为水面至导缆孔高度的_____倍左右。

A. 0.5　　　　　　　　　　　　B. 1

C. 1.5　　　　　　　　　　　　D. 2

9. 超大型船舶系海上系船墩,在波浪影响大时,应选用_____。

A. 钢丝缆　　　　　　　　　　　B. 纤维绳

C. 白棕绳　　　　　　　　　　　D. 任意缆绳

10. 超大型船舶靠海上系船墩时所用全部缆绳多达_____条以上。

A. 10　　　　　　　　　　　　　B. 15

C. 20　　　　　　　　　　　　　D. 25

11. 根据国际石油开发公司(IMODOC)浮筒的设计要求,在风速为_____,流速为_____时船舶仍可进行单点系舶安全作业。

A. 30 m/s;5 kn　　　　　　　　B. 35 m/s;4 kn

C. 20 m/s;3 kn　　　　　　　　D. 15 m/s;2 kn

2.3.4　拖船的使用

一、知识点梳理

1. 数量及使用方式:5~6艘以上,组合拖带。

2. 行进时,船首做动力——吊拖;舷侧做动力或舵船——傍拖;船尾做制动或舵船——吊拖。

3. 靠泊时,首尾吊拖,舷侧顶推。

二、相关习题

1. 超大型油船主机停用的情况下,在港内掉头时,使用6艘拖船协助操作,较大功率的两艘拖船_____。

A. 以吊拖形式配置于大船首尾　　　B. 以顶推形式配置于大船首尾

C. 以吊拖形式配置于大船两舷　　　D. 以顶推形式配置于大船两舷

2. 超大型船舶需要使用拖船助操的情况通常包括_____。
　①靠离泊操纵;②掉头操纵;③锚泊操纵;④开阔水域转向操纵
　A. ①②　　　　　　　　　　　　　　　B. ①③
　C. ①③④　　　　　　　　　　　　　　D. ②④

3. 超大型船舶使用拖船助操,拖船多采用_____。
　A. 吊拖方式　　　　　　　　　　　　　B. 顶推方式
　C. 傍拖方式　　　　　　　　　　　　　D. 组合拖曳方式

4. 超大型船舶掉头操纵,助操拖船多采用_____。
　A. 顶首方式　　　　　　　　　　　　　B. 顶尾方式
　C. 顶首尾　　　　　　　　　　　　　　D. 吊拖方式

5. 因超大型船舶冲程较长,余速降低缓慢,在港内制动时多采用_____。
　A. 抛锚制动　　　　　　　　　　　　　B. 拖船制动
　C. 蛇航制动　　　　　　　　　　　　　D. 倒车制动

2.4　特殊水域中的船舶操纵

2.4.1　狭水道中的船舶操纵

2.4.1.1　狭水道中的操船要点及其注意事项

一、知识点梳理

　1. 定义:相对水深或相对宽度较小。
　2. 特点:航道狭窄、水浅滩多;航道弯曲、灯浮较多;潮流湍急、流向多变;航道复杂、碍航物多;船舶密集、来往频繁。
　3. 操纵要领:转向掌握推定新航向距离,避让按车、舵、锚顺序,操纵困难或紧急时,应毫不犹豫地用单锚或双锚配合车舵助操。

二、相关习题

1. 狭水道是指_____,因而给通过该水域的船舶的操纵带来各种影响的水域。
　A. 相对水深较小,或相对宽度较小　　　　B. 相对水深较大,或相对宽度较小

C. 相对水深较小,或相对宽度较大　　　　D. 相对水深较大,或相对宽度较大

2. 在我国,下列哪些水道属于给通过该水域的船舶的操纵带来各种影响的"狭水道"?
①长江口航道;②渤海海峡;③台湾海峡;④珠江口航道
A. ①②　　　　　　　　　　　　　　　B. ②③
C. ③④　　　　　　　　　　　　　　　D. ①④

3. 关于狭水道对操船的影响,下列哪些说法正确?
①航道狭窄;②水流多变;③来往船舶不多;④航道弯曲
A. ①②③　　　　　　　　　　　　　　B. ①②④
C. ①③④　　　　　　　　　　　　　　D. ②③④

4. 船舶在狭水道中航行避让时,使用车、舵、锚的一般顺序为_____。
A. 车、舵、锚　　　　　　　　　　　　B. 车、锚、舵
C. 锚、舵、车　　　　　　　　　　　　D. 舵、车、锚

5. 为保证狭水道操纵安全,水道调查资料应包括_____。
①大比例尺海图;②航路指南;③潮汐表、气象资料;④船员实际操纵经验
A. ①②③　　　　　　　　　　　　　　B. ②③④
C. ①②③④　　　　　　　　　　　　　D. ③④

6. 为保证狭水道操纵安全,水道调查要求掌握狭水道水域的_____。
①地形地貌、水文情况;②助航标志系统;③船舶交通状况;④交通安全法规、航路、航速、避碰等方面的特殊规定
A. ②③④　　　　　　　　　　　　　　B. ①②③
C. ②③　　　　　　　　　　　　　　　D. ①②③④

7. 狭水道航行,可采用的导航方法有_____。
①浮标导航;②单标导航;③人工、自然叠标导航;④岛礁的开视和闭视
A. ①③　　　　　　　　　　　　　　　B. ①②④
C. ②③　　　　　　　　　　　　　　　D. ①②③④

8. 在狭水道中,船舶在富余水深不大的浅水水域通过时应注意的问题,下列哪项正确?
A. 最好在低潮时通过,必要时应加速航行　　B. 最好在高潮时通过,必要时应加速航行
C. 最好在低潮时通过,必要时应降速航行　　D. 最好在高潮时通过,必要时应降速航行

9. 在狭水道中,船舶距岸较近高速行驶时,船行波将引发岸边系泊船的剧烈运动,有时导致系泊船_____。
①船体受损;②码头设施损坏;③缆绳绷断
A. ①②③　　　　　　　　　　　　　　B. ①③
C. ①②　　　　　　　　　　　　　　　D. ②③

10. 在船舶宽度受到限制的狭窄水道航行时,由于岸侧影响发生岸吸、推岸现象,使船_____。
A. 先直航运动,然后变为回转运动
B. 先直航运动,然后变为横漂运动
C. 先直航运动,然后变为回转运动,再变为横漂运动

D. 先直航运动,然后横移运动,再变为回转运动

11. 狭水道船舶转向操纵,顶流时宜_____转向,顺流时宜_____转向。
    A. 早;晚　　　　　　　　　　B. 早;早
    C. 晚;早　　　　　　　　　　D. 晚;晚

12. 狭水道浅水域航行,应_____航行以_____。
    A. 降速;减少下沉量和首倾　　　B. 加速;减少下沉量和首倾
    C. 加速;快速通过避免搁浅　　　D. 加速;保持足够舵效

13. 运河中航行,船舶应做的航行准备工作包括_____。
    ①备车、备锚;②夜间准备运河灯;③挑选操舵技术好的舵工操舵;④准备系缆艇
    A. ①②③　　　　　　　　　　B. ①②③④
    C. ③④　　　　　　　　　　　D. ①③

14. 船舶在运河中航行,在河床基本对称河段,应保持船位在_____;在河床不对称的河段,应驶在_____。
    A. 河面的中线;航道的中线　　　B. 航道的中线;河面的中线
    C. 河面的中线;河面的中线　　　D. 河面的中线;偏于不规则的河岸一侧

15. 在狭水道内航行,若用浮标导航,考虑到顺流、逆流的影响,对转向时机把握正确的是_____。
    A. 如遇顺流航行,则应早转;如遇逆流航行,则应晚转
    B. 如遇顺流航行,则应晚转;如遇逆流航行,则应早转
    C. 无论顺流逆流,均应早转
    D. 无论顺流逆流,均应晚转

16. 在狭水道内航行,若用浮标导航,考虑到船位偏离的影响,对转向时机把握正确的是_____。
    A. 当船位偏外应晚转,船位偏内应早转
    B. 当船位偏内应晚转,船位偏外应早转
    C. 无论偏内偏外,均应早转
    D. 无论偏内偏外,均应晚转

17. 狭水道航行,选择通过险要、潮流强的限吃水航段的时机是_____。
    A. 白天,交通较少的涨潮末的平流时刻
    B. 白天,交通较少的落潮末的平流时刻
    C. 夜间,交通较少的落潮末的平流时刻
    D. 夜间,交通较少的涨潮末的平流时刻

2.4.1.2　弯曲水道中的船舶操纵

一、知识点梳理

1. 水流特点：水流向凹岸冲压，近凹岸边水深且流速大，凸岸边水浅且流速小。

2. 顶流过弯：船位中央略偏凹岸一侧，首迎流，顺弯势一点一点内转，与岸线平行，沿流线航进。

3. 顺流过弯：船位水道中央，顺着弯势，与岸线平行；可提前停车淌航，过弯突然加车提高舵效。过于靠近凹岸，岸壁效应，过于靠近凸岸，弯嘴回流，冲向凸岸。

二、难点点拨

顶流过弯，用舵迟，船位已逐渐靠近凹岸，同时船首内侧受流外偏，容易冲向凹岸。

三、相关习题

顶流过弯船舶操纵、顺流过弯船舶操纵

1. 在狭水道中航行的船舶，顺流过弯曲水道时，如果靠近凹岸太近，_____。
   A. 船首将被吸拢，船尾将被排开，使船舶产生转头而触碰岸边
   B. 船首将被排开，船尾将被吸拢，使船舶产生转头而横越水道
   C. 船首将被吸拢，船尾也将被吸拢，使船舶产生转头而触碰岸边
   D. 船首将被排开，船尾也将被排开，使船舶产生转头而横越水道

2. 在狭水道中航行的船舶，顺流过弯曲水道时，如果靠近凸岸太近，船首将受弯处回流的作用而向_____偏转，船尾也受到流压的作用而向_____偏转。
   A. 凹岸；凸岸　　　　　　　　　　B. 凹岸；凹岸
   C. 凸岸；凹岸　　　　　　　　　　D. 凸岸；凸岸

3. 在狭水道中航行的船舶，顺流过弯时，舵效较迟钝，为了顺利过弯，可采取_____措施，以提高舵效。
   A. 提前加车增速，到达弯段前突然停车
   B. 提前停车减速，到达弯段前突然加车
   C. 始终以最高速度行驶
   D. 始终以维持舵效的最低速度行驶

4. 在狭水道中航行的船舶，顺流过弯，应使船保持在水道的_____。
   A. 中央　　　　　　　　　　　　　B. 中央略偏凸岸一侧
   C. 中央略偏凹岸一侧　　　　　　　D. 以上均可

5. 顶流过弯应使船舶保持在水道的_____。
   A. 中央
   B. 中央略偏凹岸一侧
   C. 中央略偏凸岸一侧
   D. 任意位置均可

6. 在狭水道中航行的船舶,顶流过弯时,应使船保持在水道的_____;顺流过弯时,应使船保持在水道的_____。
   A. 中央;中央略偏凹岸一侧
   B. 中央;中央略偏凸岸一侧
   C. 中央略偏凹岸一侧;中央
   D. 中央略偏凸岸一侧;中央

7. 在河道的弯段,水流的流向一般情况是_____。
   A. 不论涨落流,水流都是向凹岸一边抵压
   B. 不论涨落流,水流都是向凸岸一边抵压
   C. 涨流水流,向凹岸一边抵压,落流向凸岸抵压
   D. 涨流水流,向凸岸一边抵压,落流向凹岸抵压

8. 弯曲水道水流流向是_____。
   A. 涨潮与退潮时都是流向凸处
   B. 涨潮与退潮时都是流向凹处
   C. 涨潮流向凹处,退潮流向凸处
   D. 退潮流向凹处,涨潮流向凸处

9. 船舶顶流过弯,水流有将船首压向哪侧的趋势?
   A. 凸岸
   B. 凹岸
   C. 浅水侧
   D. 航道中间

10. 在大转弯的狭窄航道上顶流过弯,若用舵太迟,受流压的作用产生的情况是_____。
    A. 压首转向凸岸
    B. 压首转向凹岸
    C. 使船右转
    D. 使船左转

11. 船在顶流过弯头时,由于没及时保持船首与流向较小的交角,沿水流线航行,致使船首和船尾受到流向流速_____。
    A. 不同的水流的影响,将船首推向凹岸
    B. 相同的水流的影响,将船首推向凹岸
    C. 不同的水流的影响,将船首推向凸岸
    D. 相同的水流的影响,将船首推向凸岸

12. 关于潮流港,弯曲航道中的水流特点,下列说法正确的是_____。
    A. 涨潮水流向凹岸一边冲压,近凹岸边流速大;落潮水流向凸岸一边冲压,近凸岸边流速大
    B. 涨潮水流向凸岸一边冲压,近凸岸边流速大;落潮水流向凹岸一边冲压,近凹岸边流速大
    C. 无论涨落潮,水流向凹岸一边冲压,近凹岸边流速大
    D. 无论涨落潮,水流向凸岸一边冲压,近凸岸边流速大

13. 船舶顶流过弯,一旦用舵太迟或过早把定,就会使_____。
    A. 船首内侧受流而外偏
    B. 船首内侧受流而内偏
    C. 船首外侧受流而外偏
    D. 船首外侧受流而内偏

2.4.1.3　运河中的船舶操纵

一、知识点梳理

1. 航速选定：主管当局规定；本船操纵需要；安全避让；营运效率。
2. 保向操纵：河床对称，保持在河面中线上；河床不对称，保持在航道中线上。
3. 偏转克服：(1)单车船，一般偏转，可加速满舵纠正；剧烈偏转，用车舵的同时，抛出相反一舷的锚。

(2)双车船，一般偏转，将偏转相反一舷停车，并向偏转相反一舷用舵；

低速时偏转，偏转一舷加车，另一舷减速或停车，满舵配合；

高速时偏转，相反一舷全速倒车，另一舷减速或停车，满舵配合。

二、难点点拨

运河中航速的选定，既考虑地方限速，安全航速，又考虑经济效益。

三、相关习题

1. 船舶在水深分布相等的运河中航行，若船位偏离河道中央线靠近右岸太近，则_____。

　　A. 船首将受到岸推作用，船尾将受到岸吸作用，使船首转向航道中央

　　B. 船首将受到岸推作用，船尾将受到岸推作用，使船舶横移向航道中央

　　C. 船首将受到岸吸作用，船尾将受到岸吸作用，使船舶横移向航道右侧

　　D. 船首将受到岸吸作用，船尾将受到岸推作用，使船尾转向航道中央

2. 单车船在运河中航行，一般偏转时可用_____纠正。

　　A. 车、舵　　　　　　　　　　　　　B. 短链抛锚

　　C. 车、舵、锚　　　　　　　　　　　D. 车、舵、锚、拖船

3. 单车船在运河中航行，严重偏转时可用_____纠正。

　　A. 在减速的同时抛下偏转相反一舷的锚　　B. 在加速的同时抛下偏转相反一舷的锚

　　C. 在减速的同时抛下偏转一舷的锚　　　　D. 在加速的同时抛下偏转一舷的锚

4. 双车船在运河中航行时发生向右偏转较小时，制止偏转的措施下列哪项正确？

　　A. 将左车停车，并操左舵　　　　　　B. 将右车停车，并操左舵

　　C. 将左车停车，并操右舵　　　　　　D. 将右车停车，并操右舵

5. 双车船在运河中航行时发生向左偏转较小时，制止偏转的措施下列哪项正确？

　　A. 将左车停车，并操左舵　　　　　　B. 将右车停车，并操左舵

　　C. 将左车停车，并操右舵　　　　　　D. 将右车停车，并操右舵

6. 双车船在运河中低速行驶时发生向右偏转,可采取哪些制止偏转的措施?
   A. 将右车停车,左车停车
   B. 将右车加速,左车停车
   C. 将右车停车,左车加速
   D. 将右车加速,左车加速

7. 双车船在运河中低速行驶时发生向右偏转,可采取哪些制止偏转的措施?
   A. 将右车减速,左车减速
   B. 将右车加速,左车减速
   C. 将右车减速,左车加速
   D. 将右车加速,左车加速

8. 双车船在运河中低速行驶时发生向左偏转,可采取哪些制止偏转的措施?
   A. 将右车停车,左车停车
   B. 将右车加速,左车停车
   C. 将右车停车,左车加速
   D. 将右车加速,左车加速

9. 双车船在运河中低速行驶时发生向左偏转,可采取哪些制止偏转的措施?
   A. 将右车减速,左车减速
   B. 将右车加速,左车减速
   C. 将右车减速,左车加速
   D. 将右车加速,左车加速

10. 双车船在运河中高速行驶时发生向右偏转,可采取哪些制止偏转的措施?
    A. 将右车停车,左车倒车
    B. 将右车停车,左车停车
    C. 将右车倒车,左车倒车
    D. 将右车倒车,左车倒车

11. 双车船在运河中高速行驶时发生向左偏转,可采取哪些制止偏转的措施?
    A. 将右车停车,左车倒车
    B. 将右车停车,左车停车
    C. 将右车倒车,左车倒车
    D. 将右车倒车,左车停车

12. 狭窄航道,双车船于航进中发生向右偏转,为纠正偏转,可采取_____。
    A. 左车加速
    B. 左车减速
    C. 右车减速
    D. 右车停车

13. 运河中航行选定航速应考虑_____。
    ①限速规定;②舵效;③船舶机动性;④营运效率
    A. ①②③
    B. ①②④
    C. ①③④
    D. ①②③④

14. 船舶在运河中航行,在航道的弯头地段,应如何行驶?
    A. 行驶在河面的中线
    B. 行驶在航道的中线
    C. 适当靠近弯道凸岸一侧行驶
    D. 适当靠近弯道凹岸一侧行驶

15. 船舶在运河中的弯道地段航行,如果船位过分靠近凹岸,由于岸壁效应,可能_____。
    A. 需要向凹岸压舵
    B. 需要向凸岸压舵
    C. 不需要压舵
    D. 难以转向

16. 船舶在运河中的弯道地段航行,如果船位过分靠近凸岸,由于岸壁效应,可能_____。
    A. 需要向凹岸压舵
    B. 不需要压舵
    C. 引起船首冲向凹岸
    D. 引起船首冲向凸岸

17. 船舶在运河中航行,过弯道时沿航道中线行驶,通常_____。
    A. 需要向凹岸压舵
    B. 不需要压舵
    C. 需要向凸岸压舵
    D. 船首会冲向凸岸

18. 船舶在运河中近距离会船,他船驶过时使系缆船剧烈摇荡而无法用缆稳定。为克服这种摇荡,系缆船必须_____。
    A. 将缆绳收紧　　　　　　　　B. 松掉前后缆,用车舵抵消
    C. 抛锚　　　　　　　　　　　D. 解掉船尾缆绳

2.4.2　桥区水域的船舶操纵

一、知识点梳理

1. 特点:水深状况、深水航道、水流方向、岸标异常复杂;航道宽度缩减,通航高度受限,流场改变,交通流密度增加。桥梁轴法线方向与主航道方向夹角小于5°。

2. 通航风险:外界条件导致(风流);船舶自身(失控)因素。

3. 要领:计划航线与桥梁通航孔轴线方向成直角,船首向稍靠近中心线上风侧;使船体平直通过桥墩连线水域,并尽可能保持在航道中心线上;过桥墩连线水域后,桥区操纵仍没结束。

4. 注意事项:足够富余高度、水深,足够安全间距;禁止从禁航桥孔通过;禁止追越、掉头、试航、并行;不得在桥区水域锚泊、停泊;有不得通过情形时,不能强行通过。

二、难点点拨

桥梁法线与主航道交角应小于5°,是桥梁设计建造的要求,通航过程中不变。

三、相关习题

1. 中版海图所标净空高度是指从_____至桥下净空宽度中下梁_____的垂直距离。
   A. 平均大潮高潮面或江河高水位;最高点　　B. 平均高高潮面或当地平均海面;最高点
   C. 平均高高潮面或当地平均海面;最低点　　D. 平均大潮高潮面或江河高水位;最低点

2. 桥区水域的航行环境特点包括_____。
   ①可航水域受限;②船舶交通密集;③水流复杂多变,桥墩可能引起壅水、漩涡;④操纵难度和风险较大
   A. ①②③　　　　　　　　　　B. ②③④
   C. ①③④　　　　　　　　　　D. ①②③④

3. 为保证通航安全要求,桥梁法线与主航道方向交角应小于_____。
   A. 0°　　　　　　　　　　　　B. 5°
   C. 10°　　　　　　　　　　　D. 15°

4. 桥区水域受桥墩影响,下列说法正确的是_____。
   ①流态改变、引起壅水;②通航水域宽度变小;③易引起船舶撞桥和船舶碰撞事故;④桥梁法线

与主航道交角变小
    A.①②   B.①②③④
    C.①②③   D.②④

5. 桥区水域受桥墩影响,下列说法正确的是_____。
    ①流态改变、引起壅水;②通航水域宽度变小;③易引起船舶撞桥和船舶碰撞事故;④桥梁法线与主航道交角变大
    A.①②   B.①②③④
    C.①②③   D.②④

6. 影响桥区水域的船舶操纵安全的因素包括_____。
    ①强风、强流;②船舶失控,操纵失误;③桥墩引起流态改变;④桥梁助航标志
    A.①②   B.②③
    C.③④   D.①②③④

7. 通过桥区水域时,应_____。
    A.沿航道中心线行驶   B.沿河面或水道中心线行驶
    C.沿桥梁中心线行驶   D.沿桥梁法线行驶

8. 桥区水域航行,过桥前应控制船位,有横风影响时,应如何设置风流压差?
    A.船首与桥梁垂直   B.船首与水道中心线平行
    C.船首偏向上风   D.保持船体偏向下风通过

9. 桥区水域航行,过桥时应如何做?
    A.保持船体平直在航道中心线通过   B.保持过桥前的风流压差不变
    C.保持船体偏向上风通过   D.保持船体偏向下风通过

10. 桥区水域航行,选择合适通航孔时,应考虑的因素包括_____。
    ①富余高度;②富余水深;③安全间距;④禁航标志
    A.①②   B.④
    C.①②④   D.①②③④

11. 船舶在通航桥梁的通航孔附近,不应进行的事项包括_____。
    ①追越;②掉头;③试航;④并行
    A.①②   B.①②③
    C.②③④   D.①②③④

12. 桥区水域航行,哪些情况下应避免通过(桥梁)?
    ①能见度低于规定要求;②风力、流速达到通航限制等级;③主管机关规定的禁止通航的情况;④其他严重影响通航安全的情况
    A.①②③④   B.①②③
    C.④   D.②③

2.4.3 岛礁水域的船舶操纵

一、知识点梳理

多见于水温 25~35℃,海流较强水域。

1. 特点:航行资料少,海图精度差。航路标志稀少,航标系统不完备;水深变化很大,海流潮流复杂;热带低压发源。

2. 进入准备:离礁盘 6 n mile,白天低潮接近更佳。

3. 水深观察:背着太阳,从高处观察海水颜色,太阳高度较高,最好的条件是左右各60°视野,随太阳高度降低而减小。较深紫蓝;次深蓝绿;变浅将变淡褐色。黄绿色 2~5 m;带白的蓝色 15 m;带紫的蓝色 30 m;深紫蓝色 70 m。

4. 抛锚:用锚机将锚送至所需水深长度,后退,待锚抓住,再松链。不宜采用普通(刹车、重力)抛锚法。

二、难点点拨

狭水道航行,为保持足够富余水深,一般选择高潮时通过;而岛礁区,为辨认、识别岛礁,防止触礁,白天低潮通过。

三、相关习题

1. 珊瑚岛礁多见于平均水温为_____、海流较强的热带水域。
   A. 15~25℃   B. 25~35℃
   C. 35~45℃   D. 45~55℃

2. 珊瑚岛礁多见于平均水温为 25~35℃、海流相对_____的热带水域,并易于在阳光可射入的_____水域内发展起来。
   A. 较强;较深   B. 较强;较浅
   C. 较弱;较深   D. 较弱;较浅

3. 船舶于岛礁区水域航行,一般注意事项应包括_____。
   ①航路图志的精度不可盲目信赖;②航标系统极不完备;③视野变窄,视程变差;④海流潮流资料可根据潮汐表精确推算
   A. ①②③   B. ①②③④
   C. ①④   D. ②③

4. 岛礁水域航行时,一般应注意_____。
   A. 航路图志的精度不高;航标系统极不完备;海流潮流资料多而复杂

B. 航路图志的精度不高;航标系统非常完备;海流潮流资料严重缺乏

C. 航路图志的精度很高;航标系统极不完备;海流潮流资料严重缺乏

D. 航路图志的精度不高;航标系统极不完备;海流潮流资料严重缺乏

5. 岛礁区水域通航船舶较_____,水深测点较_____,有些测点标有水深,其精度_____。

A. 多;多;可信度则较高　　　　　　　　B. 多;少;可信度则较高

C. 少;多;难以令人置信　　　　　　　　D. 少;少;难以令人置信

6. 对于珊瑚礁区锚泊,下列说法正确的是_____。

①宜采取前进中重力式抛锚;②宜采取后退中重力式抛锚;③宜采用深水抛锚法

A. ①　　　　　　　　　　　　　　　　B. ①②

C. ③　　　　　　　　　　　　　　　　D. ②③

7. 为及时发现珊瑚礁,瞭望应按下述要求进行_____。

A. 应派人在高处瞭望、保持连续测深　　B. 应派人在甲板上瞭望、保持连续测深

C. 应派人在高处瞭望、在可疑处测深　　D. 应派人在甲板上瞭望、在可疑处测深

8. 利用海水颜色判断水深时应注意_____。

A. 朝着太阳从高处观察海水颜色时,较深水域呈现紫蓝色,次深水域为蓝绿色

B. 朝着太阳从高处观察海水颜色时,较深水域呈现蓝绿色,次深水域为紫蓝色

C. 背着太阳从高处观察海水颜色时,较深水域呈现蓝绿色,次深水域为紫蓝色

D. 背着太阳从高处观察海水颜色时,较深水域呈现紫蓝色,次深水域为蓝绿色

9. 岛礁水域呈现深紫蓝色,则水深 H 为_____。

A. $H > 70$ m　　　　　　　　　　　　B. $H < 40$ m

C. $H \approx 30$ m　　　　　　　　　　　D. $H \approx 10$ m

10. 岛礁水域呈现黄绿色,则水深 H 为_____。

A. 7 m $< H <$ 9 m　　　　　　　　　　B. 6 m $< H <$ 9 m

C. 4 m $< H <$ 7 m　　　　　　　　　　D. 2 m $< H <$ 5 m

11. 岛礁水域呈现带白的蓝色,则水深 H 为_____。

A. $H \approx 45$ m　　　　　　　　　　　B. $H \approx 30$ m

C. $H \approx 15$ m　　　　　　　　　　　D. $H \approx 10$ m

12. 岛礁水域呈现带紫的蓝色,则水深 H 为_____。

A. $H \approx 45$ m　　　　　　　　　　　B. $H \approx 30$ m

C. $H \approx 15$ m　　　　　　　　　　　D. H ≈ 10 m

13. 在岛礁水域,背着太阳从高处观察海水颜色时,较深水域呈现_____,次深水域为_____,随着水深变浅将为_____。

A. 紫蓝色;蓝绿色;淡黄褐色　　　　　B. 淡黄褐色;蓝绿色;紫蓝色

C. 蓝绿色;紫蓝色;淡黄褐色　　　　　D. 淡黄褐色;紫蓝色;蓝绿色

14. 当太阳高度较高且为晴空时,如背向太阳用望远镜识别视野内水色的变化,_____。

A. 最好的条件是左右各约45°视野,并随太阳高度的降低而减少

B. 最好的条件是左右各约45°视野,并随太阳高度的降低而增加

C. 最好的条件是左右各约 60°视野,并随太阳高度的降低而增加

D. 最好的条件是左右各约 60°视野,并随太阳高度的降低而减少

15. 在岛礁水域,当太阳高度较低斜向受光时,水深超过 20 m 者呈现_____,广阔的水域为_____,狭小的水域内可看到_____。

　　A. 带白的蓝色;带黑的蓝色;蓝色　　　　B. 蓝色;带白的蓝色;带黑的蓝色

　　C. 蓝色;带黑的蓝色;带白的蓝色　　　　D. 带黑的蓝色;带白的蓝色;蓝色

16. 在岛礁水域,可通过观察阳光照射水色的变化以发现浅礁和判断水深,识别困难的情况是_____。

　　①薄云天;②太阳相反的方向上有乱云;③太阳的方向上有乱云;④太阳光线被水面反射

　　A.①②③④　　　　　　　　　　　　　　B.②③

　　C.①③④　　　　　　　　　　　　　　　D.①②④

17. 岛礁水域操船,应注意保持连续雷达观测和测深,_____。

　　A. 并减速、备锚航行　　　　　　　　　　B. 并减速、不备锚航行

　　C. 并加速、备锚航行　　　　　　　　　　D. 并加速、不备锚航行

18. 根据实际经验,在视线良好时,从视距和清晰度方面对岛礁的辨认,下列正确的是_____。

　　A. 雷达更有效且辨认清楚　　　　　　　　B. 雷达更有效但辨认不清楚

　　C. 目力更有效且辨认清楚　　　　　　　　D. 目力更有效但辨认不清楚

19. 通过岛礁区域时的航线拟定,若水域允许,一般至少要离礁盘_____ n mile 以外。

　　A.2　　　　　　　　　　　　　　　　　　B.4

　　C.6　　　　　　　　　　　　　　　　　　D.8

20. 对于通过礁盘区的时间最好于_____通过。

　　A. 夜间高潮时　　　　　　　　　　　　　B. 夜间低潮时

　　C. 白天高潮时　　　　　　　　　　　　　D. 白天低潮时

2.4.4　冰区水域的船舶操纵

2.4.4.1　冰情探测

一、知识点梳理

1. 准备:各水舱的水量不得超过 90%,上边舱、前后尖舱的存水不超过 85%。桨舵没入水中,且尾倾 1~1.5 m;B 级加强,保持船首吃水在轻载水线以上大于 1 m,重载水线以下大于 0.5 m。

2. 基本知识:冰山($D>30$ m)、小冰山(D:6~30 m);冰岩(D:2~6 m);冰原($D\geqslant5$ n mile)。十分八度法:1/10,自由航行;1/10~5/10 不能按预定航向;5/10~8/10 有障碍;>8/10,无破冰

船难单独航行。生长期长的硬;淡水冰比海水冰硬;青绿色、灰绿色最硬。

3. 探测:

视觉:晴朗白天大冰山视距 10 n mile,夜间 1/4 n mile,望远镜 1 n mile;

雷达:露出水面 3 m,2 n mile 能探测到,<0.3 m 很难探测。

海水温度 1.1℃,距 <100~150 n mile;海水温度 0.5℃,距 <50 n mile。

二、相关习题

1. 进入冰区航行前,各水舱的水量不得超过_____。
   A. 70%
   B. 80%
   C. 90%
   D. 95%

2. 冰区航行前,上层边水舱,边水舱与前后尖舱的水量应不超过满舱的_____。
   A. 65%
   B. 70%
   C. 80%
   D. 85%

3. 进入冰区航行前,必须保证一定的吃水,以使螺旋桨和舵没入水中一定深度,并保持_____的尾倾。
   A. 0.5~1 m
   B. 1~1.5 m
   C. 1.5~2 m
   D. 2~2.5 m

4. 在晴朗的白天,大冰山视距可达_____。
   A. 10 n mile
   B. 15 n mile
   C. 20 n mile
   D. 25 n mile

5. 用雷达探测高大的冰山时,有时可在_____n mile 的距离以上显示回波。
   A. 40
   B. 30
   C. 20
   D. 10

6. 在晴朗的黑夜,用望远镜可在_____n mile 处看到冰山。
   A. 0.5
   B. 1
   C. 1.5
   D. 2

7. 露出水面 3 m 的冰山,雷达探测到该冰山的距离大约为_____n mile。
   A. 4
   B. 3
   C. 2
   D. 1

8. 船舶在冰中航行,见到的冰色中,冰的硬度最大的是_____。
   A. 青绿色或灰绿色
   B. 灰或铅灰色
   C. 纯白色
   D. 青白色

9. 从航海的观点看,海水可分为_____。
   A. 冰山和冰群
   B. 冰山和流冰
   C. 冰群和流冰
   D. 密冰和稀冰

10. 冰情通报中,称为"冰山"的其直径约为_____。

A.30 m 以上 　　　　　　　　　B.6 ~ 30 m

C.2 ~ 6 m 　　　　　　　　　D.2 m 以下

11.冰情通报中,称为"小冰山"的其直径约为_____。

A.30 m 以上 　　　　　　　　　B.6 ~ 30 m

C.2 ~ 6 m 　　　　　　　　　D.2 m 以下

12.冰情通报中,称为"冰岩"的其直径约为_____。

A.30 m 以上 　　　　　　　　　B.6 ~ 30 m

C.2 ~ 6 m 　　　　　　　　　D.2 m 以下

13.冰情通报中,称为"冰原"的其直径约为_____。

A.10 m ≤ D < 200 m 　　　　　　B.200 m ≤ D < 1 000 m

C.1 000 m ≤ D < 5 n mile 　　　　D.D > 5 n mile

14.冰量一般以_____分法度量,分为_____级。

A.10;8 　　　　　　　　　B.8;10

C.8;8 　　　　　　　　　D.9;9

15.若船舶不在海洋的寒流中,则当海水温度为 1.1℃时,海水的冰缘已在_____n mile 之内。

A.50 ~ 150 　　　　　　　　　B.150 ~ 300

C.100 ~ 150 　　　　　　　　　D.300 ~ 450

16.若船舶不在海洋的寒流中,则当海水温度为 0.5℃时,海水的冰缘已在_____n mile 之内。

A.50 　　　　　　　　　B.60

C.70 　　　　　　　　　D.80

2.4.4.2　冰区的船舶操纵:进入冰区、通过冰区、冰困后的措施

一、知识点梳理

1.迂回:尽量选择迂回,航线在冰区上风侧。

2.进入:下风侧舌状突出之间平坦处,微风无流时,涌浪较强或有 5 级以上横风不宜进入;冰量 6/10,冰厚 30 cm 争取破冰船导航。船首与边缘垂直余速降至最低,顶住冰块加车。

3.通行:航速夜间比白天低,能见度不良维持舵效的最低航速,冰量 4/10,8 kn;每增加 1/10,减 1 kn;少改向,小舵角一次改向 <30°。

4.冰困:全速进车左右满舵,松动后快倒车;交替排压载水;保持进车。

5.护航拖带:破冰船护航,其后船距 2 ~ 3 倍的破冰船船长,船间距 2 ~ 3 倍的本船船长。拖带龙须缆,一般相距 20 ~ 40 m;必要时 10 ~ 20 m。

二、难点点拨

海冰可以分为冰山和冰群。只要情况许可,尽量(上风侧)迂回。冰中的护航拖带,不同于

无冰水域的船间距和拖缆长度要求,无冰水域船间距、拖缆长度明显大。

三、相关习题

1. 冰量在_____时,只要冰厚不超过_____,就可以通航。
  A.5/10;30 cm   B.7/10;30 cm
  C.5/10;50 cm   D.7/10;50 cm

2. 冰量达_____时,船舶行动比较困难,应争取破冰船引航。
  A.3/10 以上   B.4/10 以上
  C.5/10 以上   D.6/10 以上

3. 船舶驶进冰区前,应选择_____进入,_____边缘冰块密集,有涌浪时容易损坏船体。
  A.上风侧;下风处   B.下风侧;下风处
  C.上风侧;上风处   D.下风侧;上风处

4. 船舶在有流水域驶进冰区时,应等待_____或_____时进入。
  A.落潮流;缓流   B.涨潮流;缓流
  C.缓流;无流   D.落潮流;无流

5. 当海面涌浪较大或有_____横风时,船舶不宜进入冰区。
  A.2 级以上   B.3 级以上
  C.4 级以上   D.5 级以上

6. 船舶驶进冰区前,在选择地点、时机和方法上下列哪一点不正确?
  A.从冰区的上风侧进入比下风处安全   B.有 5 级以上横风时不宜进入
  C.保持船首与冰缘垂直进入   D.降速驶进,待船首顶住冰块时再逐渐加速

7. 船舶进入冰区时,为安全起见_____。
  A.宜从冰区下风侧进入;涌浪较大或横风 5 级以上可以进入
  B.宜从冰区上风侧进入;涌浪较大或横风 5 级以上不宜进入
  C.宜从冰区上风侧进入;涌浪较大或横风 5 级以上可以进入
  D.宜从冰区下风侧进入;涌浪较大或横风 5 级以上不宜进入

8. 船舶进入冰区时,为安全起见_____。
  A.应保持船首与冰缘垂直,并将冲力降到最小
  B.应保持船首与冰缘垂直,并将冲力增到最大
  C.应保持船首与冰缘平行,并将冲力降到最小
  D.应保持船首与冰缘平行,并将冲力增到最大

9. 船舶进入冰区时,为安全起见_____。
  A.应等待流速较大时进入,并选择冰缘较凸出处进入
  B.应等待流速较大时进入,并选择冰缘较平坦处进入
  C.应等待流速较小时进入,并选择冰缘较凸出处进入
  D.应等待流速较小时进入,并选择冰缘较平坦处进入

10. 船舶通过冰区航行过程中,冰量为_____以下时,可常速航行。
    A. 4/10 ~ 5/10　　　　　　　　　　B. 5/10 ~ 6/10
    C. 6/10 ~ 7/10　　　　　　　　　　D. 7/10 ~ 8/10

11. 船舶通过冰区航行过程中,一般经验是当冰量增加_____时,应减速_____kn 航行。
    A. 1/5;2　　　　　　　　　　　　B. 1/10;1
    C. 1/10;2　　　　　　　　　　　　D. 1/5;1

12. 冰中护航中的航速,冰量为 4/10 时,可维持 8 kn 航速_____。
    A. 冰量每增 1/10 则减速 1 kn　　　B. 冰量每增 1/10 则减速 2 kn
    C. 冰量每增 1/10 则增速 1 kn　　　D. 冰量每增 1/10 则增速 2 kn

13. 在冰量大且有压力的冰中拖带时,拖缆宜尽量缩短,一般为_____m。
    A. 20 ~ 40　　　　　　　　　　　B. 40 ~ 60
    C. 60 ~ 80　　　　　　　　　　　D. 80 ~ 100

14. 在冰区航行的船舶,若船的前部被冰夹住而不能进退时,可采取下列措施_____。
    ①全速前进,左右满舵使船首有所松动,当松动时,再用快倒车正舵退出;②可交替排、灌各压载水舱,使船身左右或前后倾斜,松动船身后再退出;③立即停车、正舵
    A. ①③　　　　　　　　　　　　B. ①②
    C. ②③　　　　　　　　　　　　D. ①②③

15. 航行中的船舶在冰中转向,切不可一次用_____舵角。
    A. 10°　　　　　　　　　　　　B. 15°
    C. 20°　　　　　　　　　　　　D. 30°

16. 冰中航行,倒车前应_____。
    A. 左满舵　　　　　　　　　　　B. 右满舵
    C. 正舵　　　　　　　　　　　　D. 任意舵角

17. 在冰量大且有压力的冰中拖带时,拖缆_____。
    A. 宜长　　　　　　　　　　　　B. 宜短
    C. 长、短任意　　　　　　　　　D. 越长越好

18. 破冰船开路护航,编队船间距离宜保持_____。
    A. 1 ~ 2 倍前船船长　　　　　　B. 1 ~ 2 倍本船船长
    C. 2 ~ 3 倍前船船长　　　　　　D. 2 ~ 3 倍本船船长

19. 破冰船开路护航,其后船舶与破冰船的间距约为破冰船船长的_____。
    A. 1 ~ 2 倍　　　　　　　　　　B. 2 ~ 3 倍
    C. 3 ~ 4 倍　　　　　　　　　　D. 5 倍左右

20. 破冰船编队通过冰区,应将船体强度较差、主机功率较小的船放在_____。
    A. 船队之前,紧跟破冰船　　　　B. 船队中部
    C. 船队最前部　　　　　　　　　D. 船队尾部

2.4.4.3　冰中锚泊、靠泊、停泊及航行注意事项

一、知识点梳理

1. 锚泊：冰厚超过 10 cm，不宜锚泊，不得不锚泊，出链长度为 2H，锚机、舵机不要停。
2. 冰锚：硬木料 0.07 m×0.25 m×2 m。
3. 靠泊：下端有余地，对准泊位下端，带头缆，绞首缆，进车外舷舵；无余地，对准泊位上端，带首缆和首倒缆，进车外舷舵。

二、难点点拨

冰锚用的并非锚，而是冰中带缆。

三、相关习题

1. 船舶通过冰区航行过程中，沿岸航行有风的影响时_____。
   A. 有离岸风时，可从冰缘近岸一侧通过　　B. 有近岸风时，可从冰缘近岸一侧通过
   C. 有离岸风时，不可从冰缘近岸一侧通过　D. 不考虑风向，随意航行
2. 船舶通过冰区航行过程中_____。
   A. 尽量多改向，转向时宜用小舵角慢转　　B. 尽量少改向，转向时宜用大舵角快转
   C. 尽量多改向，转向时宜用大舵角快转　　D. 尽量少改向，转向时宜用小舵角慢转
3. 冰中下锚时，应选择_____。
   A. 薄冰或碎冰的深水区，锚出链长度应不超过 2 倍水深
   B. 薄冰或碎冰的深水区，锚出链长度应不超过 4 倍水深
   C. 薄冰或碎冰的浅水区，锚出链长度应不超过 2 倍水深
   D. 薄冰或碎冰的浅水区，锚出链长度应不超过 4 倍水深
4. 在冰区如何抛"冰锚"？
   A. 把锚直抛入到碎冰中
   B. 用锚将冰层打碎，然后抛入海底
   C. 将锚链放在挖好的冰槽中，浇水与冰冻结在一起
   D. 以上均不正确
5. 冰中锚泊，可使用尺度为_____的硬木块套上缆绳作为冰锚使用。
   A. 0.7 m×0.55 m×2 m　　　　　　　　B. 0.07 m×0.25 m×2 m
   C. 0.7 m×0.55 m×1.5 m　　　　　　　D. 0.07 m×0.25 m×1.5 m
6. 船舶在冰区航行，如需下锚，应选择薄冰或碎冰区，其锚链长度不超过_____。

A.1 倍水深　　　　　　　　　　　B.2 倍水深

C.3 倍水深　　　　　　　　　　　D.4 倍水深

7.若不得不在流水冰群中停泊时,下列说法正确的是_____。

①应顺流进入流冰群;②应顶流进入流冰群;③进入流冰群后应停车正舵;④进入流冰群后应不时缓速进车

A.①②③④　　　　　　　　　　　B.①③

C.②④　　　　　　　　　　　　　D.①④

8.关于冰区港内靠泊,下列说法正确的是_____。

①若泊位后端有余地,应操纵船舶对准泊位下端向码头靠拢;②若泊位后端有余地,应将船首对准泊位上端插入

A.①②　　　　　　　　　　　　　B.①②均错

C.①　　　　　　　　　　　　　　D.②

9.靠泊时码头附近有大范围的海冰,如泊位下端有余地,可将_____对准泊位_____,并用车、舵、缆,利用_____将碎冰排挤出去。

A.船首;后端;排出流　　　　　　B.船尾;前端;排出流

C.船首;后端;船首　　　　　　　D.船尾;前端;船尾

10.靠泊时码头附近有大范围的海冰,如泊位后端无余地,应将_____先对准泊位_____插入,利用车、舵、缆、拖船,挤压里舷的积冰,然后再用_____将碎冰排出。

A.船首;后端;船首　　　　　　　B.船首;前端;排出流

C.船尾;后端;船尾　　　　　　　D.船尾;前端;排出流

2.4.5　使用分道通航制和船舶交通管理区域的船舶操纵

一、知识点梳理

1.航线标绘要顺着船舶的总流向,并取分道中央为宜。

2.其他瞭望安全航速注意事项等。

二、相关习题

1.在分道通航制和交通管制及其附近水域操纵船舶时应注意_____。

①及时收听和改正航海通告,研究、查核最新海图,特别注意水深、浮标的变动情况;②备车航行,以便随时控制航速,根据情况加派瞭头;③检查船舶操舵系统、声光信号设备、助航仪器是否正常,以确保安全

A.①②　　　　　　　　　　　　　B.②③

C.①③　　　　　　　　　　　　　D.①②③

2. 在分道通航制和交通管制及其附近水域操纵船舶时应注意_____。

①严格遵守分道通航制和交通管制等各种航行规定;②近岸航行应减速,防止浪损;③确认船位,走规定的通航分道。尤其在横流地段,更应经常观察前后方物标

A.①②③   B.②③

C.①③   D.①②

3. 在分道通航制和交通管制及其附近水域操纵船舶时应注意_____。

①大风浪常造成浮标移位、漂失或灯光失常、熄灭。故航行中对浮标不应盲目信赖;②通过每一浮标时均要进行核对、记下其名称与正横时刻,以防错认或遗漏;③应选视线良好、平流、交通较疏时刻通过涨落流较强的区域

A.①②   B.①②③

C.②③   D.①③

4. 在分道通航制和交通管制及其附近水域操纵船舶时应注意_____。

①能见度不良时应加强瞭望并开启雷达,避让时仍需再次确认水面环境和情况;②驶于浅水区域应连续测深,应选高潮通过,应减速航行,应向浅水侧施舵;③航行中转向或变速后应核对舵角指示器、车钟、转速表

A.①②   B.②③

C.①②③   D.①③

5. 在分道通航制水域操纵船舶时应注意:航线标绘要顺着船舶的总流向_____。

A.并靠近通航分道的中线为宜   B.并靠近通航分道的左右侧均可

C.并靠近通航分道的左侧为宜   D.并靠近通航分道的右侧为宜

6. 分道通航区内船多拥挤,船速快慢不一,受风流影响明显,这就需要_____。

①让值班驾驶员做到认真瞭望和观测,切忌偏重定位而疏忽避让;②值班驾驶员做到认真瞭望和观测,随时掌握自己的准确船位和他船动态;③值班驾驶员做到认真瞭望和观测,以便及早采取对策,避免险情出现

A.①②③   B.①②

C.①③   D.②③

7. 分道通航区内根据需要设立交叉警戒区,当航经这些区域时,应_____。

①特别谨慎和小心,除应弄清他船的动态和意图外,并采用安全航速行驶;②当本船处于追越时切不可盲目穿越两船中间,要充分考虑到可能出现的意外情况;③切忌机械地按海图标示点转向,或在刚追越过他船船头后即改向

A.①②   B.①②③

C.②③   D.①③

8. 在分道通航制和交通管制及其附近水域操纵船舶时应注意_____。

①航线标绘要顺着船舶的总流向,并取分道的中线为宜;②认真瞭望观测,注意连续定位,及时用 VHF 沟通联系、协同避让;③在转向、交叉警戒区内要小心谨慎,并采用安全航速

A.①②   B.②③

C.①②③   D.①③

9.分道通航区内船多拥挤,船速快慢不一,受风流影响明显,这就需要值班驾驶员做到认真瞭望和观测,_____。

①切忌偏重定位而疏忽避让;②随时掌握自己的准确船位和他船动态;③及早采取对策,避免险情出现

A.①②③ B.①②

C.①③ D.②③

10.在分道通航制和交通管制及其附近水域操纵船舶时应注意_____。

①严格遵守分道通航制和交通管制等各种航行规定;②近岸航行应减速,防止浪损;③确认船位,走规定的通航分道;尤其在横流地段,更应经常观察前后方物标

A.①②③ B.②③

C.①③ D.①②

2.5　大风浪中的船舶操纵

2.5.1　船舶在波浪中的运动

一、知识点梳理

(一)波的基本知识

1.波的理论:$\lambda = cT$;坦谷波 $T = 0.8\ \lambda^{1/2}$,$C = 1.25\ \lambda^{1/2}$,$C/T = 1.56$。

2.海洋中波浪:最易产生波长 80~140 m,周期 7~10 s,倾斜度 1/30~1/40,最陡 1/10。

3.统计:对不规则波统计,1/10 最大波高是平均波高的 2 倍,1/3 较大波高是平均波高的 1.6 倍,称有义波高 $H_{1/3}$,海上目测波高最接近有义波高。$\lambda_{最大有义} = 60\ H_{1/3}$,$\lambda_{最大能量} = 40\ H_{1/3}$,用于估算船舶在不规则波中的摇摆情况。

(二)船在波浪中运动

X 轴 – 纵荡和横摇;Y 轴 – 横荡和纵摇;Z 轴 – 垂荡和首摇。有威胁的是横摇、纵摇、垂荡。

1.横摇:遭遇周期 $T_{E} = \lambda/V_{E} = \lambda/(c + v\cos u)$。

横摇周期 $T_{R} = C \cdot B/(GM)^{1/2}$

C 一般取 0.8,货船满载 9~14 s,压载 7~10 s。大型油船空载 6 s 以下,满载 14 s 以上。

$GM > B/10$,横摇过于剧烈;$GM < B/30$,横摇过于缓慢;$B/30 < GM < B/10$ 适中。

$T_{R}/T_{E} < 1$ 横摇快,甲板不容易上浪,惯性力大;

$T_{R}/T_{E} > 1$ 横摇慢,容易上浪;

$T_{R}/T_{E} = 1$ 横摇剧烈,严重将倾覆,谐摇角 $\theta_{s} = 7.92(a_{0})^{1/2}$。

$T_R/T_E = 0.7 \sim 1.3$ 谐摇。

措施：调整自由周期；调整遭遇周期，改向变速，正横受浪变速不起作用。

2. 纵摇：$T_p = C_p (L)^{1/2}$，油船 C_p 取值最大。

自由周期与遭遇周期之差越小，纵摇摆幅越大；

随船速的增大，纵摇摆幅增大。

船长与波长的关系对纵摇振幅有决定性影响：$L > 1.5\lambda$，纵摇摆幅最小，相对纵摇摆幅小于 0.4，$L > 1.3\lambda$ 相对纵摇振幅 0.6；$L < \lambda$，纵摇振幅急剧增大。

措施：调整船速和航向。

不规则波谐摇：$\lambda_{syn} < 3/4L$，亚临界区，纵摇垂荡比较缓和，甲板干燥不产生抨击；

$\lambda_{syn} > \lambda_{最大有义}$，超临界区，纵摇垂荡中等。一般商船难以达到；

$L < \lambda_{syn} < \lambda_{最大能量}$，临界区，纵摇垂荡严重，降低船速到保持舵效速度。

3. 垂荡：$T_H = 2.4(d)^{1/2}$，$1/2T_R \approx T_P \approx T_H$。

幅度取决于波长与船长之比、船速、自由周期和遭遇周期比。

二、难点点拨

波浪中船舶的三维运动：X 轴 — 纵荡和横摇；Y 轴 — 横荡和纵摇；Z 轴 — 垂荡和首摇。有威胁的是横摇、纵摇、垂荡。

三、相关习题

海浪概述：波浪要素、波形的变化

1. 大洋中最易产生的波浪的波长是_____，波浪周期为_____。

    A. $80 \sim 140$ m；$11 \sim 20$ s   B. $100 \sim 160$ m；$11 \sim 20$ s

    C. $80 \sim 140$ m；$7 \sim 10$ s   D. $100 \sim 160$ m；$7 \sim 10$ s

2. 大洋中最易产生的最陡的波浪的倾斜度为_____。

    A. 1/10   B. 1/20

    C. 1/30   D. 1/40

3. 大洋中最易产生的一般的波浪的倾斜度为_____。

    A. $1/10 \sim 1/20$ B. $1/20 \sim 1/30$

    C. $1/30 \sim 1/40$ D. $1/40 \sim 1/50$

4. 根据对海上不规则波进行统计，_____，称为三一平均波高。

    A. 有 1/3 波的高度是平均波高的 1.6 倍   B. 有 1/3 波的高度是平均波高的 2 倍

    C. 有 1/10 波的高度是平均波高的 1.6 倍   D. 有 1/10 波的高度是平均波高的 2 倍

5. 根据对海上不规则波进行统计，_____，称最大波高。

    A. 有 1/3 波的高度是平均波高的 1.6 倍   B. 有 1/3 波的高度是平均波高的 2 倍

    C. 有 1/10 波的高度是平均波高的 1.6 倍   D. 有 1/10 波的高度是平均波高的 2 倍

6.人们在海上目测的波高很接近_____。
　　A.平均波高　　　　　　　　　　　B.有义波高
　　C.最大波高　　　　　　　　　　　D.最小波高

7.海上不规则波的最大能量波长约为_____。
　　A.三一波高的40倍　　　　　　　　B.三一波高的60倍
　　C.最大波高的40倍　　　　　　　　D.最大波高的60倍

8.海上不规则波的最大有义波长约为_____。
　　A.三一波高的40倍　　　　　　　　B.三一波高的60倍
　　C.最大波高的40倍　　　　　　　　D.最大波高的60倍

9.波浪从深水向浅水接近时,水质点的运动由于与海底的摩擦力,其_____。
　　A.波速提高,波长变短　　　　　　B.波速降低,波长变短
　　C.波速提高,波长变长　　　　　　D.波速降低,波长变长

10.波浪从深水向浅水接近时,水质点的运动由于与海底的摩擦力,其_____。
　　A.波长变短,波高减小　　　　　　B.波长变长,波高减小
　　C.波长变短,波高增大　　　　　　D.波长变长,波高增大

11.波浪从深水向浅水接近时,水质点的运动由于与海底的摩擦力,其_____。
　　A.波速不变,波周期不变　　　　　B.波速不变,波周期变化
　　C.波长变化,波周期变化　　　　　D.波长变化,波周期不变

12.从远海区袭来的大浪与本海区_____方向的波浪相遇,其波速变得_____,波高可能增加一倍,这种波浪俗称"三角浪"。
　　A.相反;很小　　　　　　　　　　B.相反;很大
　　C.相同;很小　　　　　　　　　　D.相同;很大

13.深海中波速与波浪周期关系是_____。
　　A.反比关系,比例系数为1.25　　　B.正比关系,比例系数为1.56
　　C.反比关系,比例系数为1.56　　　D.正比关系,比例系数为1.25

14.规则波的波速和波浪周期与波长的关系是_____。
　　A.波速与波长成正比,波浪周期与波长成正比
　　B.波速与波长的平方根成正比,波浪周期与波长成正比
　　C.波速与波长成正比,波浪周期与波长的平方根成正比
　　D.波速与波浪周期均与波长的平方根成正比

15.规则波的波速与波长的关系是_____。
　　A.波速与波长成正比,比例系数为1.25
　　B.波速与波长成正比,比例系数为0.80
　　C.波速与波长的平方根成正比,比例系数为1.25
　　D.波速与波长的平方根成正比,比例系数为0.80

16.规则波的波浪周期与波长的关系是_____。
　　A.波浪周期与波长成正比,比例系数为1.25

B. 波浪周期与波长成正比,比例系数为 0.80

C. 波浪周期与波长的平方根成正比,比例系数为 1.25

D. 波浪周期与波长的平方根成正比,比例系数为 0.80

17. 海洋波浪预报部门通常是用_____来作海浪预报的。

A. 平均波高   B. 合成波高

C. 有效波高   D. 均方根波高

18. 若把有效波波高定为 1,则平均波高为_____。

A. 0.63   B. 1.27

C. 1.61   D. 1.81

19. 若把有效波波高定为 1,则 $H_{1/10}$ 为_____。

A. 0.63   B. 1.27

C. 1.61   D. 1.81

20. 若把有效波波高定为 1,则 $H_{1/100}$ 为_____。

A. 0.63   B. 1.27

C. 1.61   D. 1.81

21. 当水深 H 与波长 λ 之比为多少时称其为深水波?

A. $H > \lambda/20$ B. $H < \lambda/20$

C. $H > \lambda/40$ D. $H < \lambda/40$

22. 当水深 H 与波长 λ 之比为多少时称其为浅水波?

A. $H > \lambda/20$ B. $H < \lambda/20$

C. $H > \lambda/40$ D. $H < \lambda/40$

船舶在波浪中的运动的种类

23. 船舶在大风浪中航行受波浪的作用,使其围绕着通过重心的 X、Y、Z 轴作线运动和回转运动,对 Z 轴的运动称为_____。

A. 纵荡和横摇   B. 横荡和纵摇

C. 垂荡和首摇   D. 横荡和首摇

24. 船舶在大风浪中航行受波浪的作用,使其围绕着通过重心的 X、Y、Z 轴作线运动和回转运动,对 Y 轴的运动称为_____。

A. 纵荡和横摇   B. 横荡和纵摇

C. 垂荡和首摇   D. 横荡和首摇

25. 船舶在大风浪中航行受波浪的作用,使其围绕着通过重心的 X、Y、Z 轴作线运动和回转运动,对 X 轴的运动称为_____。

A. 纵荡和横摇   B. 横荡和纵摇

C. 垂荡和首摇   D. 横荡和首摇

26. 船舶在大风浪中航行受波浪的作用,对船舶安全有威胁的运动是_____。

A. 横摇、纵摇和横荡   B. 横摇、纵摇和垂荡

C. 横摇、纵摇和纵荡　　　　　　　　　　D. 横摇、首摇和纵荡

影响横摇幅度的因素

27. 船舶在波浪中的横摇摆幅决定于_____。
    A. 船舶的航速
    B. 波长与船长的关系
    C. 船舶自由横摇周期的长短
    D. 船舶自由横摇周期与波浪视周期的接近程度

28. 在规则波中,船舶横摇强度主要决定于_____。
    A. 船宽 B
    B. GM 的大小
    C. 自由横摇周期与波浪周期之比
    D. GM 的大小、自由横摇周期与波浪周期之比

29. 船舶在波浪中横摇的大小,主要取决于船舶本身的横摇周期 T_θ 与波浪周期 τ 的比值,当 $T_\theta/\tau < 1$ 时,则_____。
    A. 船舶横摇快,甲板上浪多　　　　　　B. 船舶横摇慢,甲板上浪少
    C. 船舶横摇慢,甲板上浪多　　　　　　D. 船舶横摇快,甲板上浪少

30. 船舶在波浪中横摇的大小,主要取决于船舶本身的横摇周期 T_θ 与波浪周期 τ 的比值,当 $T_\theta/\tau > 1$ 时,则_____。
    A. 船舶横摇快,甲板上浪多　　　　　　B. 船舶横摇慢,甲板上浪少
    C. 船舶横摇慢,甲板上浪多　　　　　　D. 船舶横摇快,甲板上浪少

31. 船舶在波浪中横摇的大小,主要取决于船舶本身的横摇周期 T_θ 与波浪周期 τ 的比值,当 $T_\theta = 10\ \text{s}, \tau = 10\ \text{s}$ 时,则_____。
    A. 船舶横摇快,甲板上浪多　　　　　　B. 船舶横摇慢,甲板上浪少
    C. 船舶谐摇　　　　　　　　　　　　　D. 船舶横摇快,甲板上浪少

32. 船舶在波浪中横摇的大小,主要取决于船舶本身的横摇周期 T_θ 与波浪周期 τ 的比值,当 $T_\theta = 10\ \text{s}, \tau = 8\ \text{s}$ 时,则_____。
    A. 船舶横摇快,甲板上浪多　　　　　　B. 船舶横摇慢,甲板上浪少
    C. 船舶横摇慢,甲板上浪多　　　　　　D. 船舶横摇快,甲板上浪少

33. 船舶在波浪中横摇的大小,主要取决于船舶本身的横摇周期 T_θ 与波周期 τ 的比值,当 $T_\theta = 8\ \text{s}, \tau = 10\ \text{s}$ 时,则_____。
    A. 船舶横摇快,甲板上浪多　　　　　　B. 船舶横摇慢,甲板上浪少
    C. 船舶横摇慢,甲板上浪多　　　　　　D. 船舶横摇快,甲板上浪少

34. 海上波浪周期为 8 s,有关船舶在相应横摇周期下的摇摆情况的叙述,下列哪项正确?
    A. 船舶横摇周期为 6 s 时,横摇较慢　　B. 船舶横摇周期为 10 s 时,横摇较快
    C. 船舶横摇周期为 8 s 时,横摇最剧烈　　D. A、B、C 都正确

35. 船舶在风浪中的横摇摆幅取决于_____的大小。

A. 船速与波速关系

B. 波长与船长关系

C. 自由摇摆周期与波浪视周期的接近程度

D. 船速与波速、波长与船长的关系

36. 船舶在规则波中做小角度横摇时,船舶的横摇周期与_____有关。

    A. 船长   B. 船宽

    C. 吃水   D. 船首线形

37. 船舶的自由横摇周期 T_θ _____。

A. 与船宽 B 成正比,与初稳性高度 GM 的平方根成正比

B. 与船宽 B 成正比,与初稳性高度 GM 的平方根成反比

C. 与船宽 B 成反比,与初稳性高度 GM 的平方根成正比

D. 与船宽 B 成反比,与初稳性高度 GM 的平方根成反比

38. 货船压载情况下航行,其横摇周期一般为_____。

    A. 6 ~ 9 s   B. 7 ~ 10 s

    C. 9 ~ 14 s   D. 13 ~ 15 s

39. 万吨级货船满载情况下航行,其横摇周期一般为_____。

    A. 6 ~ 9 s   B. 7 ~ 10 s

    C. 9 ~ 14 s   D. 13 ~ 15 s

40. 根据经验数据,超大型油船的横摇周期,一般空载时为_____。

    A. 14 s 以上   B. 6 s 以下

    C. 6 ~ 14 s   D. 14 ~ 20 s

41. 根据经验数据,超大型油船的横摇周期,一般满载时为_____。

    A. 14 s 以上   B. 6 s 以下

    C. 6 ~ 14 s   D. 14 ~ 20 s

42. 船舶在波浪中的横摇摆幅取决于船舶自由横摇周期和与波浪的遭遇周期,_____。

A. 船舶自由横摇周期越大,横摇摆幅越大

B. 船舶与波浪的遭遇周期越大,横摇摆幅越大

C. 船舶自由横摇周期和船舶与波浪的遭遇周期之差越大,横摇摆幅越大

D. 船舶自由横摇周期和船舶与波浪的遭遇周期之差越小,横摇摆幅越大

43. 船舶正横受浪时,减轻横摇的有效措施是_____。

    A. 改变航速   B. 改变航向

    C. 调整吃水差   D. 三者都无效

44. 当船舶航向与波浪的交角为90°或270°时,根据对波浪遭遇周期的关系式分析,若仅改变船速,对船的横摇影响是_____。

    A. 大为减轻横摇   B. 稍微减轻横摇

    C. 不能改变横摇   D. 大为增加横摇

45. 从操船角度考虑,减摇措施有_____。

A. 调整船的横摇周期
B. 调节波浪遭遇周期
C. 调整船的吃水差
D. 三者都有效

46. 简易估算船舶固有横摇周期,横摇周期系数约取_____。
A. 0.5
B. 0.6
C. 0.7
D. 0.8

47. 稳性高度 GM 与船宽 B 影响船舶的横摇,一般来说若_____横摇过于剧烈。
A. $GM > B/10$
B. $GM < B/10$
C. $GM > B/30$
D. $GM < B/30$

48. 稳性高度 GM 与船宽 B 影响船舶的横摇,一般来说若_____横摇过"软"。
A. $GM > B/10$
B. $GM < B/10$
C. $GM > B/30$
D. $GM < B/30$

49. 稳性高度 GM 与船宽 B 影响船舶的横摇,一般来说若_____横摇适中。
A. $GM > B/10$
B. $GM < B/10$
C. $GM > B/30$
D. $GM < B/30$

50. 船舶在风浪中固有横摇周期主要取决于_____。
A. 船长
B. 船宽
C. 稳性高度
D. 船宽、稳性高度

51. 船舶在风浪中的横摇摆幅主要取决于_____。
A. 最大波面角
B. 海浪遭遇周期
C. 稳性高度
D. 最大波面角、海浪遭遇周期

避免谐摇的措施

52. 船舶在大风浪中谐摇的条件是(船舶横摇周期与遭遇周期之比: T_θ/τ)_____。
A. $T_\theta/\tau > 1$
B. $T_\theta/\tau \approx 1$
C. $T_\theta/\tau < 1$
D. A、B、C 都不对

53. 船舶在大风浪中避开谐振的条件是(船舶横摇周期与遭遇周期之比: T_θ/τ_e)_____。
A. $T_\theta/\tau_e > 0.7$
B. $T_\theta/\tau_e < 1.3$
C. $0.7 > T_\theta/\tau_e$ 或者 $T_\theta/\tau_e > 1.3$
D. $0.7 < T_\theta/\tau_e < 1.3$

54. 船舶在波浪中的遭遇周期为 10 s,船舶自由横摇周期为_____时产生谐摇。
A. 6 ~ 12 s
B. 7 ~ 13 s
C. 8 ~ 14 s
D. 9 ~ 15 s

55. 船舶自由横摇周期为 10 s,为了避免谐摇,则遭遇周期应为_____。
A. 大于 7.7 s 或小于 14.3 s
B. 小于 7.7 s 或大于 14.3 s
C. 大于 5.7 s 或小于 16.3 s
D. 小于 5.7 s 或大于 16.3 s

56. 船舶在波浪中的遭遇周期为 12 s,船舶自由横摇周期为_____时产生谐摇。
A. 6.4 ~ 12.6 s
B. 7.4 ~ 13.6 s
C. 8.4 ~ 15.6 s
D. 9.4 ~ 16.6 s

57. 某船航速 10 kn,固有横摇周期 10 s,横向受波长为 120 m 的浪的作用,波速约为_____时,会发生谐摇。

    A. 10. 2 m/s
                              B. 1. 02 m/s

    C. 12 m/s
                                D. 1. 20 m/s

58. 船舶在海上航行遇到风浪之后产生谐摇,为减轻横摇可采取的措施包括_____。

    ①调整船的横摇周期;②调整吃水差;③调整航速;④调整航向

    A. ①②③
                              B. ①②④

    C. ②③④
                              D. ①③④

59. 为减轻船舶在风浪中的横摇,可采取的主要措施包括_____。

    ①调整船的横摇周期;②调整货物配载;③调整航速;④调整吃水差

    A. ①②③
                              B. ①②④

    C. ②③
                              D. ①③④

60. 海浪遭遇周期的估算式为(其中 λ 为波长,C 为波速,V_s 为船速,φ 为浪向角)_____。

    A. $\lambda/(C + V_s \sin\varphi)$
              B. $\lambda/(V_s + C \sin\varphi)$

    C. $\lambda/(C + V_s \cos\varphi)$
           D. $\lambda/(V_s + C \cos\varphi)$

61. 某船航速 10 kn,固有横摇周期 10 s,风速 21. 2 m/s,波速约为风速的 4/5,则危险浪向角是_____。

    A. 船首算起 164°
              B. 船尾算起 164°

    C. 船首算起 74°
              D. 船尾算起 74°

62. 船舶在大风浪中谐摇的横倾角,可用(α 为最大波面角)_____估算。

    A. 6. 93 倍 α 的平方根
        B. 7. 93 倍 α 的平方根

    C. 8. 93 倍 α 的平方根
        D. 9. 93 倍 α 的平方根

影响纵摇的因素

63. 船舶的纵摇周期与_____有关。

    A. 船长
                                 B. 船宽

    C. 吃水
                                 D. 船首线形

64. 船舶在波浪中的纵摇摆幅取决于船舶自由纵摇周期和与波浪的遭遇周期_____。

    A. 船舶自由纵摇周期越大,纵摇摆幅越大

    B. 船舶与波浪的遭遇周期越大,纵摇摆幅越大

    C. 船舶自由纵摇周期和船舶与波浪的遭遇周期之差越大,纵摇摆幅越大

    D. 船舶自由纵摇周期和船舶与波浪的遭遇周期之差越小,纵摇摆幅越大

65. 对于中小型船舶而言,大风浪中船舶顶浪时的纵摇摆幅_____。

    A. 随船速增高而减小
          B. 随船速增高而增大

    C. 与船速变化无关
            D. 仅与波长有关

66. 在风浪中航行的船舶,在纵摇周期和遭遇周期不变的情况下,纵摇摆幅与船长 L 和波长 λ 的比值有关,其值为多少时,纵摇摆幅最小?

A. $L < \lambda$　　　　　　　B. $L \approx \lambda$

C. $L > 1.5\lambda$　　　　　　D. $L < 1.5\lambda$

67. 在风浪中航行的船舶,在纵摇周期和遭遇周期不变的情况下,纵摇摆幅与船长 L 和波长 λ 的比值有关,其值为多少时,纵摇摆幅最大?

A. L 远小于 λ　　　　　B. $L \approx \lambda$

C. $L > 1.5\lambda$　　　　　　D. $L < 1.5\lambda$

68. 船舶在波浪中的相对纵摇摆幅主要决定于_____。（L:船长;λ:波长;V_s:船速）

A. λ / L、V_s

B. 自由纵摇周期 T_p 与波浪视周期 T_E 相互接近的程度

C. 波面角的大小

D. 船宽与吃水

69. 船舶在波浪中的纵摇周期 T_p _____。

A. 与船长 L 成正比　　　　　B. 与船长 L 成反比

C. 与船长 L 的平方根成正比　　D. 与船长 L 的平方根成反比

70. 在不规则波中顶浪前进说明船舶摇摆性可用_____的概念。

A. 谐摇　　　　　　　　B. 临界状态

C. 不规则波　　　　　　D. 摇摆周期

71. 大风浪中航行,同一船舶在同一风浪中_____。

A. 顺浪时相对纵摇摆幅小,且冲击减缓　　B. 顶浪时相对纵摇摆幅小,且冲击增强

C. 顶浪时相对纵摇摆幅大,且冲击减缓　　D. 顺浪时相对纵摇摆幅小,且冲击增强

72. 当船长大于1.5倍波长时,则船舶在游泳中的相对比值摇摆幅_____。

A. >1.4　　　　　　　B. >0.6

C. <0.6　　　　　　　D. <0.4

73. 当船长大于1.3倍波长时,则船舶在游泳中的相对比值摇摆幅_____。

A. >1.4　　　　　　　B. >0.6

C. <0.6　　　　　　　D. <0.4

74. 在按 $T_p = C_p$ 估算船舶纵摇周期时,下列哪类船系数 C_p 取值大?

A. 客货船　　　　　　　B. 一般货船

C. 油船　　　　　　　　D. 应取一样大

影响垂荡的因素

75. 船舶的垂荡周期与_____有关。

A. 船长　　　　　　　　B. 船宽

C. 吃水　　　　　　　　D. 船首线形

76. 船舶在波浪中的垂荡周期 T_H _____。

A. 与船舶的平均吃水 d 成正比　　B. 与船舶的平均吃水 d 成反比

C. 与船舶的平均吃水 d 的平方根成正比　　D. 与船舶的平均吃水 d 的平方根成反比

77. 顶浪航行时影响船舶纵摇与垂荡的幅度取决于_____。
①波长与船长之比;②船速的大小;③自摇荡周期与遭遇周期之比
A. ①②③　　　　　　　　　　　　　　B. ①②
C. ①　　　　　　　　　　　　　　　　D. ③

78. 船舶顶浪时,当谐摇波长小于3/4船长时,船舶处于_____区域,纵摇与垂荡_____。
A. 超临界;比较剧烈　　　　　　　　　B. 超临界;比较缓和
C. 亚临界;比较剧烈　　　　　　　　　D. 亚临界;比较缓和

79. 船舶顶浪时,当谐摇波长小于3/4船长时,船舶处于_____区域,_____。
A. 超临界;不产生砰击　　　　　　　　B. 亚临界;不产生砰击
C. 超临界;产生砰击　　　　　　　　　D. 亚临界;产生砰击

80. 当谐摇波长介于船长和最大能量波长之间时_____。
A. 该船处于临界区域,纵摇和垂荡非常严重
B. 该船处于临界区域,纵摇和垂荡不太严重
C. 该船处于亚临界区域,纵摇和垂荡非常严重
D. 该船处于亚临界区域,纵摇和垂荡不太严重

81. 当船舶处于纵摇和垂荡都较严重时,为了减轻摇荡,需避开临界区域,对商船来说最有效的措施是_____。
A. 改变航速　　　　　　　　　　　　B. 改变航向
C. 将航速降低至保持舵效的速度　　　　D. 三者都不对

82. 顶浪航行的船舶如处于临界区域的摇摆状态,则应_____。
A. 保持状态
B. 改变该状态,使船舶进入亚临界状态
C. 改变该状态,使船舶进入超临界状态
D. 对于商船,保持状态或改变该状态,使船舶进入亚临界状态均可

83. 正常积载的一般船舶,其横摇周期 T_R 与纵横周期 T_P、重荡周期 T_n 之间的关系是_____。
A. $T_P > T_R > T_n$　　　　　　　　B. $T_R > T_n > T_P$
C. $T_n > T_P > T_R$　　　　　　　　D. $T_R > T_P > T_n$

84. 一般情况下,船舶的横摇周期 T_R 与纵横周期 T_P、重荡周期 T_n 之间的关系近似可认为是_____。
A. $T_P \approx T_n \approx 1/2T_R$　　　　B. $T_R \approx T_P \approx 1/2T_n$
C. $T_R \approx T_n \approx 1/2T_P$　　　　D. $T_R \approx T_P \approx T_n$

85. 按近似公式估算重荡周期 T_n,下列说法正确的是_____。
A. T_n 与风浪大小有关,与吃水无关　　B. T_n 与风浪大小无关,与吃水无关
C. T_n 与风浪大小无关,与吃水有关　　D. T_n 与风浪大小有关,与吃水有关

2.5.2　船舶在大风浪中航行时所遭受的危害

一、知识点梳理

1. 拍底:波长/船长≈1;$d/L<5\%$;$F_r=0.14\sim0.21$;U 形船首。

措施为保持艉吃水大于 1/2 满载;避免纵摇垂荡的谐振;减速 $F_r=0.1$。

2. 甲板上浪:影响稳性,结冰,损坏设备、建筑及货物。可通过降速或调整航向加以控制。

3. 螺旋桨空转:保持 20%～30% D 没入水中,吃水差 1.5～2 m。可通过降速或调整航向加以控制。

4. 尾淹打横。

二、相关习题

甲板上浪;缓解甲板上浪的措施

1. 大风浪中航行甲板上浪将_____。

　①影响船舶稳定性,危及甲板货;②损坏甲板设备或上层建筑;③恶化工作环境,严寒时会造成冰害

　A.①②③　　　　　　　　　　　B.①③

　C.①②　　　　　　　　　　　　D.②③

2. 船舶在大风浪中航行,甲板上浪_____。

　A. 将会影响船舶稳定性,需适当加速航行

　B. 将不会影响船舶稳定性,需适当加速航行

　C. 将会影响船舶稳定性,需适当减速航行

　D. 将不会影响船舶稳定性,需适当减速航行

拍底;影响拍底的因素

3. 船舶顶浪航行中,纵摇、垂荡和拍底严重时,为了减轻其造成的危害_____。

　A. 减速措施无效,转向措施有效　　　B. 减速措施无效,转向措施无效

　C. 减速措施有效,转向措施有效　　　D. 减速措施有效,转向措施无效

4. 纵向受浪航行的船舶,容易产生拍底的条件中,下列说法哪项正确?

　①波长近似等于船长;②吃水小于船长的 5%;③傅汝德数 $F_r=0.14\sim0.21$

　A.①②　　　　　　　　　　　　B.①②③

　C.②③　　　　　　　　　　　　D.①③

5. 纵向受浪航行的船舶,容易产生拍底的条件中,下列说法哪项正确?

　A. 波长近似等于船长　　　　　　　B. 波长远大于船长

C. 波长远小于船长 D. 与波长和船长无关

6. 船长 L _____海浪波长 λ,船首底浪冲击压力最大。

 A. 大于 B. 略小于

 C. 等于 D. 略小于等于

7. 纵向受浪航行的船舶,关于方形系数 C_b 和船首形状对拍底的影响严重程度,下列说法哪项正确?

 A. C_b 大的船比 C_b 小的船冲击力小,U 形船首比 V 形船首冲击力大

 B. C_b 大的船比 C_b 小的船冲击力小,U 形船首比 V 形船首冲击力小

 C. C_b 大的船比 C_b 小的船冲击力大,U 形船首比 V 形船首冲击力大

 D. C_b 大的船比 C_b 小的船冲击力大,U 形船首比 V 形船首冲击力小

8. 万吨船在风浪中压载航行时,为了减轻拍底,应_____。

 A. 保持船首大于 1/4 满载吃水,并减速 B. 保持船首大于 1/4 满载吃水,并加速

 C. 保持船首大于 1/2 满载吃水,并减速 D. 保持船首大于 1/2 满载吃水,并加速

9. 某轮大风浪中顶浪航行,船舶处在激烈的纵摇和垂荡中,为了减轻拍底,下列措施哪项正确?
①保持首吃水 > 1/2 满载吃水;②减速,使傅汝德数 $F_r = 0.1$ 左右;③避免纵摇和垂荡的谐振

 A. ①③ B. ①②

 C. ①②③ D. ②③

10. 船舶在大风浪中航行为减少拍底现象,应保持首吃水大于满载吃水的_____。

 A. 1/3 B. 1/4

 C. 1/2 D. 2/3

11. 船舶纵向受浪易产生拍底现象的条件包括(L 为船长; d 为吃水; λ 为波长)_____。

 A. $L > \lambda$; $d/L < 10\%$ B. $L > \lambda$; $d/L < 5\%$

 C. $L \approx \lambda$; $d/L < 10\%$ D. $L \approx \lambda$; $d/L < 5\%$

尾淹和打横

12. 船舶顺浪航行中,当船尾陷入比船速快的波谷时,浪打上船尾甲板,这种现象称为_____。

 A. 拍底 B. 尾淹

 C. 上浪 D. 空转

13. 船舶在波浪中顺浪航行,当船处于追波的前斜面时,会出现航向不稳状态,甚至突然产生首摇而横于波中,即所谓_____。

 A. 纵摇 B. 打横

 C. 首摇 D. 横摇

14. 船在波浪中航行,遇到船首斜向来浪,当船头部分进入波谷,船尾部分处在波峰上,船舶将发生剧烈的_____运动。

 A. 纵摇 B. 打横

 C. 首摇 D. 横摇

15. 下列说法正确的是_____。

①首摇对船舶在风浪中航行的保向性有重大影响;②首摇对船舶在风浪中航行的航向稳定性有重大影响;③斜顺浪航行时,首摇明显易导致船体打横

A.①②③ B.①②
C.①③ D.②③

16.船舶空船顶浪航行时,可能产生的危害是_____。
①拍底情况;②甲板大量上浪;③螺旋桨发生空转;④大幅度横摇
A.①②③ B.①②④
C.②③④ D.①③④

17.船舶在顺浪或偏顺浪航行时,容易导致甲板上浪的因素包括_____。
①波长与船长接近;②方形系数与棱形系数大;③干舷较低;④船速过高
A.①②③④ B.①②
C.②③ D.③④

18.船舶在顺浪或偏顺浪航行时,其产生的危害主要表现在_____。
①冲浪和打横;②稳性降低;③谐摇;④拍底
A.①②③④ B.①②③
C.②④ D.③④

19.当船速在波浪传播方向上的分量接近波浪群速度时,船舶将受到巨浪的连续冲击,可能发生_____。
①冲浪和打横;②稳性降低;③谐摇;④综合危险现象
A.①②③④ B.①②③
C.②④ D.③④

20.一般说来,船舶顶浪航行会产生剧烈的纵摇和垂荡,为了保证安全,下列哪项措施最有效?
A.调整吃水差 B.调整压载水
C.减速和改向 D.调整稳性高度

2.5.3 大风浪航行前的准备工作

一、知识点梳理

1.空船压载:夏季50%满载,冬季53%,尾倾1.5~2 m。
2.其他安全准备事项。

二、相关习题

1.万吨船在风浪中空载航行时,为了减轻螺旋桨打空车,_____。
A.应保持螺旋桨桨叶没入水中10%~20%螺旋桨直径

B. 应保持螺旋桨桨叶没入水中 20% ~30% 螺旋桨直径

C. 应保持螺旋桨桨叶没入水中 50% ~60% 螺旋桨直径

D. 应保持螺旋桨桨叶没入水中 70% ~80% 螺旋桨直径

2. 为确保风浪中空载船舶的航行安全,适当压载应以_____。

A. 夏季满载排水量的 30% ~35% 为好　　　B. 夏季满载排水量的 40% ~45% 为好

C. 夏季满载排水量的 50% ~53% 为好　　　D. 夏季满载排水量的 20% ~25% 为好

3. 万吨船风浪中压载航行,既防止空车又减轻拍底尾倾吃水差以_____。

A. 0.5 m 较为理想　　　　　　　　　　　B. 1 m 左右为宜

C. 1.5 ~2 m 为宜　　　　　　　　　　　D. 2.5 m 为宜

4. 大风浪来临前的一般准备工作包括_____。

①确保水密;②空船应适当压载;③确保排水畅通;④加固绑扎活动物;⑤做好应急准备

A. ①②③④⑤　　　　　　　　　　　　　B. ①②③④

C. ②③④⑤　　　　　　　　　　　　　　D. ①③⑤

5. 当预测到将有大风浪来临时,必须采取相应措施,检查并保证做好下列哪些工作?

①保证水密;②绑扎加固;③排水畅通;④做好应急准备

A. ①②③④　　　　　　　　　　　　　　B. ①②③

C. ②④　　　　　　　　　　　　　　　　D. ③④

6. 当预测到将有大风浪来临时,水密工作应做到_____。

①确保各水密门关闭正常;②关闭通风口;③检查甲板开口封闭的水密性;④疏通甲板排水口,疏通污水

A. ①②③④　　　　　　　　　　　　　　B. ①②③

C. ②④　　　　　　　　　　　　　　　　D. ②③④

7. 当预测到将有大风浪来临时,为保证排水畅通,应做到_____。

①检查排水管系;②清洁污水沟(井);③保证黄蜂巢畅通;④甲板排水孔应保持封闭

A. ①②③④　　　　　　　　　　　　　　B. ①②③

C. ②④　　　　　　　　　　　　　　　　D. ②③④

8. 当预测到将有大风浪来临时,应急准备工作应做到_____。

①甲板人员通道拉扶手绳;②甲板人员通道铺沙防滑;③勤测各液体舱液面位置;④勤测污水沟

A. ①②③④　　　　　　　　　　　　　　B. ①②③

C. ②④　　　　　　　　　　　　　　　　D. ③④

9. 一般来说,船舶顶浪航行,会产生剧烈的纵摇和垂荡,为了保证安全,哪项措施最有效?

A. 调整吃水差　　　　　　　　　　　　　B. 调整压载水

C. 调整稳性高度　　　　　　　　　　　　D. 减速和改向

2.5.4 大风浪中的操船方法及其注意事项

一、知识点梳理

1. Z 字航法:以船首一舷 10°~30°受浪角航行一段距离再改为另一舷 10°~30°受浪角航行的方法。适用中大型船,特别是大型集装箱船。

2. 滞航:以保持航向的最低船速将风浪放在船首 2~3 个罗经点;缓解波浪对船冲击和甲板上浪,使船在原地。船长长、干舷高的船舶采用此法有利。大风浪中放艇也可用。

3. 顺浪:以尾部受浪前进的方法;减轻波浪对船体冲击,保持相当的速度。不易保向。

4. 漂滞:主机停止随风浪漂流。老旧船,为减少波浪多船体冲击,应主动采取漂滞。应保持有良好的水密和较大复原力矩。

5. 大风浪掉头:避免操舵引起的横倾与波浪引起的横倾的相位相同。

利用三大八小,在海面较平静时进行。开始慢速中舵,掉头过程中适时快车满舵。

切勿强行掉头,切忌急速回舵。

从顶浪转向顺浪应在较平静的海面到来之前开始。

二、难点点拨

大风浪中,正常航行、减速、改向均不适宜的情况下,可采取以上方法,不考虑其他航行目的,这些操船方法中,往往是下一个比上一个是更不得已而为之的。实际上,主动漂滞是不可取的。

三、相关习题

大风浪航行方法

1. 在恶劣天气情况下,大船为放救生艇,应采取_____。
   A. 偏迎浪航行   B. 偏顺浪航行
   C. 滞航   D. 漂航

2. 所谓滞航是指以保持舵效的最小速度_____。
   A. 将风浪放船首 1~2 个罗经点的方位上迎浪前进的方法
   B. 将风浪放船首 2~3 个罗经点的方位上迎浪前进的方法
   C. 将风浪放船首 3~4 个罗经点的方位上迎浪前进的方法
   D. 将风浪放船首 4~5 个罗经点的方位上迎浪前进的方法

3. 船舶在大风浪中航行,所谓滞航是指_____。
   ①以保持舵效的最小航速行驶,根据风浪调整航速;②使船首保持 2~3 个罗经点上顶浪航行;③航行中根据风向的变化不断调整航向;④风浪大时,主机停车,使船舶不进不退

A. ①②③④　　　　　　　　　　B. ①②③
C. ②④　　　　　　　　　　　　D. ①③④

4. 船舶在大风浪中滞航是指船舶_____。
　A. 停车随风漂流
　B. 顶风慢车航行
　C. 顶浪慢车航行
　D. 用保持舵效的最小速度并将风浪放在船首 2~3 罗经点迎浪航行

5. 大风浪中采取滞航的船舶,下列说法哪项正确?
　A. 用保持舵效的最小速度并将风浪放在船首 2~3 罗经点迎浪航行
　B. 船舶停止主机随风浪漂流
　C. 适合保向性差或衰老的船使用
　D. 可在船首抛出锚链或大缆使船首迎风浪

6. 船舶在海上遇大风浪,航行有困难时,采取滞航措施,可_____。
　A. 减小波浪对船首的冲击,甲板上浪有所缓解,且船长越长,效果越明显
　B. 减小波浪对船首的冲击,甲板上浪有所缓解,且船长越短,效果越明显
　C. 减小波浪对船首的冲击,甲板上浪不能缓解,且船长越长,效果越明显
　D. 减小波浪对船首的冲击,甲板上浪不能缓解,且船长越短,效果越明显

7. 大型船在大风浪中难以续航时,采取漂滞的条件包括_____。
　A. 水密性良好,复原力矩较高　　　　B. 水密性较差,复原力矩较高
　C. 水密性良好,复原力矩较低　　　　D. 水密性较差,复原力矩较低

8. 航行中的船舶遭遇台风侵袭或遇大风浪操纵极为困难,应采取_____措施。
　A. 滞航　　　　　　　　　　　　B. 顺浪
　C. 漂滞　　　　　　　　　　　　D. 转向

9. 船舶在海上遇到大风浪,船体剧烈摇摆,拍底严重,甲板大量上浪,螺旋桨打空车,应采取_____措施。
　A. 滞航　　　　　　　　　　　　B. 顺浪
　C. 漂滞　　　　　　　　　　　　D. 迎浪减速

10. 航行中的船舶大风浪中主机故障丧失动力,应采取_____措施。
　A. 滞航　　　　　　　　　　　　B. 顺浪
　C. 漂滞　　　　　　　　　　　　D. 减速

11. 船舶在大风浪中顺浪航行的措施_____。
　A. 能减弱波浪对船体的冲击,并能保持较高的航速
　B. 能减弱波浪对船体的冲击,并能保持较低的航速
　C. 能增强波浪对船体的冲击,并能保持较高的航速
　D. 能增强波浪对船体的冲击,并能保持较低的航速

12. 顺浪航行的措施常用于_____。
　A. 波长远超过船长时　　　　　　B. 滞航中经不住波浪袭击的情况

C. 尾突出、舵面积比较低时   D. A、B 情况时

13. 船舶在海上遇到大风浪,发现偏顶浪航行不利,虽然采取过措施,仍然不能免除危险的出现时,应果断采取_____措施。

     A. 滞航   B. 顺浪航行

     C. 漂滞   D. 迎浪减速

14. 大风浪中顺浪航行的条件是_____。

     A. 波长远超过船长时   B. 船长远超过波长时

     C. 波长与船长相近时   D. 船速与波速接近时

15. 有关大风浪中船舶顺浪航行的优点的说法,下列哪项不正确?

     A. 顺浪航行可减轻纵摇摆幅   B. 可减弱波浪对船体的冲击

     C. 顺浪航行可保持相当的航速   D. 可使船舶避免打横的危险

16. 船舶大风浪中顺浪航行与顶浪航行比较,正确的是_____。

     A. 减轻纵摇摆幅,减弱波浪对船体的冲击

     B. 加重纵摇摆幅,减弱波浪对船体的冲击

     C. 减轻纵摇摆幅,增大波浪对船体的冲击

     D. 加重纵摇摆幅,增大波浪对船体的冲击

17. 船舶在大风浪中顺浪航行时,为避免出现尾淹现象,应果断采取的措施是_____。

     A. 只能改向,变速无效   B. 改变航向和改变船速

     C. 只能变速,改向无效   D. 只能减速,不能增速

18. 大风浪中采取漂滞法的船舶,下列说法不正确的是_____。

     A. 用保持舵效的最小速度并将风浪放在船首 2～3 罗经点迎浪航行

     B. 船舶停止主机随风浪漂流

     C. 适合保向性差或衰老的船使用

     D. 可在船首抛出锚链或大缆使船首迎风浪

19. 对船体衰老的船,为减小波浪对船体的冲击力,应主动采取_____方法。

     A. 顶浪航行   B. 顺浪航行

     C. 滞航   D. 漂航

20. 漂滞适用于_____。

     ①顺浪中保向性差的船;②滞航中不能顶浪的船;③船体衰老的船;④稳定性差的船;⑤水密性差的船

     A. ①②③④⑤   B. ①②③④

     C. ①②③   D. ①②③⑤

21. 船舶在大风浪中,舵机发生故障,应采取_____。

     A. 偏迎浪航行   B. 偏顺浪航行

     C. 滞航   D. 漂滞

22. 船舶在大风浪中航行自然失速的原因包括_____。

     ①大风引起的附加阻力的增加;②风浪表面流引起的阻力增加;③保向操舵和首摇引起的阻

力增加;④推进器效率降低

A.①②④   B.①②③④

C.②③④   D.①②③

大风浪中船舶掉头

23. 大风浪中船舶掉头的全过程内都要避免_____。

    A. 使用全速和使用满舵角

    B. 使用慢速和使用小舵角

    C. 操舵引起的横倾与波浪引起横倾的相位相同

    D. 操舵引起的横倾与波浪引起横倾的相位相反

24. 船舶在大风浪中掉头应注意掌握_____。

①使回转引起的横倾角与波浪引起的横倾角相位一致;②在较平静的海面来临之前进行掉头;③开始用慢速中舵,以后适时快车满舵

    A.①②   B.①③

    C.②③   D.①②③

25. 船舶在大风浪中掉头的过程中应避免_____。

    A. 开快车

    B. 用满舵

    C. 让操舵引起横倾与波浪引起横倾同时发生在同一方向

    D. 用5°以下舵角

26. 船舶在大风浪中从顶浪转顺浪时,转向应在较平静海面到来_____开始。

    A. 之时   B. 之前

    C. 之后   D. 任何时候

27. 某船横摇周期12 s、由正舵至右舵15°需10 s,则大风浪中向右转向掉头的施舵时机应为_____。

    A. 右倾最大时   B. 左倾最大时

    C. 右倾回复至平衡位置时   D. 左倾回复至平衡位置时

28. 对船舶在大风浪中的掉头操纵的叙述,不正确的是_____。

    A. 从顶浪转向顺浪时,掉头前应当适当减速

    B. 掉头过程中,要求前冲距离要小,并减小转向中的横倾

    C. 掉头过程中遇上大浪处于危急局面时,应急速回舵恢复原航向

    D. 掉头过程中可适时使用短暂的快车满舵,缩短掉头时间

2.5.5　避离热带气旋或台风时的船舶操纵

一、知识点梳理

1. 北半球,危险半圆:右右右(右半圆,风向右转,右首受风驶离;右首顶风滞航)
可航半圆:左左右(左半圆,风向左转,右尾受风驶离;右首顶风滞航)
台风进路:风向不变,气压下降,右尾受风驶离。
2. 南半球,危险半圆:左左左(左半圆,风向左转,左首受风驶离;左首顶风滞航)
可航半圆:右右左(右半圆,风向右转,左尾受风驶离;左首顶风滞航)
台风进路:风向不变,气压下降,左尾受风驶离。

二、难点点拨

注意南、北半球的对称关系,以及左、右代表的含义。

三、相关习题

船舶在北半球热带气旋或台风危险半圆的避离操纵方法

1. 北半球台风危险半圆的特点和避航法是_____。
   A. 右半圆、风向右转、右首受风驶离　　　B. 右半圆、风向右转、左尾受风驶离
   C. 左半圆、风向左转、右尾受风驶离　　　D. 左半圆、风向左转、左首受风驶离
2. 处于北半球在危险半圆内船舶为了避台抗台,在操纵中_____。
   A. 应以右舷 15~20°顶风,并应采取平行于台风进路的航向全速驶离
   B. 应以右舷 15~20°顶风,并应采取垂直于台风进路的航向全速驶离
   C. 应以左舷 15~20°顶风,并应采取平行于台风进路的航向全速驶离
   D. 应以左舷 15~20°顶风,并应采取垂直于台风进路的航向全速驶离
3. 处于北半球在危险半圆内船舶为了避台抗台,在操纵中应以_____顶风全速驶离,风力较大、不允许全速驶离时,应_____滞航。
   A. 右舷 15°~20°;以左首顶风　　　　　B. 左舷 15°~20°;以左首顶风
   C. 右舷 15°~20°;以右首顶风　　　　　D. 左舷 15°~20°;以右首顶风
4. 在北半球台风右半圆内,操纵船舶应该是_____。
   A. 左首顶风全速驶离　　　　　　　　　B. 右尾迎风全速驶离
   C. 左尾迎风全速驶离　　　　　　　　　D. 右首顶风全速驶离
5. 在危险半圆,船舶为避免卷入台风中心的操纵方法是_____。
   A. 在北半球,船舶应以右首顶风全速航行　B. 在南半球,船舶应以右首顶风全速航行

C. 在北半球,船舶应以右尾受风全速航行　　　D. 在南半球,船舶应以左尾受风全速航行

6. 北半球危险半圆内避台操纵法_____。

①应采取与台风路径垂直方向全速驶离;②以右首舷约 15°~20°顶风全速驶离;③风浪较大,不能全速驶离时,应以右首顶风滞航

A. ①②　　　　　　　　　　　　　　　　B. ①③

C. ②③　　　　　　　　　　　　　　　　D. ①②③

7. 北半球,船舶处于台风危险半圆,欲尽快脱离台风中心应采取_____。

A. 偏顶浪航行　　　　　　　　　　　　　B. 偏顺浪航行

C. 滞航　　　　　　　　　　　　　　　　D. 漂航

8. 船舶为了避台抗台,在操纵中应以右尾受风全速驶离,风力较大、不允许全速驶离时,应以_____滞航,并适时向_____改向。

A. 右首受风;右　　　　　　　　　　　　B. 右首受风;左

C. 左首受风;左　　　　　　　　　　　　D. 左首受风;右

船舶在南半球热带气旋或台风危险半圆的避离操纵方法

9. 南半球台风危险半圆的特点及避航法是_____。

A. 右半圆、风向右转、右首受风驶离　　　B. 右半圆、风向右转、左尾受风驶离

C. 左半圆、风向左转、右尾受风驶离　　　D. 左半圆、风向左转、左首受风驶离

10. 处于南半球在危险半圆内船舶为了避台抗台,在操纵中_____。

A. 应以右舷 15~20°顶风,并应采取平行于台风进路的航向全速驶离

B. 应以右舷 15~20°顶风,并应采取垂直于台风进路的航向全速驶离

C. 应以左舷 15~20°顶风,并应采取平行于台风进路的航向全速驶离

D. 应以左舷 15~20°顶风,并应采取垂直于台风进路的航向全速驶离

11. 处于南半球在危险半圆内船舶为了避台抗台,在操纵中应以_____顶风全速驶离,风力较大、不允许全速驶离时,应_____滞航。

A. 右舷 15°~20°;以左首顶风　　　　　B. 左舷 15°~20°;以左首顶风

C. 右舷 15°~20°;以右首顶风　　　　　D. 左舷 15°~20°;以右首顶风

12. 在南半球台风左半圆内,操纵船舶应该是_____。

A. 左首顶风,全速驶离　　　　　　　　　B. 右尾迎风,全速驶离

C. 左尾迎风,全速驶离　　　　　　　　　D. 右首顶风,全速驶离

13. 在危险半圆,船舶为避免卷入台风中心的操纵方法是_____。

A. 在北半球,船舶应以左首顶风全速航行　B. 在南半球,船舶应以左首顶风全速航行

C. 在北半球,船舶应以右尾受风全速航行　D. 在南半球,船舶应以左尾受风全速航行

船舶在北半球热带气旋或台风可航半圆的避离操纵方法

14. 在北半球可航半圆的特点和可行的避台操纵法是_____。

①风向左转;②左首顶风全速驶离;③右首受风顶风滞航;④右尾受风驶离

A.①④　　　　　　　　　　　B.①③
C.①③④　　　　　　　　　　D.②③④

15.北半球台风可航半圆内的特点和避航法是_____。
A.右半圆、风向右转、左尾受风驶离　　B.右半圆、风向右转、右首受风驶离
C.左半圆、风向左转、左尾受风驶离　　D.左半圆、风向左转、左首受风驶离

16.处于北半球在可航半圆内船舶为了避台抗台,在操纵中应以_____全速驶离,风力较大、不允许全速驶离时,应以_____滞航。
A.右尾受风;左首受风　　　　　B.右尾受风;右首受风
C.左尾受风;左首受风　　　　　D.左尾受风;右首受风

船舶在南半球热带气旋或台风可航半圆的避离操纵方法

17.南半球台风可航半圆的特点和避航法是_____。
A.右半圆、风向右转、左尾受风驶离　　B.右半圆、风向右转、右首受风驶离
C.左半圆、风向左转、右尾受风驶离　　D.左半圆、风向左转、左首受风驶离

18.处于南半球在可航半圆内船舶为了避台抗台,在操纵中应以_____全速驶离,风力较大、不允许全速驶离时,应以_____滞航。
A.右尾受风;左首受风　　　　　B.右尾受风;右首受风
C.左尾受风;左首受风　　　　　D.左尾受风;右首受风

19.南半球可航半圆内避台操纵法_____。
①应采取与台风路径垂直方向全速驶离;②以左尾舷约15°~20°顺风全速驶离;③风浪较大、不能全速驶离时,应以左首顶风滞航;④以左首舷约15°~20°顶风全速驶离
A.①②③④　　　　　　　　　B.①②③
C.①②　　　　　　　　　　　D.③④

船舶在北半球热带气旋或台风移动路径上的避离操纵方法

20.北半球处于台风进路上的船舶,其航法是_____。
A.左尾受风驶向可航半圆　　　B.右首受风驶向可航半圆
C.左首受风驶向可航半圆　　　D.右尾受风驶向可航半圆

21.船舶在台风进路上,台风中心即将来临,此时在北半球如何操纵船舶离开险区?
A.右尾受风驶向可航半圆　　　B.右首受风滞航
C.右首顶风全速驶离　　　　　D.左尾受风驶向可航半圆

22.北半球,船舶处在台风进路上的防台操纵法是_____。
A.使船首右舷受风航行　　　　B.使船首左舷受风航行
C.使船尾右舷受风航行　　　　D.使船尾左舷受风航行

23.在北半球,船舶处于台风进路上,为驶向可航半圆应采取_____。
A.偏顶浪驶离　　　　　　　　B.偏顺浪驶离
C.滞航　　　　　　　　　　　D.漂航

24. 根据风向的变化,可以确定本船在台风路径中的位置在北半球,下述正确的是_____。
    A. 风向顺时针变化,船在左半圆　　　　B. 风向顺时针变化,船在右半圆
    C. 风向不变,船在台风中心　　　　　　D. 风向不定,船在台风进路上

25. 根据风向的变化,可以确定本船在台风路径中的位置在北半球,下述正确的是_____。
    A. 风向左转,船在可航半圆　　　　　　B. 风向左转,船在危险半圆
    C. 风向顺时针变化,船在左半圆　　　　D. 风向逆时针变化,船在右半圆

26. 根据风向的变化,可以确定本船在台风路径中的位置在北半球,下述正确的是_____。
    A. 风向右转,船在危险半圆　　　　　　B. 风向右转,船在可航半圆
    C. 风向右转,船在左半圆　　　　　　　D. 风向左转,船在右半圆

船舶在南半球热带气旋或台风移动路径上的避离操纵方法

27. 南半球处于台风进路上的船舶,其航法是_____。
    A. 左尾受风驶向可航半圆　　　　　　　B. 右首受风驶向可航半圆
    C. 左首受风驶向可航半圆　　　　　　　D. 右尾受风驶向可航半圆

28. 根据风向的变化,可以确定本船在台风路径中的位置在南半球,下述正确的是_____。
    A. 风向左转船在可航半圆　　　　　　　B. 风向右转船在危险半圆
    C. 风向左转在左半圆　　　　　　　　　D. 风向左转在右半圆

29. 南半球,船舶处在台风进路上的防台操纵法是_____。
    A. 使船首右舷受风航行　　　　　　　　B. 使船首左舷受风航行
    C. 使船尾右舷受风航行　　　　　　　　D. 使船尾左舷受风航行

参 考 答 案

2.1.1			
1～5	DCCAA	6～10	BBAAB
11～15	BDCBB	16～20	AACBA
2.1.2			
1～5	BCACD	6～10	BBBDD
11～12	BB		
2.1.3			
1～5	CAABA	6～10	BAAAB
11～15	BCAAC	16～20	CDBBA
21～25	ABDAB	26	A

		2.2.1	
1～5	CDCAD	6～10	BABCB
11～15	ADDDD	16～20	DDDAC
21～25	CCDBA	26～28	DBC
		2.2.2	
1～5	DBBDD	6～10	ACBDD
11～15	ABABC	16～20	BDABB
21～25	BADBD	26～30	DCCCA
31～35	BCDBC	36～40	CABDA
41～45	BACCA	46～50	CBCAB
51～55	CCCBA	55～59	AABC
		2.2.3	
1～5	AAABB	6～11	CDBAAA
		2.2.4	
1～5	BCADB	6～7	BB
		2.2.5	
1～5	ABCAA	6～10	BAABC
11～15	ADDAD		
		2.2.6	
1～5	ACBAC	6～10	CBADA
11～14	BDAD		
		2.2.7	
1～5	ABDBD	6～10	AACDC
11～12	BC		
		2.2.8	
1～5	BACAD	6～10	ACDDA
11～12	DB		

2.3.1			
1～5	BACBB	6～10	CDCAC
11～15	ADADB	16～21	BBACAD
2.3.2			
1～5	DABDB	6～8	DDA
2.3.3			
1～5	AABCB	6～11	DDCBCA
2.3.4			
1～5	AADDB		
2.4.1.1			
1～5	ADBAC	6～10	DDDAC
11～14	CABAA	16～17	BA
2.4.1.2			
1～5	BCBAB	6～10	CABBB
11～13	ACA		
2.4.1.3			
1～5	AAAAD	6～10	BBCCA
11～15	DBDDA	16～18	CCB
2.4.2			
1～5	DDBCC	6～10	DACAD
11～12	DA		
2.4.3			
1～5	BBADD	6～10	DADAC
11～15	CBADD	16～20	DACCD
2.4.4.1			
1～5	CDBAD	6～10	BCAAA
11～15	BCDAC	16	A

	2.4.4.2		
1~5	ADDCD	6~10	ADADA
11~15	BAABD	16~20	CBDBB
	2.4.4.3		
1~5	ADCDB	6~10	BCCCB
	2.4.5		
1~5	DABCA	6~10	ABCAA
	2.5.1		
1~5	CACAD	6~10	BABBC
11~15	DABDC	16~20	DCABC
21~25	ABCBA	26~30	BDCDC
31~35	CCDDC	36~40	BBBCB
41~45	ADBCB	46~50	DADCD
51~55	DBCBB	56~60	CCDAC
61~65	CBADB	66~70	CAACB
71~75	ADCCC	76~80	CADBA
81~85	CBDAC		
	2.5.2		
1~5	ACCBA	6~10	DCCCC
11~15	DBBCC	16~20	ADBAC
	2.5.3		
1~5	BCCAA	6~9	BBAD
	2.5.4		
1~5	CBBDA	6~10	AAAAC
11~15	ABBBD	16~20	ABADC
21~25	DBCCC	26~28	BAC

2.5.5			
1 ~ 5	ABCDA	6 ~ 10	DABDD
11 ~ 15	BABCC	16 ~ 20	BACBD
21 ~ 25	ACBBA	26 ~ 29	AACD

3 应急操船

9101:3 000 总吨及以上船舶船长　　　　　9102:500~3 000 总吨船舶船长
9103:3 000 总吨及以上船舶大副　　　　　9104:500~3 000 总吨船舶大副
9105:3 000 总吨及以上船舶二/三副　　　　9106:500~3 000 总吨船舶二/三副

考试大纲	适用对象					
	9101	9102	9103	9104	9105	9106
3　应急操船	15	15	10	10	8	8
3.1　在紧急情况下的旅客保护和安全措施	√	√	√	√	√	√
3.2　船舶搁浅						
3.2.1 搁浅前应采取的应急操船措施	√	√	√	√	√	√
3.2.2 搁浅的危害及损害的评估和控制	√	√	√	√	√	√
3.2.3 搁浅后应采取的措施	√	√	√	√	√	√
3.2.4 脱浅方法及脱浅拉力的估算	√	√	√	√	√	√
3.3　船舶碰撞						
3.3.1 碰撞前、后应采取的应急操船措施	√	√	√	√	√	√
3.3.2 碰撞后损害的评估和应变部署	√	√	√	√	√	√
3.3.3 碰撞后续航、抢滩或弃船时的注意事项	√	√	√	√	√	√
3.4　船舶火灾时的应急操船方法	√	√	√	√	√	√
3.5　应急拖带						
3.5.1 拖带前的准备工作	√	√	√	√		
3.5.2 拖带过程中的船舶操纵	√	√	√	√		

3.1　在紧急情况下的旅客保护和安全措施

一、知识点梳理

1. 基本原则

首先立足于自救;优先保证人命安全,检查人员是否有伤亡,判断是否需要救助,最后决定是否弃船。发生紧急情况,除迅速采取应急措施外,应将旅客撤离事故现场,转移至安全区;遭遇海盗袭击,如可能,应将船员迅速撤至预先设定的安全区域。

2. 关于弃船

经最大努力,船舶沉没毁灭不可避免,船长可决定弃船,撤离顺序为:旅客→船员→船长。

弃船后,船长对船员和旅客仍保持完全的责任和权力。

携带国旗,销毁机密文件,携带航海日志、轮机日志、电台日志执照、车钟记录簿、有关海图。

船长向艇长布置:求救信号是否有回答;可能遇救的时间、地点;最近陆地或交通线的航向距离其他有关指示。200 m 外集合。

二、相关习题

1. 船舶在紧急情况下,最优先的措施是保证_____。
   A. 人命安全 　　　　　　　　　　　B. 货物等财产安全
   C. 船舶安全 　　　　　　　　　　　D. 船舶和货物的安全

2. 船舶在紧急情况下,最优先的措施是保证人命安全,因此,其应当遵循的原则为_____。
   ①首先检查是否有人员伤亡;②然后判断是否需要救助;③最后决定是否弃船
   A. ①②③ 　　　　　　　　　　　　B. ①②
   C. ① 　　　　　　　　　　　　　　D. ①③

3. 有关紧急情况下的保护措施,下列说法正确的是_____。
   ①船舶发生碰撞、火灾、爆炸等紧急情况时,除迅速采取必要的应急措施外,应将旅客撤离事故现场,转移至安全区域;②遭遇海盗袭击时,如可能,应将船员、旅客迅速撤至预先设定的安全区域;③对于武装海盗,应放弃抵抗的企图,以避免不必要的报复行动和伤亡
   A. ①②③ 　　　　　　　　　　　　B. ①②
   C. ① 　　　　　　　　　　　　　　D. ①③

4. 有关紧急情况下的保护措施,下列说法正确的是_____。
   ①船舶发生紧急情况,特别是较严重的海上交通事故时,应首先立足于岸上的救助;②如果船舶受损程度已超出自救的可能范围,船长即可决定弃船

A. ①　　　　　　　　　　　　　　　　　B. ②

C. ①②　　　　　　　　　　　　　　　　D. ①②均不正确

5. 有关紧急情况下的保护措施,下列说法正确的是_____。

①船舶发生紧急情况,特别是较严重的海上交通事故时,应首先立足于自救,即按应急部署尽力采取必要的应急措施进行自救;②如果船舶受损程度已超出自救的可能范围,或经自救努力之后仍无保证安全的希望时,则应在继续采取自救措施、争取时间的同时争取外界的救助

A. ①　　　　　　　　　　　　　　　　　B. ②

C. ①②　　　　　　　　　　　　　　　　D. ①②均不正确

6. 有关紧急情况下的保护措施,下列说法正确的是_____。

A. 如果船舶受损程度已超出自救的可能范围,船长可做出弃船决定

B. 弃船时,应按先船员、后旅客、船长最后离船的原则,有秩序地安全、迅速离船

C. 客船决定弃船后,应按应急部署表的规定,指派船员专项负责指导、引导和保护旅客,包括向旅客告警、指导、检查旅客穿好衣服和救生衣,召集旅客到各登乘点并登艇,维持通道及梯道上的秩序,控制旅客的动向,保证把毛毯送到船上,检查旅客舱室有无遗漏人员等

D. 以上说法均正确

7. 船舶释放救生艇时,大船纵倾不应大于_____,横倾不应大于_____。

A. 20°;20°　　　　　　　　　　　　　　B. 20°;10°

C. 10°;20°　　　　　　　　　　　　　　D. 10°;10°

8. 在恶劣天气情况下,为放救生艇,大船应采取的航法是_____。

A. 顶浪航行　　　　　　　　　　　　　　B. 顺浪航行

C. 滞航　　　　　　　　　　　　　　　　D. 停车漂航

9. 航行中的船舶在风浪大的海面上放艇,为使放艇舷侧处于下风舷以及避免遭受横浪,应保持风舷角为_____。

A. 5°～10°　　　　　　　　　　　　　　B. 20°～30°

C. 80°～90°　　　　　　　　　　　　　　D. 140°～160°

弃船准备和弃船应急措施

10. 对载有旅客的船舶,在遇难后,船长下令弃船,此时,应首先保证_____登艇。

A. 船长　　　　　　　　　　　　　　　　B. 轮机长

C. 旅客　　　　　　　　　　　　　　　　D. 艇长

11. 关于弃船,下列说法正确的是_____。

A. 当经最大努力而船舶确已经无法挽救,沉没不可避免时,船长可以做出弃船决定

B. 弃船时应急电请示公司,经公司同意后再下令弃船

C. 在情况危急时,负责航行的值班驾驶员可以做出弃船决定

D. 当经最大努力而船舶确已经无法挽救,船长应和全体高级船员协商做出弃船决定

12. 弃船时,应由专人做好以下工作_____。

①降下国旗并带上救生艇;②销毁秘密以上等级文件;③携带航海日志等重要文件

A. ①② B. ①③
C. ①②③ D. ②③

13. 弃船时,应由专人携带的重要船上文件包括_____。
①航海日志;②轮机日志;③有关海图
A. ①② B. ①③
C. ①②③ D. ②③

14. 船长下令弃船后,救生艇的艇长在登艇前,应向船长请示哪些内容?
①本船遇难地点;②发出的遇难求救信号是否有回答,可能在何时、何地遇救;③驶往最近陆地或交通线的航向、距离和其他有关的指示
A. ①② B. ②③
C. ①③ D. ①②③

15. 弃船时,船长应采取一切措施,_____。
①首先组织高级船员离船,然后组织普通船员离船;②首先组织旅客安全离船,然后安排船员离船;③船长应最后离船
A. ①② B. ①③
C. ①②③ D. ②③

16. 弃船时,人员登艇后并降落入水后,应_____。
A. 守在难船旁,直到难船沉没 B. 立即各自驶往最近陆地
C. 尽量远离难船 D. 离开难船200 m以外集合

17. 弃船后,船长的责任和权力为_____。
A. 对全体船员和旅客仍保持完全的责任和权力
B. 仅对全体船员保持完全的责任和权力
C. 对全体船员和旅客的责任和权力转移到各艇长
D. 丧失全体船员和旅客的责任和权力

18. 关于弃船,下列说法正确的是_____。
A. 在情况危急时,负责航行的驾驶员可以做出弃船决定
B. 弃船时应急电请示船东,经船东同意后才可下令弃船
C. 在经最大努力而船舶沉没或毁灭不可避免时,船长可做出弃船决定
D. 情况紧急时,任何船员均可以做出弃船决定

19. 船长决定弃船后,船长应向各救生艇艇长说明哪些情况?
①本船遇难地点;②发出的遇难求救信号是否有回答,可能获救的时间和地点;③驶往最近的陆地或主要航线的航向和距离;④其他有关的情况
A. ①②③④ B. ②③④
C. ①②③ D. ①③④

20. 关于弃船,下列说法正确的是_____。
①船舶发生海上事故,船长应组织船员尽力施救,若沉没不可避免,船长可做出弃船的决定,但在任何情况下应征得船东同意;②情况紧急,值班驾驶员也可做出弃船决定;③紧急情况

下,船长可视情自行做出弃船决定

A.①

B.②

C.③

D.①②③都不对

3.2　船舶搁浅

3.2.1　搁浅前应采取的应急操船措施

一、知识点梳理

不明,应立即停车;明了,立即停车、倒车,可行抛双锚。小沙滩,全速前进左右满舵。

二、相关习题

1.当搁浅不可避免时,应采取的正确措施是_____。
①快车冲过以免搁住;②设法减小船的冲力;③尽力保护好车舵
A.①②③
B.②③
C.①②
D.①③

2.当发现本船搁浅已难以避免时,如不明浅滩范围和形状,应_____。
A.立即停车
B.立即倒车
C.左满舵
D.右满舵

3.当发现本船搁浅已难以避免时,如明了本船航向垂直于浅滩,应_____。
①立即停车;②立即倒车;③可行的话立即抛双锚
A.①②③
B.①②
C.①

4.当搁浅不可避免时,若明了航向与浅滩边线接近垂直,应采取的正确措施是_____。
①快倒车;②抛双锚;③操满舵;④置车舵于深水区
A.①②③④
B.①②④
C.②③④
D.①③④

5.当发现本船搁浅已难以避免时,如明了浅滩仅仅是航道中新生成的小沙滩,应_____。
①立即停车;②全速前进;③左右交替满舵
A.①②③
B.②③
C.①
D.①③

3.2.2　搁浅的危害及损害的评估和控制

一、知识点梳理

每隔 10 m 测一个点。

搁浅后的吃水大于搁浅前的,此处未搁浅。

搁浅后的吃水小于搁浅前的,搁浅;且大于舷边水深,陷入,小于舷边水深,搁孤立物。

二、难点点拨

是否搁浅的判断,是在船舶没有进水的情况下,搁浅部位的判断,通过判断某一部位搁浅前后吃水的变化比较来判断有无搁浅,搁浅后吃水增加,此处未搁浅;反之,搁浅。搁浅部位有无陷入海底或是否搁在孤立物上,是通过搁浅后的吃水与舷边水深的比较,水尺显示的吃水大于舷边水深,陷入海底;反之,搁在孤立物上。

三、相关习题

1. 船舶搁浅后,在情况不明时,应_____。
   A. 立即全速后退脱浅
   B. 开车使船尾转向深水保护车舵
   C. 操左右满舵并进车松动船体后再全速倒出
   D. 立即查明情况,然后再行动

2. 搁浅后,测量舷边四周每隔_____m 处的水深,然后与船舶吃水相比较,判断船体搁浅部位和程度。
   A. 10　　　　　　　　　　　　　　　B. 20
   C. 30　　　　　　　　　　　　　　　D. 60

3. 船舶搁浅后,为防止船体受风、流、浪的影响而情况恶化,首先应_____。
   ①立即快倒车使船脱浅;②为保护推进器和舵,要尽量开车使尾转向深水;③可开慢车或快车并左右满舵,使船体松动后再快倒车倒出
   A. ①　　　　　　　　　　　　　　　B. ②
   C. ③　　　　　　　　　　　　　　　D. ①②③都不对

4. 通过吃水与水深的比较,可判断船体搁浅部位和程度。若搁浅当时吃水大于搁浅前吃水,说明此处船体_____。
   A. 搁浅　　　　　　　　　　　　　　B. 未搁浅
   C. 陷入海底　　　　　　　　　　　　D. 情况不明

5. 通过吃水与水深的比较,可判断船体搁浅部位和程度。若搁浅当时吃水小于搁浅前吃水又大于舷边水深,说明此处船体_____。

   A. 搁浅　　　　　　　　　B. 未搁浅
   C. 陷入海底　　　　　　　D. 情况不明

6. 通过吃水与水深的比较,可判断船体搁浅部位和程度。若搁浅当时吃水小于搁浅前吃水又小于舷边水深,说明此处船体_____。

   A. 未搁浅　　　　　　　　B. 搁在海底突出物上
   C. 陷入海底　　　　　　　D. 情况不明

7. 船舶搁浅经过初步评估后,下列做法正确的是_____。
   ①如不存在偏转、沉没、倾覆的可能,可在下个高潮运用全速倒车脱浅;②船舶在搁浅期间应使主机处于随时可用的备车状态并保证船舶安全;③船舶在搁浅期间应保持螺旋桨转动;④船舶在波浪作用下有上下起伏运动,表明搁浅船是活动的,应采取措施固定船体
   A. ①②③④　　　　　　　B. ①③④
   C. ①②④　　　　　　　　D. ②③

3.2.3　搁浅后应采取的措施

一、知识点梳理

1. 立即行动:不盲目动车脱浅;保证水密;显示搁浅信号;通知有关机关。
2. 固定搁浅船舶,目的:活动搁浅船有偏转、向岸推移、墩底和加重搁浅的危险。
方法:用缆或锚链固定、灌水坐浅。

二、相关习题

1. 在搁浅后的应急措施中,首要工作是_____。
   A. 立即倒车退离　　　　　B. 用车舵力争挣脱
   C. 请求外援　　　　　　　D. 立即停车,迅速查明情况

2. 船舶搁浅而情况不明时,应_____。
   A. 立即快倒车使船脱浅
   B. 为保护推进器和舵,要尽量开车使尾转向深水
   C. 可开慢车或快车并左右满舵,使船体松动后再倒车倒出
   D. 以上都错

3. 船舶搁浅而情况不明时,盲目用车可能造成的不良后果是_____。
   ①扩大船体损伤;②损坏车舵;③损坏主机
   A. ③　　　　　　　　　　B. ②③

C.①③   D.①②③

4. 船舶搁浅而情况不明时,盲目用车可能造成的不良后果是_____。

①损坏主机;②使船体或车舵的损伤进一步扩大;③甚至造成船舶迅速沉没

A.③   B.②③

C.①③   D.①②③

5. 船舶搁浅而情况不明时,下列做法错误的是_____。

①立即快倒车使船脱浅;②为保护推进器和舵,要尽量开车使尾转向深水;③可开慢车或快车并左右满舵,使船体松动后再倒车倒出

A.③   B.②③

C.①③   D.①②③

6. 船舶搁浅而情况不明时,下列做法错误的是_____。

①查明周围水深及底质;②查明搁浅损伤情况;③为保护推进器和舵,要尽量开车使尾转向深水

A.③   B.②③

C.①③   D.①②③

7. 船舶搁浅而情况不明时,下列做法错误的是_____。

①查明舵与推进器的情况;②查明搁浅损伤情况;③立即全速倒车使船脱浅

A.③   B.②③

C.①③   D.①②③

8. 船舶搁浅后申请救助船援助,救助船可以协助的操作包括_____。

①固定船体;②堵漏排水;③移载、过驳

A.①   B.①②

C.①②③   D.①③

9. 搁浅船舶需固定船体的情况包括_____。

A.短时间内就能安全脱浅,因风浪影响而墩地、打横或翻沉

B.短时间内不能安全脱浅,因风浪影响而墩地、打横或翻沉

C.短时间内就能安全脱浅,因风浪影响而可自由脱浅

D.短时间内不能安全脱浅,因风浪影响而可自由脱浅

10. 船舶搁浅后,应避免情况继续恶化,确保船体安全,具体措施包括_____。

①可利用搁浅船的锚链及缆绳来固定船体;②对坐礁的船,还应将各压载水舱注满水;③对坐礁的船为了减少破底现象,可立即抛弃货物,使船浮起

A.①②   B.②③

C.①③   D.①②③

11. 短时间内不能安全脱险的搁浅船舶,应设法固定船体,其目的是_____。

①避免在风流作用下向岸漂移;②避免在风流作用下造成打横;③避免在涌浪作用下造成墩底;④避免在风流作用下造成尾淹

A.①②③④   B.①②③

C. ①③   D. ②④

12. 船舶搁浅后一般可能发生的危险情况包括_____。

    ①墩底;②向岸漂移;③打横;④尾淹

    A. ①②③   B. ②③④

    C. ①②④   D. ①②③④

13. 船舶坐礁时的船体保护措施包括_____。

    ①在适当方向上抛锚固定船位;②将各压载水舱注满水;③立即抛货让船起浮

    A. ①②③   B. ①②

    C. ①③   D. ②③

14. 船舶搁浅后用来固定船体的工具有_____。

    ①锚;②锚链;③缆绳

    A. ①②   B. ①③

    C. ②③   D. ①②③

3.2.4 脱浅方法及脱浅拉力的估算

一、知识点梳理

1. 自力脱浅:候潮脱浅(高潮前 1 h 动车);移载脱浅;卸货脱浅。

2. 外援脱浅:拖船、大型打捞浮筒、冲挖船底成渠。

3. 脱浅需要外力:$F = f \cdot \Delta D$。

4. 可提供:$F_p = 0.01N$;$F_t = (0.01 \sim 0.015)N$;$F_a = (3 \sim 5)W_a$。

二、相关习题

1. 船舶搁浅后,脱浅所需拉力与_____有关。

    A. 船舶载重量、船型和主机功率

    B. 船型、主机功率和船与海底的摩擦系数

    C. 船型、主机功率和搁浅后损失的排水量

    D. 搁浅后损失的排水量及船与海底的摩擦系数

2. 船舶搁浅后,脱浅所需拉力_____。

    A. 与搁浅后损失的排水量成正比,与船与海底的摩擦系数成正比

    B. 与搁浅后损失的排水量成正比,与船与海底的摩擦系数成反比

    C. 与搁浅后损失的排水量成反比,与船与海底的摩擦系数成正比

    D. 与搁浅后损失的排水量成反比,与船与海底的摩擦系数成反比

3. 船舶脱浅时所需拉力与_____有关。

    A. 损失的排水量   B. 船舶搁浅部位

    C. 主机马力大小   D. 搁浅时的船位

4. 协助他船脱浅的拖船,可给出的脱浅拖力为_____。

    A. $(0.01 \sim 0.015)N$(N 为拖船主机功率,以马力计)

    B. $(0.015 \sim 0.02)N$

    C. $(0.02 \sim 0.03)N$

    D. $(0.03 \sim 0.04)N$

5. 对于内燃机主机,使用全速倒车时的脱浅拉力,估算式为 $0.01N \times$ _____(N 为主机的功率)。

    A. 40%   B. 60%

    C. 80%   D. 100%

脱浅时操作

6. 船舶自力脱浅时可采用_____。

    ①移(卸)载;②等候高潮;③车舵锚配合;④拖船协助脱浅

    A. ①②③④   B. ①②③

    C. ①③④   D. ②③④

7. 有关候潮脱浅,下列说法不正确的是_____。

    A. 不在高潮时搁浅,船体只有轻微的损坏,尾部又有足够的水深,则可等待下一个高潮时争取起浮脱浅;必要时利用车、舵、锚配合协助脱浅

    B. 一般做法是在高潮时动车,用本船主机倒车脱浅,当快倒车无效时,可改用半进车配合左右满舵来扭动船体,然后再快倒车脱浅

    C. 在需要时应在用倒车的同时配合绞锚,利用强大的锚抓力协助脱浅

    D. 以上说法均正确

8. 有关卸载、移载脱浅,下列说法不正确的是_____。

    A. 如船舶一端或一舷搁浅,而另一端或另一舷有足够的水深,则可移动压载水、淡水、燃油或货物进行脱浅。脱浅前必须经过严格的计算,以免脱浅后产生过度的纵倾或横倾,使船舶发生危险

    B. 如估算调整纵横倾后,仍不能自力用车、舵、锚来脱浅,则也可以用卸载进行脱浅

    C. 卸载应考虑迅速、方便和损失最小的原则。首先应考虑打出压载水,卸去多余的淡水,其次考虑卸去能漂浮海面而又不易受损的货物

    D. 在使用卸载或者移载脱浅时,禁止使用主机倒车脱浅

9. 船舶搁浅后申请救助船援助,救助船可以协助的操作包括_____。

    ①用大型打捞浮筒增加浮力;②冲挖船底成渠;③提供拖力

    A. ①   B. ①②

    C. ①②③   D. ①③

10. 船舶搁浅后,采用候潮脱浅,下列有关说法正确的是_____。

①船舶不是在高潮时搁浅,可在下一个高潮来临争取起浮脱浅;②必要时可以利用车舵锚配合协助脱浅;③有浪涌时,可借助浪涌增加的浮力;④应该在高潮时动车,不得提前或滞后

A.①②③　　　　　　　　　　B.①③④

C.①②④　　　　　　　　　　D.②③④

11. 移载脱浅,在_____情况下不宜使用。

A. 海底平坦,船尾搁浅　　　　B. 海底不平坦,船首搁浅

C. 海底平坦,一舷搁浅　　　　D. 海底不平坦,一舷搁浅

3.3　船舶碰撞

3.3.1　碰撞前、后应采取的应急操船措施

一、知识点梳理

1. 碰撞前,减少损失:避免碰撞船中、机舱;减小碰撞角度;全速后退降低船速。

2. 碰撞后,我船船首撞入他船船体:微进车顶住。有危险,顶搁浅。征得同意,脱出。

他船船首撞入我船船体:使本船停住。关闭破舱前后水密装置,排水堵漏,置破损下风。

二、相关习题

碰撞前的紧急操船

1. 当碰撞已经不可避免时,船舶应_____。

A. 采取有效的行动减小碰撞损失　　　B. 采取最有助于避碰的行动

C. 做最坏的打算,做好弃船的准备　　　D. 采取使本船损失最小的措施

2. 当碰撞已经不可避免时,船舶应_____。

A. 根据良好船艺的要求采取有效的行动减少碰撞损失

B. 继续根据避碰规则关于避碰行动的要求采取措施,尽最后的努力避免碰撞

C. 将船尾转向他船

D. 采取使本船损失最小的措施

3. 在碰撞不可避免的情况下,为了减少碰撞损失,在操船方面应采取哪些措施?

A. 全速进车右满舵　　　　　　B. 全速倒车刹减船速

C. 全速进车左满舵　　　　　　D. 立即停车并维持航向

4. 在碰撞不可避免的情况下,为了减小本船的碰撞损失,在操船方面应尽力避免_____部位被

他船船首撞入。

A. 机舱或船中
B. 船首或船尾
C. 船尾或机舱
D. 船首或船中

5. 船舶碰撞后的损害程度取决于_____。

①两船相对运动速度和碰撞角度;②碰撞海域海流速度的大小;③碰撞位置和破损的大小;④碰撞船舶的吨位大小

A. ①②③④
B. ①③④
C. ②③④
D. ①②④

6. 船舶碰撞后的损害程度与两船相对运动速度和碰撞角度有关,两船相对运动速度_____,碰撞角度越接近_____,碰撞损失越大。

A. 越小;平行
B. 越小;垂直
C. 越大;垂直
D. 越大;平行

7. 船舶碰撞后的损害程度与碰撞位置和破损的大小有关,碰撞位置越接近_____,破损_____,碰撞损失越大。

A. 船中;越小
B. 船中;越大
C. 船首;越小
D. 船首;越大

碰撞后的应急操船

他船船首撞入我船船体时的应急操船

8. 航行中当我船船体被他船撞入时,若破损在水线以上,我船应_____。

A. 立即停车
B. 立即停船
C. 慢速倒车
D. 慢速进车

9. 当他船船首撞入我船船体时,我船的应急措施不包括应_____。

A. 尽可能使本船停住
B. 责成他船倒车退出
C. 关闭破损舱室前后的水密装置
D. 组织堵漏

10. 当我船船体被他船撞入时,我船应关闭水密门检查破损并报告船长,并尽可能_____。

A. 加速以减小进水量,操船使破损处处于下风
B. 停船以减小进水量,操船使破损处处于下风
C. 加速以减小进水量,操船使破损处处于上风
D. 停船以减小进水量,操船使破损处处于上风

我船船首撞入他船船体时的应急操船

11. 船舶发生碰撞,甲船撞入乙船船体时,甲船应采取的操纵措施是_____。

A. 立即停车以防破洞扩大
B. 立即开微进车,顶住对方减少进水量
C. 立即倒车退出,组织进行堵漏抢救
D. 先用缆绳相互牢固系住

12. 航行中当我船船体被他船撞入时,若破损在水线以上,我船应_____。

A. 立即停车
B. 立即停船

C. 慢速倒车　　　　　　　　　　　　D. 慢速进车

13. 当我船首撞入他船船体时,我船应_____。
　　A. 立即停车　　　　　　　　　　　　B. 倒车退出
　　C. 微速进车顶住　　　　　　　　　　D. 半速进车顶住

14. 当我船首撞入他船船体时,我船应_____。
　　A. 立即倒车脱出,并检查本船损失情况
　　B. 立即倒车脱出,以防止本船造成更大损失
　　C. 全速进车顶住破损部位,顶驶至附近使他船抢滩
　　D. 微速进车顶住破损部位,情况紧急可考虑顶驶至附近使他船抢滩

15. 撞入他船船体的船舶应当_____。
　　①采用微进顶住破损部位以利对方应急;②情况紧急,附近有浅滩时可顶驶抢滩;③在不严重危及自身安全的情况下尽力救助被撞船
　　A. ①②③　　　　　　　　　　　　　B. ①②
　　C. ①③　　　　　　　　　　　　　　D. ②③

3.3.2　碰撞后损害的评估和应变部署

一、知识点梳理

1. 大副、水手长检查全船。
2. 调整纵横倾,方法有排出法、注入法(小心使用)、移载法、转驳法。
3. 抛弃货物:包括进水后着火、膨胀的货物,或为保持稳性、储备浮力减小进水。

二、难点点拨

注入法要特别注意,会降低船舶的储备浮力和稳性。

三、相关习题

应急部署

1. 船舶发生碰撞后,哪些情况下应采取抛弃货物的措施?
　　①因进水可能引起货物着火及货物急剧膨胀;②为了保持一定的剩余稳性;③为了保持一定的吃水差;④为了保留储备浮力或减少进水量
　　A. ①②③④　　　　　　　　　　　　B. ①②④
　　C. ①②③　　　　　　　　　　　　　D. ②③④

2. 被他船撞入的船舶应_____。

①尽可能使本船停住,使破损处处于侧风以减少进水量;②迅速关闭破洞舱室及四周的水密门窗;③进行排水及堵漏工作

A.①②③ B.①②
C.①③ D.②③

3.关于船舶碰撞后的紧急处置措施,下列说法正确的是_____。

①全体船员进入应变部署;②检查破损;③立即弃船;④打开进水舱室邻近舱室的水密门

A.①②③④ B.①②④
C.①② D.①③

4.船舶发生碰撞后,哪些情况下应采取抛弃货物的措施?

①因进水可能引起货物着火及货物急剧膨胀;②为保持稳性;③为保留储备浮力或减少进水量

A.①②③ B.①②
C.①③ D.②③

5.船舶碰撞后,有必要可以抛弃货物,下列哪种货物可不在必抛之列?

A.因进水可能引起着火的货物 B.因进水可能引起急剧膨胀的货物
C.因进水可能引起严重霉变的货物 D.使储备浮力下降的货物

6.船舶碰撞后的防水措施中,首要的工作是_____。

A.排水 B.堵漏
C.关闭水密门窗 D.调整纵横倾

7.船舶碰撞后保证船舶有一定浮力和稳性的方法有_____。

①调驳燃油;②调整吃水差;③调驳压载水;④调驳货物

A.①②③④ B.①③④
C.①②④ D.①③

排水和堵漏

8.航行中的甲船被乙船撞入,甲船应采取的正确措施是_____。

①尽可能停船以减小进水量;②关闭水密门,检查破损;③操船使破损位置处于下风侧

A.①② B.②③
C.①③ D.①②③

9.船舶碰撞后船体破损进水,选用堵漏器材时应考虑哪些因素?

①破损部位;②漏洞大小;③漏洞形状;④航行区域

A.①②③ B.①②③④
C.②③ D.①③

10.碰撞后担负查明全船漏损情况责任的船员是_____。

A.大副和水手长 B.水手长和木匠
C.船长和大副 D.三副和水手长

保证船舶有足够的保留浮力和稳性

11. 船舶在破损进水发生倾斜时,保持船体平衡的方法包括_____。

①移载货物;②排出压载水;③注入压载水

A. ①②　　　　　　　　　　　　B. ②③

C. ①③　　　　　　　　　　　　D. ①②③

12. 船舶在破损进水发生倾斜时,保持船体平衡的方法有_____。

①移载法;②排出法;③对称灌注法

A. ①　　　　　　　　　　　　　B. ①②

C. ②③　　　　　　　　　　　　D. ①②③

13. 船舶碰撞后,在调整纵横倾时,使用_____方法会减小储备浮力和稳性。

A. 排出　　　　　　　　　　　　B. 注入

C. 移驳　　　　　　　　　　　　D. 排出和注入

3.3.3　碰撞后续航、抢滩或弃船时的注意事项

一、知识点梳理

1. 续航

(1)条件:主、辅机良好,进水得到控制,正稳性储备浮力,救生设备完整无损。

(2)航行:减速、近岸、注意气象,与海岸公司密切联系,损伤下风侧。

2. 抢滩

(1)准备:滩点、吃水差,备双锚,报告当局。

滩点选择:①底质,泥、砂或沙砾均可,软泥活砂不宜;②水深,大于轻载吃水,小于型深;③坡度,小船 1:15,中 1:17,大 1:19 ~ 1:24。

(2)操作:首尾与岸线垂直,慢速接近适时停车,可抛双锚。

二、相关习题

续航

1. 船舶发生碰撞全面检查,符合下列哪些条件时可续航?

①主、辅机无损,情况良好;②船体破损部位进水经采取措施后得以控制;③船舶具有正稳性及一定的保留浮力;④一舷救生设备受损

A. ①②③④　　　　　　　　　　B. ①②④

C. ①②③　　　　　　　　　　　D. ②③④

2. 船舶碰撞后续航时应注意下列哪些问题?

①应减速航行;②应尽量远岸航行防搁浅;③应密切注意破损部位;④应与有关当局或公司保

持密切联系

A.①②③④
B.①②④

C.①③④
D.③④

船舶抢滩前的准备工作

3.关于船舶抢滩前的准备工作,下列说法正确的是_____。
　①选择适宜的抢滩地点;②适当调整吃水差;③备锚;④报告有关当局

A.①②③④
B.①③④

C.①②④
D.①④

4.抢滩时若条件许可,应尽量选择适合于该船的坡度。一般小型船选_____。

A.1:15
B.1:17

C.1:19～1:24
D.1:5

5.抢滩时若条件许可,应尽量选择适合于该船的坡度。中型船选_____。

A.1:15
B.1:17

C.1:19～1:24
D.1:5

6.抢滩时若条件许可,应尽量选择适合于该船的坡度。大型船选_____。

A.1:15
B.1:17

C.1:19～1:24
D.1:5

7.关于抢滩的地点,下列说法正确的是_____。
　①有利于固定船舶;②尽可能靠近航道;③便于出滩作业;④便于求助作业

A.①②③④
B.①②③

C.①③④
D.③④

8.关于抢滩的地点,下列说法正确的是_____。
　①有利于固定船舶;②尽可能远离航道;③便于出滩作业;④便于求助作业

A.①②③④
B.①②③

C.①③④
D.③④

9.抢滩时,应考虑抢滩处的水深,_____。

A.水深应大于重载吃水
B.水深应小于重载吃水

C.水深应小于轻载吃水
D.水深应大于轻载吃水

船舶抢滩时的操纵及注意事项

10.船首抢滩时,应保持船身与等深线_____。

A.平行
B.垂直

C.成尽可能小的角度
D.任何角度皆可

11.关于抢滩时的操纵,下列说法正确的是_____。
　①一般取船首上滩;②保持船身与等深线垂直;③适时停车,慢速接近;④抢滩时适时抛双锚

A.①②③④
B.①②③

C.①②④　　　　　　　　　　　　D.①②

12.抢滩前,对压载水的处理要求是_____。
　　A.打进压载水,并使船舶纵倾与坡度相适应
　　B.打出压载水,并使船舶纵倾与坡度相适应
　　C.前后调拨压载水,并使船舶纵倾与坡度相适应
　　D.打出或打进压载水,并使船舶纵倾与坡度相适应

13.抢滩时应考虑抢滩处的底质,尽量避免_____。
　　①泥沙;②砂砾;③软泥;④活砂
　　A.①④　　　　　　　　　　　　B.②③
　　C.③④　　　　　　　　　　　　D.①②

14.不可抢滩的海底底质是_____。
　　A.泥底　　　　　　　　　　　　B.礁石底
　　C.软泥底　　　　　　　　　　　D.沙底

3.4　船舶火灾时的应急操船方法

一、知识点梳理

　　1.操纵:使火源处于下风(相对风向),火在船尾,迎风行驶;火在船首,顺风(航速低于风速)行驶;火在船中,旁风行驶。
　　2.特点:结构复杂;内部可燃物;水灭火危害。

二、难点点拨

　　水灭火时,应特别注意对船舶的储备浮力、稳性、横倾影响;虽然对船舶纵倾(吃水差)有影响,通常不至于危及船舶安全。

三、相关习题

　　1.船舶火灾的特点,包括下述哪些?
　　①船舶结构复杂,灭火困难;②船舶内部具有可燃物,容易燃烧;③由于有大量的海水,对机舱火灾容易扑灭;④用水对货舱火灾扑灭时,容易降低浮力和稳性
　　A.①②③④　　　　　　　　　　B.②③④
　　C.①②④　　　　　　　　　　　D.①②③

2. 船上着火,大副现场组织扑救时,首先应采取的措施是_____。
    A. 控制通风
           B. 控制火势
    C. 隔离火源
           D. 探明火情

3. 船舶发生火灾,需要释放二氧化碳灭火系统前,船长应命令现场指挥封闭现场外,还应_____。
    ①通知人员撤离;②确认现场无人员后再释放二氧化碳;③确认所有开启阀门通往指定场所
    A. ①
           B. ②③
    C. ①②③
           D. ①②

4. 航行中船舶中部发生火灾,如何操纵船舶?
    A. 减速顶风航行
    B. 立即抛锚救火
    C. 减速顺风航行
    D. 使船舶处于横风,并使着火源处于下风侧

5. 船舶航行中发生火灾,根据火灾发生的位置操纵船舶,应按_____适当地操纵船舶,使火源处于_____。
    A. 相对风速;下风
           B. 相对风向;下风
    C. 相对风速;上风
           D. 相对风向;上风

6. 船舶航行中发生火灾,根据火灾发生的位置操纵船舶,着火源在船尾,应_____。
    A. 迎风行驶
           B. 顺风行驶
    C. 旁风行驶
           D. 任何时候都应抛锚灭火

7. 船舶航向000°,风向090°,右舷失火,正确的操船方式是_____。
    A. 保持航向
           B. 改向到180°
    C. 改向到090°
           D. 改向到270°

8. 船舶航向270°,风向090°船尾起火,正确的操船措施是_____。
    A. 保持航向
           B. 改向到180°
    C. 改向到090°
           D. 改向到270°

9. 船舶航行中发生火灾,根据火灾发生的位置操纵船舶,着火源在船首,应_____。
    A. 迎风行驶
           B. 顺风行驶,且风速略低于航速
    C. 顺风行驶,且风速略高于航速
           D. 附近有适于抛锚的水域,应抛锚灭火

10. 船舶航行中发生火灾,根据火灾发生的位置操纵船舶,着火源在船中,应_____。
    A. 迎风行驶
           B. 顺风行驶
    C. 傍风行驶
           D. 任何时间均以抛锚灭火为好

11. 船舶航行中发生火灾,根据火灾发生的位置操纵船舶,如有可能,若火源在船中,应_____。
    A. 迎风行驶
           B. 顺风行驶
    C. 提高船速
           D. 降低船速

12. 直升机需要降落在船上救助人员时,船舶应以_____标示其起落场所。
    A. 白色 D 字样
           B. 黄色 A 字样

C. 白色或橘红色 H 字样　　　　　　D. 红色或橘红色 H 字样

13. 船舶航行中货舱发生火灾,用大量的水灭火时,应首要关注的是_____。

　A. 浮力、稳性　　　　　　　　　　B. 吃水差

　C. 横倾　　　　　　　　　　　　　D. 横倾和吃水差

14. 船舶航行中货舱发生火灾,用大量的水灭火时,特别应注意船舶的_____。

　A. 浮力、稳性和横倾　　　　　　　B. 浮力、稳性和吃水差

　C. 浮力、横倾和吃水差　　　　　　D. 稳性、横倾和吃水差

3.5　应急拖带

3.5.1　拖带前的准备工作

一、知识点梳理

1. 拖缆长度:$S = K(L_1 + L_2)$,K 取 1.5 ~ 2,拖带速度高时取大值。

2. 悬垂量:拖缆长度 6%;海面平静 >8 m;风浪大 >13 m。

3. 接近被拖船:本船横向漂移速度大于被拖船,上风接近;小于被拖船,下风接近;横风接近有困难,顶风接近。

4. 拖缆传递:驶向被拖船上风舷;放下风救生艇。

5. 系结:拖缆绕甲板室或桅柱,在另一舷缆桩上各绕一圈,然后在缆桩上绕 8 字,拖缆通过导缆孔地方用帆布麻袋包扎后涂以牛油。

二、相关习题

拖缆的准备

1. 海上拖带,为缓解拖缆的冲击张力和被拖船的偏荡,拖缆长度一般应为拖船与被拖船船长之和的_____。

　A. 0.4 ~ 0.8 倍　　　　　　　　　B. 0.8 ~ 1.2 倍

　C. 1.2 ~ 1.5 倍　　　　　　　　　D. 1.5 ~ 2 倍

2. 海上拖带时,两船长之和为 280 m,在拖航速度较高的情况下,拖缆长度应不小于_____。

　A. 280 m　　　　　　　　　　　　B. 420 m

　C. 560 m　　　　　　　　　　　　D. 600 m

3. 海上拖带,拖缆应具有的悬垂量 d 应为拖缆长度的_____。

A. 2%   B. 4%

C. 6%   D. 8%

4. 海上拖带,要求拖缆在水中有一定的下沉量,当海面比较平静时该下沉量应不少于_____。

   A. 8 m   B. 10 m

   C. 13 m   D. 16 m

5. 海上拖带,要求拖缆在水中有一定的下沉量,当风浪大时该下沉量应不少于_____。

   A. 8 m   B. 10 m

   C. 13 m   D. 16 m

6. 根据经验,海上拖带中拖缆在水中的下沉量_____。

   A. 海面较平静时应不少于 13 m,风浪较大时应不少于 8 m

   B. 海面较平静时应不少于 10 m,风浪较大时应不少于 6 m

   C. 海面较平静时应不少于 8 m,风浪较大时应不少于 13 m

   D. 海面较平静时应不少于 6 m,风浪较大时应不少于 10 m

7. 在按 $S = k(L_1 + L_2)$ 估算海上拖带用缆长度时,拖速高的情况下 k 取为_____。

   A. 1. 5   B. 2

   C. 2. 5   D. 3

8. 在按 $S = k(L_1 + L_2)$ 估算海上拖带用缆长度时,拖速低的情况下 k 取为_____。

   A. 1. 5   B. 2

   C. 2. 5   D. 3

9. 船长 120 m 的甲船,海上拖带 132 m 的乙船,由于乙船为海损船舶,故海上拖航速度较低,估算所需拖缆长度约为_____。

   A. 252 m   B. 378 m

   C. 428 m   D. 504 m

10. 海上拖带中,拖带距离较短,海面平静时,拖缆的安全系数取为_____。

   A. 4   B. 5

   C. 6   D. 8

11. 海上拖带中,拖带距离较长,海面有风浪时,拖缆的安全系数取为_____。

   A. 4 ~ 6   B. 6 ~ 8

   C. 8 ~ 10   D. 10 ~ 12

12. 在海上,拖船接近被拖船时,当被拖船漂移速度小于拖船漂移速度时,拖船应从_____接近;当被拖船漂移速度大于拖船漂移速度时,则拖船应从_____接近。

   A. 上风;上风   B. 下风;下风

   C. 上风;下风   D. 下风;上风

13. 海上传递拖缆,如被拖船在海上漂移且漂移速度大于拖船漂移速度时,拖船应从_____接近被拖船。

   A. 上风   B. 下风

   C. 顶风   D. 顺风

14.海上传递拖缆,如被拖船在海上漂移且漂移速度小于拖船漂移速度时,拖船应从_____接近被拖船。
　　A.上风　　　　　　　　　　　　B.下风
　　C.顶风　　　　　　　　　　　　D.顺风

15.在海上,拖船横风接近被拖船时,当被拖船漂移速度大于拖船漂移速度时,拖船应从_____接近;当被拖船漂移速度小于拖船漂移速度时,则拖船应从_____接近。
　　A.上风;上风　　　　　　　　　　B.下风;下风
　　C.上风;下风　　　　　　　　　　D.下风;上风

16.海上拖带在有风浪情况下,如欲用救生艇运送拖缆,则拖船宜从被拖船的_____。
　　A.上风舷侧驶近被拖船,放下风舷的救生艇
　　B.上风舷侧驶近被拖船,放上风舷的救生艇
　　C.下风舷侧驶近被拖船,放上风舷的救生艇
　　D.下风舷侧驶近被拖船,放下风舷的救生艇

17.海上拖带对拖缆系结的正确做法包括_____。
①将拖缆用琵琶头直接套桩;②拖缆先绕甲板室、舱口或桅杆,再在另一舷缆桩上各绕一圈后在第二副缆桩上绕8字;③为了便于松出和绞进拖缆,应预先准备好制索器;④拖缆通过的导缆孔及各转角处要包扎并涂牛油
　　A.①②③　　　　　　　　　　　B.②③④
　　C.①②④　　　　　　　　　　　D.①③④

18.海上拖带时,拖缆的选用一般考虑_____。
　　A.有一定的强度,长度越短越好
　　B.有一定的强度,长度越长越好
　　C.有一定的强度、长度和适当的重量,并形成一定的悬垂部分
　　D.有一定的强度、长度和适当的重量,悬垂部分越小越好

3.5.2　拖带过程中的船舶操纵

一、知识点梳理

1.拖航速度:取决于拖缆强度、被拖船阻力、拖船的剩余阻力。拖缆安全系数,近距离取4;长距离或风浪影响取6~8。拖带运输船6~8 kn;拖带大型船舶钻井平台3~4 kn。

2.起拖及加速:使用微速进车,并尽可能反复使用停车、微进,保持拖缆有一定的悬垂量,使被拖船逐渐加速,待拖速达到2 kn,可分段加速,每段以0.5 kn左右。

3.改向:避免20°以上变向;有潮流涌浪,不宜超过5°;风流影响小,5°~15°。

4.偏荡抑制:增大被拖船尾倾;降低拖航速度;船尾拖曳漂浮物;适当缩短拖缆长度;改变系结方法增加抑制索。

5. 拖缆长度调整:减小偏荡;摇摆协调。浅水或降速,防止拖底,适当缩短;狭水道改善操纵性能,适当缩短。

6. 大风浪中拖航:可采取滞航,危及安全,可解拖,漂滞。

7. 解拖:两船静止,并系泊抛锚后。

二、难点点拨

拖航偏荡的抑制,是由于波浪影响导致水动力时大时小造成的;因此,使船舶尾倾,水动力中心后移,有利于防止拖带的偏荡。

三、相关习题

起拖时的增速

1. 确定海上拖航速度考虑的因素应包括_____。
①拖船主机功率;②拖船的吃水;③拖缆安全使用强度;④拖船的剩余推力
A. ①②③ B. ①③④
C. ①②④ D. ②③④

2. 确定海上拖航速度时,应考虑拖船主机功率、被拖船排水量和所用拖缆安全使用强度等因素,_____。
A. 拖船主机功率越大、被拖船排水量越小,拖航速度越高
B. 拖船主机功率越小、被拖船排水量越小,拖航速度越高
C. 拖船主机功率越小、被拖船排水量越大,拖航速度越高
D. 拖船主机功率越大、被拖船排水量越大,拖航速度越高

3. 海上拖带时,拖航速度的确定与_____有关。
A. 船长、排水量、拖缆强度 B. 船宽、排水量、拖缆强度
C. 型深、排水量、拖缆强度 D. 主机马力、排水量、拖缆强度

4. 海上拖航起拖时,应先微速进车,当观察到拖缆刚有张力时即_____。
A. 停车,拖缆下垂后再微速进车,如此反复直到有前进速度,方可逐步加速
B. 停车,拖缆下垂后再慢速进车,待拖缆出水面后再全速进车可逐步加速
C. 停车,拖缆下垂后再半速进车,待拖缆出水面后再全速进车可逐步加速
D. 加速,待拖缆出水面后再全速进车可逐步加速

5. 海上拖航起拖加速过程中,应_____。
A. 保持拖缆抬出水面,拖航速度每次增加1.5 kn
B. 保持拖缆抬出水面,拖航速度每次增加0.5 kn
C. 保持拖缆在水面以下,拖航速度每次增加1.5 kn
D. 保持拖缆在水面以下,拖航速度每次增加0.5 kn

转向注意事项

6. 海上拖带转向时_____。
   A. 无风浪条件下可大幅度一次完成　　B. 应每次转5°～10°地分段完成
   C. 应每次转10°～15°地分段完成　　D. 应每次转20°以上以便较快地完成

7. 在大风浪中拖带航行应尽量采取_____。
   A. 顶浪航行　　B. 顺浪航行
   C. 斜浪航行　　D. 滞航方法

8. 海上拖带大角度改向应分数次完成,每次最好改向约_____。
   A. 5°～10°　　B. 10°～15°
   C. 15°～20°　　D. 20°～25°

被拖船偏荡的抑制

9. 海上拖带时,被拖船发生偏荡,为了减轻偏荡,下述措施哪项不正确?
   A. 增加拖缆长度　　B. 降低拖航速度
   C. 使被拖船尾倾　　D. 拖缆加抑制索

10. 海上拖带时,被拖船发生偏荡,为了减轻偏荡,下述措施哪项不正确?
    A. 缩短拖缆长度　　B. 提高拖航速度
    C. 使被拖船尾倾　　D. 拖缆加抑制索

11. 海上拖带时,被拖船发生偏荡,为了减轻偏荡,下述措施哪项不正确?
    A. 缩短拖缆长度　　B. 降低拖航速度
    C. 使被拖船首倾　　D. 拖缆加抑制索

12. 海上拖带时,被拖船发生偏荡可采取的抑制措施包括_____。
    A. 加长拖缆,加快拖航速度　　B. 加长拖缆,降低拖航速度
    C. 缩短拖缆,加快拖航速度　　D. 缩短拖缆,降低拖航速度

13. 海上拖带时,被拖船发生偏荡可采取的抑制措施包括_____。
    A. 加长拖缆,增加被拖船尾吃水　　B. 加长拖缆,增加被拖船首吃水
    C. 缩短拖缆,增加被拖船尾吃水　　D. 缩短拖缆,增加被拖船首吃水

拖航中拖缆的调整

14. 从事海上拖带的船由深水区进入浅水区时,应将拖缆适当_____。
    A. 缩短　　B. 放长
    C. 不用调整　　D. 放长或缩短

15. 从事海上拖带的船由深水区进入浅水区时,应_____。
    A. 拖缆缩短,降低拖速　　B. 拖缆缩短,增大拖速
    C. 拖缆加长,增大拖速　　D. 拖缆加长,降低拖速

参考答案

3.1			
1～5	AAADC	6～10	CCCBC
11～15	ACCDD	16～20	DACAC
3.2.1			
1～5	BAABB		
3.2.2			
1～5	DADBC	6～7	BC
3.2.3			
1～5	DDDDD	6～10	AACBA
11～14	BABD		
3.2.4			
1～5	DAAAB	6～11	BBDCAD
3.3.1			
1～5	AABAB	6～10	CBBBB
11～15	BBCDA		
3.3.2			
1～5	BACAC	6～10	CBDBA
11～13	DDB		
3.3.3			
1～5	CCAAB	6～10	CCCBB
11～14	AACB		
3.4			
1～5	CDCDB	6～10	ABCCC
11～14	DCAA		

3.5.1			
1 ~ 5	DCCAC	6 ~ 10	CBABA
11 ~ 15	BCBAD	16 ~ 18	ABC
3.5.2			
1 ~ 5	BADAD	6 ~ 10	BDAAB
11 ~ 15	CDCAA		

4　搜寻和救助行动

9101：3 000 总吨及以上船舶船长　　　　9102：500 ~ 3 000 总吨船舶船长
9103：3 000 总吨及以上船舶大副　　　　9104：500 ~ 3 000 总吨船舶大副
9105：3 000 总吨及以上船舶二/三副　　9106：500 ~ 3 000 总吨船舶二/三副

考试大纲	适用对象					
	9101	9102	9103	9104	9105	9106
4　搜寻和救助行动	5	5	5	5	2	2
4.1　IMO《国际航空和海上搜寻救助手册》中的全面知识和应用能力						
4.1.1　搜救组织	√	√	√	√	√	√
4.1.2　搜寻基点和最可能区域的确定	√	√	√	√	√	√
4.1.3　搜寻方式	√	√	√	√	√	√
4.1.4　救助落水人员的程序	√	√	√	√	√	√
4.1.5　救助落水人员的应急操作						
4.1.5.1　救助落水人员的四种旋回操船法的特点及适用场合	√	√	√	√	√	√
4.1.5.2　在恶劣天气下释放救助艇或救生艇筏的操纵注意事项	√	√	√	√	√	√
4.1.5.3　从救助艇或救生艇筏上救助幸存人员时的操船方法	√	√	√	√	√	√

4.1 IMO《国际航空和海上搜寻救助手册》中的全面知识和应用能力

4.1.1 搜救组织

一、知识点梳理

1.《搜救手册》共三册,一册组织管理、二册任务协调、三册移动设施。一、二册岸上用,三册船、飞机用。

2.常设机构:全球海区划分13个区,每区指定一个沿海国负责(搜集信息,建立联络,提供服务,协调搜救),各沿海国设立自己的救助协调中心RCC,沿海分管水区设立救助分中心RSC。

3.现场临时组织:现场协调人(船)是救助单位、船舶或航空器负责人;第一艘到达现场的设施负责人(最适合担任,挂FR旗)。

4.搜救实施:收到遇险信号,转发、守听、报告、救助;知悉除本船外,他船被召请;现场通知,认为不需要,可以不去救助。

二、相关习题

1.IMO的《国际航空和海上搜寻救助手册》旨在指导_____。
①遇难者自救;②遇难者接受救助;③施救者,特别是施救船船长如何进行搜寻和救助
A.①
B.①②
C.①②③
D.②③

2.国际海事组织全球搜救计划中将全世界海区划为_____。
A.10 个区
B.13 个区
C.18 个区
D.23 个区

3.国际海事组织航行安全委员会的全球搜救计划中将全世界海区划为 13 个区,每个区要求_____沿岸国政府负责搜集海上紧急信息,建立通信联络,提供搜救服务,并协调同一海区内各政府间和相邻海区之间的搜救服务。
A.1 个
B.2 个
C.3 个
D. 所有

4.国际海事组织航行安全委员会的全球搜救计划中将全世界海区划为 13 个区,每个区要求一个沿岸国政府负责_____。
①搜集海上紧急信息,建立通信联络;②提供搜救服务;③协调同一海区内各政府间和相邻海

区之间的搜救服务

A. ①②③　　　　　　　　　　　　　B. ①②

C. ①③　　　　　　　　　　　　　　D. ③

5. 国际海事组织航行安全委员会的全球搜救计划中将全世界海区划为 13 个区,各海区内的_____设立自己的搜救协调中心,并在_____设立救助分中心。

A. 各沿岸国;本国沿海各分管海域　　　B. 负责国家;各沿岸国

C. 中心国家;各国分管海域　　　　　　D. 各沿岸国;各国海域

6. 海面搜寻协调船通常可由_____担任。

①专业救助船;②现场附近的船舶中产生一艘;③第一艘到达现场的船舶

A. ③　　　　　　　　　　　　　　　B. ①②

C. ①③　　　　　　　　　　　　　　D. ①②③

7. 一般情况下,最适合担任海面搜寻协调船的是_____。

A. 专业救助船

B. 现场附近的船舶中任一艘

C. 距离现场最近的船舶

D. 第一艘到达现场、通信设备齐全的船舶

8. 海面搜寻协调船的识别信号是:白天悬挂国际信号旗_____;夜间则_____。

A. "FR";显示红色闪光灯　　　　　　B. "FR";显示预定的识别标志

C. "GR";显示上绿下红环照灯　　　　D. "GR";显示预定的识别标志

9. 负有救助义务的船长,在接到_____的不需要救助的通知后,即可解除其救助义务。

①遇险人员;②到达遇险人员处的另一船;③海面搜寻协调船

A. ①　　　　　　　　　　　　　　　B. ①②

C. ①②③　　　　　　　　　　　　　D. ①③

10. 航行中船舶的船长接到遇险呼救电文后,应采取的行动是_____。

①转发遇险呼救电文,全速前往遇难船,并保持与难船的联系;②在遇险呼叫频率上守听;③保持正规的瞭望,并做好救助的准备工作

A. ①②　　　　　　　　　　　　　　B. ②③

C. ①③　　　　　　　　　　　　　　D. ①②③

11. 负责航行值班的驾驶员,在收到海上遇险求救信号后,应_____。

①报告船长;②继续在该频率上保持守听;③转发该遇险求救信号

A. ①　　　　　　　　　　　　　　　B. ①③

C. ②③　　　　　　　　　　　　　　D. ①②③

12. 有关遇险和救助问题,下列何种情况可为某船船长解除救助义务?

①某船船长当知悉除本船外其他船已经被召请并正在履行应召时;②某船船长如得到到达遇险人员处的一船船长的通知,认为不再需要救助时;③某船船长认为除本船外其他船可能已经被召请并正在履行应召时

A. ①　　　　　　　　　　　　　　　B. ①②

C.①②③　　　　　　　　　　　　　　D.①③

13. 在离港前,指定作为在遇险事件时负有无线电通信职责的人员应确保_____。
①所有遇险和安全无线电设备、备用电源均处于有效工作状态,并记入电台工作日志;②报房时钟准确地设定到与无线电报时信号一致;③天线正确地架妥无损坏,并连接正确

A.①②　　　　　　　　　　　　　　B.①②③
C.①③　　　　　　　　　　　　　　D.②③

14. 在离港前,指定作为在遇险事件时负有无线电通信职责的人员应确保_____。
①所有国际公约规定的文件根据最新收到的资料进行修改,有不符之处报告船长;②应准时接收船舶将要航行的区域的最新的气象报告和航行警告,并将这些信息送交船长;③报房时钟准确地设定到与无线电报时信号一致

A.①②　　　　　　　　　　　　　　B.①②③
C.①③　　　　　　　　　　　　　　D.②③

15. 指定为在遇险事件中负有无线电通信主要责任的无线电值班人员应保证下列设备工作正常_____。
①每周至少一次用试验方法测试数字选择性呼叫(DSC)遇险和安全通信的无线电设备;②每天至少一次测试遇险和安全通信的无线电设备,但不发射任何信号;③每月至少一次用试验方法测试数字选择性呼叫(DSC)遇险和安全通信的无线电设备

A.①②　　　　　　　　　　　　　　B.①②③
C.①③　　　　　　　　　　　　　　D.②③

16. 在发生遇险事件时,下列哪些事项应予记录?
①遇险、紧急和安全的无线电通信摘要;②与遇险及救助有关的重要事件;③如果可能,每天两次船位;④无线电装置的状况,包括电源状况的摘要

A.①②　　　　　　　　　　　　　　B.①②③
C.①②③④　　　　　　　　　　　　D.①②④

17. 在海上遇险和救助中,搜寻基点应由_____提供。
A.岸上当局　　　　　　　　　　　　B.海面搜寻协调船
C.岸上当局或海面搜寻协调船　　　　D.参与搜救的船只

18. 确定搜寻基点时应考虑的因素包括_____。
①救助船抵达现场前,已经飞抵现场的飞机所做的估计;②参照无线电测向仪获得的资料;③其他方法获得的资料

A.①　　　　　　　　　　　　　　　B.①②
C.①③　　　　　　　　　　　　　　D.①②③

19. 在海上遇险和救助中,搜寻基点可由_____确定。
①岸上当局;②海面搜寻协调船;③搜救的救助船的推算

A.①②③　　　　　　　　　　　　　B.①②
C.②③　　　　　　　　　　　　　　D.①③

20. 确定搜寻基点时应考虑的因素包括_____。

①通报遇险的时间和船位;②各救助船到达遇险船船位的时间;③救助船到达之前的时间内,遇险船、艇筏的漂移量

A. ①　　　　　　　　　　B. ①②
C. ①③　　　　　　　　　D. ①②③

21. 在搜寻遇险船时,确定搜寻基点时应考虑的因素中包括:通报遇险的_____;救助船到达现场前的时间内,遇险船_____。
A. 时间和船位;漂移量　　　B. 损害情况;漂移量
C. 损害情况;采取的行动　　D. 时间和船位;采取的行动

4.1.2　搜寻基点和最可能区域的确定

一、知识点梳理

1. 确定单位:岸上机关、海面搜寻协调船。
2. 考虑因素:遇险时间船位、到达时间、漂移量、飞机的估计、无线电测向仪或其他资料。
3. 可能区域:以搜寻基点为中心,以 10 n mile 为半径所画圆的外切正方形。

二、相关习题

1. 在搜寻遇险船时,确定搜寻基点后,开始搜寻阶段的最可能区域是以基点为中心,_____。
A. 边长为 10 n mile 的正方形　　B. 半径为 15 n mile 的圆的外切正方形
C. 半径为 10 n mile 的圆的外切正方形　D. 半径为 20 n mile 的圆的外切正方形

2. 初始搜寻阶段,遇险最可能的区域是_____。
A. 以搜寻基点为中心,10 n mile 为半径的圆形区域
B. 以搜寻基点为中心,10 n mile 为半径的圆的外切正方形
C. 以搜寻基点为中心,10 n mile 为直径的圆形区域
D. 以搜寻基点为中心,10 n mile 直径的圆的外切正方形

3. 初始搜寻遇险船阶段,最可能区域是以_____为中心,半径为 10 n mile 的圆的外切正方形。
A. 搜寻基点　　　　　　　B. 遇险船的最后船位
C. 最后收到的遇险信号包含的船位　D. 最先收到的遇险信号包含的船位

4. 在搜寻遇险船时,确定搜寻基点后,开始搜寻阶段的最可能区域是以基点为中心,半径为_____的圆的外切正方形。
A. 40 n mile　　　　　　　B. 30 n mile
C. 20 n mile　　　　　　　D. 10 n mile

5. 在运用扩展方形搜寻时,尽可能在基点处投下一艘救生筏或其他漂浮标志,用以_____。
A. 观测风流向　　　　　　B. 观测其漂移速度

C. 便于遇难者发现　　　　　　　　　　　D. 便于其他救助船发现遇难者

6. 多艘船舶到达搜寻区域,最有效的搜寻方法是_____。

　　A. 扩大搜寻的最可能区域

　　B. 保持最可能搜寻区域内搜寻

　　C. 一部分在搜寻区域内,另一部分在搜寻区域外搜寻

　　D. 缩小搜寻区域

4.1.3　搜寻方式

一、知识点梳理

　　1. 扩展正方形搜寻:单船,基点投浮标做基点标志以观测漂移速度。相邻航线间距与物标大小、能见度好坏有关。

　　2. 扇形搜寻:单船,区域较小;适用于发现又丢失物标;半径 2 ~ 5 n mile,每次转120°,二段起始基点处转30°,后同一段搜寻。

　　3. 平行搜寻:两艘或以上。方向为漂移方向,间距与物标、能见度有关。速度以最慢船最高速或中心指示。

　　4. 海空协同搜寻:飞机船舶。

二、相关习题

1.《国际航空和海上搜寻救助手册》提供的海上救助搜寻方式有_____。

　　①扩展方形方式;②扇形方式;③平行航线方式;④海空协同搜寻方式

　　A.①③　　　　　　　　　　　　　　　　B.①②③

　　C.①②　　　　　　　　　　　　　　　　D.①②③④

2. 海上单船搜寻方式有_____。

　　①扩展方形方式;②扇形方式;③平行航线方式;④海空协同搜寻方式

　　A.①③　　　　　　　　　　　　　　　　B.①②③

　　C.①②　　　　　　　　　　　　　　　　D.①②③④

3. 海上多船搜寻方式有_____。

　　①扩展方形方式;②扇形方式;③平行航线方式;④海空协同搜寻方式

　　A.①③④　　　　　　　　　　　　　　　B.①②③④

　　C.①②　　　　　　　　　　　　　　　　D.③

4. 开展平行航线搜寻,搜寻速度的确定以_____为准。

　　A. 参加搜寻的最慢船的最高速度

　　B. 参加搜寻的最快船的最高速度

C. 搜救协调中心的指示

D. 参加搜寻的最慢船的最高速度或搜救协调中心的指示

5.《国际航空和海上搜寻救助手册》提供的海空协同搜寻方式是指_____。

    A. 飞机协同船舶共同搜寻

    B. 飞机负责搜寻,船舶负责救助的分工合作方式

    C. 船舶负责搜寻,飞机负责救助的分工合作方式

    D. 与多船的平行航线方式相同,飞机作为船舶使用

6. 在《国际航空和海上搜寻救助手册》提供的海空协同搜寻方式中,船舶搜寻的方向或航向由_____提供。

    A. 现场指挥   B. 自行确定

    C. 飞机   D. 最初收到遇险报警的船舶

7. 海上搜寻时,搜寻线间距查表所依据的因素为_____。

    A. 被搜寻目标的大小   C. 搜寻船的大小

    B. 当时的气象能见度   D. 被搜寻目标的大小和气象能见度

8. 海上搜寻时,搜寻线间距查表所依据的因素为_____。

    ①被搜寻目标的大小;②当时的气象能见度;③搜寻船的大小

    A. ①③   B. ①②③

    C. ①②   D. ②③

9. 确定搜寻基点时应考虑的因素包括_____。

    ①通报遇险的时间和船位;②各救助船到达遇险船船位的时间;③救助船到达之前的时间内,遇险船、其艇筏的漂移量

    A. ①   B. ②

    C. ③   D. ①②③

10. 海上搜寻时,搜寻线间距查表所依据的因素为_____。

    ①被搜寻目标的大小;②当时的气象能见度;③搜寻船的大小

    A. ①   B. ②

    C. ③   D. ①②

11. 开展平行航线搜寻,搜寻速度的确定以_____为准。

    ①参加搜寻的最慢船的最高速度;②参加搜寻的最快船的最高速度;③搜救协调中心的指示

    A. ①   B. ②

    C. ③   D. ①③

12.《国际航空和海上搜寻救助手册》规定的扩展方形搜寻方式适用于_____。

    A. 单船搜寻   B. 多船搜寻

    C. 海空协同搜寻   D. A、B、C 都可以

13.《国际航空和海上搜寻救助手册》规定的扇形搜寻方式适用于_____。

    A. 海空协同搜寻   B. 多船搜寻

    C. 单船搜寻   D. A、B、C 都可以

14.《国际航空和海上搜寻救助手册》规定的扇形搜寻方式中,第一个搜寻循环中每次转向角为_____,第一个搜寻循环结束时,右转_____进入第二个搜寻循环。
 A. 150°;30°
 B. 120°;30°
 C. 150°;60°
 D. 120°;60°

15.《国际航空和海上搜寻救助手册》规定的平行扫视搜寻方式适用于_____。
 A. 两船及以上搜寻
 B. 扇形搜寻
 C. 单船搜寻
 D. 船舶与航空器联合

16. IAMSAR Manual 规定的搜寻方式中适用于单船搜寻的是_____。
 A. 平行扫视搜寻方式或扇形搜寻方式
 B. 平行扫视搜寻方式或扩展方形搜寻方式
 C. 扩展方形搜寻方式或扇形搜寻方式
 D. 扇形搜寻方式、扩展方形搜寻方式或平行扫视搜寻方式

17. 当单船进行扇形搜寻时,每一航向所搜寻的里程为_____,这种搜寻方式适用于当搜寻目标的可能区域较_____时。
 A. 2 n mile;小
 B. 6 n mile;小
 C. 根据被搜寻目标大小确定;大
 D. 根据被搜寻目标大小确定;小

18. 当单船进行扇形搜寻时,每一航向所搜寻的里程为_____ n mile,这种搜寻方式适用于当搜寻目标的可能存在区域较_____时。
 A. 2~5;大
 B. 2~5;小
 C. 5~10;大
 D. 5~10;小

19. 当搜寻船作单船的扩展方形搜寻时,通常从基点开始,按_____逐步扩展正方形边长进行搜寻(S 为搜寻线间距)。
 A. 2S,2S,4S,4S,8S,8S……
 B. 4S,4S,8S,8S,12S,12S……
 C. S,S,2S,2S,3S,3S,4S,4S……
 D. 4S,4S,4S,4S,8S,8S,8S,8S……

20. 初始搜寻阶段,遇险最可能区域是以搜寻基点为中心,以 10 n mile 为半径所作圆的外切正方形,该正方形的方向_____。
 A. 沿搜救船舶驶来的方向作
 B. 沿漂移距离的方向作
 C. 沿遇难船筏遇难前的航向作
 D. 沿任意方向均可

21. 海上搜寻中,搜寻线间距主要与下列哪些因素有关?
 ①搜寻船舶的大小;②搜寻目标的大小;③当时的海况、能见度;④通报遇险的时间
 A. ①②③
 B. ②③④
 C. ②③
 D. ③④

22. 在多船参与的平行搜寻模式中,有关搜寻船舶的航行位置说法正确的是_____。
 A. 无具体要求
 B. 随机分布即可
 C. 搜寻船舶航线平行,前后拉开适当距离
 D. 搜寻船舶航线平行,横向上保持齐头并进

23. 在由飞机协同船舶共同搜寻的模式中,有关搜寻船舶与飞机的航行位置说法正确的是_____。

A. 沿船舶航进方向上,飞机应超前于船舶一定距离

B. 沿船舶航进方向上,飞机与船舶应在一个横向线上

C. 沿船舶航进方向上,飞机应落后于船舶一定距离

D. 无任何要求

4.1.4 救助落水人员的程序

一、知识点梳理

发现者投下就近的救生圈、自发烟雾信号→停车向落水者一舷满舵→发出落水报警→登高瞭望→报告船长、备车→驶向落水者上风舷→下风舷放艇→艇驶向落水者下风。

二、难点点拨

大船位于上风,为救生艇或落水人员创造一个相对平静的下风水域;而救生艇贴近落水人员时,从下风驶近,避免风致漂移,将落水人员压入艇底。

三、相关习题

发现人员落水的三种情况:立即行动、延迟行动、人员失踪
初期行动

1. 发现有人落水,目击者应采取的首要措施是_____。

A. 就近抛下救生圈　　　　　　　　B. 报告船长

C. 报告驾驶台　　　　　　　　　　D. 释放救生艇

2. 船舶在海上航行,值班驾驶员突然接到有人落水的报告,应怎样紧急操船?

A. 立即向落水者一舷操满舵　　　　B. 立即向落水者相反一舷操满舵

C. 立即操左舷满舵　　　　　　　　D. 立即操右舷满舵

3. 船舶在海上航行,值班驾驶员突然接到有人在左舷落水的报告,应怎样紧急操船?

A. 立即操右舷满舵　　　　　　　　B. 立即操左舷满舵

C. 立即正舵停车　　　　　　　　　D. 立即正舵倒车

4. 船舶在海上航行,值班驾驶员突然接到有人在右舷落水的报告,应怎样紧急操船?

A. 立即操右舷满舵　　　　　　　　B. 立即操左舷满舵

C. 立即正舵停车　　　　　　　　　D. 立即正舵倒车

4.1.5 救助落水人员的应急操作

4.1.5.1 救助落水人员的四种旋回操船法的特点及适用场合

一、知识点梳理

1. 单旋回:时间最短,适用立即行动,不适用延迟和失踪。

落水者一舷满舵,距落水者余20°,正舵停车。难以视认250°。

2. 双半旋回:适用立即行动,始终见落水者。

落水者一舷满舵,转180°,保持,落水者正横后30°,再次180°。

3. 威廉逊旋回:夜间或能见度不良有效;最适用延迟行动,立即行动和人员失踪也适用。

向落水者一舷满舵,转60°,操相反一舷满舵,与原航向反航向差20°,正舵。

4. 斯恰诺旋回:也称史乔那旋回,较威廉逊旋回节省1~2 n mile。适用人员失踪,不适用立即行动和延迟行动。

向任一舷满舵,转240°,操相反一舷满舵,与原航向相反航向差20°,正舵。

二、相关习题

威廉逊旋回、单旋回、斯恰诺旋回

1. 单旋回法适用于人落水后的_____。
   A. 立即行动   B. 延迟行动
   C. 人员失踪   D. 搜寻行动

2. 发现落水人较早,并在海上可见时,可采用_____。
   A. 单旋回
   B. 威廉逊(Williamson)旋回
   C. 单旋回或斯恰诺(Scharnov)旋回
   D. 威廉逊(Williamson)旋回或斯恰诺(Scharnov)旋回

3. 船上有人落水后,下列哪些操纵方法适用于立即行动,并能以最短时间返回落水者位置?
   A. 威廉逊(Williamson)旋回   B. 单旋回
   C. 双旋回   D. 斯恰诺(Scharnov)旋回

4. 发现落水者已晚,大型船为尽快驶至落水者应采用_____。
   A. 斯恰诺(Scharnov)旋回   B. 威廉逊(Williamson)旋回
   C. 双旋回   D. 单旋回

5. 威廉逊(Williamson)旋回法中,在发现有人落水后,立即向落水者一舷操满舵,当船首转过

_____后,改操另一舷满舵?

A. 40°   B. 60°

C. 80°   D. 90°

6. 大型船采用斯恰诺(Scharnov)旋回较威廉逊(Williamson)旋回_____。

A. 要延迟 0.5 ~ 1 n mile 航程驶回落水者航迹

B. 可节约 1 ~ 2 n mile 航程驶回落水者航迹

C. 要延迟 1 ~ 2 n mile 航程驶回落水者航迹

D. 可节约 0.5 ~ 1 n mile 航程驶回落水者航迹

7. 威廉逊(Williamson)旋回法最适用于人落水后的_____。

A. 立即行动   B. 延迟行动

C. 人员失踪   D. 搜寻行动

8. 斯恰诺(Scharnov)旋回法最适用于人落水后的_____。

A. 立即行动   B. 延迟行动

C. 人员失踪   D. 搜寻行动

9. 大型船采用斯恰诺(Scharnov)旋回和威廉逊(Williamson)旋回方法寻找失踪人员时,回到与原航向相反方向的距离两者比较_____。

A. 斯恰诺(Scharnov)旋回和威廉逊(Williamson)旋回距离一样

B. 斯恰诺(Scharnov)旋回比威廉逊(Williamson)旋回距离大

C. 斯恰诺(Scharnov)旋回比威廉逊(Williamson)旋回距离小

D. 两者无法比较

10. 斯恰诺旋回,当船舶转向_____时操另一舷满舵。

A. 60°   B. 120°

C. 180°   D. 240°

4.1.5.2　在恶劣天气下释放救助艇或救生艇筏的操纵注意事项

一、知识点梳理

1. 放艇时,纵倾应低于 10°,横倾低于 20°,船速不高于 5 kn;天气恶劣时采用滞航放艇。

2. 前后同时脱钩,不能先脱后钩;不能同时挂钩,先挂前钩。

3. 大船处落水者上风,放下风救生艇,从下风靠近落水人员,火灾时从上风。

4. 船中部进行救助。

二、相关习题

1. 在海面平静的情况下应尽快释放救生艇或救助艇抢救落水人员,放艇时大船的余速不应超过

_____。

A. 3 kn   B. 4 kn

C. 5 kn   D. 6 kn

2. 船舶释放救生艇时,纵倾不应大于_____,横倾不应大于_____。

A. 20°;20°   B. 20°;10°

C. 10°;20°   D. 10°;10°

3. 大风浪中放艇时,艇一着水后,就要前后同时脱钩,在不能同时脱钩时,应_____。

A. 先脱前吊钩,后脱后吊钩   B. 先脱后吊钩,后脱前吊钩

C. 先脱中间钩,后脱后吊钩   D. 先脱前吊钩,后脱中间钩

4. 大风浪中放艇时,为减少救生艇摇摆而与大船相碰撞,可用_____。

①止荡索;②碰垫;③艇篙

A. ①②③   B. ①②

C. ②③   D. ①③

5. 大风浪中收艇,在横摇中挂钩,应在何时迅速前后同时挂钩?

A. 大船由本舷最大横摇角向另一舷横摇   B. 大船由本舷横摇至中间位置时

C. 大船由另一舷最大横摇角向本舷横摇   D. 大船由另一舷横摇至中间位置时

6. 大风浪中收艇时,应前后同时挂钩,在不能同时挂钩时,应_____。

A. 先挂前吊钩,后挂后吊钩   B. 先挂后吊钩,后挂前吊钩

C. 先挂中间钩,后挂后吊钩   D. 先挂前吊钩,后挂中间钩

4.1.5.3　从救助艇或救生艇筏上救助幸存人员时的操船方法

一、知识点梳理

1. 应考虑本船与被救船或艇的漂移速度;

2. 遇难船可放艇,本船驶往遇难船下风侧停留,也可驶向遇难船首尾的近距离,更便于遇难船放出的艇靠本船下风舷。

3. 需要本船放艇,本船抵遇难船上风侧,放下风救生艇,收艇时,至遇难船的下风。

4. 可以用起重设备将艇筏一起吊上,如艇太重或无吊放装置,可转移到救助船的救生艇或救助艇中再吊起。

二、相关习题

1. 风浪中救助落水人员时,应先驶向落水者的_____,将_____救生艇放下,从_____靠拢落水者。

A. 上风;下风;上风   B. 上风;下风;下风

C. 下风;下风;上风   D. 下风;上风;下风

2. 大船救助海上遇难人员的方法,下列说法哪项不正确?

  A. 操船把遇难者置于下风舷

  B. 对在舷边的遇难人员可选择在船首部或尾部进行救助

  C. 对已登上救生艇的遇难者,可利用吊艇设备,将人艇一起吊上船

  D. 对漂浮在海上的人员,仍应在舷边张挂救生网,供遇难人员攀附

3. 救助遇难船舶人员,若难船不能放艇时,本船应行驶到难船_____,从_____舷放本船救生艇,驶抵遇难船_____,救助遇难船人员。

  A. 上风;下风;上风   B. 下风;上风;下风
  C. 上风;下风;下风   D. 下风;下风;上风

4. 海上有风浪,救助落水人员时,应先操纵船舶驶向_____,从_____放下救生艇,救生艇应尽快从落水者的_____靠拢救起落水人员。

  A. 上风侧;上风侧;下风   B. 上风侧;下风侧;下风
  C. 下风侧;上风侧;上风   D. 下风侧;下风侧;上风

5. 从救助艇或救生艇筏上救助落水人员时,_____。

  A. 应该让幸存人员攀爬到救助艇上   B. 可以将幸存人员同艇一同吊起
  C. 必须将幸存人员与艇分别吊起   D. 必须将幸存人员同艇一同吊起

6. 救助已在难船救生艇上的幸存人员,如果艇太重或本船没有对应吊放装置时,下列做法正确的是_____。

  A. 等待其他船救助   B. 救助船拖带航行
  C. 让遇险人员自行攀爬到本船   D. 本船放艇,转移遇险人员后吊起

7. 如遇险船能放下救生艇,救助船应行驶到遇险船的_____侧,也可以驶向遇险船的首尾附近处,使遇险船处于_____,便于遇险船救生艇来靠本船的_____舷。

  A. 上风;上风;上风   B. 上风;上风;下风
  C. 下风;上风;下风   D. 下风;下风;下风

8. 救助收艇时,救助船应行驶到遇险船的_____侧,等待救生艇来靠本船的_____舷。

  A. 上风;上风   B. 上风;下风
  C. 下风;上风   D. 下风;下风

9. 对于较多漂浮在海面的遇险人员,最好的救助方法是_____。

  A. 让遇险人员自行集合攀爬到救助船

  B. 由救助船逐个救助上船

  C. 救助船放艇,由救助艇逐个救助,最后吊上救助船

  D. 由救助船拖曳缆绳,让遇险人员攀爬

10. 船舶在营救有较多落水人员时_____。

  A. 可以拖曳系有救生衣或救生圈的缆绳在落水者上风低速回旋

  B. 可以拖曳系有救生衣或救生圈的缆绳在落水者下风低速回旋

  C. 可以拖曳系有救生衣或救生圈的缆绳在落水者上风高速回旋

D. 可以拖曳系有救生衣或救生圈的缆绳在落水者下风高速回旋

参 考 答 案

4.1.1			
1 ~ 5	CBAAA	6 ~ 10	DDBCD
11 ~ 15	DBBBA	16 ~ 21	DCDBDA
4.1.2			
1 ~ 5	CBADB	6	B
4.1.3			
1 ~ 5	DCDDA	6 ~ 10	ADCDD
11 ~ 15	DACBA	16 ~ 20	CABCB
21 ~ 23	CDB		
4.1.4			
1 ~ 4	AABA		
4.1.5.1			
1 ~ 5	AABAB	6 ~ 10	BBCCD
4.1.5.2			
1 ~ 5	CCBAD	6	A
4.1.5.3			
1 ~ 5	BBCBB	6 ~ 10	DDDCA

5 轮机概论

9101:3 000 总吨及以上船舶船长　　　9102:500 ~ 3 000 总吨船舶船长
9103:3 000 总吨及以上船舶大副　　　9104:500 ~ 3 000 总吨船舶大副
9105:3 000 总吨及以上船舶二/三副　　9106:500 ~ 3 000 总吨船舶二/三副

考试大纲	适用对象					
	9101	9102	9103	9104	9105	9106
5 轮机概论						
5.1 常用轮机术语	√	√	√	√		
5.2 船舶辅机常识	√	√	√	√		
5.3 船舶动力装置的基本操作原则	√	√	√	√	√	√
5.4 小船动力装置和辅机的操作						

5.1 常用轮机术语

一、知识点梳理

1. 动力装置造价影响最大的是船速。

2. 推进器(螺旋桨),能量转换装置;直接传动式定距桨采用低速可逆转的主机;功率相同重量最轻的是燃气轮机。

3. 主机(柴油机),工质是燃气,上止点、下止点;工作过程:进气、压缩、燃烧膨胀、排气。

(1)四冲程,一次工作循环,4 个活塞行程。完成 2 次能量转换。

(2)二冲程,一次工作循环,2 个活塞行程。

二冲程柴油机特点:结构简单,维修方便,体积小、功率大(尺寸转速相同,功率是四冲程的 1.7 倍)、油耗大,运转均匀,起动容易,进排气时间短,换气质量差。大型低速柴油机宜采用二冲程。

4. 柴油机指标参数:船舶柴油机多采用压燃式,具有较高的热效率。柴油机增压是为了提高柴油机的功率。

　　柴油机工作粗暴性的主要参数:平均压力升高速度。超负荷的注意参数指标:排气温度。评定柴油机运转速度的指标:活塞平均转速和曲轴转速的高低。

　　5.备车:暖机,提高机体温度,容易起动;降低机件温度变化速度;减少低温腐蚀。准备滑油、冷却、燃油、压缩空气系统。转车(盘车)、冲车、试车。换油操作提前1小时进行。

　　6.正常航行:主机操纵是根据驾驶台命令。主机遥控系统通常采用程序调节系统。随航速的增加,逐渐加大油门是防止主机超机械负荷;调距桨为使主机不超负荷应调小螺距;换向操纵试验时间不大于15 s;与机器类型、操作人员的技术有关。

　　7.船舶燃油基本有:轻柴油、重柴油、重质燃料油。排烟,黑色,喷油过迟,燃烧不充分,主机超负荷;淡蓝色,大量滑油燃烧;白色,汽缸中有水;淡灰色,正常。

二、相关习题

1.从能量关系上说,_____是船、机、桨能量系统的转换器。
　　A.柴油机　　　　　　　　　　　　B.推力轴
　　C.螺旋桨　　　　　　　　　　　　D.船体

2.柴油机的下止点是指_____。
　　A.气缸的最低位置　　　　　　　　B.工作空间的最低位置
　　C.曲柄处于最低位置　　　　　　　D.活塞离曲轴中心线的最近位置

3.柴油机做功的工质是_____。
　　A.空气　　　　　　　　　　　　　B.燃油
　　C.可燃混合气　　　　　　　　　　D.燃气

4.衡量柴油机工作粗暴性的主要参数是_____。
　　A.最高排烟温度　　　　　　　　　B.最大爆发压力
　　C.最大喷油量　　　　　　　　　　D.平均压力升高速度

5.如果柴油机超负荷运转,可能出现排烟的颜色是_____。
　　A.淡灰色　　　　　　　　　　　　B.蓝色
　　C.黑色　　　　　　　　　　　　　D.白色

6.当柴油机以正常负荷运转时,可能出现排烟的颜色是_____。
　　A.淡灰色　　　　　　　　　　　　B.蓝色
　　C.黑色　　　　　　　　　　　　　D.白色

7.柴油机排气中的黑烟主要来自于_____。
　　A.冷车起动燃烧不良的燃油微粒　　B.燃油低温的聚合产物
　　C.燃油高温下的缺氧热裂产物　　　D.低速运转中燃油燃烧的微粒

8.柴油机喷油定时过迟,其排气颜色为_____。
　　A.白色　　　　　　　　　　　　　B.淡灰色
　　C.黑色　　　　　　　　　　　　　D.蓝色

9. 柴油机排气为白色主要是因为_____。

    A. 气缸中有水   B. 气缸中滑油燃烧

    C. 燃烧不良   D. 雾化不良

10. 当柴油机缸内有大量滑油燃烧时,排烟的颜色是_____。

    A. 蓝色   B. 白色

    C. 黑色   D. 灰色

11. 柴油机在_____情况下,可能出现蓝色排烟。

    A. 超负荷运转   B. 正常负荷运转

    C. 扫气压力太低   D. 大量滑油在气缸内燃烧

12. 下列叙述正确的是_____。

    A. 高速柴油机宜采用二冲程   B. 大型低速柴油机宜采用二冲程

    C. 船用中速柴油机一般均采用二冲程   D. 增压柴油机均是二冲程柴油机

13. 四冲程柴油机工作过程中进气冲程活塞的动态为_____。

    A. 活塞由上止点向下止点运动   B. 活塞由下止点向上止点运动

    C. 活塞由上止点至气缸中部   D. 活塞由下止点至气缸中部

14. 四冲程柴油机工作过程中压缩冲程活塞的动态为_____。

    A. 活塞由上止点向下止点运动   B. 活塞由下止点向上止点运动

    C. 活塞由上止点至气缸中部   D. 活塞由下止点至气缸中部

15. 柴油机工作过程包括_____等过程。

    A. 进气、压缩   B. 燃烧、膨胀、排气

    C. 进气、压缩、燃烧膨胀、排气   D. 进气、做功、排气

16. 柴油机中,活塞_____的位置称之为活塞的"上止点"。

    A. 在气缸中运动的最上端位置   B. 在气缸中运动的最下端位置

    C. 离曲轴中心线最远   D. 离曲轴中心线最近

17. 柴油机中,活塞_____的位置称之为活塞的"下止点"。

    A. 在气缸中运动的最上端位置   B. 在气缸中运动的最下端位置

    C. 离曲轴中心线最远   D. 离曲轴中心线最近

18. 四冲程柴油机是用活塞的_____来完成柴油机一个工作循环的柴油机。

    A. 2 个行程(冲程)   B. 6 个行程(冲程)

    C. 4 个行程(冲程)   D. 8 个行程(冲程)

19. 二冲程柴油机完成一个工作循环,要_____。

    A. 活塞往复 2 个行程,曲轴回转 1 转   B. 活塞往复 4 个行程,曲轴回转 2 转

    C. 活塞往复 2 个行程,曲轴回转 2 转   D. 活塞往复 4 个行程,曲轴回转 1 转

20. 二冲程柴油机是用活塞的_____来完成柴油机一个工作循环的柴油机。

    A. 2 个行程(冲程)   B. 6 个行程(冲程)

    C. 4 个行程(冲程)   D. 8 个行程(冲程)

21. 四冲程柴油机完成一个工作循环,要_____。

A. 活塞往复 2 个行程, 曲轴回转 1 转　　　　B. 活塞往复 4 个行程, 曲轴回转 2 转

C. 活塞往复 4 个行程, 曲轴回转 1 转　　　　D. 活塞往复 2 个行程, 曲轴回转 2 转

22. 与四冲程柴油机相比, 二冲程柴油机的特点包括_____。

A. 功率大, 体积大　　　　　　　　　　　B. 功率小, 体积小

C. 功率大, 体积小　　　　　　　　　　　D. 功率小, 体积大

23. 与四冲程柴油机相比, 二冲程柴油机的特点包括_____。

A. 进排气时间长, 换气质量差　　　　　　B. 进排气时间短, 换气质量差

C. 进排气时间长, 换气质量好　　　　　　D. 进排气时间短, 换气质量好

24. 与四冲程柴油机相比, 二冲程柴油机的特点包括_____。

A. 运转不均匀, 起动复杂　　　　　　　　B. 运转不均匀, 起动容易

C. 运转均匀, 起动复杂　　　　　　　　　D. 运转均匀, 起动容易

25. 与四冲程柴油机相比, 二冲程柴油机的特点包括_____。

A. 结构简单, 维修方便　　　　　　　　　B. 结构复杂, 维修不方便

C. 结构简单, 维修不方便　　　　　　　　D. 结构复杂, 维修方便

26. 在气缸尺寸和转速等相同的条件下, 二冲程柴油机的功率是四冲程柴油机的_____倍左右。

A. 0.6　　　　　　　　　　　　　　　　B. 0.7

C. 1.7　　　　　　　　　　　　　　　　D. 2.6

27. 评定柴油机运转速度的指标是_____。

A. 活塞的平均转速　　　　　　　　　　　B. 增压压力大小

C. 曲轴转速高低　　　　　　　　　　　　D. 活塞的平均转速和曲轴转速高低

28. 船舶柴油机主机从低速加速到全速应逐渐加大油门是为了防止主机_____。

A. 超功率负荷　　　　　　　　　　　　　B. 超热负荷

C. 超机械负荷　　　　　　　　　　　　　D. 超机械负荷和功率负荷

29. 柴油机换向操纵试验时间, 按规定不大于_____。

A. 15 s　　　　　　　　　　　　　　　　B. 45 s

C. 28 s　　　　　　　　　　　　　　　　D. 35 s

30. 双机双桨推进的船舶转弯时, 为防止超负荷, 值班驾驶员在操作时应当_____。

A. 降低内桨主机油门　　　　　　　　　　B. 降低外桨主机油门

C. 先降低内桨后降低外桨主机油门　　　　D. 同时降低内、外桨主机油门

31. 在航行阻力增加时, 为使主机不超负荷并保持原转速不变, 对调距桨应_____。

A. 调大螺距　　　　　　　　　　　　　　B. 调小油门

C. 调小螺距　　　　　　　　　　　　　　D. 调大油门

32. 当船舶从前进工况改为倒航工况时_____。

A. 主机功率变化, 船体阻力不变　　　　　B. 船体阻力变化, 主机功率不变

C. 船体阻力不变, 螺旋桨推力变化　　　　D. 船体阻力、主机功率都变化

33. 下列哪一项叙述是错误的?

A. 柴油机增压的目的是提高柴油机功率

B. 增压手段可应用于二冲程柴油机,也可应用于四冲程柴油机

C. 柴油机增压的目的是提高柴油机效率

D. 船用柴油机主机和发电辅机均可采用废气涡轮增压

34. 作为船舶主推进装置,在功率相同的情况下,重量最轻的是_____。

    A. 蒸汽机   B. 蒸汽轮机

    C. 燃气轮机   D. 柴油机

35. 船舶在全速前进时施行紧急倒车操纵,将引起_____。

①主机热负荷剧烈变化;②主机机械负荷剧烈变化;③增压器发生喘振

    A. ①②   B. ①③

    C. ②③   D. ①②③

36. 船舶正常航行时,主机操作是根据_____。

    A. 驾驶台命令   B. 船长命令

    C. 轮机长命令   D. 船舶工况

37. 对船舶动力装置的造价影响最大的是_____。

    A. 船舶的用途   B. 船舶的形式

    C. 船舶的尺度   D. 船速

38. 在柴油机动力装置船舶上,一般采用_____柴油机作船舶主机。

    A. 中速柴油机   B. 低速柴油机

    C. 高速柴油机   D. 中、低速柴油机

39. 我国船舶柴油机所用的燃油基本上有_____。

    A. 轻柴油   B. 重柴油

    C. 重质燃料油   D. 轻柴油、重柴油、重质燃料油

40. 在蒸汽动力装置的船舶上,蒸汽锅炉产生的蒸汽主要用于_____。

    A. 推动主汽轮机运转   B. 加热油、水

    C. 提供生活用汽   D. 汽笛鸣放

41. 在柴油机动力装置的船舶上,一般设置有_____等蒸汽锅炉。

    A. 主锅炉   B. 燃油辅助锅炉

    C. 废气锅炉   D. 燃油辅助锅炉、废气锅炉

42. 在柴油机废热的各项热损失中,热量较大且可利用程度较好的是_____。

    A. 排气热损失   B. 冷却热损失

    C. 中冷器热损失   D. 滑油热损失

43. 在柴油机动力装置船舶上,一般采用_____柴油机作发电原动机。

    A. 中速柴油机   B. 低速柴油机

    C. 高速柴油机   D. 中、低速柴油机

44. 柴油机是采用_____使燃料在气缸内着火燃烧的。

    A. 电火花点火发火   B. 压缩式发火

C. 人工点火式发火　　　　　　　D. 电火花点火发火、压缩式发火

45. 船舶主机遥控系统通常采用_____。
    A. 随动调节系统　　　　　　　　B. 定值调节系统
    C. 程序调节系统　　　　　　　　D. 比例调节系统

46. 主机的起动与换向的快慢除与机器的类型性能有关外,还与_____有关。
    A. 操作人员的技术水平　　　　　B. 风流的影响
    C. 航道的浅窄程度　　　　　　　D. 船舶类型

47. 实践证明,提高柴油机功率的最有效方法是_____。
    A. 增加汽缸数目　　　　　　　　B. 加大汽缸直径
    C. 提高柴油机转速　　　　　　　D. 增加汽缸内压力

48. 柴油机在机械强度和热负荷允许的范围内,能长期连续运转的最大有效功率称为_____。
    A. 有效功率　　　　　　　　　　B. 额定功率
    C. 常用功率　　　　　　　　　　D. 港内功率

49. 柴油机在起动时,起动空气应在_____进入气缸。
    A. 压缩行程　　　　　　　　　　B. 膨胀行程
    C. 进气行程　　　　　　　　　　D. 排气行程

50. 船舶在全速前进时施行紧急倒车操纵,将引起_____。
    ①主机热负荷剧烈变化;②主机机械负荷剧烈变化;③增压器发生喘振
    A. ①②　　　　　　　　　　　　B. ①③
    C. ②③　　　　　　　　　　　　D. ①②③

51. 在船舶动力装置中,如果采用直接传动方式,螺旋桨为定距桨,则应选用_____的主机。
    A. 低速不可逆转　　　　　　　　B. 低速可逆转
    C. 中速不可逆转　　　　　　　　D. 中速可逆转

52. 在热机中柴油机具有最高的热效率,是因为具有_____的特点。
    A. 缸内进行二次能量转换　　　　B. 内部燃烧
    C. 压缩式发火　　　　　　　　　D. 外部燃烧

53. 备车时,转车检查主机,目的是检查_____。
    A. 气缸内有无大量积水　　　　　B. 高压油泵是否卡死
    C. 盘车机电流的变化　　　　　　D. 排气阀或扫气口是否漏气

54. 为防止各舱舱底水相互沟通,舱底水管系上的阀门应为_____。
    A. 截止止回阀　　　　　　　　　B. 单向阀
    C. 旁通阀　　　　　　　　　　　D. 闸门阀

55. 船舶柴油机(主机)备车主机操作的次序是_____。
    A. 转车、冲车、试车　　　　　　B. 转车、试车、冲车
    C. 试车、冲车、转车　　　　　　D. 冲车、试车、转车

56. 在船舶起航和加速过程中,对柴油机油门的操作是_____。
    A. 快速加大油门　　　　　　　　B. 慢慢加大油门

  C. 随航速的增加不断加大油门   D. 随意加大油门

57. 换油操作一般应在机动操作用车前_____进行。

  A. 0.5 h   B. 1 h

  C. 2 h   D. 3 h

58. 营运船舶的经济航速包括_____。

  A. 最低耗油率航速

  B. 最低燃油费用航速

  C. 最高盈利航速

  D. 最低耗油率航速、最低燃油费用航速、最高盈利航速

5.2 船舶辅机常识

一、知识点梳理

  蒸汽动力装置的船上,蒸汽(主)锅炉产生蒸汽,推动主汽轮机运转。柴油机动力装置的船上,一般设置燃油辅助锅炉、废气(柴油机排出)锅炉,加热油水,提供生活用汽。

二、相关习题

1. 海船柴油机气缸盖、气缸套等高温受热部件用_____冷却。

  A. 淡水   B. 海水

  C. 柴油   D. 风

2. 海船柴油机主机和发电副机分别用_____、_____起动。

  A. 压缩空气;电动机   B. 压缩空气;压缩空气

  C. 电动机;电动机   D. 电动机;压缩空气

3. 在排液压力高、排量低、能自吸的场合下泵水,通常采用_____。

  A. 往复泵   B. 离心泵

  C. 齿轮泵   D. 螺杆泵

4. 提高柴油机功率的最有效措施是_____。

  A. 增加冲程长度   B. 加强润滑,提高机械效率

  C. 减少每循环冲程数   D. 提高平均指示压力

5. 柴油机超热负荷的主要参数指标是_____。

  A. 输出功率   B. 爆压

  C. 排气温度   D. 冷却水温度

6.四冲程柴油机的气阀重叠角是指＿＿＿＿＿＿＿＿。

A. 上止点前后 　　　　　　　　　　B. 下止点前后

C. 上止点前 　　　　　　　　　　　 D. 排气结束后

5.3　船舶动力装置的基本操作原则

一、知识点梳理

1. 主机和发电机用压缩空气起动,汽缸盖缸套用淡水冷却。情况紧急必须用车,机舱应执行驾驶台命令,无须考虑主机的损坏后果。航行中突然跳电,立即停止主机运转,报告驾驶台,然后起动备用发电机;完车后,滑油、冷却水继续工作半小时以上。

2. 船用泵:容积式(往复泵、回转泵);叶轮式(离心泵、漩涡泵);喷射泵(水、蒸汽、空气)。

3. 其他设备:舵设备,油泵排量小,转舵速度慢;舵角指示器最大舵角误差,±1°;练习操舵征得轮机长同意,以免主机超负荷;锚机1.5倍工作负荷的过载拉力工作2 min;空调加湿器在低于0℃投入工作。

二、相关习题

1. 油马达的作用是＿＿＿＿＿＿＿＿。

A. 将机械能转换为压力 　　　　　　B. 将压力能转换为机械能

C. 将电能转换为压力能 　　　　　　D. 将压力能转换为电能

2. 往复泵的主要缺点是＿＿＿＿＿＿＿＿。

A. 干吸能力 　　　　　　　　　　　 B. 供液不均匀

C. 转速很高 　　　　　　　　　　　 D. 扬程高

3. 离心泵的主要缺点是＿＿＿＿＿＿＿＿。

A. 排出压力有一限度 　　　　　　　B. 无干吸能力

C. 转速可较高 　　　　　　　　　　 D. 构造简单

4. 有一台泵是利用活塞或柱塞在泵缸中作往复运动,引起工作腔的容积变化来产生吸排作用的,该泵为＿＿＿＿＿＿＿＿。

A. 喷射泵 　　　　　　　　　　　　 B. 往复泵

C. 离心泵 　　　　　　　　　　　　 D. 叶轮泵

5. 离心泵用以产生吸入液体和排出液体的主要部件是 ＿＿＿＿＿＿＿＿。

A. 泵壳 　　　　　　　　　　　　　 B. 阻漏环

C. 叶轮 　　　　　　　　　　　　　 D. 出口

6. 下列泵中干吸能力最好的泵是_____。

    A. 叶片泵

    B. 齿轮泵

    C. 往复泵

    D. 漩涡泵

7. 泵的输出功率是指_____。

    A. 原动机传给泵的功率

    B. 单位时间内传给液体的能量

    C. 轴功率

    D. 单位重量的液体所增加的能量

8. 空调装置中的加湿器一般在气温低于_____时投入工作。

    A. $-5℃$

    B. $+5℃$

    C. $+10℃$

    D. $0℃$

9. 液压起货机的安全保护装置是指_____。

    A. 刹车装置

    B. 失压保护装置

    C. 油压过载保护装置

    D. 以上均是

10. 转舵速度太慢的最主要原因是_____。

    A. 工作油压低

    B. 工作油温低

    C. 舵叶负荷大

    D. 油泵排量小

11. 海船舵机的电动舵角指示器在最大舵角时的指示误差不应超过_____。

    A. $±0.5°$

    B. $±1°$

    C. $±1.5°$

    D. $±2°$

12. 锚机的过载拉力应不小于额定拉力的_____。

    A. 1.5 倍

    B. 2 倍

    C. 1.1 倍

    D. 3 倍

13. 限定最大舵角的原因主要是_____。

    A. 避免转舵时间太长

    B. 避免转舵扭矩太大

    C. 避免舵机尺寸太长

    D. 因转船力矩随舵角的变化存在最大值

14. 用于在码头(或浮筒)旁固定船舶或沿码头移动船舶的设备是_____。

    A. 起货机

    B. 锚设备

    C. 系缆设备

    D. 舵机

15. 用于调整船舶吃水、稳性、横倾和纵倾的系统为_____。

    A. 水灭火系统

    B. 舱底水系统

    C. 压载系统

    D. 燃油系统

16. 在柴油机动力装置的船舶上,蒸汽锅炉产生的蒸汽主要用于_____。

    A. 推动主汽轮机运转

    B. 加热油、水

    C. 提供生活用汽

    D. 加热油、水,提供生活用汽

17. 在蒸汽动力装置的船舶上,以驱动主汽轮机运转为主要任务的蒸汽锅炉为_____。

    A. 主锅炉

    B. 燃油辅助锅炉

    C. 废气锅炉

    D. 燃气锅炉

18. 开航前的备车工作主要有_____。

①暖机;②各工作系统的准备;③转车、冲车、试车;④供电准备
A.①②③
B.①②④
C.①③④
D.①②③④

19.开航前转车时利用_____转动主机。
A.盘车机
B.压缩空气
C.向气缸内供油发火
D.人力

20.暖机的作用有_____。
①减小热应力;②改善发火性能;③减小汽缸内的高温腐蚀;④改善起动性能
A.①②③
B.①②③④
C.①②④
D.①③

21.开航前的试车是利用_____转动主机。
A.盘车机
B.压缩空气
C.向气缸内供油发火
D.人力

22.船舶在航行中,突然发生电机跳电或原动机停车,下列哪一项处理正确?
A.立即停止主机运转并告驾驶台,然后起动备用发电机供电
B.不必停止主机运转并告驾驶台,然后起动备用发电机供电
C.立即停止主机运转并告驾驶台,不必起动备用发电机供电
D.不必停止主机运转并告驾驶台,不必起动备用发电机供电

23.船舶在进、出港航行中,发电机跳电停车,情况危急必须紧急用车时,机舱应_____。
A.执行驾驶台命令,无须考虑主机损坏的后果
B.不必执行驾驶台命令,须考虑主机损坏的后果
C.执行驾驶台命令,须考虑主机损坏的后果
D.不必执行驾驶台命令,无须考虑主机损坏的后果

24.船舶抵港,驾驶台通知完车后,_____还应继续工作半小时以上。
①主机;②甲板机械;③滑油;④冷却水
A.①②
B.①③
C.①②③④
D.③④

25.船在浅区航行时,为保护主机,应该_____。
A.适当增加喷油量
B.高低转速交替运行
C.不动油门
D.降低油门运行

参考答案

5.1			
1~5	CDDDC	6~10	ACCAA
11~15	DBABC	16~20	ABCAA

21～25	BCBDA	26～30	CDCAD
31～35	CDCCD	36～40	ADDDA
41～45	DADBC	46～50	ADBBD
51～55	BCAAA	56～58	CBD
5.2			
1～5	ABADC	6	A
5.3			
1～5	BBBBC	6～10	CBDDD
11～15	BADCC	16～20	DADAC
21～25	CAADD		

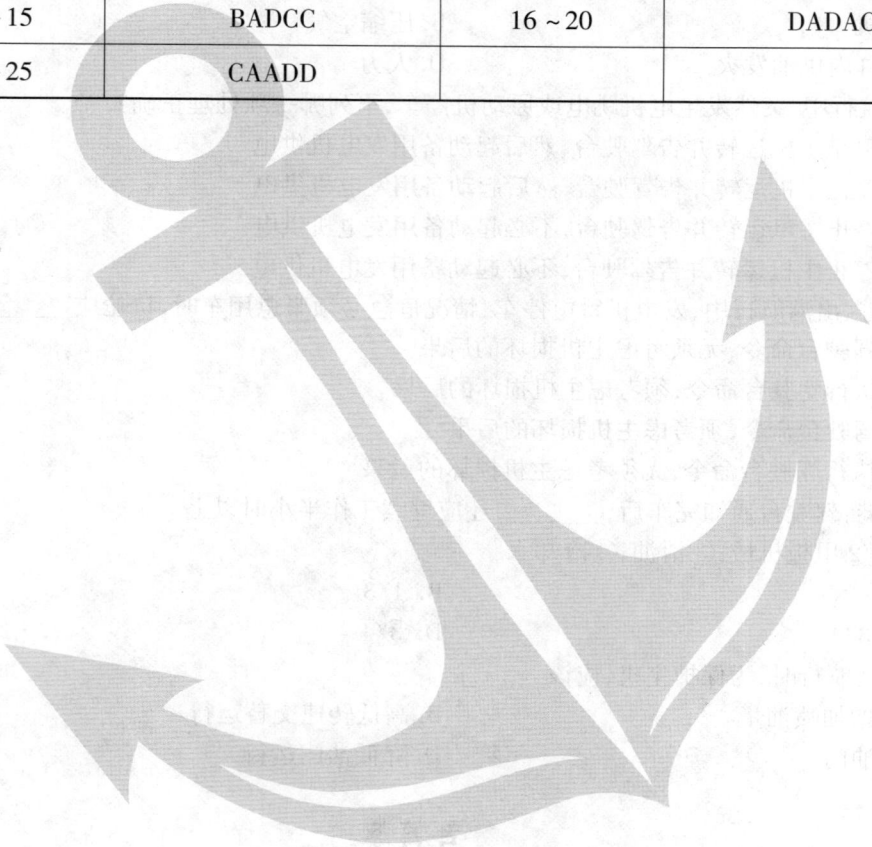